目次

第二部　年中行事と有職故実

第三部　中殿御会の有職故実

第四部　行列と乗り物の有職故実

※　本書では序論以下、先行研究など、引用した諸研究の研究者の氏名には敬称を省略した。心苦しく思うが、学術書という性格を鑑み、文章が煩雑になってしまうことからもやむを得なかった。ご寛恕を賜りたく、伏してお願い申し上げる。

※　本書で史料を引用する際、読みやすさを優先したい意図から、割注は［　］で囲み、本文と同じ大きさの文字で記した。

序論　有職故実の学史と再生

はじめに

「有職故実」とは何であり、どのような学問なのであろうか。以前、筆者は、「有職故実」について自分なりに定義を試みたことがあった。[1] 以下にその全文を示そう。


有職故実とも表記。歴史学の一研究分野。風俗史、生活史と同一視されることもある。

前近代の朝廷・幕府における各種年中行事や臨時公事、慣習等に関する先例や典拠を故実と呼び、これに精通すること、精通した人を有職（識）（＝博識な人の意）という。本来は平安時代の官人層にとって公私を問わず社会生活を送る上で不可欠な知識。儀式・儀礼における立ち居振る舞い、服装・調度、政務の遂行や文書の発給といった事柄にまで及ぶ広範かつ実学的・実践的な知識を指すもので、体系だった学問ではなかった。平安時代初期から貴族（公家）社会を中心に有職故実の概念は存在した。院政期以後、朝儀の全盛期であった平安時代初期を追慕する縁と理解されていった。その過程で有職故実の知識を家職とする貴族も現れ、また「秘事・口伝」のような知識の伝達も行われ、その知識を有することが権威とされることもあった。中世を経て応仁・文明の乱（一四六七〜七七）や戦国期の争乱で京洛が戦場となり朝儀が衰退し、これに伴ない有職故実も退潮を余儀なくされた。

一方、武士は鎌倉幕府期に公家風の儀礼を取り入れつつ、室町幕府期には武士独自の儀礼世界が急速に発達し、これに基づく武家故実が形成された。江戸幕府にいたり、幕藩体制の確立とともにその政務や儀式等が整備され武家故実も熟成された。

近世に入って有職故実は大きな転換点を迎える。中世末の戦乱で、知識・文献・物品類などの多くを失った公家たちはその復興に努めた。天皇の代始の諸儀や祭祀の復興に際して、文献類やビジュアルな資料として絵巻のような絵画などを蒐集、往時の再現につとめた。換言すれば失われた有職故実の知識を取り戻すために再生への試みがなされ「学」としての知識体系が整備されたのである。また儒学における新井白石や松平定信のような考証学派や賀茂真淵・平田篤胤ら国学・和学研究者によって有職故実は自らの学問の基礎学として受け入れられるなどの多様な展開をみせる。特筆すべき展開としては、国学などの復古的思想の影響を受けた田中訥言、冷泉（岡田）為恭ら復古大和絵派との関連がある。古典的な絵画類の模写を通じてその体得を試み、王朝的な主題を絵画化するにあたって有職故実の知識を必要とした。

近代、明治新政府の積極的な欧米文化導入や一八八九年の皇室典範（旧典範）の制定を経て有職故実の実学的な側面は減少した。しかし、明治末～昭和初期、史料や美術作品の公刊などが歴史学にとっての研究資源を広く一般に普遍化し、これが追い風となって歴史学自体が活気を呈した。同じく有職故実も「学」として活発な研究が行なわれた。歴史遺物などのモノや、文献資料、絵画などを研究の手がかりに、研究の視座も法制、官職、服装・調度、風俗・慣習など多岐にわたり多くの成果が発表された（参考文献参照）。

現在、有職故実は歴史学の基礎学的・補助学的分野と認識されている。専門分化が進み、歴史的な服装や着装法、調度などの研究に特化されていると言えるだろう。近代以来の多彩な研究の視座、有職故実本来の平安貴族層の実学的側面は希薄となった感が強い。また学史に関する研究はほとんどなされていないため、研究史の全容が不分明といえる。研究の方法論も確立されているとは言い難いので「間口の狭い」分野となっている。また史料学的にみて有職故実の研究では三種類の史料がある。これは史料の種類に基づく分類で①文献②遺物③絵画史料である。①は文献史料を用いるもので時代や社会背景、場・状況などがわかることから広がりのある議論が可能なものの、字面から実際の形状・仕様・使用法がわからない。また、文献に記されない対象については検討が及びにくい。②は遺物(モノ)からその形状や仕様、あるいは科学分析などを通じて染料・素材・織り方などが解明され、さらに実物を模してレプリカを作ることで使用の実態などがわかる。しかし、時代や社会背景などは解明しがたく議論が広がらない。③絵画は文献史料・遺物からの研究成果を結びつけることができるが、絵画史料特有の画面の読み方が必要になる。それぞれの長所短所を踏まえた研究が必要で、歴史学の一分野である以上、やはり背景としての時代、社会、身分、状況・場等に関する総合的な視野を基礎とされるべきであろう。また、国文学・美術史などの周辺諸学の援用は欠かせない。

字数の制約のなかで書かれたものであるから、大雑把なものとならざるを得なかったが、現在でも基本的には右の見解に変わりはない。しかし、時に、研究を進めようとしても方向性を失ってしまうことがある。その要因のひとつは、有職故実の研究対象とする範囲が極めて広いことに起因する。見方をかえれば、具体的にどのような研究対象・研究内容を指すのか、が曖昧模糊としているからであると思う。その本質はなかなか見えてこない。そのために、どのような方向性を持つべきか、という展望を見失いがちになる。

従来、歴史学や国文学の補助学として扱われることが多いが、これは有職故実の研究成果や知識なしには史料や文学作品を正確に把握することができないことを意味している。極言すれば有職故実は、歴史学と国文学の近代以前の対象世界をカバーしている。さらには、美術史のそれをもたとえば、有職故実の研究対象として、すぐに思いつくのは、年中行事、臨時公事、生涯儀礼、所作、作法、使用される物品類、参加する人々の服装などだ。だが、それだけではない。そうした儀式・儀礼を執り行われる際の諸官庁・諸部門間で交わされる文書や、式場となる場所・建造物、運営に携わる人々の人的構成や身分・職掌・職能など、果てしなく広がっていく。さらに武士などの場合は、武器・武具・甲冑や戦陣故実なども検討対象となる。

これらは、無論、別の分野でも研究対象としており、それぞれの成果が蓄積されている。政治史、法制史、経済史、社会史、儀礼文化史、交通史、古文書学、建築学、美術史、服飾史……などである。隣接する学問分野はあげればきりがない。これは有職故実の研究対象が「あってないようなもの」であり、その研究対象の広がりを示している。おそらくはこの分野を専門とする各個人ごとに微妙に異なるだろうが、筆者はそのように考えている。

本序論では、今後の研究の方向性を見据えるために、近現代の有職故実の先行研究を振り返ることとする。現在にいたるまでこの分野はどのように歩んできたのだろうか。筆者の置かれている研究上の位置、そして本書の研究史における位置を確かめたい。研究の方向性や広がり、方法論に関する傾向についてみてみたい。筆者の心の迷いを沈静し鎮めるためにも、現時点でのこの作業は欠かせない。

一　有職故実の学史（1）第一期　前近代〜大正期

有職故実は、元来が平安貴族社会を淵源とする、宮廷貴族の公私の生活を送る上での必須の知識であったために、実学の様相を呈し、秘事口伝のような形式で後世に伝えられてきた。そのために、学問としてはなかなか認識されなかったし、学問的な体系化の必要性もなかった。したがって、貴族層の古記録や儀式書・公事書類に状況・場、家や個人、職能などに即して個別分散して記される結果になった。元来、有職故実の知識は各家や個人にとって佳例としての先例・旧記に基づいて記されたものであり、これらを子々孫々へ伝えていく目的であったことも忘れてはならない。そして、中世の京都は、南北朝の戦乱や室町期の応仁・文明の乱による戦火に遭い、古代以来の「伝統」の多くを失った。

近世期、失なわれた「伝統」を取り戻すべく、古代以来「実学」であった有職故実の知識は初めて学問的な体裁をとりはじめる（冒頭、「歴史学事典」一一「有職故実」の記述を参照）。以後、儒学の考証学派である新井白石、田安宗武・松平定信父子、国学・和学研究者であった契沖、賀茂真淵、本居宣長、平田篤胤らにより、あるいは有職家として壺井義知、その弟子筋にあたる多田義俊、速水房経、京都を中心に活躍した野宮定基、紀宗直、滋野井公麗、裏松光世、山田以文などがいた。特に壺井の出自は公武いずれでもなく、河内国石川郡の農家出身であった。その意味では公武の脈々と続いてきた有職故実とは異なる、学問的な有職故実の濫觴であったことを指摘しておきたい。さらに室町幕府の儀礼を負っていた伊勢氏の伊勢貞丈、貞丈と並んで著名な有職家であった大塚嘉樹、「群書類従」の編者である塙保己一、前掲松平定信、八代弘賢、石原正明、松岡辰方、澤田名垂、本間百里、中山信名、内藤広前、松岡行義、栗原信充なども忘れてはならないであろう。こうした先人たちの業績はいまだ未刊のものも多いが、幸い『故実叢書』（吉川弘文館、一八九九　のち増訂版が一九二八に同社から、新訂増補版が一九五一に明治図書出版から、改訂増補版が一九九三に同社から刊行）や『日本随筆大成』（吉川弘文館、一九二七）にその一部が収録されている。

他方、公家社会における有職の知識は、鎌倉・室町幕府を通じて武家の故実形成にすくなからず影響を与えていったものと考えられる。(2)鎌倉幕府の創立期、幕府として統一的な儀式・儀礼が未整備であったことは事実で、『吾妻鏡』建久五（一一九四）年十月九日条に、下河辺行平以下十八名の弓馬の道に通じた武士を集め、流鏑馬以下の儀礼の作法について検討させたことは周知であろう。これを期に各家に伝わる弓馬の儀礼の統一化を図り、幕府儀礼の整備の起点の一つとなったと推測される。武家儀礼整備の胎動と言い換えられよう。

また、鎌倉幕府は儀礼体系の整備に際して、開幕当初の政権強化をかねて東国武士団に配慮し、藤原秀郷流故実を重視した。この時期を足がかりとして、武家故実が武士自身の手で整備された。幕府の儀礼は室町幕府期に一気に進化し、武家故実の整備・励行を家職とする伊勢氏などがあらわれる。伊勢氏のような儀礼を家職とする家は、江戸幕府期に高家などに引き継がれていく。こうした武家故実の場合も、公家有職と同様、学問というカテゴリーには含まれず、むしろ実学としての側面を強くしていった印象がある。そもそも、前近代において有職故実の主な研究者層は、こうした知識が自らの生活の中に息づいていた公家・武家が中心であり、彼らが先祖以来の伝承を脈々と継受してきていた。室町幕府期については後述、第三期の二木謙一の一連の研究成果があるので参照願いたい。

近代に入り、明治元（一八六五）年八月二十三日、同月明治天皇の即位式では唐制の礼服を用いないことが決定され、二十七日即位式当日、清涼殿朝餉間において天皇は束帯に着替え即位式に臨んだ。本即位式の準備にあたり岩倉具視ら明治政府中枢は「従来の朝儀は唐制の模倣であり、今回はこれを改め皇国神裔継承の規範を樹つべきである」とし新たな様式の即位式とその一環として天皇の服制変更を決定した（『明治天皇紀』）。なお明治五（一八七二）年の太政官布告第三百三十九号（十一月十二日付）により、明治政府は礼装・正装における律令制下の服制を祭服に限定し、その他は列強諸国と同様に大礼服などの洋装に改め、八世紀以来の朝廷・幕府の服制は幕を閉じた（『法令全書』『太政官日誌』等）。また、明治二（一八六九）年華族制度の設置とともに、古代より続いてきた貴族・武家社会は終焉を迎える。これらによって実学としての「必要性」を求められる環境を失った有職故実は、これを惜しむ人々によって学問としてはじめて認識される。有職故実が実学から学問へとその姿を変えだしたのである。

近現代の有職故実を概観すると、おそらく三期に分けて考えることができる。以下、各時期ごとに主要な先行研究を掲出し、当該期の代表的な研究についてみていこう。(3)

第一期は、近世以来の儒学の考証学派、和学・国学の流れの上にある時期で、この期間は意外に長く大正期まで及ぶ。研究の中心は公家や武家の出身者、その教えを受けた民間の者、あるいは神職などの家に生まれた者たちも少なくなかった。当該期の研究の対象は公武権力層の儀式・儀礼を対象とした。そして、同時に国民への国体思想の刷り込みの一端を担った内容のものも少なくなく、当時の日本の政治的状況に合致した国家主義的な歴史観に基づくものが大勢であった。(4) また第一期では、研究史や研究法について考察を加えるといった主旨のものは少ない。まだ草創期とも言える時期であり研究に関わる人々がその方向性や体系化などについて試行錯誤の時期であったといえるだろう。

【第一期】

小中村清矩「歌舞音楽略史」(陽春盧蔵版、一八八八)

田中尚房「歴世服飾考」(「故実叢書」一八九三、(オリジナル~改訂増補版のすべてに所収))

小杉榲邨「有職故実」早稲田専門学校講義録(早稲田大學出版部、一九〇〇~一九〇四?)

小中村清矩「官制沿革略史」(東京帝国大学、一九〇〇)

関根正直「宮殿調度圖解」(六合舘書店、一九〇〇)

猪熊浅麿「旧儀装飾十六式図譜解説書」(京都美術協会、一九〇三)

林森太郎「有職故実」(文會堂書店、一九〇六 のち、一九〇七に訂正再版、一九一三に訂正三版)

小杉榲邨「好古事彙」(青山堂書房、一九〇九)

黒川真頼「黒川真頼全集」（国書刊行会、一九一〇）
原田淑人「支那唐代の服飾」（「東京帝国大学文学部紀要」四、東京帝国大学、一九二一　増補改訂の後「唐代の服飾」として「東洋文庫論叢」五一に、一九七〇年、東洋文庫（平凡社）として再刊）
加藤貞次郎著　関根正直補「増訂有職故実辞典」（六合館、一九二三）

近代初頭の国学者であった小中村清矩（一八二一―九五）は『古典講習科開業演説案』（「陽春盧雑考」巻八（吉川半七、一八九七））で、国学者をその専門性や得意とする分野という視点から歌学、歴史、考証、有職故実、律令などと分類した。明治期の学問の体系では有職故実は独立した学問分野としての位置にはなく、古典文学を理解するための補助学的な位置づけであるとともに、風俗史というおおきなカテゴリーに含まれるものであった。しかし、その風俗史自体は、黒川真頼らに代表される国粋主義的な国家観を持った研究家らにより、国体の形成や国体思想の国民への浸透に利用されていく。(5)昭和戦前期にいたる有職故実の方向性の一端がこの時点で決められたのかもしれない。こうして有職故実は風俗史研究の中心に据えられることになっていく。このプロセスについては青木隆浩「近代の「風俗」論再考」（「国立歴史民俗博物館研究報告集」一〇八、二〇〇三）や馬場まみ「近代における風俗研究」（『風俗史学』三一　二〇〇五）(6)などに詳しいのでここでは割愛する。

ところで、有職故実という分野の研究対象としてきたのは圧倒的に男性の服装であり、その要因は黒川真頼らの研究であるという（前掲馬場論文）。要因として黒川の「本邦風俗説」（「国華」掲載）がある。これではほとんどが男性の服装の解説となっている。しかし、三宅米吉（一八六〇―一九二九）のように様々な身分にも目を向ける、近代史学の影響を受け実践した研究者もいたことは記しておきたい。たしかに近代の有職故実をはじめとする服飾史や服装史関連の書物では女性の服装についての記述が非常に少ない。しかし、女性が歴史の表舞台には出てこないという前近代の日本の政治・社会の問題がある。服制の面で言えば八世紀の「養老律令」以降、特に朝廷や幕府の公的な場・空間で女性が何らかの地位や役職につくことはあっても、それは極めて例外的な扱いであることは周知だろう。もちろん、国文学作品などには「万葉集」以下、各種の和歌集や、「源氏物語」などの文学、様々なものの作者として、登場人物として女性はとても大きな役割を果たしているが、かといって政治・社会の表舞台ではそうではないという現実がある。残念なことではあるがこうした前近代の政治・社会背景では女性の服制や服飾を、社会共同体との関連で明らかにしていくことは困難であると思う。近年の女性史、歴史学や関連諸学の成果をもとに、服飾史・服制史や有職故実でもこれから少しずつ解明されていく問題ではないだろうか。

むしろ、ここで指摘しておきたいのは、有職故実の研究対象における問題は、支配階級や体制に所属する者たちに偏っている点であろう。いくつかの理由が推測できるので掲出しておきたい。第一に、第一期の有職故実研究者の主体が、前述のように公家や武家の出身者やその周辺の人々であったことだろう。近代の初頭においては、到底、それぞれの全盛期に及ばないまでも、まだまだ彼ら自身の生活のなかに生きている知識であったし、服装などは彼ら自身が着ていたのである。もとより彼らの身の回りの知識や日常生活を送る上で必須の知識であったことから、手近なところから知識の整理と体系化をはじめたと考えるのが自然であろう。また、彼らの世界や、特に家々には多くの関連する文献類が残されていたと考えるべきであろう。第二に、支配される側のこと、過去の歴史的な服装についてなど、現在に比してたやすく知ることのできる時代ではなかった点。現在のように美術品や遺物の詳細な写真や知識を手軽に入手できるような情報媒体はなかったし、関心さえ一般的なものではなかっただろう。支配階級、体制側以外の人々の歴史的な服装は、誰にでも知ることのできるものではなかったであろうことだ。体制や支配階級の服装や服制に比して庶民や社会的に下層の人々などのそれは文献・絵画史料など、必ずしも情報自体が少ないのも事実である。

後述するが社会史などを中心とした研究者の先導により、やっと端著をつかめてきた感が強い。文字をもって記録する、という習慣をしっかりと自分のものにしていたのは体制・支配階級であり、庶民階級や社会の下層に位置する人々はその機会を奪われたり、得る環境になかったと考えるべきだろう。とりわけ中世以前は近世以降に比してそうだと考える。公武の支配者層のことのみを扱う傾向がこの時期に定着してしまったことは、おそらくは国体思想の媒介者としての役割を課されたことと関連性があるのかもしれない。確かなことは、有職故実は近代の実学から学問への転進の初期に方向性が決まってしまったことだろう。

なお、第一期に、有職故実の知識を体系だてて解説したのは林森太郎だった。著書「有職故実」（一九〇六）だった。林は「総説」で有職故実を「元縉紳の中にて、儀式典故より、芸能の術に至るまで、博く通達せる者の称にて、今云ふ「物知り」の義なり」とする。同書の目次をみると「総説」「第一編　儀式典例（皇位継承・三種の神器・天皇・后妃・祭祀・朝儀・宮城・都府）」「第二編　官職位階（官職総説・神祇官・摂政、関白・太政官・八省・警察、武官・地方官・蔵人所・院司・春宮坊・位階・公卿、殿上人、地下）」「第三編　殿舎装束（殿舎・輿車・調度・冠帽・男装束・女、童装束・甲冑）」という実に広範な内容である。有職故実は同書のような広範な知識の体系化を進めていく。

二　有職故実の学史（2）第二期　大正～昭和終戦期

当該期は有職故実が第一期以来の自らの足跡を振り返り始める時期といえる。次の第三期を牽引する研究者たちがその頭角を現し始める時期とも言い換えられる。

有職故実では、自らがどのような学問であるのか、どんな方法論があるのか、といった根本的な問題に言及する先行研究は多くない(7)。管見に入ったところでは、桜井秀「日本服飾史」(一九二四)、石村貞吉「有職故実研究」(一九五五)、河鰭実英「有職故実―日本文学の背景―」塙選書(一九六〇)程度であり、これらに注目しつつ行論する。なお、ごく近年のもので一冊の書籍の体ではないが、鈴木敬三の『日本古典文学大事典』(岩波書店、一九八三)所載の「有職故実」「武家故実」がある。辞典という制約があり私見の展開は困難なハンディがあったと推測されるが、前近代の文献類を渉猟し主要な業績をあげた人々の名前を列挙した貴重な仕事である。

有職故実の研究方法や研究対象、研究の現状を分析し、世に問う成果が現れはじめるのが、大正以降、昭和終戦期までの特色ともいえる。しかし反面で、第一期以来の国体思想の普及のための役割を継続していたこともうかがわれる。

大正末期、前掲・桜井秀のように有職故実を学問として認識し、冷静に分析を加える研究者がいた(後述)。桜井は有職故実・服飾史・風俗史という広い視野を持つ研究者だった。興味深いのは、有職故実とは前近代以来の公武権力層の儀式儀礼観を伝え、過去の典型例を考究するものと規定した点である。さらに、当時、その区別化がやや曖昧であった有職故実・服飾史・風俗史の区別化を図り、有職故実を風俗史の一部分として理解し、たとえば、風俗史では有職故実の知識を比較検討、分析を行なうものと、指摘する。この研究動向は太平洋戦争後、一九五〇・六〇年代の石村貞吉や河鰭実英の頃まで影響を与えたとみられる。風俗史・服飾史・有職故実の関係を念頭に、有職故実と国文学や美術史など周辺諸分野との関連性に言及するものも少なくなく、近現代的なアカデミックな学問へと変化しつつあったとみてよい。研究の担い手も、公武権力者層やその周辺の人々ばかりではなく、これら以外の身分の出身であり大学教育のなかで育ってきた人々が多数現われた。太平洋戦争の終了以後は、有職故実が国体思想からの呪縛を解かれたものの、広がりを持たない一種の閉塞感のようなものを何とか超えられないか内省しつつ、その方向性を模索していた時期といえるだろう。以下はその代表的なものである。

【第二期】

桜井秀「日本服飾史」（雄山閣、一九二四）
関根正直「服制の研究」（古今書院、一九二五）
長坂金雄編「日本風俗史講座」（雄山閣出版、一九二七〜二九　のち、一九七三に同社より限定復刻）
明石染人「日本染織史」（思文閣出版、一九二八　のち、同社より一九七七に再刊）
八束清貫「装束と着け方」（雄山閣、一九二八）
赤堀又次郎「風俗史概論」（「日本風俗史講座」五、雄山閣、一九二九）
桜井秀「日本風俗史」（「大日本史講座」一五、雄山閣、一九二九）
明石染人「染織文様史の研究」（思文閣出版、一九三一　のち同社より一九七七に再刊）
桜井秀「日本風俗史概説」（「岩波講座日本文学」岩波書店、一九三一）
桜井秀「時代と風俗」（寶文館、一九三一）
佐々木信三郎「西陣史」（芸林堂、一九三二　なお、一九八〇に思文閣出版より再刊）
石村貞吉「有職故実」（「国語国文学講座」第二巻　雄山閣、一九三三）
出雲路通次郎「有職故実」（「岩波講座日本歴史」岩波書店、一九三三）
関保之助「歴代服装圖録」（歴代服装圖録刊行會、一九三三）
永島信子「日本衣服史」（芸林堂、一九三三）
吉川観方「日本風俗大圖集」（更正閣書店、一九三四）

江馬務「日本服飾史要」（星野書店、一九三六　のち、『江馬務著作集』第二巻「服装の歴史」（一九七五〜七八、中央公論社）に収載）

吉川観方「雲錦図帖」（八寳堂、一九三六）

原田淑人「漢六朝の服飾」（〈東洋文庫論叢二三〉同上、一九三七）

桜井秀「宮内省図書寮有職調査部調査報告」（未刊）

出雲路通次郎「大禮と朝儀」（桜橘書院、一九四二　のち、一九八八に臨川書籍より「有職故実に関する講話」（一九六〇）と合本されて再刊）

髙田義男「かさね色目」（髙田装束店、一九四三）

前掲の桜井は、この時期、集中的に有職故実、風俗史、服飾史の関係を考察、自論を公刊する。研究の範囲や方法論、周辺諸学など、内容は多岐にわたり綿密なものであった。全てをとりあげることは紙幅に限りがありかなわないが、まずは「日本服飾史」からみてみたい。服飾に特化して著されたものだが、注目したいのは第一編「総論」で、第一章「序説」（一　従来の服飾史の内容　二　服飾史研究の回顧　三　補助的学科の一斑）第二章「時代別とその根拠」（一　従来の時代別及本書に於ける時代別　二　服飾の推移）第三章「資料概説」第四章「服飾と人種」（一　服飾の起源　二　服飾の分化　三　西人の服飾分類に於ける日本服飾の位置）第五章「日本人及日本服飾」（一　人類　二　日本人の構成）という構成となっている。桜井は第一編を通して服飾史に特化して論説するための前提として自らの立場を明らかにしている。有職故実の通史叙述にありがちな各個の服装を図鑑のように列挙するだけ、という方法論を回避し、従来の有職故実の先行研究と一線を画す意図がみてとれる。後世の読者、特に研究者にとって、この「総説」を一読するとしないとでは、読後の研究にも影響すると見られるものだと筆者は理解する。その理由は、近世より連綿と続く有職故実と桜井の唱える服飾史とは異なるものであるということを主張しているからだ。というのも「二　服飾研究の回顧」で平安期以降江戸期にいたって「衣紋道本位」の「服飾」と「国学者の一部及貴族階級に於ける特志家」の「服飾」に別れたとする（四〜五頁）。前者は「服飾の推移を研究することを目的としては居ない（中略）その知識を逆用して古代の文献をも解釈せんと試みた」と断ずる。後者は「古文献解釈上の必要をその発足点とする者が多い」とし「実技の知識よりも古書を師とし、過去の服飾に直面してその真相を知らんことを期した」とする。そして「後者の態度が今日の研究方法に近く、また業績に於ても数歩を進めてゐるやうに考えられる」と結ぶ。今日、業績においてどちらの流れが劣る・勝るかはよくわからないが、有職故実の学史を考える上で、近世以来、服飾研究に二つの流れがあるという指摘は重要であろう。現状においてもたしかに有職故実は複数の見地に立つ研究があるのは間違いない。桜井はこうした自説を六年後に出版された「時代と風俗」の「平安朝女装の史的研究」第一編「序説」第一章「本編の使命と考究態度　風俗史及有職故実の意義」でさらに論を進めた。桜井は自分の立場を「予は一般風俗史の範囲に於て観察せしむるところを叙述せむと欲す」（二五五頁）として次のように総括する（二六二〜二六三頁）。

（前略）終に風俗史と有職故実との関係を一言すべし。「有職故実」とは一種の史的知識及びそれに通ずるの義なることは前文いふところの如し。然れども、近代以降武家、民間の学者によつて行われたりし業績を見るに、諸家の目的とするところは頗る吾人の期するところに反す。想ふに江戸初世以降に於ける有職研究の中心は典型的事実を知らむとするにありしならむ。而してかくの如き傾向は公家階級以外の人々により宮廷風俗に関する典型的知識の要求せらるるに伴ひて生ぜし自然の結果なりといふべし。さりながら、彼等の求めんとする典型的風俗も時世によりて変化なきを得ず。従て最も優秀なりと認むべきものを知らんがために歴代のそれを考ふるの要あるべし。即ち、完全なる有職学は史的研究の方法によりてのみ、その目的を全くし得べきならむ。しかれども、他の側面よりしくいはゞ、斯学の風俗史と異れるところもまた少なからず。一は動的に事象の変化をたづねんとするにも拘はらず、一は静的に完成せる典型を求む。特に実技の伝承を包含する点は有職の特色にして「風俗史」研究者の多く顧みざりしところなりとす。将来に於て両者が合同して進むべきか、はた並行してその任務を全くすべきかの点については識者の見解容易に一致せざるものあるべし。今は軽々しく論及するを避けむ。

桜井の立場は、近世以来の実学的な着装の実技に重きを置く「有職故実」ではなく、「服飾史」ひいては「風俗史」であると明確に区別するのである。桜井の指摘した二つの流れは確かに現在でも存在するし受け継がれてきたが、アカデミズムに重きを置く近代的学問の方法論を導入しつつ現代にいたるのが桜井のいう「服飾史」「風俗史」の系統であるのは確かだろう。

こうした桜井の考え方を継受したのが、次の石村貞吉「有職故実研究」である。

石村は「緒言」で前近代から近代までの先行研究に言及し、有職故実の学問としての成立は「江戸時代(一七、一八世紀)にはじまり、明治時代(一九世紀)に及びようやく一定の形式を備へるに至った」と述べている。石村の記す前近代の研究史は掲出される人名・著書、そうした人々をめぐる諸問題と分析など、非常に詳しく類書中では屈指といえよう。石村は桜井と同じような考え方で、近世において有職故実は公家・武家と民間学者の二者が「論難排擠して相容れなかった」とする。その理由として公家「堂上家の中に、有職を家職としていた家々」では「伝承のみを金科玉条として株守し、これを踏襲することの正しいことを主張して譲らなかつた」とし、対する「民間学者は、国史記録等の文献を根拠として」いたという。武家については「兵法家などと称する徒輩が起つて、近世の軍談伝説等に拠って新説を立て、これに自家の創意を加へたりなどし」たとする。桜井の考え方を一歩進めた分析で非常にわかりやすい。その後、近代、「一般学術の進展に伴つて、益隆盛となり、文化史、法制史、風俗史の発展と連関して、その講究の方法方針にも、亦幾多の変化を加へ」られ、有職故実が近代的な学問としての歩みをはじめたと論ずる。その追い風となったのは図書や絵画の出版が盛んになり、従来は写本などで間に合わせていた書画が何人にも容易に閲覧できるものになったと分析する。また陳列館、展覧会等を通じて滅多にみることのできなかった貴重な品々が一般公開されたことが有職故実の研究の便宜を与えたという。また、石村は有職故実の研究上、遺物の重要性とその研究成果を認めるものの、数量的に少ない点を指摘し、これを補うものとして「記録」（文献史料を指すとみられる）と絵画の更なる重要性を述べている。そして、

有職故実の学は、一方で遺物を、一方では文献絵画を研究して進むべきであるが、又あまり遺物の重要性を尊重する余り、特殊の場合を重じ過ぐることとなり、全般に亘る考究を等閑視する危険に陥ることの弊を避ける戒心を必要とする。

と研究上の注意を促す。この指摘は現在でも納得できるもので、モノの研究の陥りやすい傾向であろう。確かに有職故実はモノなしには成立しない。しかし、モノを生産し需要し供給し、使用して消費する人間の存在や、筆者が特に感じているのは運用面を考慮しなくなってしまう傾向がある。モノを研究対象としてその知識を深めていく過程で、運用面もあわせて研究していると錯覚してしまうということである。近現代になり有職実学の実学的側面を生かす場がなくなって以来、この方面からの検討は方向性が見えにくくなってしまったのかもしれない。こうした傾向を避ける意味でも文献や絵画などの諸資料から多様な価値観に立脚する見方をする必要があるということだろう。ただし、研究の成果として何を求めるか、という問題があり、一概に正誤を断定することは避けるべきだと思う。いずれにしろ、石村は研究動向とその担い手を加味した上で的確に分析し、警鐘を鳴らした。なお、時期的には次の第三期に記されたものだが、石村の「有職故実の学の意義の歴史的考察」（『日本学士院紀要』一二（一）、一九五四、日本学士院）も参

照する必要がある。

この第二期、昭和に入ってから、かつての宮内省図書寮に設けられた有職調査部も忘れてはならない。有職故実の国体思想の強化・推進の伝道者のような側面といかなる関係にあったのか、その意義が問われる組織であろう。同部の知名度は決して高くはないのだが、河鰭実英が「有職故実―日本文学の背景―」は第一章序説（一四頁）で次のように述べている。

有職故実研究史の概要はだいたい右のごとくであるが、なお最後に多くの人々には知られないが宮内省図書寮において一木宮相、関屋次官の希望により往年森林太郎図書頭の計画されたごとく、昭和の初めより有職故実研究資料（口伝も含む）を蒐集して宮廷文化を明らかにすべく、斯道の老大家京洛猪熊浅麿、出雲路通二郎（筆者注、二は次の誤植か）、関保之助、久世通草の諸氏を顧問として、有職調査部が設置されていたことを記して置かねばならぬ。不幸にして同調査部は終戦と共に解散するの止むなきにいたり、調査なかばにして研究を終わらざるを得なかったが、全国から集めた貴重なる資料は書陵部に相当存在するから、今後斯道研究家を益すること少なくあるまい。

筆者はこの部署について調べようとしたが、関連する行政文書には関係者の氏名や考課などの記述があるために、現時点では外部の閲覧が可能な段階にはないようである。この部署に所属した前掲・桜井秀らによる調査の成果をまとめた「宮内省図書実有職調査部調査報告」は完成分のみ閲覧が可能という(8)。

三　有職故実の学史（3）第三期　昭和戦後期〜現在

そして第三期が訪れる。現在もおそらくその延長線上にある（総括して述べることは時期尚早かもしれないが）。だが、公武権力者層以外の庶民や社会の下層の人々の風俗全般も対象とする有職故実の研究者がはっきりと業績を蓄積した。そして、歴史学とその周辺分野から、これまで有職故実のテリトリーであった風俗・習慣を踏まえて考察し言及する研究成果が着々と積み上げられつつある。明らかに現在の有職故実は、第二期とはことなる方向性を見出すことができる。有職故実が遅々とした歩みながらも周辺諸分野の研究成果や提言を吸収し、確実に閉塞感から脱却が可能な状態にあるのが現時点であり、これは現代の歴史学研究の一分野としての「再生」であると思う。以下、代表的なものを列挙してみよう。

【第三期】

鈴木敬三「服装と故実」（河原書店、一九五〇、のち、一九九五「有職故実図典」として吉川弘文館より刊行）
八束清貫「神社有職故実」（神社本庁、一九五一）
猪熊兼繁「法史学」（世界思想社、一九五三）
石村貞吉「有職故実研究」（学術文献普及会、一九五五　なお、一九八七に講談社学術文庫で「有職故実」として再刊）
江馬務「日本結髪全史」（東京創元社、一九六〇）
河鰭実英「有職故実—日本文学の背景—」塙選書（塙書店、初版一九六〇、のち、一九七一に同社より改訂版が刊行）
鈴木敬三「初期絵巻物の風俗史的研究」（吉川弘文館、一九六〇）

猪熊兼繁「古代の服飾」日本歴史全書（至文堂、一九六二）
中村義雄「王朝の風俗と文学」塙選書（塙書房、一九六二）
石村貞吉「源氏物語有職の研究」（風間書房、一九六四）
歴世服装美術研究会編「日本の服装」（吉川弘文館、一九六四）
澁澤敬三編著「絵巻物による日本常民生活絵引」全六巻（角川書店、一九六四　のち、一九八四に平凡社から新版が刊行）
井筒雅風「袈裟史」（文化時報社、一九六五／雄山閣、一九七七）
鈴木敬三「国語・国文資料集　有職故実」全三巻（全国教育図書株式会社、一九六七）
橋本澄子「日本の髪」（三彩社、一九六七）
山辺知行・猪熊兼繁ほか服飾史図絵編集委員会編「服飾史図絵」（駸々堂出版、一九六九）
河鰭実英「有職故実図鑑」（東京堂出版、一九七一）
関根真隆「奈良朝服飾の研究」（吉川弘文館、一九七四）
江馬務「江馬務著作集」全十三巻（中央公論社、一九七五〜八一）
井筒雅風「法衣史」（雄山閣出版、一九七七）
室伏信助ほか編「有職故実日本の古典」角川小事典シリーズ（角川書店、一九七八）
小泉和子「家具と室内意匠の文化史」（法政大学出版会、一九七九）
守屋盤村著　山崎光子編「覆面考料」（源流社、一九七九）
井上泰男「衣服の民俗誌／比較服装史序説」（文化出版局、一九八三）
國學院大學神道資料室編「高倉家装束調進控　装束織文集成」（國學院大學、一九八三）

和田辰雄「日本服装史」（雄山閣出版、一九八三）
栗原弘・河村まち子「時代衣装の縫い方」（源流社、一九八四）
武田佐知子「古代国家の形成と衣服制」（吉川弘文館、一九八四）
小川安朗「万葉集の服飾文化」ロッコウブックス（六興出版、一九八六）
鈴木敬三編集解説「古典参考図録・古典参考資料図集」（國學院高等學校、一九八八〜）
北村哲郎「日本服飾小辞典」（源流社、一九八八）
菅原正子「中世公家の経済と文化」（吉川弘文館、一九八八）
髙田倭男編著「かさね色目」（髙田装束研究所、一九八八）
井筒雅風「原色日本服飾史」（光琳社出版、初版一九八九、増補改訂一九八八）
谷田閲次・小池三枝「日本服飾史」（光生館、一九八九）
鈴木敬三ほか編「復元の日本史」全三巻（毎日新聞社、一九九〇〜九一）
日本馬具大鑑編集委員会編「日本馬具大鑑」全四巻（日本中央競馬会、一九九〇〜九一）
丹野郁「南蛮服飾の研究」（雄山閣出版、一九九三）
丸山伸彦「武家の服飾」日本の美術　三四〇（至文堂、一九九四）
小泉和子「室内と家具の歴史」（中央公論社、一九九五）
小泉和子・玉井哲雄・黒田日出男編「絵巻物の建築を読む」（東京大学出版会、一九九六）
鈴木敬三「有職故実大辞典」（吉川弘文館、一九九六）
高田倭男「服装の歴史」（中央公論社、一九九五　のち、二〇〇五に中央公論新社より中公文庫として再刊）

増田美子「古代服飾の研究―縄文から奈良時代―」（源流社、一九九五）
柏木希介編「歴史的にみた染織の美と技術　染織文化財に関する八章」丸善ブックス五四（丸善、一九九六）
仙石宗久「カラー判　十二単のはなし／現代の皇室の装い」（一九九六、婦女界出版社）
秋山虔・小町谷照彦「源氏物語図典」（小学館、一九九七）
橋本澄子「日本の髪形と髪飾りの歴史」（一九九八、源流社、のち、二〇〇一、同社より改訂版が刊行）
川本重雄・小泉和子編「類聚雑要抄指図巻」（中央公論美術出版、一九九八）
二木謙一「中世武家の作法」日本歴史叢書（吉川弘文館、一九九九）
増田美子「日本喪服史　葬送儀礼と装い」古代篇（源流社、二〇〇二）
鳥居本幸代「平安朝のファッション文化」（春秋社、二〇〇三）
二木謙一「武家儀礼格式の研究」（吉川弘文館、二〇〇三）
二木謙一「時代劇と風俗考証―やさしい有職故実入門―」歴史文化ライブラリー一九四（吉川弘文館、二〇〇五）
五味文彦・櫻井陽子編「平家物語図典」（小学館、二〇〇五）

桜井、石村らの研究姿勢や方向性は受け継いだ研究者は何人もいるが注目すべきは河鰭実英と江馬務であろう。河鰭は「有職故実―日本文学の背景―」で、遺物と文献、両面からの研究を「学界の為めにまことに慶すべきこと」とする（一五・一六頁）。まず「序説」で有職故実の定義、研究資料、研究の範囲、補助学科などについて言及し、学術的な研究方法を模索している。有職故実の定義については、「概ね和漢の歴史や文学さては朝廷の礼儀故実などに精通している人を称したのであるが、後にはその意味がせまくなり、朝廷の礼儀上の先例故実に精通する人の意味に用いられてきた」「礼儀上の法式に通達する者、いわゆる識者」と述べ（以上、すべて一三頁）、故実については「軍中故実が武家故実の初めで、やがて武家の儀式全般にわたる儀式上の法式をいう事となった」とする。結論として「公家及び武家の儀式上行事上の法式」と述べる。さらに「有職故実研究資料」として「(一)記録(特に日記・秘記)、文書(二)遺物(衣服とか裂地のごときもの)、遺構(例えば建築のごときもの)、遺跡(三)遺風(現行の神社等の行事、衣紋「着装法」)(四)標本(実物を象ったものである。例えば絵巻物、肖像画、古神像、その他の肖像彫刻)(五)伝説及び口伝(口伝とは有職家、例えば山科家とかいうごとき家に伝わる、衣紋法あるいは行事上の奥伝のごときものである)」とする。有職故実にとっての史料学ともいうべきものだが、有形無形のものをバランスよく分類している。また「有職故実研究の範囲」としては「江戸時代に研究された有職故実の研究範囲」という但し書きで、「官職位階」「宮殿及び殿舎」「調度」「服飾及び武具」「饗饌」「車輿」「その他の交通用具」「年中行事」「典礼」「娯楽技芸」「書札礼節」とする。これらが個々に一分野として成立しつつあることを指摘している。また、「有職故実研究補助学科」として歴史考古学、染織学、心理学、社会学、日本文学、日本美術史学、日本文化史学、民俗学を掲出する。学術的に有職故実学を整理して理解しようとする姿勢が読み取れ、同時にその研究法を確立しようとする意識は強く感じられる。このほかに「江戸時代に於ける有職故実研究法書としての職学大綱に就いて」(『学苑』三七八、一九七一、昭和女子大学近代文化研究所)「有職故実研究の方法に就いて」(同上　四〇三、一九七三)「有職故実参考文献解題―一―」(同上　五一六、一九八二)「有職故実参考文献解題―二―」(同上　五一九、一九八三)にも河鰭の有職故実観が読み取れる。

江馬務も桜井・石井ら以来の流れに位置づけられる研究者であり、風俗史におけるさまざまな斬新な論稿を上梓し続け、さらに関西圏を中心に多くの人材を育てるとともに、一般の人々への風俗史の啓蒙に尽力した。江馬は「有職故実」(河原書店、一九六五)の「緒言」で次のように述べる。

有職故実というのは、公・武家の制度習慣を研究する学問となったのである。この制度といい習慣というも、共にこれ人事であって、何等の機会に発した人事が遂に後世の基準となり、末永く伝承されたのであって、もちろんこれも風俗の一分野とも考えられるべきものである。ただ単にひろく風俗といえば、これは国民大衆の生活習慣までが包含されるので、ここに有職故実という学問が成立しているのである。

江馬の見解は近世以来の長きにわたる有職故実学の足跡について簡明だが本質をついている。本来、公武権力層の儀式・儀礼研究が起点であるこの分野は有職故実の力点がそれに偏重していたことを自然なこととして受け止めてきた。前掲の桜井・石村らも近世までの有職故実の担い手が権力者層の出身者とその周囲の者が多かったことを認識しながらも、それが庶民や社会的に下層にいた人々に注視しない結果をもたらしていることについては言及しない。「なぜ？　簡単なことなのに」とも思うが、それはそれで仕方なかったと考えるしかない。ただ、たとえば前に述べたように、桜井は指摘にとどまり、石村は問題の本質をより深く直言した。石村が直言できたのはなぜかと考えるが、おそらくは太平洋戦争後の一九五五年という時期であったことを考慮するべきかもしれない。戦前・戦中に比して、朝廷や公家社会に言及する学問の自由が得られたからこそ、と思う。そして、有職故実の新たな一歩を宣言したのは、前掲、江馬であり前掲書である。江馬は前掲書の「自序」で、「公武故実から民間に移る過渡期を記したことは、有職故実の新しい試練であり」と記している。すなわち、江馬は有職故実の研究の範囲を支配者層だけではなくこれら以外の庶民層にまで広げようとした。これはとても重要な試みであり、昭和戦後の自由な学問研究という時代背景を反映しているであろうし、江馬の研究業績は有職故実にとってエポックメイキングといえるだろう。ただ注意したいのは、江馬の思考には近代以来の有職故実研究の視野の限界が見えていたのではないだろうか。ここでいう限界とは閉塞感と言い換えることも可能であると思うが、いわゆる風俗史が有職故実を包含する、より広い視野であることを強く認識していたと考えられる。こうした江馬の視点はたとえば井筒雅風（一九一七―九六）らに受け継がれていった。

江馬のような非権力者層に目を向けようとする、戦後の有職故実のムーブメントとして無視できないのは、澁澤敬三による「絵巻物による日本常民生活絵引」全六巻に代表される民俗学からの業績ではあろう。華族であり政治家であり財界人であるという顔を持ちながら、民俗学にも傾倒した人物だが、専門的な研究者ではないということが、澁澤と本書に代表される澁澤の業績の評価を低くしている印象を抱く。しかし、後進の宮本常一、白鳥庫吉、梅棹忠夫、江上波夫、中根千枝、川喜多二郎、今西錦司、網野善彦など、多くの研究者を助けたことも見逃せない。本書は今でこそ有職故実や服装史をはじめ、あらゆる隣接分野にとって当たり前の資料になった絵巻物を素材とし、そこに描かれた事物に徹底的に名づけ・ネーミングを行なった。素材とした絵巻物が原本ではなく模写や粉本であったこと、加えて、名づけに誤解や明らかな誤りもあり、それが本書の評価を曖昧にしている。これは事実として理解しなければならないが、本書によって権力者層ではない「常民」すなわち庶民をふくむ社会の下層の人々の生活や習慣にスポットがあてられたことは評価されるべきである。日本の歴史を生きてきた、支えてきた名も無い人々の、従来の有職故実などでは目もくれなかった事物に歴史学全体の興味を導いたといっても過言ではない。筆者の興味から言えば、庶民層の服飾がこれほど豊かなもので多くの情報を持つことを知ったのは本書があったからであり、これが絵巻物などの歴史的な図像を見ていくためのガイドブックとなった（同じような経験をお持ちの方は多いのではないだろうか）。歴史上の芸術作品がもつ歴史的な意味を広く共有できるものとし、その歴史資料的な価値の存在を主張し、そして有職故実のもっとも手薄な部分を知らしめたともいえるだろう。

戦後の有職故実の先行研究をしめくくるのは鈴木敬三である。略歴等々は「国史大辞典」補遺に鈴木真弓氏が詳細に記しているのでここでは省略する。武具甲冑や公武の服制に通じた研究は、遺物に関する知識と絵画などによる知識との両輪で構成されている。「(中世日本) 武装図説」（新訂増補「故実叢書」、一九五四）「初期絵巻物の風俗史的研究」

（一九六〇）や「国語・国文資料集　有職故実」全三巻（一九六七）はその白眉ともいえる業績だろう。また豊かな知識を「国史大辞典」（吉川弘文館、一九七九〜九七）に著し、さらにこれを「有職故実大辞典」（同上、一九九六）に再編して刊行した意味は大きい。有職故実の専門的な辞典類は加藤貞次郎著・関根正直補「増訂有職故実辞典」（一九二三）が唯一であることを考慮するとその意味は計り知れない。また晩年に編集にかかわった『復元の日本史』全三巻（一九九〇〜九一）の序文は簡潔ながらも武士・公家・庶民の有職故実からの見解を端的に指摘する。後進の研究者にとっての指針とも言える。

鈴木の研究で非常に重要なのは、山科・高倉流といった衣紋道や近世の有職故実の知識と、文献・絵画などを研究資料として実証的に得られた中世以前の知識を切り分けたことだろう。その狭間で従来の有職故実にとって風俗史として一線を引かれていた公武権力層以外の庶民や下層民の服装等についても言及した。鈴木の研究事績の基盤となったのが古代末〜中世にかけての絵巻物であり、『源氏物語絵巻』『伴大納言絵巻』『信貴山縁起絵巻』『粉河寺縁起絵巻』に代表される初期絵巻物を詳細に検討した結果でもある。絵画を有職故実の検討に用いた鈴木の手法については後述するが、鈴木以前の単純な「参考図版」としての、イメージソースとしての引用などではなく、学術的に検討・諸問題を提起した点はより評価されるべきであろう（9）。

鈴木の研究でもうひとつ忘れてならないのは、初期絵巻物に代表される歴史上の美術作品の服装描写・表現の真実性を、可能な限りそれぞれの時代の技術で仕立てた服で確かめようとしたことである。注目するべきは、単純に古代・中世の服を再現するのではなく、それを人に着せて、絵画作品に見られる人物の図像とおなじような着装状況が再現できるかを確かめようとした点である。鈴木が編著者である歴世服装美術研究会編「日本の服装」上（次章参照、吉川弘文館、一九六四）は、こうした試みの成果であり、しかもその成果を写真という媒体を有効に使ってまとめあげたものだった。同書の「あとがき」は鈴木の有職故実の核心部分が自らの言葉で次のように語られている（同書については次章で触れる）。

最初、新調の装束は、形態さえ正確に復原したならば、現在一般に使用しているきれ地でもほぼ予期した着用姿に近づけられると考えていたが、歌舞伎の源氏物語における鈴木敬三の考証の結果に徴しても、当時と同様の織物を用いて、下着の類も完全に装備しなければ、古画の姿を彷彿することができないとわかったので（下略）

これは絵画作品と鈴木との関係を物語ると同時に、有職故実にとっての絵画というものを考える上で示唆に富んだ一説である。(10) かつて画家を目指していた鈴木は、(11) 絵画については単純に歴史上の服装を参照するあたかも「図鑑」のように使うのではなく、近世以来の復古大和絵が行なってきた「この服を実際に人が着るとどのように見えるのか、それを歴史上の絵画作品はどのように描いているか」という視点と共通の視点を持っていたことがわかる（次章参照）。歴史考証・風俗考証を可能な限り正確に追求したいわば「歴史劇」において、演者に着せる衣裳が絵画作品のように着付けることができない、という動機からスタートし、こうした問題意識で絵画作品を見つめ、そして文献史料等で得られた知見や疑問等を検証していく方法論であったことがわかる。この分野における実証主義の一つの典型例であり、鈴木の有職故実学の根幹をなす要素のひとつである。

四　有職故実と日本画家たち

ところで、有職故実にとって挿図は欠くことのできない要素である。言葉や文字では表現しきれない、そして受け取る側も言葉や文字では想像できないであろうことを説明する上では不可欠である。古絵画を例示したり、あるいは文字による説明を容易に理解できるようするために挿図や写真を用いる視覚支援の役割である。つまり有職故実という分野は絵画や図像というものに、ごく自然に馴染みをもっていたということになる。すでに近世の時点で古代・中世の有職故実関連の文献や実物遺品はかなり失われていた。古絵画にその遺制や知識を求め、類推するための起点とし、理解していたのは近世以来の研究法である。

こうした有職故実と絵画の関係は、松平定信（一七五九―一八二九）などの有職故実への興味に象徴される。政治家でありながらも学問に造詣の深かった定信は有職故実にとって基礎資料となる著作を多数著しているし、編纂作業を推進した。定信の関わった有職故実関連の文献等の特徴はどれも精細な挿図を伴っていることが多いことだろう。例えば『輿車図考』などで、古代末から中世にかけての文献史料は当然として、絵画作品を渉猟し、その情報を収集、取材して参考図版を作成する。同書における参考図版は『春日権現験記絵』『石山寺縁起絵巻』などを典拠として新たに描かれた復元図版である。また、谷文晁に命じて描かせた『公余探勝図巻』や、同じく定信の『集古十種』『古画類聚』などの編纂作業でもこうした古絵画を典拠とすることが多かった。絵画等を知識の媒介として展開していく有職故実の基礎研究の方法はこの頃に成立するものといえる。のち、近世以来の絵画を視覚支援として用いる研究法は近代の黒川真頼などに積極的に継受される。真頼は自著『日本風俗説』のなかで挿図を多用する。特に文献史料のみで実物遺品の僅少な古代の服飾等では復元想像図を活用せざるを得ない(12)。こうしたことから本章では近現代の先行研究を日本画、画家たちとの関連という視点でみておきたい。

前掲「歴史学事典」拙稿引用部分にも述べたように、国学の復古的な思想を享受した宇喜多一蕙、田中訥言、冷泉（岡田）為恭ら復古大和絵派の人々は王朝の文物を題材とする作品を制作するにあたり、古代・中世の図像類を模写して画家としての技量を身体で覚え、同時にその知識が蓄積されていった。有職故実の知識は字面だけでは理解が及ばないことから、絵画を「引用」したり参考にしたりする必要があり、たとえば復古大和絵の画家たちの力を借りることになる。たとえば、前掲の黒川真頼は有職故実における挿図・絵の効果を、おそらくは当たり前のように受け止めて自らの研究に反映させたといえるだろう。復古大和絵派の作画のプロセスを踏まえつつ、真頼は有職故実の知識を画家たちに指導して歴史的な題材の絵画化を行なうことに慣れており、これを活用して国体思想の具現化・視覚化に努めた。近代絵画史ではこうした歴史的な人物やエピソードを絵画化した一連の作品を歴史画と呼ぶ。歴史画について岡倉天心は『国華』創刊号（一八八九）において「美術ハ国ノ精華ナリ　国民ノ尊敬、欽慕、愛重、企望スル所ノ意象観念、渾化凝結シテ形相を成シタルモノナリ」と述べた上で歴史画の意味を「国体思想ノ発達ニ随テ益々スヘキモノ」とする。こうした国家の意思の反映で、大正・昭和戦前期には歴史画が多数描かれることになる。この問題については近代における美術のありかたと深い関連があり、すでに美術史において詳細で多岐にわたる深い議論が蓄積されているので、その研究成果を傾聴するべきであろう。[13]有職故実の知識は歴史画制作に活用され、さらに歴史画自体も国体思想の具現のために利用されていった。

前章で見たように、近代における有職故実の先行研究には大きく三つの流れがある。

一つめは猪熊浅麿や田中尚房、出雲路通次郎のような有職故実を実践することを基盤にして知識を蓄えていった人々である。前近代、朝廷や幕府が存在し、そこで実学として有職故実が実践されていたわけだが、近代となり、こうした体制は事実上廃止される。その結果、有職故実の知識が遺っている場所は、神社や神職、華族などに限定されるようになる。そのなかでひとつの研究上の拠点となったのが神社であり神職の人々だった。猪熊浅麿は父が国学者の猪熊夏樹であり、浅麿自身はかつて公家であった山科言縄・北小路随光らに有職故実の薫陶を受けた。『歴世服飾考』を著した田中尚房は北野神社宮司であり、自らの職との関連で有職故実に深い造詣を持っていた。出雲路通次郎は下御霊神社社司家の出身であり自ら社司をつとめた。二つめは、国学に端を発する人々であり近代国家のなかでは大学やアカデミズムへと結びついていった。または大学教育のなかで育っていった人々であり、古典研究などを主たる専門としながら有職故実の知識を蓄積していった人々である。明治初期の小杉温邨や黒川真頼、明治中期の林森太郎、明治末期から大正期・昭和初期にかけての関根正直（一八六〇—一九三二）、石村貞吉（一八七六—一九七三）、桜井秀（一八八五—一九四三）、河鰭実英（一九一六—一九八三）、江馬務（一八八四—一九七九）といった人々である。そして三つめの流れは、画業を生業としながらも創作活動上の必要性から有職故実の知識を有していた日本画家たちである。

ここで注目したいのは有職故実（と、その専門研究者）と画家との接点である。興味深い事実として、近代の日本画家で歴史画を描く画家たちのなかには、創作活動上どうしても有職故実関係の知識が不可欠であったことから、自ら文献を渉猟し、知識を持つ者に教えを乞い、「有職故実家」としての顔を持つ者が多い[14]。たとえば、明治期では、沼田月斎に四条派を学び、土佐光文に「やまと絵」を学んだ川崎千虎（一八三七—一九〇二）がいる。千虎は岡倉天心の依頼で東京美術学校教授となった等の経緯がある。武具甲冑に造詣が深かったが、これ以外の服飾などにも同じくかなりの知識を持っていた。またその薫陶を受けた人物としては戦前・戦中の小堀鞆音（一八六四—一九三一）と関保之助（一八六八—一九四五）がいる。小堀は、著名な武士を題材として作品を制作することから武具甲冑の描写を得意とし、その結果、有職故実・歴史考証を画業に実践した。一八九二年に岡倉天心や橋本雅邦らとともに「日本青年絵画協会」の設立に参加、一八九七年には東京美術学校助教授、一九〇八年には同大教授となる。小堀の弟子に安田靫彦（一八八四—一九七八）や前掲川崎千虎の息・小虎（一八八六—一九七七）がいる。関は、東京美術学校日本画科卒業後、同校教授を経て帝室博物館に勤務して文化財の収集・保存に尽力した。関から若くして薫陶を受けたのが古代の武器武具研究を確立した末永雅雄（一八九七—一九九一）、戦後の有職故実をリードし続けた鈴木敬三（一九一三—九二）である。

戦後もこうした有職故実と歴史画との関係は維持された。昭和二八（一九五三）年に前掲安田やおなじく日本画家である前田青邨（一八八五―一九七七）らが中心となり、新井勝利（画家）、江崎孝坪（画家）、小堀安雄（画家）、鈴木敬三（前掲）、羽石光志（画家）、山邊知行（有職故実・美術史家）、髙田義男（室町期より宮廷装束調進に携わってきた髙田家前当主）を世話人として歴世服装美術研究会が興された。この会は「（前略）古画や肖像彫刻に表現されている服装を一層深く理解するために、なし得る限り正確な模造品による復元着用の研究写生を主とする会として発足（下略）」したものだった。戦前以来の有職故実と歴史画の接点が再開されたが、ここではモデルに厳密な考証による歴史的な服装を図像を模して着せてみせることなどが行なわれた。またそれを写真に撮影して保存した。[15] 研究会の際には古代から近世にいたるさまざまな服装、数百枚におよぶ写真を撮影したといわれるが、すべてが公開されてはいない。こうした写真と研究成果の記録は、一部が同会と鈴木敬三が編著者となった前掲「日本の服装」上に、また髙田装束研究所のＨＰで閲覧できる（貴重な画像が多いことから関係者による一日も早い公開を望む）。

画家にとっては作画のための正確な知識を得ることのできる場であったといえ、この会に参加した画家（前掲安田や前田の門下の画家たちなど）がその後も歴史画を描き続けた。この会の興味深い点は画家、研究者、伝統的技術の保持者、演劇等の小道具作成者など、異なる分野の専門家たちが一同に会していることだろう。後述するが、文字資料、絵画、実物の専門家が結集するという、有職故実にとってもっとも理想的な研究環境が醸成されているのであり、個々がそれぞれにその専門性を生かしきった成果が「日本の服装」上に見て取れる。近現代の有職故実の研究史においては画期的な研究会であったと言えるだろう。

なお、これ以前もこうした種類の小規模な研究会は前述の画家たちを中心に諸所でさかんに行なわれていたし、おそらくは現在でも行なわれていると思う。小さな数人による勉強会のようなものから数十人・数百人を集める大規模なものまで様々だったらしい。前掲、歴世服装美術研究会は関東だが、関西方面では前述の江馬が主催したものが著名であろう。その経緯については日本風俗史学会編『風俗史学の三十年』(つくばね舎、一九九〇)に種々のエピソードとともに詳しい。これによれば一九一一年頃、江馬を中心に風俗研究会が創設された。猪熊浅麿、猪谷嘯谷、伊藤鷺城、井筒雅風など、有職故実家や画家、技術者などによって構成されていた。もとより京都を中心とする関西圏は有職故実を含めた風俗史が盛んな土地柄だが、画家や研究者、技術者が親交を深め、知識や情報を交換する場の例は意外にたくさんあったらしい。なお、この江馬の風俗史研究会は最終的に現在の日本風俗史学会になる。

近代有職故実を牽引したひとつの力として日本画、とくに歴史画の存在を忘れてはならない。ここに、一見、当たり前のように見過ごされてきた、実は意義ある結節点のあることを明記しておきたい。われわれは近現代の歴史画とその作家たちを、近世の復古大和絵派の画家たちの継承者として理解しがちである。公家や故実家から教えを乞い作画した、という事例に即してその延長線に位置づけ、あまりに当たり前のこととして理解されてきた感が強い。だが、近代以降、アカデミズムに属さない画家たちが有職故実を根底で支えていたことは紛れもない事実である。画家たちは研究者ではなく、論稿や書籍を著し雄弁に語ることはなく、作品を制作することで有職故実の知識を具体化した。そもそも画家は有職故実学の知識を披露するために作品を制作するのでもない。その知識は作画上のリアリズムを追求しリアリティの演出の一環にすぎなかったし、正確なものを描くことで、失われた「やまと絵」を取り戻そうとし、その縁のひとつとして過去の時代の精神性を得ようとしたのであろう。(16) 画家たちのこうした精神性の部分が近代国家において国体思想の具体化として利用されていく歴史画だが、作品と作り手たちの作業の過程は別のものである。戦後、有職故実はようやく国体思想から開放され、純粋な学問として歩き出したように感じられる。そして歴史画は大和絵の技法を現代なりにアレンジしてあらたな一歩を踏み出す。

五　有職故実の「現在」

近現代の有職故実の研究史を概観してきたが、有職故実の先行研究や研究の現状において忘れてならないのは、大学や研究機関に拠点を置くのではない多くの研究者が活躍している点である。着装に精通した山科・高倉流などの衣紋道の専門家、前近代から公武における調進に携わっている専門家、染織・縫製などの技術者、神職の装束や僧侶の法衣、博物館などのレプリカ作製に関わっている方、歴史的な服飾・風俗の愛好家など、諸方面からの蓄積がある。そして、こうした様々な研究者層を有する有職故実研究には、実物の着装・調進に重きをおく研究法、文献・絵画を用いた歴史学や国文学を基盤におく研究法に大別できる。前者は着装の実際を後世に伝えるために必須のものである。また調進を通じて、関連する品々の製作等に関する技術的な知識を伝えるために、その重要性はきわめて高い。後者は、研究資源を文献や絵画におくもので、服や服装・服飾品、関連する制度や習慣、武具・甲冑などを、創り出し使用した人々と育まれた環境、政治史や社会といった背景をあわせて、歴史学からの立場から解明するものである。この両者がいわば両輪となって近現代の有職故実は成り立ってきた。ここでは特に後者の状況についてみてみたい。

後者においては、研究内容のうえから大きな三種類の流れがみとめられる。

①　個別分化・専門特化した方向性

たとえば、ある一時期の特定の服を扱ったり、カテゴリーとして特定の一種類の服を扱ったり、あるいは服、道具、持ち物などのような特定の物品類、いわゆる「モノ」を考究する視点により叙述されるものなどが該当する。いわゆる「有職故実」のイメージはこの流れの研究を指すことが多い（有職故実関係の研究を積極的に取り扱う『風俗史学』（旧『風俗』日本風俗史学会）などを手にとって見れば枚挙にいとまない）。ひとつの物品を集中的に仔細に考究し知見を深めていくものである。「モノ」は、実見したからこそ知ることのできる知識が獲得できるし、いくら調べても疑問が湧き出すようにあらわれてとても面白い。だが、極めてピンポイントの知識の獲得に終わりがちであり、そこから得られる成果はおおむね同学の者や同じ興味を持つ者との間でしか共有できなかったり、あるいは別に歴史の大きな流れに一石を投じ、その波紋により新たな歴史学の視座が生まれるようなことは多くない。こうしたモノに即した研究法は、有職故実にとって不可欠であるし、賞賛すべきすばらしい成果が蓄積されているが、叙述の方向性を見極めていかないと諸分野・周辺諸学の研究者との共有は困難かもしれない。有職故実にとって王道ともいえる研究の手法だが、叙述の方法や実証の結果として何を求めるかが問われる。

なお、こうした研究の方向性は、古記録を読解したりする上での基礎学的な成果を生み出すものともいえ、有職故実の一般的かつ平均的な歴史学における位置づけといえよう。

②　概説的・通史的に物品類の変化や使用する人々との関連で叙述しようとする流れ

概して、有職故実というよりは服飾史・服装史というイメージで捉えられがちである。これは前述のごとく有職故実の視野を広げていくことを強調しておきたい。概説的・通史的に捉えることで、背景となっている社会集団・時代の特有な事情に気がつきやすいし、それに気がつけば社会集団・時代間の比較検討という観点を得ることができる。制度史や風俗習慣といった視点でも見ることがきる。また、「モノ」であっても変遷を捉えることが可能になり、その理由を検討するきっかけを探しやすくなる。反面、①のような専門特化した知識を蓄積しにくい場合も多い。適切な表現ではないかもしれないが、「モノ」から乖離した「机上の空論」と曲解されたり、事実そうなりがちな場合もあり得、充分な注意を要するだろう。

③　他分野からのアプローチ

多種多様な研究対象を包含する有職故実は隣接する他分野のそれと重複することが多い。近年は他分野からのアプローチが極めて盛んで、多くの問題が解明されつつある。有職故実学の知識だけでは果たせなかったことも多く歓迎すべき状況といえるだろう。③に関連して指摘しておきたいのは、他分野からの言及や研究成果により、有職故実学がまったく気のつかなかった重要な問題点やその提起のなされる点であろう。小論でも述べたように、近代、有職故実を日常の知識として理解していた「当事者」により学としての歩みをはじめたために、日常を越えるような広い視野を持ち合わせていなかった。また、石村や江馬の指摘するように、典型例を見出す静的な姿勢であったことも一因といえるだろう。

①②は、近代以降の典型的な有職故実研究の姿であるといえよう。これに加えて、特に太平洋戦争以後、③の流れが際立った成果を蓄積をはじめる。ここでは③のうち、有職故実に重要な影響を与えつつある、あるいは耳を傾けるべきであると考えられる代表的な研究を掲出しておきたい。

まず、第一に、猪熊兼繁『古代の服飾』（日本歴史全書　至文堂、一九六二）である。猪熊は『法史学』（世界思潮社、一九五一）などを著した法学者で、一見、有職故実との接点が見えないが、前掲・猪熊浅麿が父親である。浅麿は古典文学に造詣が深く、旧公家の山科言縄・北小路随光らに有職故実を学んだ。幼少より父・浅麿の装束調査の手伝いなどを通して当該分野に馴染んでいった。こうした環境のもと、法学研究に進みつつ、服飾と身分制に注目し、自らの法制史研究のなかに位置づけていった。特に大宝・養老両律令に取り組んだことは特筆に値する。猪熊と同じ流れに位置づけてもいいかと思うが、武田佐知子の『古代国家の形成と衣服制』（吉川弘文館、一九八四）がある。古代律令国家の法制とその身分秩序の視覚指標化である位階制度を、隋や唐から継受した服制を通じて論ずる同書は、有職故実が成しえなかった位階制度と朝服の関係を深く考察し多くの問題点のあることを提起した。また、朝廷の服制を考えるとき、個別の服装と位階・職掌を照合するにとどまりがちな手法はもはや歴史学には何の貢献もなしえないことをも明らかにしたと言ってもいいだろう。公武における服制とは何か、という最も基礎的でもっとも普遍的な問いかけの大切さを痛感させられる研究といえよう。

また、網野善彦『異形の王権』イメージ・リーディング叢書（平凡社、一九八六　のち、一九九三、同社の平凡社ライブラリーとして再刊）や石井進らの社会史的な視座とその諸研究、これをさらに発展させた黒田日出男『姿としぐさの中世史』イメージ・リーディング叢書（平凡社、一九八六　のち二〇〇二年、同社平凡社ライブラリーに『増補　姿としぐさの中世史』として再刊）『境界の中世　象徴の中世』（東京大学出版会、一九八六）や五味文彦、保立道久らの研究も然りであろう。特に黒田は歴史図像論の確立に精力的に取り組み、独自の絵画史料論を展開しつつある。そのなかで例えば人物表現を理解するための手段として服装や姿を重要視している。黒田は服と服装、そして「装う」「身に纏う」という行為の多様性とその意味を、背景となる社会とともに極めて明確に解明する。黒田の研究は、身分指標としての服・服装を考えるための発想がいかに大切か、公武支配者層とは対極に位置するであろう庶民や社会の下層民にもっと目を向ける必要のあることを物語っている。従来の有職故実や服装史が社会集団ごとに様々な服装を一覧列挙し、ひとつの服装を構成する「部品」としての服装・持ち物の名称を紹介するような手法では、モノに即した議論は提起できても肝心の着用者の所属する社会集団や場について使用区分を解明するにとどまり、そこから日本史全体に普遍可能な議論は困難だった。しかし、黒田は、服というよりもむしろ服装という単位で人の装いを捉え、着用者の身分や帰属する社会集団へと議論の枠組みを広げた。そして、特に有職故実が研究対象としていなかった庶民や社会においては下層に生きる人々、あるいは身分の枠を超えて生きるアウトサイダーに注目した点は特筆に価する。有職故実は公武支配者層のことを対象とした学問であったために、服や服装を媒介とした比較検討を公武間でしか行なわなかった。しかも、第二部でのべるが、公武は全く異なる服装の文化と歴史、制度に基づき展開していたことから、比較検討といった研究方法が効果的には活用できていなかったのである。黒田の社会史研究における服と服装についての視点は身分制社会の解明を研究目的のひとつとしているが、公武という閉ざされた社会集団から服と服装研究の意義を開放し、身分制社会とその社会で生きてきた人々、その人々の纏った服・服装の関係が、いかに前近代の社会の実情を反映していたものなのかを明らかにした。服と服装が身分制社会における視覚指標・差等表現の媒体であった事実が、有職故実や服装史・服飾史のみならず歴史学にとっていかに有効なものであるかを知らしめた功績はおおきい。また、有職故実が絵画や彫刻の服装を見るときに非常に見落としがちな絵画表現・彫刻表現という問題を、歴史図像論の提唱者という立場から指摘する。われわれ有職故実においても絵画を史料として扱うときの絵画史料論をしっかりと確立する必要性があることを痛感させられる。(17)

有職故実にとって非常に縁故の深い美術史においても、有職故実のありかたを再考せざるをえない成果が発表されている。たとえば米倉迪夫『源頼朝像　沈黙の肖像画』絵は語る四（平凡社、一九九五、のち『源頼朝像―沈黙の肖像画』（増補版）（平凡社ライブラリー）二〇〇六として再刊）がある。周知のように神護寺所蔵の「源頼朝像」「平重盛像」「藤原光能像」の像主比定を真っ向から覆し「足利直義」「足利尊氏」「足利義詮」を新たな像主として提起した。まさに衝撃的といってもいい内容の学説だった。美術史学界のみならず歴史学や周辺諸学が震撼した。伝・頼朝像は当たり前のように源頼朝の存命中、もしくは没後まもない時期の作品として理解され、さらに似絵の指標ともなる作品として理解されてきた。有職故実でいえば、院政期よりそれまでの柔装束に代わって流行する強装束の代表的な例示としてこの人物像を捉えていた。この三作品では描かれた人物を包み込む服装や装身具、太刀などに謎が多く、従来の有職故実の対処方法ではまったく対応しきれない。たとえば服装の理解でも伝・頼朝の着衣として描かれる縫腋袍はその輪郭線や文様、あるいは垂纓冠が、この像が一二・一三世紀の作である根拠とされてきた。しかし、米倉は面貌の目や眉、鼻、唇の表現と同一といってもいい作例が室町期にあることを示し、伝頼朝・重盛像の作期を下らせる問題提起を行なった。有職故実はこの肖像画の検討に際して、美術史の専門家の見解に耳を傾けず、しかも画面情報の理解よりも作品の周辺情報や像主の生没年による像主比定を鵜呑みにしてきた。そして考察の起点を一二・一三世紀という前提で進めてきてしまった。よって、像主の生きていた時代の有職故実的な事例に強引にすりあわせて考証をしようとしているように見える見解もある。ここは米倉の見解や美術史の議論を冷静に見極め、一方で白紙の状態からこの三像を考えるべきであろう。この事例は有職故実が絵画等、特に肖像画を検討するときに陥りがちな初歩的な誤解の好例であろう(18)。

永原慶二の絶筆である『苧麻・絹・木綿の社会史』(吉川弘文館、二〇〇四)も忘れてはならない。従来、衣料や服は服飾史や服装史、有職故実、風俗史のテリトリーのようなイメージがあるが、技術・生産・収取・流通・身分や社会集団等、政治・社会・経済・社会史上の諸問題が複雑に関連をもっている。そしてこうした諸問題が時代性や社会的な背景を鮮明にする。永原は社会経済史の視点から衣類の素材をめぐる諸問題を構造的に解析することで豊かな史実を明らかにした。本書により有職故実学、ひいては服飾史全般が実に広くて深い背景のあることを知りえるだろう。文献でも絵画でもない、いわゆる「モノ」資料の研究では、生産し、流通させ、使用した人間がいるはずなのに、その人間の存在を無視して語られてきた主客転倒の現象が起きやすい。有職故実が歴史学の一端に位置する一分野である限り、本書のような歴史学ならではの考察や見解を基盤とせざるを得ない。また、絹と苧麻、木綿という衣類の原料が身分制と密接な関係にあり、しかもそこに時代性も読み取ることができることに多くの示唆を得た。

ここに掲出した他分野からのアプローチは本当にごくごく一部である。このほかにも国文学や建築史など数多くの分野からも、近代以降、有職故実がテリトリー化してきた分野へのアプローチがある。こうしたアプローチに対して、「専門外ゆえの誤解がある」と一蹴してしまう意見も聞くが、それでは単なる排他的な考え方に過ぎず、有職故実にとっては後退といわざるを得ない。学として、有職故実は研究の方法論やその体系化が不十分な状態にある。われわれが思いもしないような考え方や指摘を周辺諸分野から受けたとき、たとえ否定的・批判的なものであっても傾聴するべきだろう。他分野からのアプローチを受け入れ、そして耳を傾けることをしないと、現在のままでは歴史学全体や周辺諸学と成果の共有ができなくなり、この分野は孤立することになる。ことの良し悪しとか正誤の問題ではなく、有職故実のみならず、いかなる専門分野でも発想には限界がある。決まりきった研究資源の中で思考をすすめることは、資源上の限界を認識した時点で閉塞感を覚え、思考を止めてしまう場合が多い。しかし、上記の諸研究を含め、政治・社会・経済・法制・外交・文化・家具・調度史、考古学、建築史学、民俗学、民族学、考古学、歴史考古学、文化人類学、社会人類学、国文学、美術史、社会学などの各専門分野と周辺諸学を援用することで有職故実の発想は無限に広がっていくし、反対にそれぞれに有効に活用してもらえるような情報を提供できる。学問におけるボーダーレスが常識となりつつある現在、他分野との接触のなかで有職故実学は着実に「再生」すると確信する。

六　本書所収論文について

本書は、いままでに雑誌論文として発表したものと書き下ろしのものを、筆者の関心と今後の研究の方向性を加味して大きく四部に構成した。

第一部「公武服制の成立と展開」は有職故実にとってあまりに常識的になってしまっている事柄を再検証する作業である。「再検証」という方向性は、本稿で概観した先行研究を丹念に読み込んでいく過程で生まれてきた。我々が当たり前のように使っている有職故実の用語の多くは何の検証もされていない。この問題を考えるとき、第二章でふれたように、近世から近代にかけて有職故実はすでに完成されたものに典型例を求めるものとなっていた。その結果、既存の語句や事物には特に疑問などは抱かなかったのではないか。こうした先行研究の「余韻」のようなものが現在の有職故実には色濃くみとめられる。なお、桜井・石村・河鰭・江馬・鈴木らの研究姿勢を高く評価し継受していきたいと思っているが、その一環として本序論がある。

第一章「「朝服」と「束帯」—用例からみた平安初期公家服制—」(『風俗史学』二四、二〇〇三)は、朝廷・貴族社会のトレードマークである礼・正装「束帯」に関して、基礎の基礎である名称から検討を行なった。まずは束帯という著名な服装が文献史料中にはどのように検出されるのか、という最も原初的な確認作業がこの論文である。七・八年前、「四庫全書」の『新唐書』中に「束帯」の語を見出したことがきっかけで、以後、「四庫全書」を総めくりすることになり、それが終わった時点で成稿した。第二章「直垂とはなにか—武家服制の原点再考—」は新稿で、二〇〇四年十月国史学会例会(國學院大學)でおこなった口頭報告を基にしている。「束帯」の時と同じく、既存の知識に疑問をいだき調査研究をすすめた。その結果、直垂をめぐる諸問題は、歴史における武士身分の誕生と展開と密接に関係する、とても豊かな歴史的背景をもった魅力ある素材であることがわかった。まだ未消化な部分も多いが、中間報告の意味も兼ねて収載した。第三章「武家肖像画と服制—長林寺所蔵『長尾政長像』をめぐって—」(原題「長林寺所蔵「長尾政長像」について—中世武家服制再考の素材として—」(『栃木史学』一九、二〇〇五))はこうした武家の服と服装・制度に興味を抱く過程で、偶然にこの肖像画の存在を知ったことが契機だった。また後述するが、美術史や歴史学で絵画作品を資（史）料として共有するための「画面記述」について意識しながら書いたものである。まだ考察が不十分なところもあるが、画面の変化、武士の肖像画の描き方の変化の背景に、古代末から中世にかけての武士と近世以降の武士の社会的な相違点が如実に反映されていることを知った。

第二部「年中行事と有職故実」では、平安期の儀式・儀礼と服装・調度の関係について述べたもので構成した。各論稿は、ある特定の行事や場・空間において服装・調度がどのような機能を持つのか、という問題意識が反映した内容となっている。換言すれば、自らの置かれた場・状況をどのように認識しているか、ということになろう。朝廷・貴族社会における服装は位職の視覚指標化であるわけだが、それ以外に、実は行事における諸役や、儀式儀礼を行なう目的、儀式儀礼自体の特質を端的に示す、という基礎的な問題について述べている。筆者は、服や服装を単体で扱うことよりもこうして儀式・儀礼の一部として考えていく方法論こそが、服・服装、そして服制を考える上でもっとも有効な方法であると考えている。

第一章「雷鳴陣について」（『日本歴史』五八三、一九九六）は、京都御所紫宸殿・清涼殿を実見し、建築の空間的な構成と雷鳴陣の人の配置がはじめて立体的に理解できたことで自分なりの解決の糸口を得て生まれた。行事内容の時代的変遷の理解を中心としながら、諸役の人々、天皇、調度類の位置、天皇の神事服「神態装束」に着目し、この行事の本質の解明を試みた。建築史や家具史との出会いであり、筆者の儀式研究の起点ともいえる論文である。第二章『『類聚雑要抄』の生まれた社会と時代―儀式・人・服装―』（『類聚雑要抄指図巻』川本重雄・小泉和子編、一九九八、中央公論美術出版）は院政期の有職故実の基礎資料のひとつである『類聚雑要抄』とこれを近世の狩野養信が絵画化した『類聚雑要抄指図巻』について述べるものである。(19) 具体的には『類聚雑要抄』所載の五節舞姫と周辺の人々の服装記事を解説した。宮中におけるもっとも厳粛な神事のひとつ、新嘗祭の最重要な行事内容に関わる人々が、その空間をどのように認識していたかを服装を通じて理解することができた。第三章「見返に描かれた「御簾」―賀茂別雷神社所蔵『賀茂祭古図巻物』―」（『栃木史学』一四、二〇〇〇）は第四部第三章「平安・鎌倉時代の賀茂祭使―餝車と過差―」の続編として書いたものであるとともに、御簾という調度の持つ機能について述べた。御簾を隔てて人と人が対面するとき、御簾一枚を隔てた両側の場・空間は相互にどのような関係になるか、そこで何が起きるのか、という考え方を試みた。

第三部「「中殿御会」の有職故実」は院政期から鎌倉・室町期を経て江戸時代まで行なわれた、中殿御会（中殿会）と呼ばれる和歌あるいは作文の行事を扱ったものである。筆者は柔装束と強装束の変化に興味を持ち、史料を渉猟する過程で、強装束の服装を示す実例として北村家本『中殿御会図』に出会った。この絵巻物を理解するための基礎作業として、行事としての中殿御会を調査し始めた。その成果が第一章「中殿御会の成立について」（『国史学』一四二、一九九〇）である。明らかになったのは、中殿御会が天皇代始の公的な和歌（作文）の会ということだった。平安時代末期、数多くの宮廷における儀式が衰微しつつあったのと対照的に盛んに行なわれるようになるのが、院政期の後三条天皇以降、急速に整備が進んだ宮廷和歌の関連行事である。中殿御会はこうした和歌関連行事の一例であり、しかもその最高位に位置付けられた。後鳥羽天皇在位期の『新古今和歌集』編纂以来、天皇たちは勅撰集を編纂するための人選を大小の歌会や歌合を通じて行なったと推定される。また、天皇が即位してから典型的ないくつかの大きな和歌の関連行事を行いながら、勅撰集編纂への流れを整えていく。行事としての成立過程や行事内容を検討して得た知識をもとに、中殿御会図の画面を理解しようとする作業の過程で多くの諸本の存在を知った。諸本系譜や御会図の伝存に関する文献類を蒐集・検討し、その成果を報告したのが第二章「中殿御会図の諸本と伝存関連資料」（『ＭＵＳＥ

UM』五〇六、一九九三）である。描かれた主題に関する知識と諸本系譜の検討から得られた知識をあわせて、ようやく「中殿御会図」の分析を行なったのが第三章「中殿御会図考―現状に関する一試論―」（『風俗』三一―一、一九九二）である。この絵をめぐる研究を通じて、儀式儀礼に検出される服装とその規定を正確に理解するためには、その行事の起源や変化などの徹底的な検証が必要であり、そしてその儀式儀礼が歴史のなかでどのように理解されてきたのか、どのような史料が残されているのかを調査する必要のあることを確認した作業であった。ひとつの服装にしても、それが使われる場・空間の一部として機能しており、このことを無視して服装だけを検討することは非常に危険であると考える。この儀式儀礼と服装の関係を考察する方法は第一部第一章「雷鳴陣について」以下、以後の筆者の研究法の根幹をなしている。

第四部「行列と乗り物の有職故実」は筆者の有職故実の特色のひとつである乗り物や行列に関するものをおさめた。第一章「牛車と平安貴族社会」は「車から駕籠へ―乗用者の意識変化―」（『古代交通研究』一三、二〇〇四）を全面補訂、改題したものである。朝廷・貴族社会の代表的な乗り物である牛車の成立と衰退について考察した。牛車に代表される朝廷・貴族社会の乗り物の特色を見極めるために、幕府・武家社会の駕籠との比較も試みた。全く異なる運用形態の乗り物だがその成立と展開には両者を育んだ社会集団の特性が明確に見て取れる。従来の交通史では道路や駅家、伝馬、関等とその制度についての研究は膨大な蓄積があるものの、そこで用いられる乗り物については極めて微細な研究しかない。これは近世以来の有職故実が乗り物を自らのテリトリー内のものとして独占的に理解していたこと、また、交通史の研究者も専門外として理解していたからではないだろうか。第二章「輦輿の雨皮」（『風俗』三三―四、一九九四）は筆者の乗り物に対する関心の原点ともなった論文である。偶然に知見を得た「雨皮秘抄」という輦輿関連の文献がきっかけだった（ごく一部の文章が『輿車図考』にも引用されている）。まずは筆耕した全文をいくつかの諸本で校訂し、ほぼ原文に近いものが復元できたと判断して一九九四年に「史料紹介『雨皮秘抄』」（『賀茂文化研究』三、賀茂文化研究所）として全文の翻刻を行なった。この史料の翻刻と同時並行で朝廷・貴族社会の乗り物の防滴具にも関心が生じ、史料を渉猟し、結果をまとめたのがこの論文だった。第三章「平安・鎌倉時代の賀茂祭使―餝車と過差―」（『栃木史学』一一、一九九七）は『賀茂祭絵詞』にのみ描かれる「餝車」とよばれる牛車について古記録の記事を中心に考察し、その種類や出現の時期を考察した。調査の過程で祭使の行列に随行するこの車には人が乗らなかったことを明らかにできた。現代の祭礼の山車や祇園祭の山鉾にも通じるものであった可能性が高い。しかし一番の関心事は餝車に象徴される賀茂祭の祭使の風流飾りが過差として公家新制の禁制の対象とされていることだった。前述のように有職故実のなかで終わってしまいがちな乗り物を風流、過差という視点から考察することで法制史などとの接点を求めることができたと思っている。貴族社会における乗り物ほど身分制を露骨に視覚指標化したものはない。

おわりに――有職故実の再生――

有職故実の現在に至る足跡をたどり、そこから掲出される様々な問題点について概観した。

有職故実の知識は、先人たちの惜しみない努力により今日まで伝えられ、さらに学問として次の時代に向かっての方向性を模索しつつある。これは前掲第三期に、公武権力層以外の人々に目を向けたこと、隣接する諸分野との関係で、歴史学の一分野として新たな展開点が醸成されつつあると考えるべきであろう。換言すれば、近代、前掲第一期・二期を通じて、実学から歴史学の一研究分野として再構成を試みてきた有職故実はなかなかそれを達成できなかった。しかし現代、学問として、歴史学の一分野として「再生」しつつある。歴史学・国文学の補助学的な側面も理解しているが、それ以上に歴史学の一分野としての独自性が追求可能な状況にあると考える。

早急に着手したいと思っているのは、前掲「服装の表象性と記号性―盤領と垂領―」について、より多くのエピソードを加え、豊かな内容を蓄積して発表の機会を得ることだ。前近代は身分制社会であり、その視覚指標としての服と服装を見据えなくてはならないと思っている。これは筆者にとって、自らの研究の核となるものである。服と装うこと、人と服、人と社会、服と社会、こうした服をめぐる問題を通史的に考える必要のあることを痛切に感じる。日本人は何を着てきたのか、身にまとってきたのか、という問題を考え、通史叙述としたいと思う。

また、平安貴族社会の服と服制については、再三述べてきた再検証の作業を続ける。これによって、有職故実の基礎研究を少しずつでもしっかりとしたものにしたい。そしてこの作業を進めることで研究方法や先行研究の研究上の体系化を進めていく。文官・武官、女装などオールラウンドな知識の蓄積に努めたい。特に注目しているのは、一〇世紀以降、位階制度と並行して平安貴族社会の身分秩序として行なわれた雑袍勅許、勅授帯剣、禁色勅許、輦車宣旨等は、公卿・殿上人・諸大夫といった新たな身分秩序の視覚指標化であり、昇殿制などとの関連で理解を深めたい。これらの制度は天皇との親疎に基づく律令外規定とも呼ぶべきものである。ここ十年ほどの拙稿で、折りをみては述べてきたことなのだが、総括をしたいと思っている。特に雑袍勅許については研究を進めていく必要性を強く覚える。律令外規定の解明により平安貴族社会の理解も進むと思っている。単に服装の位職による使用区分や識別にとどまらず平安貴族社会という社会集団の解明の一翼を担うことができればとも思う。

さらに武家社会、とくに幕府や武士の服制についても研究をすすめ、武士の職能としての戦争についても考えたい。ただ、これには武具・甲冑の基礎研究を進めなければならない。戦略・戦術が武士にどのような変化を与えたのか、戦争はどのように変わったのか、どのようなかたちで兵装としての武具・甲冑に反映していったのか。さらに武士の軍陣以外の生活にどのように影響しているのか。武家の儀式儀礼にどんな影響を与えたのか。軍記物語や合戦絵など史料には事欠かないのであり、すでに少しずつではあるが手をつけ始めている。武士の職能、そして政治権力としての幕府にまで言及することは、武士の有職故実研究にとって非常に豊かで大きな成果をあげられると思う。

以上のような作業を通じて、有職故実を学として歴史学のなかに位置づけ、さらに学として再生していきたい。(20)

注

(1)「歴史学事典」一一「宗教と学問」(弘文堂、二〇〇四)所載「有職故実」。

(2)武家社会の故実研究は幕府単位で進んできたといえる。鎌倉・室町・江戸というかたちでそれぞれに研究成果が集積されてきているが、問題点としては各幕府を通史的に考える有職故実的な理解は少ない。武家社会における儀礼が各幕府期固有の身分支配のあり方、政治体制等の影響をいかに受けたのか。たとえば服制にどのように反映されたのか、ということが比較検討可能な状態にはまだなっていない。

(3)本稿では先行研究を扱う場合、すべて敬称を省略する。本当はすべての人々に敬称をつけたいが研究史・学史という性格上、止むを得ない措置であることをお断りしておく。

(4)本稿でいくつかに分けて示すリストのもととなったのは、筆者が『日本史文献事典』(黒田日出男・加藤友康・保谷徹・加藤陽子編　弘文堂、二〇〇三)の編集協力者であったときに掲出した、収載希望の文献一覧をもとに大幅に加筆集成したものである。このうち、二〇〇三年の時点で更に絞り込んだ主要なものが本事典に項目として採用された。適宜、同事典を参照願えれば幸いである。これらの先行研究のほとんどは目を通して、筆者自身が自分の勉強に使ってきたものでバランスに欠くことはご寛恕を賜りたい。また、筆者は今までに公武服制や乗り物、儀礼について集中して研究してきた経緯があり、以後示す一覧は、こうした経緯に沿ったものとなっている。

(5)黒川真道『黒川真頼伝』(一九一九、一九七九改訂)佐藤利文『黒川真頼先生言行録』(『國學院雑誌』一二―一〇・一一、一九〇六)植木直一郎「先師の面かげを描く―文学博士黒川真頼先生―」(『國學院雑誌』四六―一二、一九四〇)昭和女子大学文学研究室著『近代文学研究叢書』第八巻(一九五八)永田清一「黒川文庫」(『実践女子大学紀要』二三集(一九八一)高塩博「黒川真頼」（『國學院黎明期の群像』国学院大学日本文化研究所、一九九八）拙稿「黒川真頼の「有職故実」」（『古代文化』五四―七、二〇〇二）。

（6）両氏の論稿は近代の風俗史と有職故実の学問的「位置」を明らかにする上で非常に多くの示唆を与えてくれる好論である。参考文献も豊富で、筆者も導かれた。今後の有職故実の研究史では両論を欠くことはできないだろうし、日本史の学史として確たる成果であると思う。

（7）興味深いのは研究史における大論争のようなものはいまだ見出していない点で、これをどう理解するのが妥当なのか、いまだ答えにいたっていない。ひとつ思いつくのは、有職故実が国体思想に取り込まれていく過程である種のまとまりと調和をもってしまったのではないだろうか。国家の政策に取り込まれてしまい、そうした自由さを失ってしまった可能性は想定される。

（8）この部署については機会をみて調べていきたいと思っている。有職調査部は当時の日本の有職故実研究者を結集して資料調査を行なったと聞いている。それが近代国家日本の国体思想の普及にどのように反映されていったのか、ということは近代日本の学史全体にも関わってくる問題であろう。またその成果をなんとか公刊というかたちで実現してもらえないものであろうか。大変な業績であると思うのだが。

（9）鈴木の薫陶を受けた研究者は多い。たとえば二木謙一、宇田川武久、池田宏、小川彰、近藤好和らがいる。

（10）「歌舞伎の源氏物語における鈴木敬三の考証」とは昭和二九（一九五四）年五月五日歌舞伎座初日（五月興行大歌舞伎）で上演された『源氏物語』六幕十二場（若菜上の巻・若菜下の巻・柏木の巻・横笛の巻・幻の巻）を指す。この上演で鈴木は「考証」すなわち風俗考証を手がけた。その他のスタッフは以下の通り。舟橋聖一（劇化）池田亀鑑（講修）谷崎潤一郎（監修）安田靫彦（美術）久保田万太郎・吉川義雄（演出）羽石光志・真野満（装置）篠木佐夫（照明）宮城道雄・宮川寿朗（作曲）藤間勘十郎（振付）。紫式部による『源氏物語』の演劇化は様々なかたちがあるが、歌舞伎の手法を演出等に生かしながら、歴史的な部分は可能な限り原作の時代を再現しようと試みる舞台については、北条秀司編『北条秀司劇作史』（日本放送出版協会、一九七四）、『放送劇源氏物語』（宝文館、一九五七）、栗山津禰『紫式部学会と私』（表現社、一九五九　後、一九八九年に同社より「拓きゆく道／紫式部学会と私／伝記・栗山津禰」として復刻）、上坂信男『源氏物語転生―演劇史にみる』（右文書院、一九八七）、山本二郎「源氏物語と舞台芸術」『近代の享受と海外との交流』源氏物語講座九（勉誠社、一九九一～九三）などに詳しい。ほか、宝塚歌劇団関係の文献にも『源氏物語』の演劇化については詳述するものが多い。

(11) 日本の歴史上の絵画作品は「やまと絵」の系譜を引くものであるから、当然のごとく線描で構成される。鈴木が絵画作品に描かれた服と服装がどうすれば再現できるのかにこだわった理由のひとつは、おそらくこの線描により構成された図像を画家の目で見ていたからではないだろうか。やまと絵の線描は何気なく描かれているように見えても、一本の線描の微妙な曲線や強弱の表現に材質やその質感のようなものを込めていることが多い。こうした繊細な表現技法としての線描は、鈴木がもっとも強く関心を抱いていたと推測される初期絵巻物に多用されている。中世以降の御伽草子や近世の初期風俗画ではほとんど目にしなくなってくる技法であり、このことが初期絵巻物に描かれた図像の推定復元に直結していると思う。

(12) ただし、その典拠を示さなかったり、復元想像図であることを明記しない点は問題がある。

(13) 美術史において近代の国家と美術史・美術作品との関係、現代における美術史の足どりなどについての見直しが八〇年代から行なわれつけてきた。たとえば、北澤憲昭『眼の神殿—「美術」受容史ノート』(美術出版社、一九八九)佐藤道信『〈日本美術〉誕生 近代日本の「ことば」と戦略』選書メチエ(講談社、一九九六)同『明治国家と近代美術』(吉川弘文館、二〇〇〇)鈴木広之『好古家たちの19世紀 幕末明治における《物》のアルケオロジー』(吉川弘文館、二〇〇三)などは非常に参考になる。

(14) どうして画家が有職故実の知識を蓄積できるのであろうか、という問いが自然に生まれるだろう。日本画の歴史画を専門とする画家たちは、修行の初期において絵巻物などの模写を徹底的に行ない、前近代の古典的作品の作画のノウハウを実践を通してからだで覚える。この作業は単純に模造品を作るのではなく、トレース画を作るのでもない。鉄線描の方法、線画の技術、彩色法、画面構成(構図)などを自ら試行錯誤の中で模索しながら再生産することでその技術を身につけていく。画家を志す当時の人々にとって模写という学習は古典的絵画の技術や作画上のセンスを身体で覚える目的のほかにもうひとつのねらいがあった。それは個々のもつ我流の打破である。基礎的な技術習得以前の個人の描き癖や悪い意味での我流の部分を消去して一から建て直す目的もあった。この作業のなかで画家たちは、線画の意味を体得していく。線描は単純に輪郭線ではないことを知る(注11参照)。たとえば、線描を通して、古典に描かれた人物像などの服装を実に細かく観察をしているのである。画家は仕組みの理解できないものは模写であってもうまくは描けない。仕組みのわからないものを作画することは絶対に不可能である。結果的に、自ら調査したり、師に聞いたりしながら有職故実の知識が自然に身についていく。次のステップとして、古典の作画を「模写する」という行為を通じて身につけた画家たちは、オリジナルの創作へと進み応用力を鍛えることになる。蓄積した有職故実の知識を駆使することになるが、このパターンであると構図などが古典に類似してくる傾向が生まれる。しかし、人物表現などで、古典には見られないようなものを作画しようとすると、ポーズは決まるものの、服装などがわからない。模写したことのないものは知識が蓄積されるはずがないからだ。そこで実物を目前にして検証する必要性が生じ、さらにそれをモデルに着せて実際に着用した状態を実見してスケッチするという経過を追うことになる。衣紋掛けに懸けられた状態や床に広げられた状態での服は、たとえ実見して手に取ることができても、中に人が入っている様子は描けないのである。こうしたプロセスを経るためには、たとえばそうした古典の作品に出てくるような服装がいまだのこっているところ、たとえば、神社や神職を訪ねたり、あるいはそうした服装を調進する技術者に教えを乞うたり、ということになる。こうして有職故実の知識が画家たちに蓄積されていく。以上のような画家が創作活動を行なう上での有職故実の知識との接点は、われわれ研究者の研究プロセスとよく似ている。とくに近現代においては、古代末期から中世などの服装は、当該期の絵画や彫刻などを参照するが、神職などのいわゆる神社有職の知識とは一致しない点が出てくる。しかも、衣紋道というかたちで継承されている公武の服装の着装には中世末期以来の山科・高倉という流派がある。基本的には近世を基盤としているのであり、やはり、古代末期から中世初・中期の服装とは一致しない点も多い。そこで絵画などに参照する復元推定、検証という作業が生まれるのである。有職故実の側から言えば、文献史料に現われる服・服装や武具などを絵画に見出し、描かれているものと同一のものを調達し、それが絵画に描かれた通りに使えるものか否かを検証する。文献⇕絵画⇕実物という往復運動を繰り返すということになる。前掲の歴世服装美術研究会ではこうした一連の作業に必要なすべての人材がそろっていたといえるだろう。

(15)　この研究会については『日本の服装』上「あとがき」でも編著者・鈴木敬三が概略を述べている。

(16)　同時に近世以来、狩野派、住吉派などのような、ある種のパターン化した作品を描き続ける作風に対するアンチテーゼとして同時期の復古大和絵派を位置づけることも可能であろう。

(17)　「図像の歴史学」(『歴史評論』六〇六、二〇〇〇　のち、『増補　姿としぐさの中世史―絵図と絵巻の風景から―』に収録)参照。また、近年、絵画と歴史学の関係を鮮やかに描き出したのが藤原重雄「中世絵画と歴史学」(『日本の時代史30　歴史と素材』吉川弘文館、二〇〇四)だろう。歴史学の多くの研究者が興味をいだき、おもしろい、と思っている中世絵画だが、いったい何がそんなに魅力的に見えるのかを正確に叙述している。そして何よりも美術史と歴史学が絵画をめぐって何を互いに考え、揶揄しあっているのかが明快に示された意味はとても大きいだろう。言い古された表現だが「お互いにとって何が問題なのか」を、知ることができる。幸いにも、研究史を非常に丹念に蒐集・検討してくれていることもありがたい。絵画を扱う以上は美術史の研究史を紐解かねばならないが、そこから何を学ぶべきなのかを考えるための指標となることは疑いない。有職故実のみならず、服装史のみならず、すべての歴史学の研究者にとって中世絵画という未知の海への「海図」が示されたように思う。

(18) 神護寺三像については筆者も言及する機会を得た。「伝・頼朝像論」(特集「日本史の論点・争点」)(『日本歴史』七〇〇、日本歴史学会、二〇〇六)参照。鎌倉時代に制作された初期俗人肖像画と服装の問題は別稿を準備している。

(19) この論稿は川本重雄氏・小泉和子氏らが科研費の援助を受け行なっていた研究プロジェクトの最後期に参加して書いたものである。お声をおかけくださった川本・小泉両氏には深甚の謝意を表したい。

(20) 今後の研究の方向性に関して次のように考えている。①前掲桜井・石村・河鰭・江馬・鈴木らの見解を継受する方向。すなわち、動的な研究を蓄積していき、歴史の中に埋没してしまった有職故実の知識等を明らかにする。その一方で、既成の常識となっているような事柄でも再評価をしなおし、新たな発見や問題点の提起を行なう。公武支配者層のみならず庶民や社会の下層民にも目をむけていく。②モノをそこで終わらせずに使用者・状況・場を常に念頭において、たとえば儀式儀礼の一部、もしくはその最小単位としてみていくような視点を続けていくこと。③積極的に周辺諸学を取り入れる。対話を決して惜しまない。④研究の起点はあくまでも歴史学であるということ。以上の四点である。

第一部　公武服制の成立と展開

第一章　「朝服」と「束帯」
——用例からみた平安初期公家服制——

はじめに

「束帯」とよばれる服装がある。纓のついた冠、黒もしくは赤色の上着（袍・襖）、後方に牽く長大な下襲の裾、そして白い表袴。寛濶なシルエットの束帯姿は平安貴族のイメージそのものとなっている。有職故実学的・服装史的にいえば、平安時代以来、皇族や貴族の正装として理解されてきた服装である。様々な資料中にあまた見出されるこの束帯だが、この服装は八世紀の『大宝律令』『養老律令』で定められた朝廷の服装規定中の「朝服」が起源であり、これが何らかのプロセスを経て「束帯」へと変化していく。

その呼称である「束帯」は脈絡も無く突然に一〇世紀の文献資料にあらわれる。そして、律令で定められた同義の「朝服」の語とともに併せてその用例が文献資料中に頻出するようになる。当該期以後、朝服を祖とする「束帯」姿は皇族・貴族の正装として、文献・絵画をとわず様々な状況・場に散見される。用例を検討する限り、前掲の朝服と同じく着用者が正装を義務付けられる、あるいは正装を要求されるような場・状況——参朝・儀式・身分的に優位な者との対面など——での使用が検出される。しかし、この束帯の語源や、朝服と同義で用いられる理由、その意義についても有職故実学や服装史ではあまり触れられてこなかった。本稿は有職故実学や服装史の立場から「束帯」という服装の出現について考察する。文献資料中の用例について注目し、特に「束帯」の前身である「朝服」との関係を考え直してみたい。というのも、令制に定められた「朝服」が突然史料に現れる「束帯」の語と併用され、そして取って代わられていくことは奇異と言わざるを得ないからだ。どのような経緯をもって「朝服」と併用されるのか、「束帯」の語源は何なのか。疑問は尽きないのである。なお、紙幅に限りがあるため、すべての実例を掲出することは不可能であり、代表例のみの掲出にとどまることを最初にお断りしておく。

一　朝服と束帯、問題点の所在（1）――八―一〇世紀の朝廷の服制――

さて、本章では古代の律令制下における朝廷の服制について概観しておきたい(1)。

古墳時代の人物埴輪に散見される衣褌・裳姿が、六世紀末〜七世紀初の推古朝・七世紀中の天武・持統朝を経て、袍袴・裙姿に変化する。当時の朝鮮半島や中国で用いられていた服装の様式が西日本を中心に時間的・地域的偏差を包含しながらゆっくりと伝わり、これが在地の首長層の目にとまり、日本在来の服装に融合されていったことを意味していると推測される。一方、中国大陸や朝鮮半島からの渡来人が盤領を身に着けていたとも考えられている。文献史料が無いために推測の域をでないが、後述する律令国家の身分指標のような徹底した法制の一環として導入されたものかどうかはわからない。むしろ、地域首長クラスの、海外からもたらされる先進的なものへの興味、これが支配者の視覚指標へと転化されていった可能性もあるだろう。そして七世紀末のわが国の律令国家としての体制の整備を期に、服制（服装に関する法制度）として国家的規模で導入される。

当時、大陸・朝鮮半島の国々は先進的な中央集権の律令国家であった。こうした国々と遣隋使や遣唐使に代表される外交使節を通じて、先進的律令国家の物品・制度・学問などが積極的に導入された。東アジアのなかで律令国家としての成長を遂げようとしていた当時の朝廷は、国家を整備する過程で隋や唐の法制を範とする法体系の導入にも積極的だった。そして、推古朝の『冠位十二階』を嚆矢として、まずは冠の仕様や色による差等の指標・冠位制を採用する。天智三（六六四）年には二十六冠位制まで拡大するが、天武一一（六八二）年、この冠位による朝廷内の身分指標は廃止される。そして位階に基づく官位制度とこれに伴なう位階相当色を視覚指標とする服制へと移行を始める。服制の整備は孝徳・天智・天武・持統天皇の時期を通じて、朝服の母体ともなるものが改訂を繰り返した後、漸次、形成され、現在では失われてしまった文武朝の『大宝律令』で集大成される。「又服制（中略）皆漆冠、綺帯、白襪、黒革舃、其袴者、直冠以上皆白縛口袴、勤位以下者白脛裳（下略）」という、日本の在来の服装である縛口袴や白脛裳が混在するものであった（『続日本紀』大宝元（七〇一）・三・甲午条）[2]。さらに、朝服を構成する個々の衣服の変更などを経て、少しずつ唐風の朝服へと近づいていった。文武四（七〇〇）年には初めて製衣冠司が置かれる（『続日本紀』同年・十月壬子条）。国家的規模、組織的な服装の官給制を推測させる（後述）。また、これまではなかった礼服が大宝二（七〇二）年に採用されるなど（『続日本紀』同年一月己巳条）、朝廷の服制は八世紀初頭に一気に整備が進む。

そして養老二年（七一八）、『養老律令』中の「衣服令」（以下、『衣服令』と略記する）により、大宝令以来の服制における累積的な変更が収斂され再構成される。『冠位十二階』以来の服制の変遷のプロセスは単純ではない。古墳時代以来の在来の服装と中国・朝鮮半島からもたらされる服装が、ゆっくりとした段階的な融合を経て、ようやく衣服令にいたったと理解される[3]。

元来、服制を定める目的は身分差等の視覚化にある。服装を身分の視覚指標として利用すること、と言い換えることができる。何らかの組織や集団の中での身分秩序は服装の形状や素材の色・文様・材質で示されることが少なくない。律令国家でも例外ではなく、唐令、ひいては衣服令などにおいても同様であった。すなわち、服制の基本的指標は位階制度に基づくもので、各官位とその相当色（官位相当色）により視覚化された。これを位色、あるいは当色と呼ぶ。(4)その意味で律令国家における服制は身分の視覚指標であり、身分秩序の維持に不可欠で重要な法制度であったことは言うまでもない。(5)

さて、養老の衣服令では、a即位・大嘗祭・元日朝賀などの諸行事で皇太子・親王・諸臣・内親王・女王・内命婦、五位以上の官人が用いた礼装としての「礼服」、b初位以上の官人の公服としての「朝服」（文・武官の別アリ）、c無位の官人以下が用いたと考えられる「制服」、が男女ともに規定された。現存する歴史資料において、養老衣服令は大宝律令に次いで定められた、国家規模の構成員に対する服装の成文による法規定であるというのがその歴史的意義といえるだろう。さらにその内容に注目して有職故実学・服装史の視点からその意義を以下の三点に集約できる。

① 位階とその相当色、これを衣服の最上衣に示すことが再設定されたこと

② 律令官人が参加する儀式を二段階かそれ以上に階層・構造化し、それによって礼服と朝服（制服）の使用区分を設定した

③ 礼服と朝服、両者を構成する衣服の種類と名称、組み合わせを規定したこと

①の目的と意義は前述の通りである。ここで定められた位階とその相当色は、位階の細分化と収斂や服装の生産と供給などの影響を受けて幾たびもの変遷を経て、一九世紀の幕末まで引き継がれていく。③で示した様々な服が制度化される中で最上衣に位色を示すことのみが前近代を通じて行なわれたことを考慮すると、むしろ位色を最上衣に示すことを明文化し再設定したことの意義は大きい。②は天皇の代始の諸儀や元旦朝賀などと一般政務や歳事には一線を画し、それぞれに礼服・朝服の使い分けを規定したわけだが、これは唐律令の継受であることを示している。単に服

装の被服構成を唐律令に倣っただけではなく、唐風の儀礼制度を踏まえた上での服制であったことが確認される。③は①とも密接に関わっているが、位色に準拠した最上衣や、袴、冠、履物などからなる礼服・朝服（制服）など、視覚的な序列がなされたことになる。朝廷の天皇を頂点とする一貫した身分秩序・位階制度が確立したといえるだろう。

　これ以降、文献資料や絵画史料の少ないことから、朝服から束帯への変化、特に、具体的な被服構成や形状などは不明な点が多い。文献資料で断片的・かつ部分的に知りえることもあるのだが視覚的な具体的理解には及ばない。文献資料に絵画史料などが加わり、広範な知識の得られるようになるのははるかに時代が下って一一世紀ごろとなる。しかし、数少ない文献資料中で、断片的ながらも朝服から束帯への変化という観点で注目される記事がある。『日本紀略』嵯峨天皇の弘仁九（八一八）年三月丙午条の次の一文である。

　其朝会之礼、及常所レ服者、又卑逢レ貴而跪等、不レ論二男女一改レ依二唐法一、但五位已上礼服諸朝服之色、衛仗之服、皆縁二旧例一、不レ可二改張一

衣服令制定から一世紀が経過した九世紀はじめ、服制に関する諸規定はかなり弛緩した実態であったことを推測させる。「不論男女改依唐法」とあることからみて、朝廷における儀礼や上下の礼をはじめとして朝服に用いられる位色など、「唐法」からかけ離れた実態であったことがうかがわれる。（6）重要なことは、九世紀のはじめ、令制に定められた服制はその使用実態において制度からかけ離れてきてしまった状態で、範とした唐風に復すべく軌道修正しようとする動きのあったことである。はたしてこの嵯峨天皇の詔が現実にどれほど反映したのかは推測の域を出ない。ただこの嵯峨朝のおよそ一〇〇年後、「束帯」の語が唐突に文献史料中に現れ、いかなる理由でか朝服は束帯と呼ばれるようになる。

二　朝服と束帯、問題点の所在（2）——研究史の概観——

では「朝服」と「束帯」の出現について先行研究における蓄積を見てみよう。(7) 紙幅に限りがあるのでごく代表的な研究のみここでは取り上げる。

桜井秀は『日本服飾史』（雄山閣出版、一九二四）で、「衣服令所定の服制は、必ずしも完全な強制力を持つものでもなかった。また制定以後にも、少しづゝ絶江ず変化があつたらしいのである」（一二〇頁）として、朝服から束帯への変化については具体的に扱っていない。朝服には「少しづゝ絶江ず変化があつた」とし、その延長線上に束帯がある、というニュアンスである。また、関根正直『服制の研究』（古今書院、一九二五）では、詳細に当該時期の服装について解説・検討するものの、桜井と同じく朝服から束帯への変化については具体的には触れない。この時点までは、明治期の有職故実学に造詣の深かった和学者・黒川真頼であっても著書『日本風俗説』中では丹念に文献資料を追い検討するが、朝服から束帯への変化については触れない。明治期以来、学史としてはこうした問題は扱われなかった。

こののち、鈴木敬三は『服装と故実―有職故実図解―』（河原書店、一九五〇、後『有職故実図典』として再刊〈吉川弘文館、一九九五〉）で朝服と束帯について前代の諸研究よりも詳細に記述した。すなわち「「衣服令」によれば、即位・朝賀などの朝廷の儀式に際して五位以上の料とした礼服と諸臣参朝の料としての朝服、および無位の官人または庶民が公事奉仕の場合に着る制服とに分類して、すべてを唐風そのままに採用した。そしてこれが後世まで装束制度の規範となった。これより、いよいよ唐風を謳歌して模倣につとめることとなるが、時代の下降につれ次第に我が国民性に合致するように改造されていった」（四頁）とする。また、束帯とその成立については「唐風模倣の装束は、平安時代に入るとともに漸次わが国固有の習慣・嗜好に基づいて改修が加えられた」（七頁）、さらに「これに対して、朝服は常に上下の官人によって広く使用された結果、各部に改訂が加えられるとともに華麗になり、袖・裾口などは次第に拡大されて、総体にきわめて寛濶なものとなり、地質・文様。色目に於ける意匠の好みと相まって唐風模倣の域を脱し、一種わが国独創とも見られる服装となり、束帯として形成された」と詳述する。また、河鰭実英『有職故実―日本文学の背景―』（〈塙選書〉塙書房、初版一九六〇、改訂版一九七一）は、まず「朝服は官人が常の参朝に用いた服である」（八四頁）と規定する。そして「平安時代から朝服が国風化されて束帯という儀服となり、更にそれが簡略化されて衣冠が生まれ、直衣という私的の衣に発達した」（八六頁）という鈴木同様の試論を提出する。

近年、鈴木は前掲書の説を補強・深化させた。『国史大辞典』所収「朝服」で朝服を「朝廷内で着用するように規定された衣服」と規定した。さらに「石玉飾りの革帯を佩用するのを特色とすることから束帯と呼ばれ、『伊呂波字類抄』には「朝服（束帯）」としている」と束帯の語源に触れている（吉川弘文館、一九七九～九七、後『有職故実大辞典』吉川弘文館、一九九六に収載）。また「束帯」では「令制の朝服は、唐代流行の官人所用のイラン系の胡服の継承であり、平安時代に至って、その和様化とともに束帯と呼ぶのが例となった。『延喜式』には束帯の名称による規定はないが、『西宮記』には冬の臨時の祭に「出御御束帯」と伝えている」と述べ、朝服から束帯への変化について前回の見解の補強を行なっている。上記の記述のほかに注目されるのは、礼服の衰微と朝服（束帯）の「格上げ」についての指摘である。「朝服」の項で、官人の衣服は官製賜与（官弁）が基本であったが、天平十三（七四一）年の礼服私備（私弁）以来（『続日本紀』同年十月十四日条）、朝服も私弁となり過差の生じるようになったとする。これを前提に「礼服は経済負担の過重から弘仁十四（八二三）年以来、即位の大儀に限る装束となり、代わって朝服が、年中の恒例・臨時の行事にも広く採用されて登場し、石玉飾りの革帯を佩用するのを特色とすることから束帯とよばれ（下略）」とする。朝服（束帯）は官人への官弁による支給が困難になった結果、私弁となり、それでも調達の困難なことから天皇以外は使わないものとなる。そして官人たちは本来、礼服を着用すべき場であっても朝服をこれに代えた、とするのである。また礼服の代用としての側面が朝服の重要性を底上げし、束帯へと変化するという推論は非常に納得のいくものであろう。前掲書より踏み込んだ視点であり、更に深く広い視野での見解と理解される。

衣服令の服飾についてもっとも詳しく論じているのは、猪熊兼繁『古代の服飾』（日本歴史全書、至文堂、一九六二）であろう。法学者としての令文解釈は合理的かつ明快であり、その隅々まで目配りをしている。しかも衣服令全体との兼ね合いを考慮しつつ細部について行論しているので非常にバランスの取れた見解と言えるだろう。『令集解』の注釈に記された『古記』すなわち大宝令にいたるまで視野に入れている点も注目される。天武朝の服装の改革以来、朝廷がどのように服制を整備してきたかという問題意識、その流れに衣服令がどう位置づけられるべきか、という視点を持っているのである。さて、猪熊は朝服について礼服の使用規定を視野に入れつつ「この「朝服」は「朝庭公事則服」之」と定められていたのである。（中略）この朝庭（廷）の公事のなかには、大祀大嘗元日というもの含まれているもので、ただ五位以上だけが礼服の制によることになり、六位以下はすべてこの朝服を着用して元日はじめ大祀大嘗の神事までも奉仕したのであった。とすれば、実は朝服というものが衣服令の中心であるはずであった」（一六七頁）と衣服令の中心を朝服として理解している。そして朝服から束帯への変化については服装と住生活の関連が大きいことを指摘しつつ「あの「束帯」という特殊な服装（中略）これらは上述の「朝服」が発達したように言われている。しかし、問題はどうしてこれらが形成されたのかという点にある」とする（二〇三頁）。

猪熊の問いの意味は大きい。前章の服制の概観でも述べたように、嵯峨朝に「唐法」＝養老律令に回帰した服装である可能性を持ちながら、その一方で先行研究では「国風化」、すなわちわが国独自の変化を遂げた服装であるとする考え方も並存するのである。一見したところ、この矛盾にしか見えない状態はどのように説明がなされるべきなのだろうか。猪熊の問いかけに答えを用意するとすれば、こうした矛盾をも解決する必要があるということになろう。さらに、着装者の側の意識や時代背景・社会状況を考慮していかなければならないだろう。朝服が束帯と呼ばれる服装に変化していく過程で何があったのか、そこにはいかなる事情があったのだろうか。

三　「束帯」の文字とその検出状況

「朝服」という呼称は『衣服令』に明記されて以来、律令官制・国家における公用語として通用したものであることは明白であろう。ところが「束帯」という呼称に関しては誰が、何時、いかなる理由で用いだしたのか判然としない。『論語』公冶長第五の「赤也束帯立於朝、可使與賓客言也（赤や束帯して朝に立ち、賓客と言はしむべし）」が語源であるとする説もある。語源としてはひとまず納得できるのだが朝服に代わる呼称として出現する事由としては不十分な気がする。さて本章では、古代の服制史の概観と先行研究の成果に導かれつつ、文献資料中に見える最初期の「束帯」の文字とその用例に検討を加えたい。

八世紀末〜一〇世紀、いわゆる平安時代初・中期は、量・種類の面から見ても文献資料の残存状況は必ずしも豊富ではない時代であろう。こうした前提で、対象とする文献類は、史書、古記録、儀式書、法書・法文の四種類に大別される。まず、『六国史』のような史書だが、これらには束帯の文字は見出せない。『六国史』最後の『日本三代実録』が天安二（八五八）〜仁和三（八八七）年までの記事であり、そこには「朝服」の文字が見られるのみである。たとえば清和天皇貞観十四（八七二）年五月十九日条では「勅遣参議正四位下行左大弁兼勘解由長官近江権守大江朝臣音人向鴻臚館、賜渤海国使授位階告身、(中略)録事高福成、高観、李孝信並従五位上、品官以下並首領等授位各有等級、及天文生以上随位階各賜朝服」とある。位階の視覚指標としての朝服という原義を維持している用例である。

続いて古記録類をみていくと、藤原忠平(九〇七―九四八)の日記『貞信公記』、醍醐天皇皇子重明親王(九〇六―九五四)の日記『吏部王記』、藤原師輔(九〇八―九六〇)『九暦』等に「束帯」の文字が見られる。[8] 一〇世紀初・中期には既存のものであったことがわかる。一方の朝服の検出状態をみてみると前掲『吏部王記』では確認できる。[9] すなわち「朝服」「束帯」の両呼称の過渡期がこの一〇~一一世紀の初・中期と仮定される。[10]

次に儀式書類では、源高明(九一四―九八二)による朝廷の諸儀式について記された『西宮記』以降、「束帯」の呼称が確認される。日記類と同じ検出状況なので「束帯」という服装はすでに一〇世紀には存在していたことが確認できる。しかしながら『内裏儀式』(弘仁九(八一八)年以前遠くない時代の作か)『内裏式』(弘仁一二(八二一)年)『本朝月令』(一〇世紀前半)『新儀式』(応和三(九六三)以降)『清涼記』(一〇世紀)なども同様に「束帯」の語は見られない。

最後に法書・法文すなわち律令格式や律令注釈書類だが、現存する一〇世紀前後のものには『令集解』の衣服令「武官礼服条」注釈の次の一例を除いてまったく見つけられない。

加繡裲襠〔謂。一片當背。一片當胸。故曰裲襠也。釋云。儀禮鄭玄注曰。直心背之衣也。釋名曰。裲襠者。其一當背。其一當胸也。故曰裲襠也。音都堂反。顧野王。裲作兩字。古記云。裲襠。謂懸心背之衣也。其一當背。其一當胸。故云裲襠也。鉤䩞。謂曲鉤也。䩞音。刃列反。束帯端謂之䩞。但其造令不見也。備云鉤。謂釋奠礼服帯鉤是。但䩞未作耳。三衛主帥。謂左右衛士府使部。衛門・部是。衛士鞋謂烏鞋也。(下略)

やや不明な点もあるのだが、武官の礼服で使用される裲襠(うちかけよろい)に関する本文ならびに注釈であり、小稿で取り上げている服装としての束帯ではなく別物についての記述である。武官は礼服着用時、最上衣である位襖の上に儀仗用の前身・後身で身体を挟み込むように装着する甲冑の一種「裲襠」を襲ねた。その際に裲襠を前後身頃を固定する為に石帯のような金具のついた革帯を用いたと見られる。その革帯の金具を理解するためにおそらくは最上衣の上から最後に装着する革帯（石帯と同意か）＝「束帯」を参考に持ち出していると理解される。この注釈は天平一〇（七三八）年頃に成立したと考えられている「古記」である。「古記」とはいうまでもなく、本来は『大宝律令』の注釈であり、これが『令集解』でも再度引用された。したがって、この『令集解』中の「束帯」の例は八世紀前半の「束帯」という裲襠に附属した物品を指していることになる。束帯の語源という観点からすれば、古記注の作られた八世紀前半には「束帯」という語が存在したことになるが、服装ではなくこれを構成する物品類の名称であったことになる。

文献類に見られる平安時代初期の「束帯」という呼称の検出を通じて次の諸点が指摘できる。

一点目は、朝服と同義の語句としての「束帯」が見出せない代わりに、「位服」「本位服」「位袍」「位襖」「位御服」「朝衣」「常服」といった名称が頻繁に用いられること。用例を検討するとその多くが朝服の用いられる場・状況での使用であり、同時に「束帯」という呼称を入れ替えても支障のないものばかりである。たとえば『西宮記』第二巻「臨時三」装束部では「一、大嘗会　卯日（中略）同御禊日装束、天皇位服（中略）公卿以上束帯、（下略）」とある。天皇の束帯姿で用いられる位袍は黄櫨染袍と麴塵袍の別があり、臣下が束帯姿で礼装することを考慮すればここでは黄櫨染袍を着用するのであろう。束帯の使用例との併用例であることから興味深い用例であろう。また、『九暦』天暦三（九四九）年三月二十二日条の「殿上賭弓、未時参入、今日不着位服、著赤色服、在昔上達部如此之、在昔上達部如此之間、必不着位服〈云云〉」や『小右記』正暦二（九九一）年九月十六日条の「公卿着靴、侍臣脱橡表衣、着位袍」等も好例として掲出しておく。要するに「束帯」の呼称が広範に用いられる以前に、あるいは用いられても問題のないような場・状況でも、上記の諸文献では「位服」「本位服」「位袍」「位襖」「位御服」「朝衣」「常服」といった呼称が既に使われていたという点である。これらの名称は、朝服の本来的かつ具体的な機能、すなわち「(自らの)位階の視覚指標としての服」に注目したものであることが字面からわかる。これらは史書、古記録、儀式書、法書・法文など、文献の種別に関係なく用いられ、しかも文献によっては「朝服」と併用されているのである。すなわち、上記の「位服」以下の呼称は「朝服」と同じく当時の官制では公用語、もしくはこれと同程度の公性の強い呼称として通用していたことを示唆しているのではないか。「位服」以下のこれらの呼称と「朝服」、そして「束帯」は相互にどういう関係にあるのだろうか。そしてその使用区分はいったいどこにあるのだろうか。というのも、おおよそ一〇世紀という一時期に「朝服」「束帯」「位服」「本位服」「位袍」「位襖」「位御服」「朝衣」「常服」等が並存して使用されていた。しかし、以後の時代で「束帯」のみが多用され残っていくのは何故か、という問題が提起されるからに他ならない。再三、述べているように「束帯」はその語義が明確とは言い切れず、しかもきわめて唐突に文献上に現れることを考慮すると、なぜ後世にこの呼称が「朝服」に代わるものとなっていくのかという疑問は強まるばかりなのである。

二点目は、官撰の文献類には束帯の文字は見出せないということ。史料の伝存状況には検討の余地があるとはいえ、『六国史』などの史書、『内裏式』以下『新儀式』にいたる官撰の儀式書類、格・式などの法制とその文言、『令義解』のような官撰注釈書や法書などには「束帯」の呼称はまったく見出せないのである。一方の私的な日記類や『西宮記』のような私撰儀式書、『令集解』のような私撰注釈書等には束帯の文字が散見される。さらにいえば朝服の呼称とともに併用が確認される場合もある。両呼称が一〇世紀を境に併用され、時代の下降とともにその使用頻度は朝服を凌駕する。これは非常に興味深い検出状況といえ、「束帯」という呼称が律令官制・国家における公用語の語彙系に属するものではなかったことを推測させる。明法家たちも「束帯」という呼称を朝服と同義とは直ちに理解していなかったのではないだろうか。「朝服」が律令本文で用いられる法文の語彙であるのに対して「束帯」という呼称は明法道では用いられない語彙系である可能性を示唆しているのではないだろうか。対する「朝服」が、衣服令本文で用いられ、しかも『令集解』などの注釈書にも用いられているということは、依然として全ての官人の間で通用する公用語であったことを示している。同様にその検出状態から「束帯」が公用語ではなかったと推測されるのである。

以上、一〇世紀前後の文献類を中心に「束帯」の呼称の検出状況について概観した。「束帯」という呼称をめぐって新たな知見を得ることができた。

四　「束帯」の用例と古代末期の公家服制

さて、本節では「束帯」という朝服の別称の濫觴について考察を加えながら、平安期の公家服制について述べることとしたい。

「束帯」という呼称の語源は前節で述べたような段階的な呼称の定着が推測されるものの、実はもうひとつの可能性がある。それは「束帯」が日本独自の語彙系によるものではなく、律令制の範とした唐からの典籍などを通して入ってきた「外来」の語彙系の可能性である(11)。

元来、朝服を含めた当時の服制は唐律を継受したものであった。律令格式や史書などに用いられる公用語に付随してこうした語彙が同時に流入したと考えるのは無理の無い理解であろう。当時の官人たちの知識体系を支えたのは日本律にみられる「学令」であり、そこで行われた教育はやはり唐令の学制を範とした(12)。官人たちは官吏養成機関である大学寮に行き、『学令』(養老律令)等によれば、『孝経』『論語』を必修として、明経道では『礼記』『春秋左氏伝』『毛詩』『周礼』『儀礼』『周易』『尚書』『春秋公羊伝』『春秋穀梁伝』、紀伝道では『三史(『史記』『漢書』『後漢書』)』『文選』、明法道では『律令』、算道では『孫子』『五曹』『九章』『海島』『六章』『綴術』『三開重差』『周髀』『九司』などが、それぞれ注釈書とともに教科書として採用されている。[13] このほかにも『晋書』、大学寮以外の個人の学習では『荘子』『老子』『白氏文集』『群書治要』なども読まれた。現存する奈良・平安期の文献類からはこうした書名しか確認できないものの、読まれても記録されなかったものや記録された文献が失われてしまった場合もあるので、より多くの文献が読まれていたと考えるべきであろう。

これらには「束帯」の語が用いられているものも少なからず検出され、学生が大学寮で講読する上記の文献類を通じて「束帯」の語を学んでいったことは間違いない。たとえば「束帯」の用例は『前漢書』に一例(巻六三)、『晋書』に四例(巻七〇、七五、八八、九四)、『郝氏続後漢書』に一例(巻四一)の計二例、『隋書』に一例(巻四五)がある。ただし、こうした中国側の文献類にみられる「束帯」の用例を検証していくと、[14] 固有の服装名を指す文字ではない。唐では通常の参朝服としての「朝服」や「冕服」(衣服令でいう「礼服」)を「章服」と総称する傾向が強い。また科挙によって資格を得た、あるいは人格面で優れた官吏を「士大夫」と総称し、こうした人々の正装の意では「衣冠」という文字を使うが礼装のニュアンスのほうが強い。[15] というのも唐律令の服制では「衣」の文字は冕服で用いられる、現在の和服のような襟元の垂領の服を指すことが多いことによる。[16] 一方の「束帯」の用例は基本的に「正装」として威儀・容儀を正す、といった意味で使われているとみられる。「衣冠」の語句との使用上の差異は明確ではないが、威儀・容儀を整える正装という意味での使用であることは確かであろう。以上から、漢・晋・隋などでは、正装という意味では「衣冠」のほうが一般的な呼称であったと推測されるが「束帯」の呼称も同義の呼称として使われていたと推定される。

また「束帯」の語の継受の経路として忘れてならないのは、遣唐使として渡唐した者が、自らの唐での見聞や体験、当時、最先端の学問知識であった典籍類を間断なく持ち帰ってくる状況である。渡唐した人々自身が、リアルタイムで当事の唐の服制に関する傾向や実態を伝えてくれる媒体であったと考えるべきであろう。そして『旧唐書』なども遣唐使の手を経て日本に輸入されたこと、あるいは彼ら自身が唐で講読をしてきたことは十二分に考えられるのである。

ところで、平安時代初期、特に一〇世紀前後の朝廷では束帯をはじめとしてどのような服装が用いられていたのだろうか。これを知る上で非常に有用なのは『西宮記』第二巻「臨時三」装束部であろう。元来、『西宮記』は大部の文献であり、しかも諸儀式に関する本文や先例を蒐集した勘物などが分量的に非常に多い。服装の記事も官撰の儀式書類に比して詳しい。なかでも装束部の天皇の諸儀式における服装の記事は、用途、構成、慣習などにおいて貴重な情報を提供する。付随して臣下の服装も散見される（臣下についてはむしろ各儀式の本文・勘物の部分に詳しい）。源高明の活躍していた一〇世紀の朝廷の服制・服装の実態が具に理解できる。同書の当該記事を読んでいると、いわゆる公家の服装の大多数が一〇世紀段階で成立していたことがうかがわれる（もちろん名称と実物の照合作業はいまだ不完全で今後急務として取り掛かるべきであると認識しているが……）。

これらの服装の名称を見ていると、ある共通した特徴のあることに気づく。それは、用途や仕立て方、材質などが直接的に名称に反映している点である。たとえば直衣は「ただぎぬ」すなわち通常の普段着としての着衣、狩衣は文字通り狩猟用の野外での着衣、下襲は（最上衣の）下に着重ねる着衣、単は裏地の無いひとえものの着衣、水干は素材が水張りして干した布帛、といった具合である。「位服」「位袍」「位襖」なども位階を示す服装ということになろう。『大宝律令』『養老律令』以後に官人の服制が画一的に定められたことは第一節で述べたとおりだが、なかでも広く官人たちの用いた朝服の服制は、官位相当色を最上衣の生地に用いて視覚指標化する役割を果たした。そして、もう一点、小稿で指摘しておきたいのは、古墳時代から部分的に輸入されていたと推測される盤領というまるえりの衣服、衣服令以降は「袍」「襖」とよばれる位服が最上衣として公的に採用されたことであろう。令制で定められた服制が当時の官人たちの生活に馴染んでいく過程で、官人の服制および服装習慣上、最上衣として「袍」「襖」を身に付けることが正装として認知されていったとも推測されるのである。したがって朝服という大きな枠組みの中で、基本的な盤領といった被服構成を維持しつつも(17)、使用者の身分や、用途・仕様に応じて種々の名称や仕立てが生み出されていった可能性を示している。祭祀等における着衣・服装は別にして、盤領という服装様式の枠内の実質的な頂点に位置するのが、天皇・臣下の別なく束帯ということになるだろう。

「束帯」について考えてみると「石帯をもって(最上衣の上から)着ている衣服を束ねる着装法の服装」という前提に基づいての命名と理解される。つまり「束帯」という呼称は着装法が直ちに反映されているということになる。その一方で本章で述べてきたような中国の文献類や遣唐使の体験等を通じて、正装の意味での「束帯」の語句の継受の可能性が高いことを考え合わせると、こちらの意味合いが反映されたとも推測される。『衣服令』の『令集解』注釈中の「束帯」は革帯を指していると見られるが、これ自体も中国から継受したと考えるべきだろう。しかし「古記」の記された八世紀中頃はいまだ正装の意味での「束帯」を直ちに意味するのでなかったといえるだろう。そこへ随時、文献類や遣唐使を通じて正装としての「束帯」が継受され、既存の「束帯」の語意と融合し、一〇世紀に至り、朝服を示す語彙として通用・定着していったのではないだろうか。

おわりに

有職故実学では当然のこととして使われている「束帯」という語彙だが、細かく調べていくと意外な背景のあることがわかってきた。長きにわたって朝服を意味する「束帯」という呼称の語源について考えてきた。ここでは若干の補足をしつつ要点をまとめておきたい。

『大宝律令』『養老律令』において古代律令国家の服制が定められた。なかでも朝服と呼ばれた官人の服制は、官人の身分秩序・位階制度の具現であり、自らの位階を規定された色の上着（袍・襖）を着ることで視覚指標化するものであった。この朝服は一〇世紀にはいると『束帯』と呼ばれるようになるが、すでに八世紀中頃、着重ねた衣服の最上衣の上から締める革帯を「束帯」と呼ぶ習慣があった。のち、官人の知識・教養の基盤にあった中国の文献類や遣唐使によってもたらされる唐の諸知識などにより、当時の唐で用いられていた正装を意味する「束帯」の呼称が継受され、既存の語意と相まって、朝服を「束帯」と呼び習わすようになったのであろう。しかし、この「束帯」という呼称は公用語ではなく、あくまでも通称として用いられた可能性が高い。服装の名称が用途や仕立てなどを直裁に示しているという観点からすれば、「束帯」は正装という認識が示されているといえるだろう。

『大宝律令』『養老律令』は唐より継受した律令をわが国の既存の制度や習慣、諸事情を加味して作られた律令国家の根本となるものであった。その後の政治状況や諸事情に律令が対応できない部分が生じたときには、施行細則としての格・式がその補足をしつつ発布・施行されていった。しかし、あくまでも、その原点は両律令であったことが、服制においても遵守され続けたと考えなければならない。「朝服」が公用語として用いられ「束帯」が非公式な「通称」的な語彙として用いられたのはこのような律令国家ならではの事情があったのだろう。明法道にしても紀伝道にしてもこれを教授した大学寮は『養老学令』にもとづいてその教科が行なわれ、とりわけ当時の法体系の担い手たちの育成のための後者は『律令』を教科書としていた。服制に限定して言えば衣服令の条文に使用されない「束帯」の語は公用語にはなりえなかったと理解される。一方、そうした大学寮で用いられる教科書としての中国の文献類に正装の意での「束帯」は散見されるのであり、すでに大学寮で学ぶ四道の学生たち—やがて律令官人となる—の知識として蓄えられていたのである。さらに遣唐使などからもたらされる当時の中国での知見は「束帯」が正装の意で用いられる風潮を助長したのであろう。当時、中国からもたらされるいわゆる「漢籍」「漢学」は最新の知識・教養の源泉であり、これに親しみ、身につけていくことが好まれたことはいうまでもない。たとえば漢詩の作文会や漢詩集が数多く作られていたことはその裏付けるとなるだろう。

唐律継受後、日本律に定められた各規定は時間の推移とともに当時の朝廷に同化していった。前掲、『日本紀略』嵯峨天皇の弘仁九（八一八）年三月丙午条のように、天皇自身により諸事にわたって唐風への原点回帰が提唱された。同庚辰条には「是日、有制、改殿閣及諸門之号皆題額之」とあり、皇居の殿舎・諸門には名称を記した額が掛けられているが、これも唐風の名称にしたほどの徹底したものだった。朝服を束帯と呼ぶ風潮はこの唐風回帰の流れの中でいかなる影響をうけ以後の時代に受け継がれていくのか。それは今後の課題として取り組みたい。また、衣服令制定前後の朝服姿を絵画化したと考えられている高松塚古墳壁画中の男性像や『伝・聖徳太子像』などをみるとき、我々、現代人のイメージする平安貴族層の一一世紀ころの「束帯」とは、やはり大きく異なる印象を受けるのである。たとえば、束帯着用時に後方に長く引く下襲の裾がある。しばしば過差の禁令に抵触するものとして『政事要略』「糺弾雑事」に列挙されている下襲の裾は、いったい如何様な経緯を経て朝服に組み合わされ、束帯の構成要素へと変わっていくのだろうか。また、文官の束帯姿の最上衣、縫腋袍の襴の蟻先は、本来の襞状の入襴がどのような経緯を経てあのような、身頃の左右に大きく張り出す形状となったのであろうか。朝服という服装がいかなるプロセスを経て束帯姿のような衣服の形状と組み合わせへと変化していくのだろうか。このような疑問も、本稿で触れたような中国からの継受という視点で見つめなおす必要があると思う。

「束帯」のように、歴史上の用語として、または有職故実や服飾史の専門分野の用語として、ごく当たり前のように用いている語句類だが、用例の再検討から様々な情報が得られることが明らかになった。そして非常に未知なる背景等の存在することもわかってきた。基礎研究を可能な限り早急に蓄積していくことで、語句に該当するものをより立体的に、そしてその命名の背景にはどんな問いかけが潜在しているのかを明らかにできよう。こうした問題こそ有職故実学や服飾史にとって、隣接する諸分野との議論が可能になる前提といえる。斯分野においてはいまだ多くの基礎研究が必要な事項が手付かずのまま放置されていることを確認しつつ筆を擱きたい。

注

（1）　本章で述べる服制史の概観は次章で取り上げる先行研究によるところが大きい。

（2）　本書で引用・参照した史料は以下の刊行物を用いた。新訂増補『国史大系』吉川弘文館（『養老律令』『令義解』『令集解』）『日本書紀』『続日本紀』『日本後紀』『続日本後紀』『日本文徳天皇実録』『日本三代実録』『日本紀略』『延喜式』『政事要略』『類聚三代格』）、『大日本古記録』（『貞信公記』『九暦』『小右記』『御堂関白記』『後二条師通記』『殿暦』）、『史料纂集』（『吏部王記』）、『神道大系』（『西宮記』『内裏式』『内裏儀式』）、『群書類従』公事部（『本朝月令』『新儀式』）、『清涼記』和田英松纂輯　森克己校訂『國書逸文』新訂増補（国書刊行会、一九九五）、『四庫全書』（原田種成編『四庫提要　訓點本』汲古書院、ならびに文淵閣本『四庫全書』影印本）。

（3）　律令制に朝服が規定される前後のプロセスにおいては、近年、武田佐知子氏や増田美子氏の詳細なご研究があり、飛躍的に多くの疑問点や課題が掲出され、さらに多くの問題が解明されつつあるので参照願いたい（武田佐知子『古代国家の形成と衣服制』

（吉川弘文館、一九八四）、増田美子『古代服飾の研究―縄文から奈良時代―』（源流社、一九九五））。

（4）なお、当色は、狭義には一〇・一一世紀頃より朝廷の年中行事・臨時公事などに奉仕する官人の、当該行事上の職掌を示す服装や持ち物類をさすことが多くなる。

（5）衣服令は朝廷の服制の根幹をなすものであることは疑いない。しかし、単体では服装構成の羅列、目録のような印象を受ける。これをより深く多面的に理解する上では『令義解』『令集解』といった後世の明法家による注釈書は欠かせない。律令本文、注釈、ともに難解だが実に多くの重要な情報を含んでいる。また律令は歴史学・法制史の膨大な先行研究の蓄積があり筆者も多くの示唆を得ている。律令に関しては様々な研究成果が発表されているが、近年のもので入門書として最適なのは水林彪・大津透・新田一郎・大藤修編『新　体系日本史2　法社会史』（山川出版社、二〇〇一）であろう。律令のみならず各時代の法制史研究の動向や現状、基礎的な概説が成されている。同書を手がかりに芋づる式に先行研究をさがしていくことも可能である。

（6）『続日本後紀』仁明天皇の承和九（八四二）年十月十七日条には「九年有詔書、天下儀式、男女衣服、皆依唐法、五位已上位記、改従漢様、諸宮殿院宮門閣、皆着新額、（後略）」ともある。

（7）先行研究という点から言えば、例えば『群書類従』装束部所収の各文献、あるいは一〇世紀以降の各種の官撰・私撰の各儀式書、おなじく宮廷官人たちの日記類なども含まれるだろう。だが、ここでは近代以降の研究成果を先行研究として扱う。

（8）『貞信公記』九四五（天慶八）年二月二十四日・同年四月二十日条、『吏部王記』承平六（九三六）年正月四日条、『九暦』延長八（九三〇）年八月十七日条・天慶元（九三八）年九月七日・同七（九四四）年十二月十一日・同九（九四六）年十二月二十六日・同年十月二十八日など。

（9）天慶七年五月五日・承平八年二月七日条など。

（10）参考までに古記録類に検出される朝服と束帯の対比をごくかいつまんであげると次のようになる（『古記録名』（記事の期間）「朝服」の用例数・「束帯」の用例数）。『九暦』（九〇八〜九六〇）三・七、『小右記』（九八二〜一〇三二）一四・六七、『御堂関白記』（九九八〜一〇二一）一・二〇、『後二条師通記』（一〇八三〜一〇九九）〇・九五、『殿暦』（一〇九八〜一一一八）二・五三九、となる。明らかに「朝服」という呼称の使用頻度は減っていくのである）。

（11）「束帯」の文字は、清朝の一七八一年に乾隆帝の命により編纂された『四庫全書』を調べると經・史・子部で一三一三箇確認できる（史部のみで七九四箇所）。これだけを見ても「束帯」という語彙は中国でも使われている語句であったことがわかる。

(12)　参考文献　桃裕行『上代学制の研究』(吉川弘文館、一九四七、のち『桃裕行著作集』第一巻「上代学制の研究」(思文閣出版、一九九四)に収載)著作集第二巻「上代学制論攷」(思文閣出版、一九九三)、斯文会編『日本漢学年表』(大修館書店、一九七七)など。

(13)　中国の文献を教科書として用いる上で重要なことは、特に様々な注釈書類を併せて学んでいることだろう。時代的にはるかに以前の文献を使っていた結果、そこから得られる知識が古典的なものであったとしても、大学寮の学生にとって比較的近い時代の注釈書を用いていれば、関連する知識は近い時代の周辺情報で補足される。また、注釈の著された時代の知識や本稿で問題としている語彙系も新しい時代のものが自然に学ばれる。これは前章でとりあげた衣服令と『令集解』の注釈との関係にも言えることである。

(14)　中国の古代律令所載の服制に関しての先行研究としては、古典的と評する者もいるが、原田淑人の『増補　漢六朝の服飾』(東洋文庫、一九六七)、『支那唐代の服飾』東京帝国大学文学部紀要　第四(東京帝国大学、一九二一)が入門書としては最適であろう。原典主義であり多くの図版類を収載しているので理解しやすい。このほか、『中国衣冠服飾大辞典』(上海辞書出版社、一九九六)も豊富な巻頭図版と明快でわかりやすい本文で使いやすい。巻末に参考文献一覧があり、本稿も本辞典の学恩に浴することしばしばだった。

(15)　第一節で『続日本紀』文武四(七〇〇)年十月壬子条に「製衣冠司」なる組織の設置されたことを記したが、これは日本の朝廷が「衮冕十二章」、すなわち礼服を律令に規定・施行するための官司であったのだろう。

(16)　「衣冠」の使用例は、計九三例(『前漢書』巻二三・二五上・二六・四〇・四三(二例)・五八(二例)・五九・六〇・六五(二例)・六八など、他一六例、『晋書』巻一二・二一・二五・二九・三三・四四・六六・七一・七九・九一など、他一五例、『後漢書』巻一四・一六・一九・四九(二例)・五七(二例)・七一・七三(二例)・七四・七六・七八など、他一〇例、『?氏続後漢書』巻三二・六九上・七三上・八二・八三下・八四中下・八六上・八七中上、『後漢書補遺』巻二・三・四・五・一五・二〇・二一)『隋書』巻二・七・一一(二例)・一二(八例)・一四(四例)・一五(二例)・二一・二六(二例)・二七(二例)・二八(二例)など、ほか二二例)が確認される。これら各例の検証は稿を改めたい。

(17)　拙稿「服装の表象性と記号性―盤領と垂領―」『日本歴史大事典』第三巻特集項目(小学館、二〇〇一・二)。

補論

二〇〇四年、中国の西安市で日本の遣唐使の墓誌が発見されたことは記憶に新しい。墓誌とは死去した人物の遺骸を埋葬する際に哀悼の意と生前の事績等を石に刻んでともに埋納する副葬品である。埋葬されていたと見られるのは「井真成（せいしんせい／いのまなり）」なる人物だが、日本側の記録には名前が見えず人物の特定にはいたっていない。

一昨年八月、東京国立博物館において「遣唐使と唐の美術」展があり、この墓誌が展示された。筆者も足を運んだが、墓誌を熟読して本稿の内容と非常に深く関係するものであることがわかった。

その墓誌銘は以下のようなものである。

［井真成墓誌銘文］

贈尚衣奉御井公墓誌文并序

公姓井字真成国号日本才称天縦故能
□命遠邦馳聘上国踏礼楽襲衣冠束帯
□朝難与儔矣豈図強学不倦聞通未終
□遇移舟隙逢奔駟以開元廿二年正月
□日乃終于官弟春秋卅六　皇上
□傷追崇有典　詔贈尚衣奉御葬令官
□即以其年二月四日窆于万年県滻水

□原礼也嗚呼素車暁引丹旐行哀嗟遠
□兮頽暮日指窮郊兮悲夜台其辞曰
□乃天常哀茲遠方形既埋於異土魂庶
帰於故郷

※旧漢字は常用漢字に修正

不明な点の多い遣唐使の実像を垣間見ることのできる資料であり、今後の研究が待たれるものである。日本に生まれて唐で学問を学ぶために遣唐使として派遣されながら、開元二十二（七三四）年三十六歳の若さで死去した。死を悼んだ玄宗皇帝は「尚衣奉御」という官職を贈った。そして長安東郊に埋葬された、という内容である。

この墓誌で注目するのは「踏礼楽襲衣冠束帯□朝」の部分で「礼楽を踏み衣冠を襲ね束帯して朝に立つ」と読むべきであろうか。唐王朝の官吏としての礼儀や教養をしっかりと身につけ、身だしなみも整え礼・正装して朝廷に立ち居振舞う、という意訳が可能かと思う（「衣冠」すなわち礼服のような礼装に身を包み、厳儀の正装をした、という直訳になるだろうか）。本稿との関連でいえば「束帯」という語彙の使われていることで、中国、とりわけ唐王朝ではこの語彙が「礼・正装して」という意味で使われていることである。こうした語彙が無事に帰国した遣唐使・留学生たちから伝わって、やがて朝服を「正装」の意味での「束帯」と呼ぶことから考えれば、この墓誌銘は拙稿の主旨の傍証となるだろう。問題は、日本では「束帯」の語が公用語の語彙系ではなかった点で、果たして当の中国ではどんなものだったのであろう。

この墓誌銘が当時の中国の人々の起草なのか、同行した留学生たちによるものなのかが問題となっているようだが、私見としては中国の人々の起草だと考える。根拠としてはこの「束帯」の語彙は、八世紀の日本人には公用語ではなかったであろうし、墓誌に使うような用語系ではなかったと考えるからにほかならない。こう断定するには墓誌にみられる他の語彙の検討も必要であるが、有職故実学の見地からのみいえばこう断定できる。

井真成の墓誌の銘文は本稿の論旨に深く関わり、むしろ本稿の主旨を裏付けるものと考えたので敢えて本稿再収録に際して取り上げた。一日もはやくこの墓誌銘についての不明な点が解明されることを強く希望する。

右に引用した墓誌の文章は「遣唐使と唐の美術」展カタログに拠って判読したが、おなじく収載されている判読文と大差ない結果に終わった。また、同カタログ末に先行研究やこの墓誌周辺情報に詳しい参考文献一覧があるので参照願えれば幸いである。

第二章　直垂とはなにか

──武家服制の原点再考──

はじめに

直垂姿は武士に多く用いられた服装で、武士の視覚上の代名詞といってもいい。庶民の労働着が起源とも言われる直垂姿は、鎌倉・室町・江戸にいたる各幕府で武士の礼・正装であった。近年、筆者は中・近世の武士の服制について強い関心をもっている(1)。諸史料を渉猟し、先行研究を調査しながら、武士の服装の出発点である「直垂」の起源と歴史的背景がどうしても見えてこないことが不思議であった。

筆者は別稿(2)で公家の視覚上の代名詞ともいえる束帯姿の語源やその成立過程を考察した。その際、平安時代の公家服制で用いられる服装の呼称は、ほとんどが、用途や仕様などを直裁に示すことを指摘した。では、直垂はどうであろう。何時、誰がどのような経緯でこの名称を考案し、現在、我々が直垂として知っている服装にこの名称が与えられたのであろうか、また直垂という呼称にはどんな意味があるのか。直垂の誕生した時期や背景など、最も基礎的な問題は解明されていないし、何らの推論すら提起されていない。この呼称は日本史上のどの社会集団に属し、この文字と読みかたは何を意味しているのだろうか。武士の常服として説明されるこの服装はいったい誰が命名したのであろうか。そして最大の疑問はいかなる理由で武士固有の服装となったのか、という疑問である。そこにはどのような歴史的背景を読み取ることができるだろうか。

直垂は鎌倉幕府期を経て、室町幕府期には大紋直垂・素襖直垂を派生、さらに肩衣・胴服（羽織）を生み出す。肩衣は、江戸幕府期には裃として武士の出仕時の服装として使われる。ところが、幕末を経て明治政府が樹立されるや、この直垂は姿を消してしまう。こうした展開を考えるとき、直垂は武家社会の動向と歩みを同じくして発展を遂げていった感がある。

本稿では「直垂」という服装の起源と武士とのかかわりについて考えたい。直垂の起源にどのような歴史上の背景を求めることができるのだろうか。

一　研究史とその周辺

先行研究では直垂という服装をどのように理解してきたのだろうか。服装としての起源とその変遷をどのように扱ってきたかを確認しておきたい(3)。

有職故実学・服飾史などの先行研究を概観して諸説を整理すると、直垂にはおおむね次の二種類が史料中に確認できるという。

A　衣類としての「直垂」

最も一般的な意味での「直垂」を指す。基本的な被服構成は、現在の和服のように左右の身頃を前面であわせる垂領の襟元で、脇の下を縫い綴じない欠腋であった。絵画史料などには上衣だけを着ている「着流し」のような例や単純に腕を通して羽織っただけのような例、上下共裂・別裂の例が散見される。本来は庶民階級の労働着で簡素な仕立てであり、平安時代の末期から武士の用いるところとなったという。なお、現代の有職故実や服装史ではこの簡素な仕立ての直垂を、完成された武士の目常服となった直垂と区別するために「袖細」「袖細直垂」と呼んでいる。一方、甲冑を着装する際に着込める鎧直垂もあるが、これについては直垂の一種として認知されているために詳述するものはあまりない。

衣類としての直垂の様式の整備には、盤領系の服装の中では最下位に位置するであろう水干が大きく影響しているという説がある。具体的には、水干のさまざまの部位が直垂の被服構成等に組み込まれた、というものである。鈴木敬三は『国史大事典』所収「直垂」で「仕事着の直垂は方領闕腋の肩衣に袖をつけた上衣で、四幅裾短かな袴に着込めて用いた衆庶の労務の際の目常服に始まる。（中略）武士の興隆とともに地方の勇武に勝れたものが選考されて衛府官に採用され、洛中でも着慣れた直垂を常用し、公務には水干・小袴を用いたが、のち便化して直垂に水干様式を摂取し、水干代として公私ともに常用するに至った」とする（吉川弘文館、一九七九～九七、後『有職故実大辞典』吉川弘文館、一九九六に収載）。直垂の形成、水干との関係、主たる使用者としての武士、という多角的な視座での推論であり、水干を直垂と対置させていたそれまでの先行研究とは一線を画すといってもよい。直垂が武士という身分との関連で言及され政治的な背景が考証の要因として掲出され、さらに水干の様式を取り入れ、水干の代用として正装にいたる一連の流れとしての理解が注目される。

なお、いかなる経緯でこの服装が形成されてきたか、という根本的な問題がある。言及する先行研究では山辺知行の「直垂」（『大百科事典』一二（平凡社、一九八五））がある。山辺は、直垂の原初は元来、庶民のもので、古墳時代の埴輪などに見られる衣揮（きぬはかま）であったとする。これが七～八世紀の中国から伝わった盤領制の服装が流行、用いられなくなるが庶民の間では使われ続けた。しかし、平安・鎌倉時代の絵巻などに見られる庶民の男性像の着ている筒袖衣がそれであるとする。さらに「やがて庶民階級から起こった武家の間でしだいに形をととのえながら、完成されていったものであろう」とする。事典の項目という制約の多い中での見解ではありながら多くの示唆に満ちた見解であろう。

B　寝装具としての「直垂（衾）」

寝装具として史料中に散見される例である。前者に比してそれほど多くの先行研究は無い。

前掲山辺は「鎌倉時代ころの物語などに「ひたたれ」といって、庶民の用いた夜具のようなものをさしていることがある。これは綿の厚く入った今日の夜着に類するものらしく、衣服としての直垂とは別のものである」とする。前掲鈴木は『国史大事典』所収「直垂」で「仕事着から通常服となり、柳営服となった出仕の直垂」と「寝具の衾の直垂」を分けて述べているが後者については詳述しない。そして、小泉和子は『家具と室内意匠の文化史』(4)で「掛けるもの」を立項し「被　上に掛けるものはふすまとよんだ。「伏す裳（ふすも）」の意味だといわれる。被、衾、裯などの漢字をあてている。（中略）『東大寺献物帳』などでは「覆」とも記されている」として行論の前提を述べる。続く「直垂衾、宿直物」の説明では「平安末から鎌倉時代に入ると、現在搔巻といっている、襟や袖のついたものが出来て来た。（中略）こうした形のものは直垂衾とか宿直物とよばれた。直垂とは、武士や庶民の平服のことで、貴族の男性は唐様式の丸襟だったが、直垂は打ち合わせ襟で袖も広い。この形に似ているため直垂衾とよばれたのだという。また宿直物というのは、宿直、すなわち公家邸の宿直番の物ということで、彼らが夜寒を凌ぐ時に着たものだったためこうよばれたといわれている」とする。二種類の直垂A・Bの連関性に言及する非常に重要な指摘であり、寝具としての直垂（衾）の概略が知られる。小泉はA直垂→B直垂（衾）というプロセスを考えていることになる。

また、江馬務は『増訂新修有職故実』で「直垂の直は直衣の直と同じ意である。垂は之を打掛けて垂れて着たよりの名で、其の源流は夜着蒲団であった。寛和の頃から武士が鎧の下に之を便宜着用した事が衣服としての初見であるが（中略）平安末葉からは武士、鎌倉時代から民間男子にも用ひらるゝに至つた」と述べている。[5] このAとBの両直垂を関連付けてその淵源を探ろうとする。江馬はB直垂（衾）↓A直垂というプロセスを想定し、さらに直垂の文字の分析も試みている。

こうした直垂（衾）に関する先行研究の先駆的な見解を載せるのが前掲関根・加藤貞次郎による『有職故実辞典』の「ひたたれ（直垂）」で、関根前掲書の見解の典拠と推測される、江戸時代末期の有職故実家・松岡行義（一七九四―一八四八）による『後松日記』（『日本随筆大成』〈第三期〉七、吉川弘文館、一九七七）を引用している。松岡は同書「木楯臣直垂抄出並付紙」で、「直垂は武士の宿直に夜のみ着たるものなれば、（下路）」とし、「わが憶説は、直垂のもとは、宿直に夜寒をしのがんれうに、綿入れたる衣を着て、柱によりそひなどして、夜をあかせしものなるべし。宿直袋に入てもて出て、とのゐさうぞくの上に打着て、帯などもせで、ひたぶるにうちきたれば、ひたゝれとはいひしなるべし。そをうちとけたる時は、昼も着、夜は衾の下にも着たるなり」と述べる。松岡は直垂を「綿入れたる衣」として理解し、寝装具としての衾とともに用いる防寒用の衣類としている。現在考えうる直垂のイメージとは懸け離れている感が強い。しかし、その一方で直垂の語源を「ひたぶるにうちきたれば」とする。前掲江馬の見解も松岡のこの説を下敷きにしている感が強い。

先行研究の概観でわかってきたことは、

① 寝具と衣服、二種類の「直垂」が存在する
② 水干の影響を受けつつ直垂は整備されていった
③ 衣服の直垂は元来は庶民の服装であった

の三点ということになる。これを受けて筆者なりの問題点を整理すると次の二点に集約できる。

第一点、何故、寝具と衣類、全く別の目的で作られたものなのに、同じ「直垂」という呼称なのか。寝具と衣服の直垂の関係が明瞭ではなく、呼称の転用は何時ごろのことか、その意味するところは何か、という問題はほとんど論じられていない。これに関しては、前掲松岡の見解中の「宿直」の文言と「ひたぶるにうちきたれば……」のくだりがある。絵画史料で見る限り、直垂は当初、庶民の日常服として描かれ、それは必ずしも武士の正装としての直垂とはイメージがずれる。(6) 松岡の見解を近世の有職故実家の誤解とする向きもあるかもしれないが、前掲の江馬や小泉の見解も含めて十分に検討の余地がある。

第二点は、貴族層・官人層の服装である水干が直垂の様式整備に影響を与えるとは、どのような環境・状況的な条件がありえるのか、いつ誰によるのか、ということである。前掲鈴木の見解には多くの示唆を汲み取れるが、寝具としての直垂については触れられていないし、時期を特定されていない。ただ、水干の様式を継受するということは、貴族層・公家社会の存在を指摘しているのは疑いない。この問題の意味するところは重要で、水干に象徴される貴族層・公家社会との接点をどう理解するか、いつのことと考えるか、ということであり、武士の職能に対するアイデンティティの成立期を考察する上で重要な意味を持ってくる。

では、先行研究から導き出された以上の問題点を考察する前に、文献史料を通じて、「直垂」の文字の語源の検討から、寝具・衣服、両直垂の関連を確認する。

「直垂」にはa寝具、b衣類、二つの語義があった。実際に史料中に検出される初期の例は①寝装具の直垂（衾）の方が時期的に早い。古い例では源高明により一〇世紀頃に記された『西宮記』臨時十がある。(7) 壬生本と呼ばれている一写本に所載の「成勘本事」の一項目「可着鉢左右獄囚贓物事」で、『西宮記』以外の史料の可能性が高い部分であることが指摘されているので慎重な扱いが必要だろう。末尾に「長徳二年十二月十七日」という日付をもち、本史料は一〇世紀の末に成立したと考えられる。強盗を犯した罪人「田邉延正」の贓物として

綾七疋〔直廿八貫文〕、直垂一領〔直三貫文〕、掛十一領〔直五貫五百文〕（下略）

とある。「直垂」を「領」と数えている点が注目され、現代のキモノのような左右の前身頃をあわせて着るような垂領系の仕立てであったことを推測させる。また、藤原実資の日記『小右記』寛仁二（一〇一八）年六月二十日条には、

櫃等夏冬朝衣井宿衣・倉〔冬〕直垂〔衣〕等相分納、或有唐綾等装、直垂〔衣〕用唐綾云々、（下略）

と見える。これは傍注として「衣」の字を「直垂」の文字に付してある点が「直衣」の誤記の可能性を残している。しかし、右の引用部分の最初で「朝衣・宿衣」と正装である「朝衣」＝朝服と、日常装である「宿衣」＝「直衣」もしくは「雑袍」を並列して記しており、以下に続く「直垂」が「直衣」の誤記と断定する必要はないと考える。後世の補筆の方が誤記であった可能性を指摘しておきたい。なお、寝具としての用例は鎌倉時代頃の一二・一三世紀までは古記録などにもしばしば見えるが、以後は減少傾向にある。

　aについて、史料類から次の二点が指摘できる。第一点は、貴族層の直垂（衾）は武士の所用ではないこと。第二点は『西宮記』等に散見されることから、一〇世紀末には「直垂」という語がすでに貴族の記した文献類に存在したこと。この二点から導き出されるのは、aは貴族層の語彙であること。bの場合、貴族の語彙系の用語が武士のそれに継受されたと推測される。すなわち、「直垂」という語は、元来、貴族社会の属性だったということになる。「はじめに」でも述べたように、平安貴族社会で用いられた服装の呼称は、おそらくそのすべてが用途や仕様、着装法、形状を示していると推定される。[8] そして、もし被服構成が同じである場合、生地・布地が相違するものであるなら、その素材名などを直裁に示すものであった。命名の法則性と言い換えることができよう。よって前掲『西宮記』にみら

れる寝具としての用例は、収載する文献の作者・内容からみて貴族社会の所用であることは明確であり、同時に寝具としての呼称は貴族社会の命名と推定される。

では、次に「直垂」とは具体的にどんな意味が呼称に反映しているのか確認したい。「直垂」の組成は「直」+「垂」である、「直」は接頭語の「ひた」であり、「ただちに」「まったく」「ひとえに」「いちずに」「じかに」「ただ」などの意味がある。「垂」は「た・れ」で自動詞、「たれる」「たらす」「たれさがる」などの意味がある。結論からいえば「直垂」という呼称には次の二種類の理解が可能といえる。一つは「衽を持たない垂領系の服の総称」、二つ目は「ただ引っ掛ける（はおる?）服」ということができる。

一つ目は、朝廷の服装で用いられる垂領系の服には、左右身頃と襟の接合部に、襟から棲にかけて衽とよばれる部分がある。「大領（おおくび）」の呼称が転化したものとも言われるが確かではない。この場合、前掲の朝廷の服装の呼称という視点から言えば、仕様とか調整、仕立てに関する呼称であり、命名の法則性に違うものではない。この衽をもたない襟と身頃が「直」に接合された襟元を「直垂」と呼んだ可能性は否定できない。しかし、この意味での用例は管見の限り一例も見出せていない。前述のように「直垂」の早い時期の用例は、寝具としてのものばかりである。

寝具としての「直垂」に注目したのが二つ目の理解で、前掲の江馬や松岡の説と同じような意味からである。前掲の小泉論考では「襟や袖のついたもの」「現在搔巻といっている」とされており、寝具や夜具の一種というイメージが強い。寝具として、便宜に合わせて適宜「ただ引っ掛ける」「ただ垂れるようにはおる服」という着装のイメージが反映した呼称とはいえないだろうか。貴族社会においては、日常で外出や対面などには使用することのない、就寝時のみの限定された衣服としての直垂である。命名の法則性に照らせば、着装法や着用状態が該当するだろう。おそらく、武士社会における衣服「直垂」は公家社会の寝具と非常に近い形状・仕様・被服構成であったこと、あるいは共通する使用法・習慣などが伴ったことからこそ同名を与えられたと考えるべきだろう。
さて、こうした経緯で考えてくると、寝具の名称を服装の名称として名付けたのは貴族層か、武士自身なのか、という問いが生まれる。武士の衣服が貴族社会の寝具である「直垂」と同じ名称を与えられた経緯、と関心を広げていくことができる。

二　直垂と武士

史料中に武士の装いとしての「直垂」が登場するのはいつごろからか。まずは文献史料からさぐってみる。院政期以後、一二世紀後半の治承・寿永の兵乱を経て鎌倉幕府が開幕、おそらくはこの期間に直垂の仕様・様式などが整えられていくと推測される。折烏帽子・直垂姿の初期の例としては中山忠親による『山槐記』治承二（一一七八）年正月二十三日条がある。

天晴、辰剋凌大雪（中略）自中山堂参鞍馬寺、於美土呂坂逢右少将維盛朝臣［折烏帽子、着直垂・小袴・行縢、騎馬］、侍五人騎馬在前後、（下略）

狩猟帰りの平維盛の騎馬の装いで典型的な武士の折烏帽子・直垂である。また同記には治承四年八月十三日条に「申剋修理大夫経盛卿［直垂・小袴・折烏帽子］、光臨、良久談雑事、（下略）」ともあり、平氏の武士たちがしばしばこの装いであったことを伝えるもので、なかでも興味深いのは、記主・忠親は貴族層であるにも関わらず維盛や経盛の着衣を折烏帽子・直垂と知っていたことであろう。少なくとも治承四年前後、貴族であっても武士たちの姿を「直垂」姿と識別できるほどにはこの服装と呼称が認知されていたことをうかがわせる。

次に、直垂姿が折烏帽子とともに武士の姿（イメージ）、いわば、代名詞として認識されていたのはいつごろからなのか、ということも見ておきたい。鴨長明の『方丈記』では、平家の福原遷都の際のことで以下のように記している。

また、治承四年水無月の比、にはかに都遷り侍（り）き。いと思ひの外なりし事なり。（中略）今移れる人は、土木のわづらひある事を嘆く。道のほとりを見れば、車に乗るべきは馬に乗り、衣冠・布衣なるべきは、多く直垂を着たり。都の手振りたちまちに改まりて、たゞひなびたる武士に異ならず。世の乱るゝ瑞相とか聞けるもしるく、日を經つゝ世中浮き立ちて、人の心もをさまらず、民の愁へ、つひに空しからざりければ、同じき年の冬、なほこの京に歸り給（ひ）にき。されど、こぼちわたせりし家どもは、いかになりにけるにか、悉くもとの様にしも作らず。

作者・鴨長明はこの引用部分の直前で「人の心みな改まりて、たゞ馬・鞍をのみ重くす。牛・車を用する人なし」といい、五位以上の貴族の使用する牛車よりも、武士のように騎乗することが好まれたことを述べている。福原遷都に際して「衣冠・布衣なるべき」人々、すなわち、貴族層も多数が直垂を着て新都へ向かったという。貴族層の従者であり、通常は盤領の水干を着ているような手振り連中も武士風を真似た身なりで、あたかも田舎びた武士のようである、という。貴族層が武士である平家におもねっての行為とも理解できる逸話であり、当時の貴族と近い関係にある人々の武士に対する印象が如実に理解できる一節だが、治承四年当時、直垂が武士に帰属するもの、武士身分の視覚指標として貴族等の人々に認識されていたことは確実だろう。

また、『玉葉』寿永二（一一八三）年十一月二十二日条には次のような記述がある。

壬子、天晴、早旦大夫史隆職告送云、権大納言師家任内大臣、可為摂政之由被仰下了云々、昨夜丑刻云々、及晩隆職来語云主上御閑院云々、今朝参新摂政、人々済々、前摂政居所近々、事甚掲焉云云、余免今度事、第一之吉慶也、伝聞、座主明雲合戦之日、於其場被切殺了、又八条円恵法親王、於華山寺辺被伐取了、又権中納言頼実卿、着直垂折烏帽子等、逃去之間、武士等不知為卿相之由、引張（天）欲斧処、自雖称其名、衣裳之体、非尋常之人、偽称貴種也、猶可打頸之由、各沙汰之間、下男之中、有見知之者、称実説之由、仍忽免死、武士等相共、送父大臣之許云々、

法住寺合戦の折、頼実が正体を隠して逃走する際に「直垂・折烏帽子」を着用していた。捕らえられた頼実は討たれそうになり、自らが「貴種」であることを明かして助命を乞う。しかし、武士らは「貴種」でありながら「直垂・折烏帽子」姿の頼実を「衣裳之体、非尋常之人」として、貴族と身分を偽っていると理解、打頸にしようとする。ところが下男のうちに頼実の顔を見知っている者がいたので事なきを得た、という内容である。要は貴族であるのに直垂を着た頼実は、その身分に比して尋常ではないとされていることである。これは折烏帽子・直垂がすでにこの時期、武士と武士身分の象徴として広く認識されていたことを示している。武士の振りをして捕縛を逃れようとする頼実、折烏帽子・直垂姿を貴族の装いではないと認識していること、貴族・武士相互のこの服装への認識がきわめて明瞭なのである。以上のように、鎌倉時代の初期（院政最末期というべきかも知れないが）において、折烏帽子と直垂は確かに武士という身分を直ちに連想させる、あるいは武士身分の表象として人々に認識されていたことがわかる。

さらに直垂関連の記事で気になったものを二点紹介しておく。第一点は直垂の素材のことで、たとえば吉田経房の『吉記』治承四年十一月二十四日条では皇后の供奉にあたる平宗盛について「前右大将［宗盛、着鞠塵直垂、鹿皮行縢］」と記す。宗盛の服装を「鞠塵」の直垂とする点に注意したい。続いて、『玉葉』寿永三年二月九日条では平重衡が源氏方に捕縛され京洛に連行されたときの服装を「今日、三位中将重衡入京、着褐直垂小袴云々、即禁固土肥二郎実平（頼朝郎従、為宗者也）許云々」とする。「褐」色（藍味のある紺色）の直垂であったとする。前者では基本的に絹織

物の生地に用いる織色「鞠塵」を用いており、宗盛の直垂が絹製の生地を用いた豪華なものであったことを伝える。後者は、供奉の近衛の下級官人らが着る褐衣と同じ色であり、これらは植物繊維の布地による染色であり麻や苧等であった。宗盛は敗軍の将として捕らえられた姿であるが、質素で本来の作業着・労働着としての側面を想起させる直垂である。おそらく当該時代の武士の多くは同じく質素な布地製の直垂を着る者が大多数であったと考えられる。よって、この時期、高級な素材を用いたものや質素なものなどが混在していたことになる。前掲鈴木は、儀式・儀礼などの公的な場・「晴」や通常の場・「褻」の度合いによって使い分けられていたことを指摘している。(9) 社会的に権勢をもつ裕福な武士らを中心に場・状況による直垂の素材の使い分けがあったことを想定しても問題ないだろう（後述）。直垂は、室町期に、布地製を基本とする「素襖（直垂）」と「大紋（直垂）」を派生し、直垂は同じ被服構成の服のなかで最上位に格上げされる。室町期における直垂の分化の起源は、同じ「直垂」という呼称でありながら絹製の高価なものと布製の質素なものが混在した前掲『吉記』や『玉葉』の例であろう。

そして第二点は第一点を補足する意味もあるが、次の『玉葉』寿永二（一一八三）年十一月六日条にみられる直垂と水干の関係である。

丙申、天晴、春日祭也、神事如常、使左少将宗長云云、或人云、頼盛已来着鎌倉、唐綾直垂、立烏帽子、侍二人、子息皆悉相具、各不持腰刀剣等云々、頼朝白糸葛水干立烏帽子対面、郎徒［従イ］五十人許群居頼朝後云々、其後頼盛宿相模国府、去頼朝城、一日之行程云々、以目代為後見云々、能保宿悪禅師家云云、去頼朝居一町許云々、此事為修行者説、雅頼卿所注送也、今夜、成長法師来、召問文書事（師景）、自今夕有五体不具穢気、今日始奉御返報、為恐々々、重又進了、

この対面は前掲『吉記』治承四年十一月二十四日条の平宗盛の例と同じように、頼盛・頼朝の対面が公的な場・状況

で行なわれている。平頼盛は「侍」二名と子息を引き連れ源頼朝と対面する。その際、「唐綾」による絹製の直垂を着ていた（頼盛らが太刀・腰刀を携帯していないことは恭順の意志を示していると理解されよう）。そして対面する頼朝自身は「白糸葛水干立烏帽子」姿であったということは見逃せない。頼朝は公的な場・状況にもかかわらず貴族社会では最下位の水干姿であった。すなわちこの場面では、水干が院政最末期・鎌倉期最初期の武士の服装では公的な装いであったことを意味している。

さて、文献史料にみられる直垂の初期の例をみたが、その画期は平氏政権期であり、服・服装としての整備に大きな役割を果たしたのは平清盛以下の平氏の人々ではないだろうか。武士のイメージとして折烏帽子と直垂の組み合わせを一歩、前進させ、定着させた。さらに、素材を工夫することで公・私の場での使用区分を生み出した可能性を見出せることなどの理由からである。また『平家物語』「禿髪」の以下の文もこの推論を補強すると思う。

かくて清盛公、仁安三年十一月十一日、年五十一にてやまひにをかされ、存命の爲に忽に出家入道す。法名は浄海とこそ名のられけれ。其しるしにや、宿たちどころにいへて、天命を全す。人のしたがひつく事、吹風の草木をなびかすが如し。世のあまねく仰げる事、ふる雨の國土をうるほすに同じ。六波羅殿の御一家の君達といひてしかば、花族も榮耀も面をむかへ肩をならぶる人なし。されば入道相國のこじうと、平大納言時忠卿ののたまひけるは、「此一門にあらざらむ人は皆人非人なるべし」とぞのたまひける。かゝりしかば、いかなる人も相構て其ゆかりにむすぼゝれむとぞしける。衣文のかきやう、烏帽子のためやうよりはじめて、何事も六波羅様といひてげれば、一天四海の人皆是をまなぶ。

前掲鈴木は『初期絵巻物の風俗史的研究』（吉川弘文館、一九六〇）三八九〜四〇一頁で、貴族の装束と着装法が柔装束から強装束へ移行する時期を推定し、この流れを推し進めたのが平氏であったとしている。その根拠として掲出しているのが右の『平家物語』の文である。とくに「衣文のかきやう、烏帽子のためやうよりはじめて、何事も六波羅様といひてげれば、一天四海の人皆是をまなぶ」とあることに注目し、これを貴族層の服装の強装束化の証左とした。しかしむしろ直垂なども含めた服装全般に対しての評言と理解するべきであろう。すなわち、平氏政権期、彼らは自らの服装や姿、身だしなみに非常に気を配ったということになる。それは貴族層と同じ装いをするときに限定されるものではなく、おそらくは平氏の本来的な出自・職能の表象となる「武士」の姿でも同じであろう。また、平氏が直垂を特別視していたのは、右の『平家物語』「禿髪」の文に続く部分で、

入道相國のはかりことに、十四五六の童部を三百人揃て、髮を禿にきりまはし、あかき直垂をきせて、めしつかはれけるが、京中にみちて往反しけり。をのづから平家の事あしざまに申者あれば、一人きゝ出さぬほどこそありけれ、餘黨に觸廻して其家に乱入し、資財雜具を追捕し、其奴を搦と(ッ)て、六波羅へゐてまいる。

と、あることからも明白だろう。平家のことを悪し様に言う人間を規制するために、「髪を禿にきりまはし、あかき直垂をきせて、めしつかはれける」一四〜一六歳程度の少年たちを三〇〇人ほど京洛に放ったという。ここで興味深いのは、この禿髪の少年たちが、水干や狩衣ではなく、直垂を着ていることにある。禿髪という子供もしくは少年、あるいは童形の髪型に、成人した武士の装いである直垂を着せ、しかもそれが赤であったというだけで、ある意味、異形の姿である。こうした姿が京洛で目立たないわけは無く、しかも三〇〇人という人数であることから平氏の政治的な京洛の言論統制としては成功しただろう。禿髪の少年たちが直垂姿であることは、平氏の指図で行動していることを示しており、直垂が武士の表象として衆庶に認識されていたからこそはじめて可能となる。平氏が直垂という服装を武士の装いとして認識していたことは明白であろう。

平氏の人々の直垂の整備は、貴族という出自、武士という現実としての職能、武力と武力を背景にした政治権力、

これらをあわせ備えた彼らの複雑な事情がうかがえるのではないだろうか。

三　史料に見られる直垂の変化

次に、直垂の姿がどのように変化していったか、平安時代末期から鎌倉時代までを中心に概観する。ここでは絵画史料に全面的に依拠して行論する。その方法論について述べておきたい。

先行研究が指摘するように、直垂は水干という服と服装の様式を被服構成に導入した。では、直垂の、何がどう変化していったのだろうか。文献史料においては、「直垂」と表記されるのみで、こうした過程のようなことはよくわからない。元来、文字による表現や、文字に対する理解には限界がある。しかも同時期の文献史料の主体は貴族層の日記である。かれら貴族層がどの程度、武士の服装に対して興味・関心があり、知識を持っていたかというと、結論から言えばあまり多くの情報を期待できない。さらに、武士が独自の「記録」媒体や「記録」する行為の必要性を持っていたか否かは不明なのである。特に鎌倉幕府が『吾妻鏡』という公的な記録を持ち、さまざまな問題を伴いながらも自らについて語る媒体と行為を知っていたのに対して、前節で扱った平氏政権期ではこのことを首肯せざるを得ない。

第一節の研究史を検討した際にも述べたが、直垂の原初は筒袖の衣で、庶民の服装であったという。現在、有識故実学では、「袖細（そでぼそ）」「筒袖（つつそで）」と便宜上呼称されるこの装いは庶民を出自とする武士たちが都に出て盤領制の服装と出会い、なかでも水干などの影響を受けて直垂へと進化したというところが通説である。しかし、それを文献の上で実証することは残念ながら不可能なようである。発生期の直垂の場合、令制に定められた服装ではなく、むしろ官人層以外の人々の間であるから、身分による被服構成、素材や色に関する規定もない。利便性に応じて漸次的な変化を遂げたものであろうことは推測にかたくない。しかも同時多発的にさまざまな変化が進行したと考えるべきであろう。直垂という服装の発展の過程と前述の文献史料における現実を勘案して、直垂の形成過程の一端をわずかながらももっとも垣間見られるのは絵画史料であると考える。そもそも本稿で扱っている一二・一三世紀の直垂の遺品はない。やや時代の下降する、南北朝期の大鎧の下に着用する大塔宮所用と伝えられる「鎧直垂」の遺品があるものの、本稿で問題としているような、古代末〜中世初の庶民や武士が日常生活の中で用いた実物は残っていないということになる。しかし、たとえ残っていたとしても、当時の実際の着用の様子や身に纏い方がわかるわけではない。そこで注目したいのが絵巻などの絵画史料なのである。絵画史料では、どのような状況・場で、どのような人々に、どのような種類の直垂を着せて描いているか、着用の実際がわかる。そして、このことは、絵巻物の作者たちが描く対象について抱いていた常識的な理解や印象が十二分に反映される。(10)

①描かれる直垂を含む着衣と着用者の関係、②描かれる着衣の描写、③描かれる着衣と装身具、④水干との関係、以上の四点に注目しつつ作業をはじめよう。

直垂の形成に関する例をもっとも多く確認できるのは一二世紀〜一三世紀に相次いで製作された絵巻物であろう。本稿で検討の対象としたのは『伴大納言絵巻』(一二世紀)『病草紙』(一二世紀)『信貴山縁起絵巻』(一二世紀)『餓鬼草子』(一二世紀後半)『病草紙』(一二世紀)『粉河寺縁起絵巻』(一二〜一三世紀)『鳥獣人物戯画巻(丙・丁巻)』(一二〜一三世紀)『平治物語絵巻』(一三世紀)である。また完成された直垂の姿を求める意味で『男衾三郎絵詞』(一三世紀末)『一遍上人絵伝』(正安元(一二九九))『春日権現験記絵』(延慶二(一三〇九))など一三・一四世紀成立の絵巻物がある。(11)(12)これらの絵巻物に描かれた男性が着用する直垂と直垂に準ずる衣服(袖細・筒袖)には、表1・図1のような段階的な形

表１　絵巻物に検出される直垂の段階的変化とその詳細

Ⅰ	a	男女兼用の、着流す形式の筒袖の服。
	b	男は揉烏帽子のような柔らかな素材による烏帽子を立烏帽子のように被る。
Ⅱ	a	Ⅰのものに小袴と呼ぶような小ぶりな仕立ての袴を併用する男性の袖細姿。
	b	地色は袴と揃いの共裂のものや、袴と上着、別の色のものが並存する。
	c	上衣においては二・三枚を重ねる場合や一枚だけ素肌に着ているものがある。
	d	一見、白地の下着（肌着）か間着に見えるものでも、前身頃の襟元に胸紐がつき、これを結び合わせることで身頃を合わせている例も見受けられる。
	e	①柔らかな素材の立烏帽子、②風折烏帽子のような、ひしゃげた立烏帽子、③立烏帽子の髻の辺りを紐のようなもので縛って頭部に固定したもの。
Ⅲ	a	Ⅱに菊綴や胸紐といった付属品が移植され、地色も白等から濃い色が使われるようになり、最上衣として共裂の上着と袴の様式を整えたもの。しかし、筒袖で欠腋の仕立てでは無いとみられる。
	b	烏帽子のうえから髻を縛る烏帽子（Ⅱ・e・③と同じ）。
	c	揉烏帽子のような柔らかな立烏帽子を折りたたんだようにみえるもの。線描はやや素材の柔らかめであったことを示しているようにみえるもの。次代のⅣ・dの祖形とみられる。
Ⅳ	a	Ⅲ・aに、本来は公家の服装で行動の便を優先する欠腋袍や褐衣、狩衣、水干などの服装に用いられる欠腋の仕立てや大き目の袖類が備わったもの。
	b	aに筒袖の下着（肌着）、間着。
	c	直垂の袖と同じく大きな袖の下着（肌着）・間着。
	d	公家の立烏帽子と同様の漆を塗った硬いもの、直線と鋭角的な折れ線で描かれる折烏帽子。焼き鏝のような道具で織り目をしっかりとつけたもの。
Ⅴ	a	Ⅳ・aと同じ。
	b	直垂の袖と同じく大きな袖の下着（肌着）・間着。Ⅳ・bの筒袖の下着・間着は併用しなくなる。
	c	直線と鋭角的な折れ線で描かれる折烏帽子（Ⅳ・dと同じ）。

※表中のⅠ～Ⅴの段階的変化を読み取れる例として、左頁にそのトレース図を掲出した。

(1)　I

(2)　II

(3)　III

(4)　II

(5)　II

(6)（7)　II あるいは III

(8)　III

(9)　IV

(10)　V

図１　※上に掲出したトレース図の原典は、(1)（3)（5)（8)『粉河寺縁起絵巻』、(2)『病草紙』、(4)『伴大納言絵巻』、(6)『信貴山縁起絵巻』、(7)『鳥獣人物戯画』丙巻、(9)『男衾三郎絵詞』、(10)『一遍上人絵伝』。詳細は右頁の表１を参照。

状・着装法の変化が読み取れる。なお、以下、本稿で用いるローマ数字はすべてこの表1である。以下、行論する直垂の変化のⅠ～Ⅴ（表1と共通）が前掲の絵巻物にどのように検出されるかを簡易にまとめたのが表2。

両表の内容を概観しておく。これは直垂という衣服が五段階の変化を遂げて成立するということを示している。

Ⅰの段階の衣服は男女ともに差異が見られない。外見上の特徴は筒袖であることで、中世末の小袖のように着流して着ている。ゆったりと前身頃を合わせた着方である。Ⅰからわかることは、直垂の原型となったものには性差が無かったらしいことだ。老若男女が使い、時には子供も羽織るように着ていたりする服である。そして『伴大納言絵巻』や『信貴山縁起絵巻』『餓鬼草子』『粉河寺縁起絵巻』などをみていると、都鄙の別なく庶民層に広範に用いられていた服・服装ということがわかる。前章では折烏帽子との関連で直垂を考えたこともあり、着用者は武士だけ、というイメージを抱きがちだが、直垂という服・服装の淵源は庶民層の一般的なものであったことがわかる。服装だけでは職能まではわからない。これは武士の出自とも関連するが、彼ら武士は在地の庶民層が武装し、そして軍事力を持ったことにより生まれてきた人々であることを示している。Ⅰは、ある意味では日本人にとって非常にプリミティブであり、そしてネイティブな装いであったことをうかがわせる(13)。

Ⅱでは、男の場合は小袴が加わり、直垂の原型とも言うべき服装が出来上がってくる。Ⅱの姿では、もし白い上衣に袴であれば、上着として水干や狩衣をきればそのまま水干姿、狩衣姿になる。この場合の直垂は下着（肌着）・間着姿とも理解することができる。水干や狩衣を上衣とせずに、たとえば袴と共裂の直垂上衣を着れば直垂上下姿となるわけである。盤領系、とくに水干や狩衣が直垂と比べて公性が高い、という当時の認識を踏まえて言えば、これは上衣だけを着替えれば、晴と褻の儀礼観を踏まえた使い分けが可能であることを示し、合理的な服装観がうかがわれる。この段階では白地の下着（肌着）ように描かれたものでも、前身頃を紐のようなもので結んであわせている例もあり、

表２　絵巻物における直垂の段階的変化の検出状況

作品名	作期	Ⅰ	Ⅱ	Ⅲ	Ⅳ	Ⅴ
伴大納言絵巻	12世紀	○	○			
病草紙	12世紀	○	○			
信貴山縁起絵巻	12世紀	○	○			
餓鬼草子	12世紀後半	○	○	○		
粉河寺縁起絵巻	12～13世紀	○	○	○		
鳥獣人物戯画巻(丙・丁巻)	12～13世紀	○	○	○		
平治物語絵巻	13世紀			○	○	○
男衾三郎絵詞	13世紀		○	○	○	○
一遍上人絵伝	1299年	○	○	○	○	○
春日権現験記絵	1309年		(○)	(○)	○	○

表1・2について

上記の絵巻物の調査の結果は揺らぎを生じている。その原因となった理由を以下に明記しておく。

※１　絵巻物の場合、たとえば制作当初の全容が伝わっている場合は、検出状況の正確さの確度は高まるが、部分のみの場合は逆に確度は低くなる。

※２　各作品の主題によっては必ずしも写実性を重んじない場合もあり、服装などの描写も粗密が発生する。

※３　リアリズムの追求とリアリティは別問題で、１本の描線にリアリティを託すような描法もある。これを描写の粗密であるとか、単純化された線描とするのは早計に過ぎ、本稿での調査でも判断に苦しんだ。有識故実の知識に徹底的なリアリズムを求めた『伴大納言絵巻』があるかとおもえば、線描の美しさと適度の省略を融合させたような『信貴山縁起絵巻』や『粉河寺縁起絵巻』のような例もある。

※４　上記※２とも関わるが、主題によっては描かれる人物の社会集団・地域に偏りが生じる。たとえば『一遍上人絵伝』ように貴族層の登場しないものもある。

※５　性差。『春日権現験記絵』におけるⅡ・Ⅲの検出は女性の筒袖小袖。

ここに水干の付属品が移植されてⅢが成立したことがわかる。元来、衽を持たない直垂様式の上衣は胸元が開きやすく、これを避けようとした結果であろう。とすれば、次のⅢの段階で水干などに附属する菊綴や袖括りの紐を移植し始めたことは、最上衣としての直垂を着ることが意識されていたことを推測させるし、また、水干に準ずるような公服としての最上衣、という側面も認識されはじめたということではないだろうか。

また、武士の姿は武装をしていなければまだ判然としない様相だが、見逃せないのは表中のⅡ・e・③の烏帽子で、後の折烏帽子の原型と考えられる。立烏帽子を折りたたんでから被るのではなく、おそらくは被ってから紐などで無造作に烏帽子の上から髻ごと結う。非常に便宜的な着装法であることは疑いない。こうした烏帽子の着用者は、全員ではないにしろ、武士である可能性がある。

そしてⅢが成立する。これは上下共裂であるものもあらわれ、水干のような菊綴、胸紐、袖括りの緒などが追加され、筒袖であることを除けば、ほぼ完成された直垂姿と変わらない。ただし、完成した形式の直垂のようにかならずしも欠腋ではない可能性がある。このⅠ～Ⅴの段階的変化のなかでは、原始的な直垂と完成された直垂が過渡的な様相を示しているといえるだろう。烏帽子においても同様で、折烏帽子もまた過渡的な様相を示す。①烏帽子のうえから髻を縛る（Ⅱ・e・③）や、②揉烏帽子のような柔らかな材質・仕様の立烏帽子を折りたたんだようにみえる折烏帽子に似たものがあわせて使用されるようになる（『粉河寺縁起絵巻』『鳥獣人物戯画巻（丙・丁巻）』など）。

Ⅳでは、Ⅲの仕様に、身頃に欠腋の仕立てが明瞭なもの、筒袖ではなく大き目の袖を持つものがあらわれ、直垂という衣服に限定して言えば完成したといえるだろう。本稿でも通説を継受して、水干の影響は装飾的な印象をうける菊綴、胸紐、袖括りの紐を掲出するが、やはり、その本質は大袖と欠腋と考える。水干の大袖を導入したことで直垂の被服構成における装飾性は一段落し、欠腋を導入したことでこの服装は格段に動きやすい服となったと推測される。したがって、直垂が服として形式的に完成する条件に、この大袖・欠腋という身頃の被服構成は不可欠であろう。なお、この大袖は同じく大袖をもつ汗取りの帷子や、その影響を受けた被服構成のものを下着や間着に重ねなければならない必然性から生じた可能性も指摘しておく。このⅢの着装においては筒袖の下着（肌着）・間着を重ねることも依然としてあり、さらには折烏帽子も硬化したものが併用されていることにより、いわゆる武士のイメージが成立しつつあることを物語っている。特に折烏帽子においては、Ⅱ・e・③とは異なり、最初から立烏帽子を折烏帽子に加工して被ったと推定される。

Ⅴでは、Ⅳを土台に下着（肌着）・間着が直垂と同じような大袖のものとなる。直垂姿は組み合わされる間着・肌着などの諸点においても完成する。身頃も欠腋が定着したようである。この形式の直垂が描かれた頃は、直垂といえばこうした外見であったとみられる。これで、併用する服・服飾品の点においても武士の表象である、折烏帽子・直垂姿が完成する。これらの実際の時期を推測すると、Ⅴの完成された直垂姿が一三世紀も中・後期以降の絵巻物に確認ができることから逆算して考えれば、おそらく前章で述べた平氏政権期（一一八〇年代・治承・寿永年間頃）はⅢからⅣへの移行が終わりつつある時期で、平氏の武士たちが身にまとっていたのはⅣにみられる大袖の直垂に袖細の間着・肌着という装いではないだろうか。(14)であるなら、その前段階であるⅢは必然的に平氏政権期以前の院政期頃ということになる。Ⅰ・Ⅱについては時期の特定は困難だが、Ⅲと重複しつつも同時期かそれ以前と推測される。

こうしたⅠ〜Ⅴへの変化について言えることは、直垂という衣服においては、各段階への移行が、ある時期を画期に一気に変わるというものではなく、各段階が微妙に重複しながら漸次移行していくという点が指摘できるだろう。これは、服制のような「制度」的移行ではなく、日常的な道具が使い勝手を優先しながらゆっくりと変化していくような移行である。直垂という服と服装の性格を考えればこうした移行は納得がいく。前章で述べたようにⅢとⅣ・Ⅴの段階はそれぞれが重複しながらの移行ながらも劇的な変化であることは強調しておきたい。なによりも直垂の上衣と袴が共裂で、しかも、最上衣となる点、直垂の諸様式と併用する烏帽子の種別とその儀礼観に基づく使い分けが急速に整備される感もある（後述）。このⅢの段階こそが前章で指摘した直垂姿成立の「前段階」なのではないだろうか。このⅢの段階を描いているのが『粉河寺縁起絵巻』である。この作品ではⅣ・Ⅴの段階の直垂はまったく見られない代わりに、Ⅰ〜Ⅲの段階の直垂がすべて描かれる。しかも水干や狩衣も描かれるので、この絵巻物が作られたころの服装習慣を知ることができる。

前章と本章から得られた考察が仮説として成り立つなら、直垂の呼称に関する問題―貴族層と武士との接点―も解決するのではないだろうか。朝廷や院、貴族の邸宅に姿をあらわした武士の宿直姿を、貴族層は自らの生活内で日常的に使用している寝具「直垂」と被服構成や形状、使い方が似ているなどの理由から同じ名称で呼び習わしたと推測される。武士の直垂という服と服装は貴族層の命名した通称であった可能性が高い。(15) 武士とその出自である地方の庶民などが日常的に使っていた服と服装に、貴族社会における装束のような確たる呼称があったとは考えにくく、もしあったとしても貴族層の命名による呼称＝武士の身分表象としての「直垂」という名称のほうが広まってしまったのかもしれない。なお『玉葉』寿永二年十一月六日条の源頼朝の水干姿については、指摘したように頼朝が平氏政権以前に元服していたことにより院政期の武士の服制を継受したとも考えられるし、あるいは盤領系の服の持つ支配者・優位性を示す視覚イメージによるのかもしれない。(16) 水干と直垂の関係は単純に「公」「私」というだけにとどまらず、院政期社会における朝廷や貴族層と武士の関係、武士身分の実情を具体的かつ象徴的に示しているとはいえないだろうか。一族の繁栄を背景に社会的な位置づけを底上げしようとした平氏政権、これを継受した源氏と鎌倉幕府期がある。直垂という服装にはこうした背景が読み取れるのではないだろうか。(17)

四　水干と折烏帽子――直垂との関係――

武士の直垂姿成立のプロセスを概観してきたわけだが、ここでは理解をさらに進めるために、直垂の整備に大きな影響を与えたと考えられる水干（図2）と、直垂と不可分の関係にあると見られる折烏帽子について述べ、本稿の論旨の補足としたい。

そもそも水干は朝廷・貴族層の盤領という服装の原則から展開した服制では最下位に位置する姿といえる。烏帽子・水干（上衣）・小袴、という服装は、たとえば『伴大納言絵巻』では京洛の下級官吏の服装として描かれ、四天王寺蔵『扇面法華経』でもおそらくは貴族家の召使たちの服装として描かれる。また『粉河寺縁起絵巻』では縁起譚において、その主人公・大伴孔子古以下の狩猟などを生業としていると見られる人々はそろってⅠ・Ⅱの直垂姿であるが、千手観音に参拝する人々は水干などの盤領を着ている者が多い。参詣という空間はやはり公的な場であり、観音への崇敬を示す上で威儀をただし、こうした盤領の水干等を着てくるのであろう。また、後半、利生譚では河内の長者とその家の召使のうち、長者と召使の主だったものは狩衣や水干などの盤領系の服装で描かれ（長者は狩衣と襖のみ）、彼らのもとで使役される者たちはⅠ〜Ⅲいずれかの直垂姿である。服装による役割分担や社会的な立場の相違が明確に描き分けられていることになる。この利生譚に描かれる人物で微妙な立場にあるのは、長者家の門前にすわる武装した数名だろう。彼らには水干と直垂、両方が検出される。おそらくは長者の家に雇われている武士たちは、武装をすることでその職能を全うし、そして可視化する（特に絵画の一場面であればなおさらで、観る者に描かれた人物が何者であるかを伝える必要があったのだろう）。したがって、彼らが武装した姿は彼らにとって「公的」な姿と言っていい。長者の居館の門前に侍すことや、主人である長者の目前にいるときは、彼ら武士にとってその職能をもって「奉仕」する場ということになろう。したがって正装であることが求められるからである。この作品の後半の利生譚の世界では、旅装としての襖（長者）、狩衣（長者・召使の主だった者）、水干（同上）など盤領を着るも

図2　水干姿（ともに『伴大納言絵巻』よりトレース）

のは直垂を着るものより社会的立場は優越している。すると武士の姿も、武士の正装が水干などの盤領から直垂などの垂領に移行しつつあった過渡期の状態を描いてるのかもしれない。なお、こうした優越は画家の虚構と決め付けるのは早計で、ある程度は巷で目にしたであろう現実世界の反映と考えるべきであろう。

おそらく当初の袖細姿は完全な労働着・作業着で、庶民の一般的な服装であったと推測される。公的な場において、経済的に余裕のある者は日常着よりは綺麗な地色や文様、仕立てのものを着たり、あるいは水干を着たのだろう。そして武士が京洛の朝廷・貴族層に使役される立場となるにあたり水干姿を公服として規定されたのではないだろうか。この服装が武士の礼装・正装と位置づけられることの最大の意義は、単純に特定の服装の使用を強制されるということではない。盤領系の服装による朝廷・貴族層の服制の最下位にあった水干を正装・礼装として着用することを義務付けることで、武士という身分を同定し、朝廷や院、貴族層の身分秩序とその制度に編入したと推定できる（図3）。前掲『玉葉』寿永二年十一月六日条の頼朝の水干姿は頼盛への敬意を表した意味もあるだろうが、水干の着用を礼・正装として義務付けられていた名残なのではないだろうか。朝廷貴族層に組み込まれた武士の全てではなかったであろうと推測されるが、棟梁クラスの者たちは、朝廷・貴族層の供奉や儀式への奉仕などに際して、水干が武士に貸与されたのではないだろうか。たとえば牛車と牛を御す牛飼童が貴族層の行列などに奉仕する場合、盤領の水干や狩衣を与えられる例は枚挙にいとまない。また、検非違使の放免の例もある。『伴大納言絵巻』などには水干を着た放免の姿が描かれている。これらの例は、牛飼童にしても放免にしても、元来は朝廷・貴族社会の身分秩序外の者たちである。もちろん例外はあるが、彼らを使役するために使用者を明示し、その社会的な所属を明らかにし、また水干を着る本人に自覚させるなどの意味から盤領の水干を着させたのではないだろうか。その意味からすれば牛飼童、放免、そして武士にとって、水干は自らの所属等を明示する意味からの着用であるから公服と位置づけられよう。こうした推測が成り立つのであれば、「公服」として水干の貸与された可能性は非常に高い。そして、この水干の貸与こそが初期の武士と朝廷・貴族社会との接点を象徴すると言えるだろう。

また、右のような前提で、直垂は水干の諸様式を被服構成に組み込んでいくわけだが、前に見た表1、Ⅲの段階で水干の付属品であった装飾的な菊綴や胸紐、袖括りの紐などを伴なうようになる。これは水干の着装の様式を直垂に移植したと理解されるがその理由はわからない。だが、なによりも等閑視されているのは直垂が袖細から進化する過程で欠腋（脇の下を縫い合わせない）の被服構成を採用したことである（図4）。これは表1、Ⅲの時期から散見されるものである。結論から言うと、袖細が直垂に変化した結果、両者の最大の相違点は欠腋か否か、ということになる。おそらく水干の欠腋の被服構成であることとの影響とみるべきではなかろうか。直垂が水干から継受したのは襟元の緒所や袖括りの紐、菊綴、広袖ばかりでなく、むしろこの欠腋という被服構成と考える。

ところで、水干には襟元を盤領にせず左右の身頃を内側に折り込んで着る「たりくび」という着装法がある。一見したところ、装飾的な菊綴や緒所を完備した直垂姿と酷似する。直垂が水干のさまざまな部位を継受して整備されていくプロセスに、この水干を「たりくび」に着る着装法は何か関係があるのかもしれないのだが、現状では確たる推論を提示するだけの素材はない。しかし、水干を「たりくび」に着る着装法は、貴族層や京洛の人々の例にはほとんどみられない事実がある。水干を「たりくび」に着るのは武士やその周

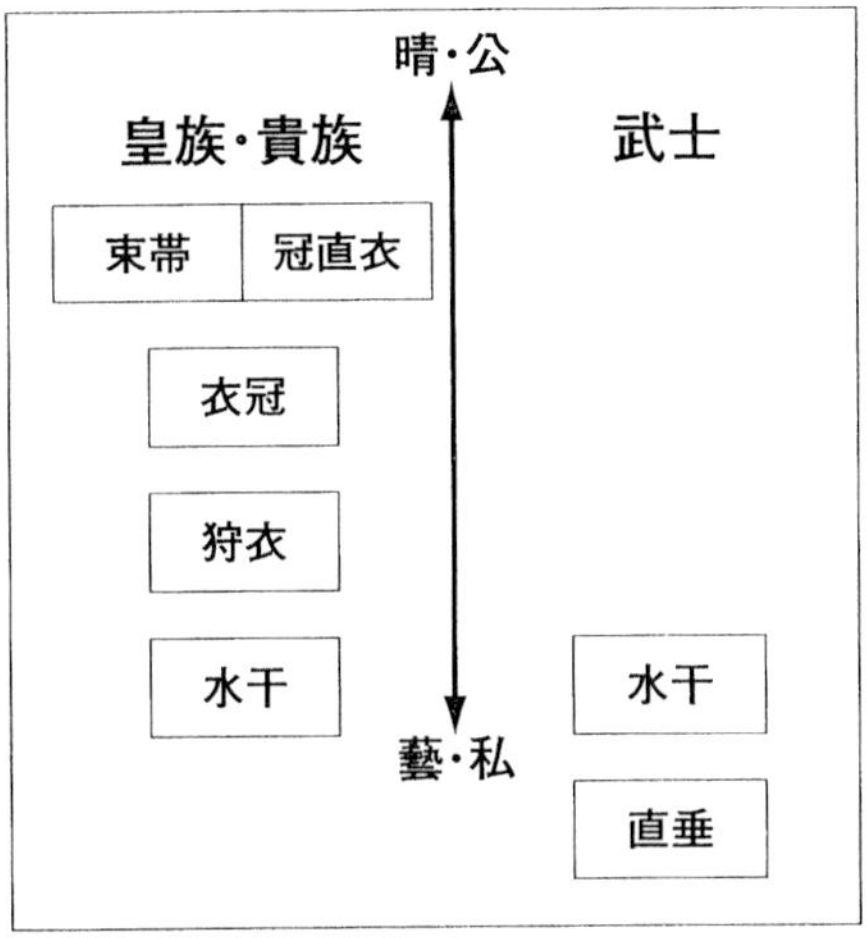

図3　服制に見られる公家と武家の身分「格差」

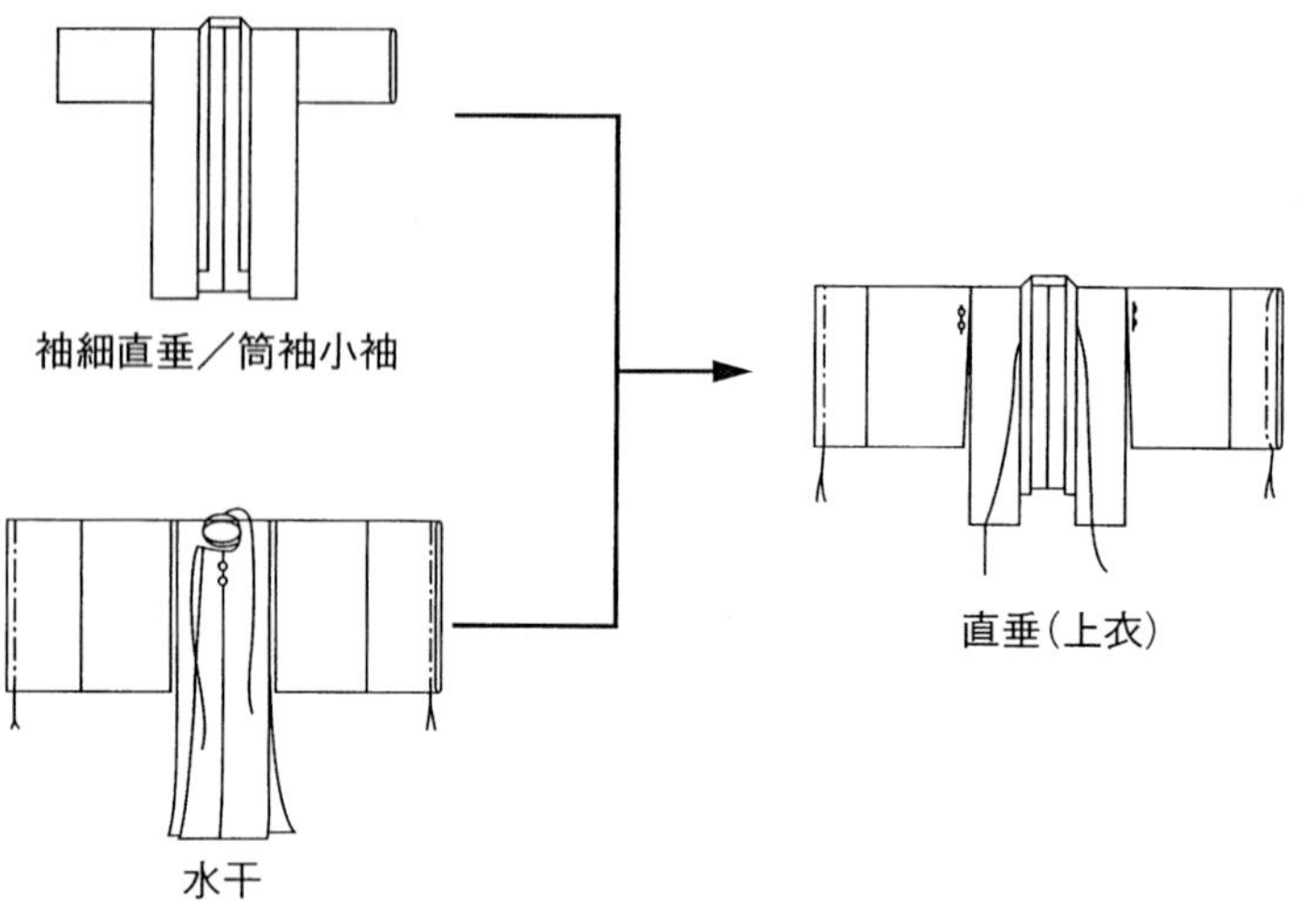

図４　袖細・水干・直垂の関係

図の「袖細直垂」は男性が使用する場合の呼称で、女性が使用するときは「筒袖小袖」と呼称する。これは、後世、前者は男性の服装である「直垂」に、後者は「小袖」に変化していくと推定しての呼称で、小稿においてのみ有効な便宜上のものであることをお断りしておきたい。

「袖細直垂／筒袖小袖」はともに身丈こそ長短があったようだが同一の被服構成であったことが推定される。極論すれば、本来は男女の性差のない、男女兼用の衣服であったと言ってもいいだろう。これが男性の場合は袴との併用、女性の場合は膝下程度の着丈へと、漸次、変わっていったのではないだろうか。

これらに、公家服制の最下位に該当する「水干」の菊綴、緒所、欠腋などの諸要素が移植されて出現するのが「直垂」である。

辺の人々ばかりなのである。水干の襟元は蜻蛉や受け緒の省略形である紐によるものだが、それゆえに襟元をきつくあわせないでゆったりと着ることができる。蜻蛉や受け緒は襟元のあわせをきつめ、ゆるめに調整することはできない。しかし、水干のごとく紐である場合はそれが可能なのである。『伴大納言絵巻』『粉河寺縁起絵巻』『病草子』『餓鬼草子』『扇面古写経下絵』などには、ゆったりと襟元をあわせた姿が多く描かれる。しかし、どれ一つとして「たりくび」に着ているのではない。むしろ、襟元の楽な袖細や直垂を着慣れた武士たちが、水干の襟元を直垂にならって着たのが「たりくび」という着装法なのではないだろうか。

そうなると、より不可思議なのは水干の諸様式を直垂が継受したのはなぜなのか、何が契機となっているのか、という問題であろう。表1のⅢ以降の水干の装飾や部位、欠腋を継受した直垂は、水干という服装の「代」だったのではないか、ということである。たとえば①水干を礼装・正装とするべき基本原則がなんらかの理由で緩み、直垂で代用していいような状況になったか（この場合、礼装・正装としての水干を否定したのではない）、②当初、礼装・正装として水干の着用が義務付けられていたがそれが当初のみで終わったか、③本来素朴な袖細に、京洛等で武士が目にし、礼装・正装として着用した水干にある種の憧れを抱いた結果、水干の部位を直垂に移植したか、など、いろいろな可能性が掲出できる。しかし、筆者としては、武士にとって直垂姿が公服へ格上げされつつあったのではないかと推測する。

結論としては、水干とともに朝廷もしくは貴族層が折烏帽子と直垂の組み合わせを武士の公服として規定した、と考える。時期としては、表1のⅢの時期ではないだろうか。このⅢの時期とは、Ⅰ・Ⅱの直垂姿が急激に整備された時期と言え、時代的には院政期が該当することになろう。在京の武士に限定されるかもしれないが、直垂の様式を整えたのは、武士を私兵・暴力装置として使役した、前期院政や一部の貴族層ではなかったのか。一定の強大な権力と影響力でもなければ、こうも劇的に直垂の様式が整備されるとは考えにくい。朝廷・院・貴族層に組み込まれた武士の身分とその職能を明示する目的で、直垂姿が整備されたのではないだろうか。Ⅲの時期は前期院政のころと考えるが、たとえば、院の北面・西面に採用された武士たちあたりが、水干を頂に置く武士の服制を受け入れていったのではないかと考える。北面・西面の武士たちは組織化された集団であったし、在地首長層クラスの武士が採用され、その家臣も含めて強大な軍事力を維持していたことからすれば、非常に秩序だった人的統制や儀礼的な統制を有していたことは想像に難くない。正装として直垂を規定する際にすでに広範に使われていただろう表1のⅠ・Ⅱのような素朴な袖細に水干の諸要素を組み合わせて様式を整えさせたのではないかと考える。そして整備された直垂姿は、水干に次ぐ武士の正装となった。次に、直垂姿は、今度は流行として京洛の武士の間に、やがては京洛に訪れた武士を通じ地方へと流布していったのではないだろうか。特に鎌倉幕府期に入り、大番役が行なわれるようになると地方の御家人も京洛へ一定期間赴かなければならない。その際に京洛の風俗に触れていたわけで、完備した直垂姿を知る絶好の機会となったであろう。

次に直垂姿の成立と不可分の関係にあるといえる折烏帽子についてみておきたい。

折烏帽子は立烏帽子を細かく折りたたんだもので、頭部の髻にそって立烏帽子を畳み込むことで頭部から落ちないようにとの配慮で誕生したと考えられている。折烏帽子は、直垂との組み合わせで武士のトレードマークとなる。その変遷は表2でとりあげた絵巻物に明解にみてとれる。『伴大納言絵巻』『信貴山縁起絵巻』『粉河寺縁起絵巻』などにみられる、髻ごと立烏帽子を無造作に縛り付けるようなⅡ・e・③、Ⅲ・bの形式は折烏帽子の起源と考えられるもので、武士と思しき人々のみならず庶民も使っている様子が上記の作品群には描かれている。『粉河寺縁起絵巻』利生譚の河内長者一行中の騎馬に水干姿の武士に揉烏帽子を折りたたんだやわらかい質感を表現した折烏帽子がみられ、これは漆を塗った硬い折烏帽子への過渡期を示しているだろう。やがて、漆で硬く塗られた立烏帽子を直線的に折りたたむようなⅢ・c、Ⅳ・dと変化していく。そして、折烏帽子を被る人間は武士に限定されてくるのである。この推移はやはり時代を考える上で目安になる。前者から後者に変化し折烏帽子が成立すると考えられるわけだが、両者が混在するのがⅢの院政末期、後者のⅢ・cが硬化し折烏帽子としての様式を整えてⅣ・dのみとなるのがⅣの平氏政権期、ⅤがⅣの形式の折烏帽子がそのまま使用し続けられる鎌倉期となると推測される。

本来、烏帽子は成人男性であることを社会的に表示する機能があった。折烏帽子は通常の立烏帽子を細かくたたんで髻部分を覆う形でかぶる形式の着装法に名づけられたもので、立烏帽子は貴族層の日常的な家居の冠帽具であるが、仕様や素材などの差異で庶民層や武士も使うものであったことを確認しておく。この烏帽子の着装法は旅程や騎馬などの激しい運動で烏帽子が落ちないようにとの目的と考えられている。さらに頭部からの脱落を防ぐために「烏帽子懸」という折烏帽子にひとまわし懸けまわした皮緒・紐や緒をあごの下で縛る着装法もある。武士が騎馬で行動したり、あるいは合戦での徒歩での行軍や戦闘行動をとることなど、活動的な所為をとるという点からも武士のトレードマーク的に直垂との組み合わせで理解されているといってよい。興味深いのは、朝廷や貴族層の行列の供奉やその邸宅に伺候する際には、彼ら武士はやはり折烏帽子を被ることが多い。反対に、自らの郎党や自分よりも低い立場の武士と顔を合わせるような場面、家居の寛いだ私的な場面では立烏帽子を被る。つまり、院政期以降鎌倉期の武士の烏帽子使用には晴と褻に基づくであろう一定の儀礼的な決まりごとのあったことをうかがわせるのである。折烏帽子は公的な場・状況で武士が自らの社会的な立場を示す必要のあるときの装いということになろう。その意味では、折烏帽子は武士の公服の一部として機能している。そして、武士は、この折烏帽子と直垂との組み合わせで史料中に現われてくる。直垂は武士の表象として人々に認識され始めるのと期を一にして折烏帽子は検出されるのである。

折烏帽子については武士以外の所用の例外的な事例もある。あまり先行研究には触れられてはいないが、院政期頃より巡礼などの道者や参詣などでは武士以外の下級貴族層も白い浄衣か狩衣に脛巾をつけ折烏帽子を被るなどの例がある。時代ははるかに下るが鎌倉時代末期の『一遍上人絵伝』（清浄光寺蔵）巻二第一段の絵にもこうした巡礼者の姿が描かれている。この点からみれば、本来、折烏帽子は単純に武士だけのものとは言い切れず、下級官人・貴族層の使用も視野に入れざるを得ない。考えてみれば、何人たりとも菅笠などのような被り物を使用する際も烏帽子は脱がないのであり、立烏帽子が標準的な冠帽具である場合は、笠を被りやすく烏帽子を畳んだり折ったりしなくてはならないだろう。下級官人や貴族層でもちょっとした遠出や雨湿の外出では笠を被ることを前提に、髻ごと立烏帽子を無造作に縛り付けるようなⅡ・e・③、Ⅲ・bのかたちで、立烏帽子を折烏帽子のように使っていたと推測される。笠を脱ぎ、髻ごと縛っている紐をほどけば瞬時に立烏帽子に戻る。『一遍上人絵伝』などにみられる巡礼などの道者や参詣などの折烏帽子姿は、単純に笠を脱いだ状態を示しているのかもしれないが、時代が下降し、髻ごと烏帽子の上から結びつけるような烏帽子の着装法はすでに忘れられた古様な「時代性」を示しているのかもしれない。ただし、注意しなくてはならないことがある。このタイプの烏帽子の被り方は、下級官人・貴族層にとってはあくまでもある種の旅装であり、特殊な便宜上のものであることだろう。無位の官人にとっては立烏帽子が公私を問わず正装であるし、有位の者にとって参朝時はいうまでもなく冠が正装と考えるべきだろう。ところが武士の場合は公的な場でも折烏帽子を正装としていた点、そして日常の私的な場においてのみ立烏帽子を許されたことを強調しておきたい。

身分や社会集団に関係なく、立烏帽子が成人男性の指標であった時代、武士たちの大勢は、活動・行動の便から外出時などに髻ごと烏帽子を結びつけるような被り方を日常的に行ない、立烏帽子も家居やあらたまった場面での使用という、状況による使用区分がすでに存在していたのだろう。直垂が、水干のような装飾的な部位や被服構成を継受して整備され、武士のトレードマークとして定着させられる中で、同様に髻の上から無造作に縛り付けるような方式から、立烏帽子を折りたたむような折烏帽子に様式を整えられ、武士の身分表象として固定していったと考えられるのである。武士にとっての直垂と折烏帽子は不可分の関係にあると考えざるを得ない。やがて武士は社会的な立場を上昇させつつ、それが直垂にも反映され、豪華な素材を用いたりした平氏政権期をむかえることとなる。

おわり に

以上、長きにわたって直垂の起源と武士との接点について考えてみた。やはり、その名称から考え直すことで、小稿で示したようなさまざまな考慮するべき問題点や注意点の存在することが明らかにできた。直垂の歴史は武士の歴史そのものという印象を強く抱いている。

前に述べたように、広く庶民の服装であった筒袖状の服が、袴を伴い、そして最上衣として用いられる段階にいたって「直垂」という呼称を得るというプロセスは非常に面白い。現代人の服装などにもある種の共通点を得られる気がする。社会的に下層の人々の衣服が、その利便性から上層の階級の人々に使われるようになることを「形式昇格」というが、直垂はその好例といえるだろう。そして、直垂が「形式昇格」していく過程は、武士が政治的な権力を得ていく、武士身分の成立の過程と言い換えてもいいだろう。

朝廷の服装のように令制で定められた礼服・朝服・制服のような基本原則があるわけではないので、直垂に関する議論がやや漠然としている部分があるのは仕方ないであろう。考えてみれば朝廷の服装でさえ、一〇世紀頃に令制における服制の基本原則・盤領という大きな枠組みのなかで、便宜にしたがって発展し個々別々の服装を派生させ、そのことが命名の法則にしたがって名づけられていった。直垂は盤領ではなく垂領の系統の服装だが、朝廷・貴族層の命名の法則にしたがって命名されていた寝具の名称が呼称として定着してしまったと推測される。その意味で、直垂という名称自体の属性は朝廷や貴族層ということになる。朝廷や貴族層が武士との関係をどのように考えていたのか、武士に対する社会的な位置づけをどのように設定しようとしたか、極めて明瞭に見て取れるというべきであろう。武力という政治権力としての手段を有効に使わんとする朝廷・貴族社会の戦略が見え隠れする。どれほど武士を効果的に利用しようと、その当人たちは朝廷・公家社会の再末端に位置づけ続けようとする。朝廷・貴族社会と武士の支配・被支配の関係を、直垂（と折烏帽子）を着る度に武士本人たちは自覚するのである。その姿を見て朝廷・貴族たちは武士が自らの所属する社会の最下層にあることを確認する。かくして朝廷・貴族社会によって設定された武士の位置づけは、自らの出自と現実での職能の狭間に置かれた平氏政権により底上げがなされる。そのプロセスで平氏政権は自らのトレードマーク的な服装となった直垂・折烏帽子を水干や狩衣といった服装にまで高めようとしたのかもしれない。

そして、貴族の出身でありながら、武士としての職能も併せ持つ平氏により、直垂は折烏帽子との組み合わせをもって武士のトレードマークとしてさらに格上げされる。朝廷・貴族の身分秩序の隷下にありながら、発言力・影響力を高め、その存在をアピールするようになるプロセスと同期するように直垂は高級な素材を用い、寛濶な仕立てに変わっていっただろう。ところで『吾妻鏡』治承四年九月十日条は、甲斐源氏武田太郎信義と一条次郎忠頼から源頼朝が石橋合戦の話を聞くくだりには次のようにある。

（前略）青女一人来于一条次郎忠頼之陣。称有可申事。忠頼乍怪。招于火炉頭謁之。女云。吾者当宮大祝篤光妻也。為夫之使参来。篤光申源家御祈禱。為抽丹誠。参籠社頭。既三ヶ日。不出里亭。爰只今夢想。着梶葉文直垂。駕葦毛馬之勇士一騎。称源氏方人。指西揚鞭畢。是偏大明神之所示給也。何無其恃哉。覚之後。雖可令参啓。侍社頭之間。令差進云云。忠頼殊信仰。自求出野剣一腰。腹巻一領。与彼妻。依此告。則出陣。襲到于平氏方人菅冠者伊那郡大田切郷之城。冠者聞之。未戦放火於館自殺之間。各陣于根上河原。相議云。去夜有祝夢想。今思菅冠者滅亡。預明神之罰歟。然者。奉寄附田園於両社。追可申事由於前武衛歟者。皆不及異儀。召執筆人令書寄進状。

（後略）

諏訪上宮大祝篤光妻の夢告に出てくる源氏「方人」は諏訪明神の化身と理解されよう。甲斐源氏の守護神として描かれるその神は白い衣冠や束帯ではなく「梶葉文直垂」であった。貴族層の古記録の記文中にみられる夢に出現する、神社などの神々や祖先の神は概して神性を示す清浄の象徴である白装束で、しかも貴族層の身分出自を示す服飾上のトレードマークである盤領で描かれることも少なくない。つまり、朝廷・貴族にとって夢に現れる神は彼らと同じ社会集団の服装ということになる。少なくとも夢に現れる「神」の属性は夢を見た当人の社会集団に帰す、と理解されるだろう。この事例の武門の神として篤光妻の夢に出現する神は直垂姿なのである。武士が自らの「神」の姿に、自らの日常生活で着ている直垂姿を重ね合わせて可視的に理解していた事実は、武士が自らの身分の独自性を強く認識していた証となるだろう。『吾妻鏡』の記述内容をどう考えるかといった問題も踏まえた上で、(18) 一二世紀末〜一三世紀末までの約一〇〇年間で、直垂は武士身分の服装として定着していたことをうかがわせる逸話である。鎌倉期の直垂は、基本的には平氏政権期とは変わらないと目されるが、鎌倉時代末期の作である『一遍上人絵伝』などの画容をみていくと二・三の理解が可能であると思う。第一は、欠腋に大振りな袖という平氏政権期のような被服構成が公的な場での装いとして普及しつつ、前代の袖細直垂のような原初的な直垂は最上衣ではなく間着・下着へとなり、あるいは家居の私的な日常着・労働着へと落ち着く。このプロセスが広く普及していったのが当該期であろう。第二に、こうした直垂の変化は、やはり京洛や鎌倉に出入りする武士からはじまり、それがゆっくりと鎌倉期を通じて全国に広がっていったとみられる。第三に、直垂の地方普及の一方で、京洛・鎌倉周辺の武士たちは自らの儀礼観を整備する。これに伴い、直垂も材質などに、平氏政権期のような高級な絹素材を導入し、やがて、のちの南北朝・室町期に定着する「大紋直垂」「素襖直垂」の起源が醸成される。

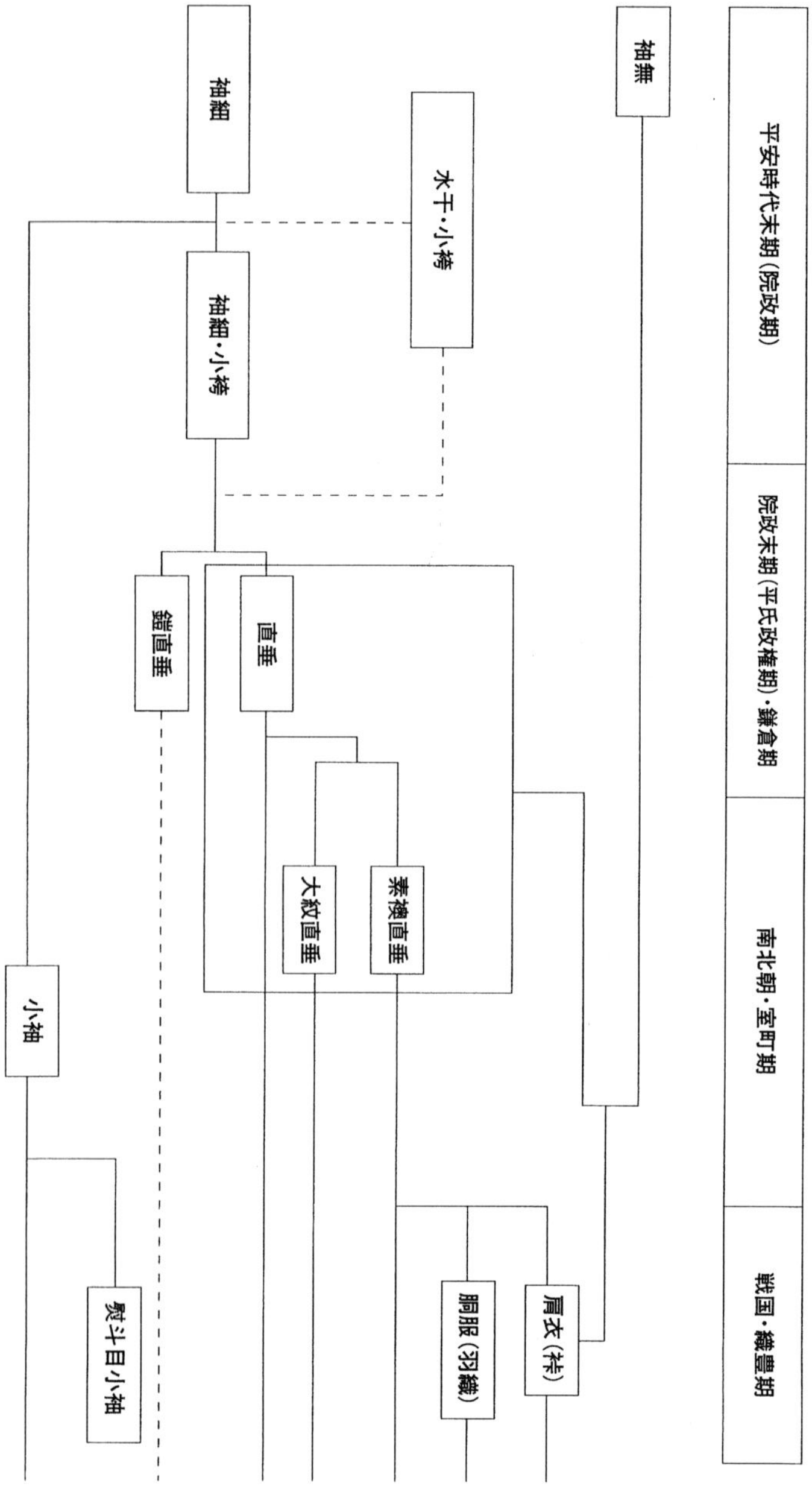
平安時代末期（院政期）
院政末期（平氏政権期）・鎌倉期
南北朝・室町期
戦国・織豊期
袖無
水干・小袴
袖細
袖細・小袴
直垂
鎧直垂
素襖直垂
大紋直垂
小袖
肩衣（袴）
胴服（羽織）
熨斗目小袖

図5　直垂の変遷

武士の象徴とも言える直垂姿に興味を抱き、本稿で示したような筆者なりの見解にたどり着いた現時点で、今後の課題として強く意識しているのは武士の服制が最終的に大きく転換した、中近世の武家服制・幕府服制である。現時点における直垂系の服装の変遷の見通しを図示しておく（図5）。

具体的には中世末期〜近世初頭の時代、中世における直垂と同様に、近世の武士の表象として認識されている裃、つまり肩衣である。この服装の成立は胴服や羽織と同じくその起源が判然としない。最近、魅力的な仮説が提出された。(19) 両腕を袖から抜き腋から出し、両袖を肩越しに後ろ身頃に回して袖括りの紐で結ぶ着装法は、確かに火急の着装法として存在するのであるし、これが肩衣へ変化していった可能性は斬新である。既存の説からみれば意表を突く推論であると思う。ただし、古代以来の袖無という服の影響については明確に説明がなされたとは言いがたいし、『融通念仏縁起絵巻』にみられるような異類異形の人々が着ている袴に着込めたり着込めなかったりする服との関連性も明確な説明がなされたとは思えない。興味深いのは、肩衣姿は原則的に烏帽子を被らない露頂との組み合わせである点で、これをどう考えるべきなのだろうか。本稿で述べたように、朝廷や貴族層が、その服制の最末端に水干を正装とし直垂を身分表象とする身分として武士を位置づけた。これが烏帽子を脱ぎ、人前で露頂であることを「恥」としない社会的な慣習を行動をもって示しえたとき、そこには肩衣があったことになる。武士が、露頂・肩衣を正装として自らの服制に設定したとき、長きにわたる朝廷や貴族層の作った身分秩序から独立した、といえると考えるのだが、こうした観点からも直垂の最終変化形とされる肩衣の素性を解明したいと強く思う。

本稿では武士が直垂を身にまとったその意味を考察した。では、武士が直垂を脱ぎ、肩衣上下を身にまとったとき、それが彼らにとってどのような意味があったのかこれが次の課題と考えている。後考に期したい。

注

（1）「服装の表象性と記号性—盤領と垂領—」（二〇〇一・二、『日本歴史大事典』第三巻特集項目、小学館）、「足利将軍若宮八幡宮参詣絵巻」の作期—服装史における中・近世移行期の資料として—（『東京大学史料編纂所研究紀要』一二、東京大学史料編纂所、二〇〇二・三）、「長林寺所蔵「長尾政長像」について—中世武家服制再考の素材として—」（『栃木史学』一九、國學院大學栃木短期大学史学会、二〇〇五・三）。

（2）「「朝服」と「束帯」—用例からみた平安初期公家服制—」（『風俗史学』二四、二〇〇三・八参照）。

（3）直垂に関して言及する先行研究は膨大であり、とてもそのすべてを限られた紙幅の中に紹介することはできない。近年の研究で筆者が注目するのは丸山伸彦氏『武家の服飾』（『日本の美術』三四〇、至文堂、一九九四）である。実際の遺物に造詣の深い氏の見解は、先行研究全般をひろく継受しつつ展開する。筆者も導かれ、学ばせていただいたことは多い。何よりも直垂の淵源からその変遷を通史的に論じられた意義は大きく、有識故実学ではなしえなかったことだった。

（4）九六頁。法政大学出版局、一九七九。

（5）九一頁。星野書店、初版一九三七、本稿では第四版、一九四四を用いた。

（6）武士の発生当初、その身分は社会的にどれほど独自性を持つものとして独立した身分と理解されていたのだろうか。それは同時に武士が自らの身分を「武士」として認識していたのはいつか？　という問いと同じだろう。これは容易に判断できない。とすれば、その「理解」以前、武士と庶民が不分明であった時期、特に武士にとってシンボリックなステイタスとしての直垂姿は確立し得ない。

（7）本稿で引用する文献史料の出典は注末に一括した。

（8）もちろん名称の意味が今ひとつ明確ではない女房装束の「唐衣」などがあることも事実である。こうした例についてはもう少し用例を検討した上で後考を俟ちたい。

（9）「直垂」「素襖」「大紋」参照（『有職故実大辞典』吉川弘文館、一九七九〜九七、後『有職故実大辞典』吉川弘文館、一九九六に収載）。

（10）絵画史料における服装で注意したいのは、登場人物たちが自らの意思で着ているのではない点である。作家が絵画化しようとする「物語」のストーリーにあわせて、リアリティーを醸成したり、何らかの特定の意味合いを表現したりする画面の演出の一部として、「服で登場人物たちを包み込んでいる」と理解しなければ、画面の内容を正確に読み取ることはできないだろう。また、絵画史料は「絵空事」とその信憑性に疑問を呈する意見もあろう。しかし、絵画化されるストーリーにもよるが、あまりに現実と乖離したものを実体化して絵画として描くことは作品の評価を自ずから下げてしまうものであり、そう安易な制作は許されないと考えるべきであろう。もちろん、画家の時代考証のミスは確実に見出すことが前提である。拙稿「伝・頼朝像論」（特集「日本史の論点・争点」『日本歴史』七〇〇、二〇〇六参照）。

（11）これら絵巻物の成立年代については『絵巻物総覧』（角川書店）に準拠した。

（12）絵巻物を資料とする直垂に関する先行研究として、切畑健「粉河寺縁起にみる武士と庶民の服装―袖細・水干・直垂を中心に―」（『服装文化』一九八四・六）がある。これは国宝『粉河寺縁起絵巻』に見られる袖細と直垂の分類に端を発し、庶民の服装の転換点を直垂の進化に求めた。非常に仔細に画面を観察しており、本稿でも多くを導かれた。また以下で扱う絵巻物類の服飾については鈴木敬三『初期絵巻物の風俗史的研究』（吉川弘文館、一九六〇）がある。特に各絵巻物ごとにその服飾を検討し、時代性をうかがえる物証性を検討している。こちらにも導かれること多かった。

（13）Ⅰの服装は「形式昇格」（「おわりに」参照）の末に「小袖」という呼称で貴族や天皇の着るところにまでなる。順徳天皇の著した『禁秘抄』上「御装束事」では建久年間（一一九〇～九九）の頃から天皇も使い出したとあるので、この服自体の歴史は存外古いのかもしれない。絵画史料では『伴大納言絵巻』などの伴善男の家の女房たちが袿の下に着ていることが確認されるし、鎌倉時代後半の作といわれる『吉備大臣入唐絵巻』では吉備真備がこの服を着ている全身像が描かれている。Ⅰの使用者に性差は見られないが、そうした点も踏襲しながら実は身分を越えて広く使われていた服なのであろう。文献の上では院政期末から鎌倉時代にかけて朝廷・貴族層の着ている例が「小袖」という呼称で明記されるが、もしかすると、これよりもかなり古くから使われていた可能性を想定するべきだろう。公的な場・状況では絶対に着ることのない私的な家着であり、制度に位置づけられない私的な服であったために、さまざまな儀式書や公事書などに取り上げられず、また有職故実学にも扱われることはなかったのだろう。

（14）Ⅰ～Ⅴの各期に現実的な年代をあててみると、Ⅰ・Ⅱは～一二世紀初、Ⅲは一二世紀中、Ⅳは一二世紀末、Ⅴは一三世紀～となるだろうか。ただ、想定しておかなければならない検討課題として、こうした直垂の変遷には地域的・時間的偏差があることで、右の「現実的」な年代は京洛を中心とした目安程度にしかならないかもしれない。また、この具体的な数字は各絵巻物の作期推定のために役立てることもできるだろうが、いまだ検討の余地がある。

(15)　貴族層が武士の宿直姿を寝具の直垂とだぶらせて理解したと仮定して、形状や被服構成が似ているからといった理由だけではないかもしれない。「寝巻きに似たものを着た姿」ということになり、武士を「寝巻きを着ているような連中」と理解していることになる。あまり好意的な理解とは考えにくく、蔑称のような意味合いもあったかもしれない。武士が地下の者、野蛮な田舎びた者たちとして貴族層から見下されていたことを考慮するとこうした理解は妥当と考えている。

(16)　拙稿「服装の表象性と記号性―盤領と垂領―」(『日本歴史大事典』第三巻特集項目、小学館、二〇〇一・二)参照。

(17)　先行研究等で目にする直垂をめぐるいくつかの呼称についても言及しておく。Ⅰ・Ⅱの時期のものは「直垂」と呼ぶことが適切か否か、非常に難しいところがある。Ⅰは性差のない身の丈に少し及ばない着丈の服、Ⅱはこれを小袴にはきこめているに過ぎない(ここで性差が生まれ男性の服となるのは事実だが)。先行研究のいくつかではこの時期の直垂姿を「袖細(直垂)」と呼ぶ。その名の通り、袖が筒袖であることによる。この呼称は、近現代の研究者が絵画史料などから、その形状に注目した便宜上の呼称であることを確認しておく。現実の文献史料などでは「衣」とか「きぬ」「ころも」などと書かれているものに含まれるのだろう。本章での絵画史料における考察と、前章での文献史料による考察の結果と併せて考慮すると、直垂が「直垂」という呼称を与えられたのは、平氏が折烏帽子との組み合わせでこの服装を整備したことなどからⅢの時期ではないだろうか。女性の服についても「筒袖小袖」とか「巻袖」とか呼ぶことがある。こうした呼称も近現代のものだが、こちらについては別の機会に述べたい。

(18)　ここで引用した治承四年九月十日条について補足しておきたい。同日条の記事は治承四年の記事とされるが、直垂云々の記事については小稿第三節でも述べている通り、この時期だとまだ直垂が武士の「神」のトレードマーク的な服として定着していたと断定するには少し早すぎると矛盾を覚えていた。いまだ武士における水干の正装としての使用があり、現実世界の武士たちの多くが折烏帽子・直垂姿を着ていた可能性はあるが、まだ、地方や下級の武士たちにまで普及していたとは考えにくい。近年『吾妻鏡』の書誌学的な研究は目覚しい成果が蓄積されつつある。たとえば五味文彦・井上聡「吾妻鏡」(皆川完一・山本信吉編『国史大系書目解題』下、吉川弘文館、二〇〇一)や五味文彦『『吾妻鏡』の成立と編纂」(鎌倉遺文研究会編『鎌倉遺文研究Ⅲ　鎌倉期社会と史料論』東京堂出版、二〇〇二)がある。両論文によれば『吾妻鏡』の諸本のひとつである北条本巻第四二の袖書の後深草院出家の記述をめぐる考察から、同書は正応三(一二九〇)二月～嘉元二(一三〇四)の間に成立したという。さらに同書の地の文章は引用されている文書類の内容から編纂主体となった人物とその記録類を特定できるとされる。本稿、本文中で引用した治承四年九月十日条は「頼朝将軍記」であり、両論文によればその編纂主体となった地の文章は政所の奉行人の日記であり、その人物は二階堂行政、行光が比定されている。この両論文によって筆者の疑問はだいぶ解消されたように思えるが、すなわち「源氏方人」を称する「梶葉文直垂」を着て葦毛馬を駆る勇士（諏訪明神の化身）の姿は、本書が編纂された正応三年〜嘉元二年のころの記述なのではないかということである。素材となる逸話が事実として伝わっていたにせよ、この逸話に当時なりのリアリティを添える意味で諏訪明神の化身は「梶葉文直垂」により身を包み込まれて描写されたのではないだろうか。内容については本文で述べている通りだが、両論文の主旨にしたがって考えるほうが時期的な矛盾は無理なく理解できると思う。

（19）　黒田日出男「「肩衣」の誕生考―絵画史料論者の仮説―」（『宗教社会史研究　Ⅲ』、東洋書院、二〇〇五）。

〔史料出典〕

『吾妻鏡』（『国史大系』）『玉葉』（国書刊行会）『吉記』（『史料大成』）『禁秘抄』（『群書類従』）『西宮記』（『新訂増補　故実叢書』）『山槐記』（『史料大成』）『小右記』（『大日本古記録』）『平家物語』（『日本古典文学大系』）『方丈記』（『日本古典文学大系』）

第三章　武家肖像画と服制

――長林寺所蔵『長尾政長像』をめぐって――

はじめに

武士の服装の実態が制度的に明らかになってくるのは中世末から近世である。中世期は、正装である直垂とその枝葉として生まれてきた大紋直垂や素襖直垂、直垂の最終的な発展形である肩衣をはじめ、不明な点がきわめて多い。元来、消耗品として日常使用される服飾関係の遺品は現代に伝わりにくいという事情がある。また、武士の服装の場合、貴族層の服飾のように制度的に厳密で細かな規定が存在したのは室町幕府期のごく一時期であった。しかも、その推移さえ明解ではない。武士は、基本的に利便性を重んじ、身の回りのもの――服装や持ち物、武具、甲冑にいたるまで――を臨機応変に変えていった柔軟な感性をもっていたことがうかがわれる。かかる事情で詳細のよくわからない武士の服飾だが、検討するべき資料としての文献や絵画は少なくない。特に後者は枚挙に暇の無いほどといっても過言ではなかろう。

ところで、近年、筆者が興味を抱いているのは、中世的な武士の姿と近世的な武士の姿の相違点である。一二・一三世紀の絵巻物に現れる武士の姿と一七世紀中・末期頃の初期風俗画類に現れる武士の姿をみていると、その違いに驚きを禁じえないのは筆者だけであろうか。折烏帽子・直垂姿に何が起きて、露頂・裃姿へと変化するのであろうか。

激変といってもいいくらいの変化の本質はどこにあるのであろうか。前近代の服装は身分の標識であることが多いので、武士身分を取り巻く社会状況、そしてなによりも当事者である武士たちに起きたことが服装に反映していると考えざるを得ない。これを知るための研究素材として注目しているのが、元来、正装で描かれることの多い肖像画である。正装は自らの属する社会集団の内外を問わず、自分自身の出自や差等・存在を主張するときの装いであるからだ。肖像画は、絵画史料である前に美術作品であるから、相応のルールが作画にはあるし、時代的なルールの変遷も考慮しなくてはならないので慎重に検討する必要があろう。しかし、服は人が生み出したものである以上、人との関連で考えるべきで、たとえば武士にとっての正装であるなら、何をどのように携帯し、何をどのような組み合わせで身につけるのか、総合的に考える視点が欠かせない。その意味で武家肖像画は、武士の正装の身分的・時代的変遷を分析し、時系列的に考える上で最重要史料のひとつといえるだろう。

武士の烏帽子・直垂という装いの組み合わせが、いかなる変遷を経て、冠帽具を被らない露頂・肩衣姿になるのか。小稿では栃木県足利市の長林寺に伝えられる『長尾政長像』を実見し調査する好機を得たことを契機として、同肖像を研究のソースとして、武家服制の一端をみてみたい。

一　原本調査とその結果

栃木県足利市西宮町にある古刹、曹洞宗の大祥山長林寺には、開基長尾氏の「長尾系図」が所蔵され、また代々の住持の頂相や、寺宝となっている菩提をまつる長尾景長・憲長・政長の各肖像画（国重要美術品）が伝えられている。境内には開基長尾景人の宝篋印塔や長尾氏のものとみられる宝篋印塔や五輪塔がある。本稿では同寺に伝わる「長尾政長像」（図6）をとりあげる。中世末期の武士の俗人肖像画として知られる作品で、関東に伝えられる肖像画のうちでも名品の一つといえよう。

同寺は文安五（一四四八）年勧農（岩井山）城主であった長尾景人が越前国の竜興寺二世大見禅竜を開山に招聘して父・景直の位牌所として創建された。のち、享禄二（一五二九）年、大見が越前に帰国、前述・景人の孫にあたる景長は大見の弟子である傑伝禅長を同寺二世に請い現在に至る。応仁の乱の前に当地へ入部した長尾氏の菩提寺として前掲景長以来累代の位牌を安置する。

本図は中世中・末期にかけての武家肖像画であり、その画容は当該期の武士の服装などを伝える貴重なものである。また同景長は『古画備考』によると狩野派の基礎を確立した狩野元信（一四七六―一五五九）の師として名前が記載されている。同寺につたわる本図を含めた絵画作品への狩野派の影響という点からも、美術史において看過できない作品と言えるだろう。一見すればわかるとおり、本図の表面は長い歳月の中で相応に傷みが生じていて、画容に写真図版や肉眼では確認できないような部分がかなりある。そこで本図を熟覧調査、撮影を行なう必要性が生じた。

本図の所蔵者である長林寺のお許しをいただいて、二〇〇四年七月八日、寄託先の栃木県立博物館にて『長尾景長像』『長尾憲長像』もあわせて撮影および熟覧調査を行なった。なお、本調査には米倉迪夫氏（上智大学国際教養学部）にもご同行をお願いした。

この調査では原図の熟覧調査はいうまでも無く、デジタルカメラによる精細画像の撮影を行なった。画面に描かれたものを可能な限り正確に理解するためである。画像のデジタルデータ化の利点は画像の保存や整理が楽な点ばかりではない。肉眼では見ることのできない、たとえば、画面のどこに傷みがあり、それはどの程度で、どこが欠損し修補されているか、そしてどこが無傷で制作当初のままか、といった、細かな画面の状態を正確に把握することを可能とする。調査の後も研究の進行に合わせて、随時、コンピュータのディスプレイ上で納得のいくまで検討することができる。こうしたことこそデジタルイメージの最大の利点である。今回の調査では、現品の調査とその結果を得、さらにしっかりとした検討を行なうための精細なイメージを得ることに重点をおいた。また、試みとして赤外線による撮影を行なった。

近年、歴史学では赤外線撮影により漆紙文書や木簡などの資料で目を見張るような成果をあげている。肉眼では見えない文字が明瞭に画面にあらわれ、しかもその多くは判読が十分に可能なものである。また美術史でも同様で、厚く塗られた絵の具の下に描かれた下絵の線描や、あるいはまったく異なる絵柄が見出せるなど多大な成果をあげている。たとえば二〇〇四年夏に東京国立博物館で展示された薬師寺所蔵『吉祥天女像』においても、展示カタログで赤外線撮影の画像を掲載している。やはり肉眼で見るのとは異なる『吉祥天女像』が映し出されていた。彫刻などでも摺れたり褪色・変色して見ることのできない墨書銘や文様などが鮮やかに見てとれる場合が少なくない。こうしたデジタルの「眼」のもつ可能性が続々と蓄積されつつある今、本調査でも試験的に導入してみようとするものだった。[1]

筆者が今回の赤外線撮影に踏み切ったのにはほかにもいくつか理由がある。

まず、本図をはじめて博物館図録で見たときの印象として、丁寧に描かれている、という印象をもった。そして緻密な彩色、という感触を得た。そこで、それらが後補なのか当初よりのものなのかという疑問が湧いた。それを見極めたいと強く思ったのである。さらに、小さな図版なのでよくわからなかったのだが、像主の面貌の部分の剥落が目についた。本来の描線や表現を知るためには赤外線撮影が不可欠かもしれないと予測した。ただ、いずれにしろ、目覚しい成果が得られるのか否かはやってみるまでわからないので当日まで非常に不安だった。結果については、たとえば同寺に所蔵される長尾景長像（長林寺蔵　紙本墨画淡彩　縦七六・五チセン×横四〇・〇チセン）では極めて良好であった。画面

図6　長尾政長像（栃木県足利市長林寺所蔵）
絹本着色　掛幅装　縦85.0㎝×横39.5㎝

は汚れなどで濃い茶褐色となっている。ぼんやりと人物の描かれているのがわかるのが精一杯で、かなり近寄っても細かな像容・画容まではわからない。これを前述の赤外線撮影すると画面の隅々まで非常に明瞭に確認できる。とくに像主の凭れ掛っている脇息の細部まではっきり見えるのはすばらしい。この撮影で手ごたえを得たので、さっそく政長像の撮影に入った。

なお、本稿の拙著への収載にあたっては大幅な改訂をおこなったために図版掲載の余裕がなくなってしまい、最低限のものしかとりあげていない。本稿がはじめて公刊された『栃木史学』には調査時に撮影させていただいた写真のいくつかを掲載させていただいている。参照願えれば幸いである。

二　政長像の画面の現状と画面記述

まず、政長像の画面について、前節で報告したデジタル撮影と熟覧調査で得られた結果を述べる。

画面上半分は大きく空白で、下半分に政長が描かれる。余白部分には背景色を施してあり、像主政長はかなり鮮やかな色彩で描かれている。しかもその筆遣いは端正でとてもていねいなものである。原画を肉眼で熟覧調査してすぐにかなり傷みが進んでいると思った。(2) 近寄って見ると、写真で見たときの予想通り、像主の面貌とその周囲の剝落はかなりのもので、塗り重ねた絵の具の表層は剝落して下塗りが露出している感じであった。また頭頂部も絵絹そのものが剝離してしまっているような状態だった。面白いと思ったのは、前掲の小さな図版でみると像主の左半身がどうもぼやけて見えるようなイメージを受けたが、実物を仔細に観察すると、左半身の着衣の文様が剝落してしまっていることだった。しかし、その割りに衣紋線が妙にくっきり引かれており、何か釈然としない印象を抱いた。また、着衣の襟元の肌着が赤味が強い金泥で塗られており、これも不自然で、絵全体の色調と一致しないものだった。

さて、以上のような熟覧調査の結果を踏まえ、赤外線撮影を行ない次のような調査の成果を得た。

○頭頂部（図7）

頭頂部は絵絹そのものが剝離してしまっているが、冠帽具およびそれらが描かれた痕跡は一切見受けられない。月代を剃りあげ後頭部で小さく髻を結っている。ただこの髻はひどく褪色しており、肉眼では光線の加減によっては見落としかねないほど薄い。しかし赤外線撮影の画像でははっきり写し出されている。面貌の表現は実にていねいなもので、髪の生え際や鬢、眉、髭、皺などを細線で精細に描く。肉眼ではまったく見えない眼孔線も描かれている。赤外線撮影により像主が初老の人物であったことが判明した。

○体軀および着衣

赤外線撮影により肉眼と異なり非常にはっきりしてきたのは着衣の表現であった。というのは、やはり像主向かって左側は右側に比べて文様は非常にぼんやりとしているにも関わらず、墨描きの描線ははっきりしている。右側の袖口周辺も同じような描線である。また像主の向かって左半身は上半身を中心に剝落と褪色が激しい。後述するが白地に同色の小紋とやや大きめの文様を散らした布地を表現しているが、右半身にくらべて左半身は地色の白や小紋はか

図7　長林寺蔵「長尾政長像」の頭部
左が通常撮影、右が赤外線撮影の画像。右は通常のデジタル撮影、左は赤外線撮影による画像（本文参照）。現状では肉眼で見ることのできない像主の面貌に施された精細な筆遣いが明瞭に映し出される。目のまわりや顎鬚鬢などの描写に注意。

なり見えない状態になっているということである。にもかかわらず衣紋線は非常に濃い墨色で引かれている。こうした左半身に比して右半身は着衣の地色に若干の褪色もしくは変色が見られるものの小紋や大き目の文様は明瞭だが、衣紋線はむしろ全体的に薄く、しかもところどころで下地塗りの剝落による途切れさえおきている。これらからみて、おそらく左半身の衣紋線は後補と推測される。これは製作の手順の問題となるが、右半身を見ていると白い地色、小紋、やや大きめの文様を描き込んだあとで、墨書きによる衣紋線を描き加えている。赤外線撮影の画像を仔細に見ていると濃い墨色の線の下に薄くもともと引かれていた線が見えている箇所がある[3]。左半身の衣紋線が薄いのはおそらく製作当初のものだからで、表面の劣化にともない衣紋線の墨色も薄くなってきたということだろう。こちらのほうが自然な状態で、左半身と右袖口周辺の衣紋線の濃い墨色は後補であり別人の手であることも相まってある種の違和感を覚える。

○その他

着衣の表現に関することだが、現状で襟元の肌着にあたる着衣は金泥が塗ってある。これは画面全体におよぶ統一感という点から見て非常に不自然な着彩と言えるだろう。前述のように像主の着衣のこの部位は白の肌着であるはずで、同じように肌着が見えるように描かれているのは両袖口と袴の裾から見える間着と肌着の裾部分である。特に袴の裾からのぞく部分は剝落がひどく、白い絵の具自体、さほど残っていないので見落としがちである。この部分は赤外線撮影では何らかの絵の具が塗られていた痕跡として確認できる。

以上、簡単だが赤外線撮影の結果を踏まえた上での像主部分の熟覧調査の結果である。やはり赤外線撮影の成果は看過できないものがある。肉眼ではまったく見えないものが「見えてくる」場合、事前の肉眼での観察でより大きな成果が期待できる場合。さまざまなケースが想定され得る。

では、長尾政長像の画面情報について、美術史等の研究にも役立ててもらえるよう、いわゆる画面の記述をしておきたい(4)。

○構図

縦長の画面。像主は画面の下端に寄せて配置する。像主上方の空間に文字はない。

○像主を左前方から観て描いた成人男性(像)。畳のうえに胡座をかく坐像。

○頭部・面貌表現

露頂。月代を剃りあげ、後頭部で髻を結う。髪は耳の付け根上部からこめかみに向かって細く残す。また、この部分は揉み上げと連なる。細かな髪の生え際を表現する。面貌は肌色を地色に塗る。口髭は毛引きを重ねる精細な表現。下唇の下の下髭と顎鬚は短い。眉は細めで目じり寄りに垂れている。目元は、目頭から眼の上部に及ぶ弧状の眼孔線と、目の下、目頭から目尻にかけて下向きの弧状の線による眼孔線、二本の眼孔線に囲まれている。壮年の表現か。眼は目頭から二重まぶたを示すと見られる線が引かれ、やや垂れ眼。鼻は小鼻の両脇から下の方向に法令の線が引かれる。唇は閉じられている。全体的に穏やかな性格を思わせるような描写。

○身体

小紋高麗縁の畳の上に胡坐をかく。右手は右ひざ上で蝙蝠扇をやや上方に向けて持つ。左手は左ひざの上で拳を握っている。初期風俗画にも通ずる描き方だが、両手首は身体全体のバランスからみるとやや小さめな印象を受ける。両足首はまったく見えない。

○着衣・服装品等

最上衣は素襖の上下で上衣と袴からなる。共裂で、白もしくは薄い灰色（鼠色といってもいい）の地色に白の小紋を散らし、やや大きめの花の文様を配している。間着は二枚と見られる。最上衣の下には燈色（濃い朽葉色と呼んでもいいかもしれない）の地色に黒・黄・黒・黄・黒で一単位となる横縞をおそらくは等間隔に配した間着を着ている。袖口の形状から小袖と推測される。その下、肌着の上に着ているもう一枚の間着は袖口と袴の裾口にみられる。無地の薄い朽ち葉色に見える。これもおそらくは小袖であろう。肌着は襟元、袖口、裾に見えるがおそらくは白。襟元の金で塗られた肌着の色は後補と見られる。なお、前述のように裾の肌着は剝落しておりよく見えない。最上衣の胸元をゆったりと広めに取り間着をのぞかせる、中世末から近世にかけての肖像画に一般的な直垂類の着装である。右手に持った蝙蝠扇は黒質の骨に金地の紙を貼っているようにみえる。左の腰には打刀と腰刀を差している。打刀・腰刀の拵えは揃いのもので、ともに柄は黒の糸を巻き、鞘も黒漆のようである。また、ともに下緒は赤、金色で笄を入れている。ただし、打刀は鍔のない合口造で柄を前方に下げ、鞘を落とす挿し方ではない。

全体的に見て、構図や像主の描き方、服装・服飾品などの表現は、中世末、戦国・織豊期に数多く製作される武士の肖像の典型といえるだろう。後補の部分も見受けられるが、画面記述にも記したとおり、面貌表現、着衣の表現など、当初より非常に丁寧に描かれたようである。なお、描き方、と言っていいかどうかは疑問が残るものの、通常の男性の坐像と比して体軀を上下に少し押しつぶしたような印象を得た。これが像主の体格・体型や姿勢を示しているのかはわからないが特徴的である。

政長像について、特に服装や服飾品に関して特筆すべき点を二点ほど掲出して小括しておきたい。

第一点。直垂系の素襖姿でありながら烏帽子を被らないこと、第二点は腰に打刀を差していることである。これらの問題は、室町時代から戦国・織豊期の武士の服装習慣の問題と非常に密接であり、さらにいえば、儀礼観とも関連する。また、各肖像画ごとの制作の動機にもよるので一概には言えないが、作期を推測する上で目安ともなりえるので次節で詳しく述べたい。

三　長尾政長像の露頂・素襖姿

前節で記したように像主・長尾政長は素襖に露頂姿で、腰には打刀と腰刀の両方を差して描かれている。この姿から何を読み取ることができるであろうか。

武士の服制は、個別の服装については先行研究の蓄積があり成果が報告されている。しかし、装身具や携帯する品々、携帯する武器などとの組み合わせで論じられることは少ない。服制という視点で考えるとき、服は単体では意味を成しにくい。何と組み合わされるか、装いの中の何と何が同期して変化するのか、ということに注目することで、着用する人間という視点を得ることが可能になる。そして、肖像画でいえば、像主＝着用する人間であり、像主の社会的な位置づけも自ずと浮かび上がってくる。政長の素襖・露頂姿はどうであろうか。中世から近世期にかけての武家肖像画を、人物本位、服装と装身具・武器の視点からみてみると次のような変化のプロセスをみてとれる。

Ⅰ　烏帽子、直垂（大紋、素襖）、腰刀
Ⅱ　露　頂、直垂（大紋、素襖）、腰刀
Ⅲ　露　頂、直垂（大紋、素襖）、小刀（腰刀）、大刀や太刀を脇に置く
Ⅳ　露　頂、直垂（大紋、素襖）、大刀、小刀
Ⅴ　露　頂、肩衣、大刀、小刀
Ⅵ　露　頂、肩衣、小刀、大刀を脇に置く

肖像画は「正装姿で描かれる」という原則論にたってみた場合、右の変化は公的な場における武士の正装の変遷と言い換えることができようし、「はじめに」で述べたように、武家肖像画における中世から近世への変化と理解してよい。政長像の姿は右のⅣの段階の姿ということになる。では、続いて政長の姿を分析してみる。

政長は上下共裂の最上衣として素襖を着ている。素襖は「素襖直垂」「素袍」とも呼ばれるが、平安時代末期の院政期から鎌倉時代にかけて様式を整えた直垂に起源を持つ服である。すなわち平安時代に広く庶民層に用いられていた袖細と呼ばれる服がある。(5) これが水干の装飾的な部位を導入しつつ、武士のトレードマークである侍烏帽子（折烏帽子）・直垂姿へと変化する。鎌倉期から南北朝・室町期を経て、漸次、直垂は装飾性に富んだ儀礼における儀仗用の式服となり、本来の日常服・労働服としての性格を失っていった。その一方で、大紋直垂・素襖直垂と呼ばれるものが発生する。直垂と同一の被服構成・着装法でありながら素材や文様などが相違する。大紋直垂が式正の場での使

用の多い「公服」としての性格の強い服装であるのに対して、素襖直垂は日常着、作業着としての面を持つ略儀の服であった。しかしながら時代の下降とともに大紋直垂も直垂と同じように式服化し、素襖直垂の格があがり、正装として用いられるようになったと考えられている。

直垂から派生した素襖は烏帽子を併用することが原則である。そもそも露頂は成人男性が冠帽具を付けない頭頂部を露出することで、古代以来、恥ずべき行為とされた。したがって貴族社会の男性は、かならず公的な場では冠を着用し、私的な場では立烏帽子をつけた。武家社会では院政期以降、折烏帽子（侍烏帽子）や立烏帽子を用いた。武士は武装時の冑の下、狩猟などの際に被る綾藺笠の下でも烏帽子を付けたほどだった。こうした成人男性の冠帽具着用の習慣は庶民にまで及ぶ。さらにいえば、院政期以降、折烏帽子・直垂が武士にとっての正装となったといえる。やがて直垂から大紋・素襖が派生するものの、折烏帽子との併用が原則であることにかわりない。それだけに本図の政長の装いは興味深い。しかしこれが南北朝・室町期になり変化してくる。(6) 武士の烏帽子を日常使用する習慣は、素襖から派生した肩衣の出現とともに影をひそめる。肩衣は近世に入り裃と呼ばれるものである。時期的には室町将軍足利義輝の元服を詳述する『光源院殿御元服記』などに所載の肩衣使用の記事には烏帽子が併記されていないので一六世紀半ばが一つの画期となるだろう。しかし、烏帽子を好まない、あるいは使用しない武士は一五世紀後半ころより現れる。たとえば足利義尚（中院通秀『塵芥記』文明一四（一四八二）年八月十一日条）や細川政元（『後法興院政家記』明応三（一四九四）年十二月二十一日条）などの例がある。したがって一五世紀後半から一六世紀前半にかけて武士の烏帽子着用の習慣は薄れていったとみられる。

成人男性が冠帽具をつけなくてはならない習慣の起源を知ることは難しいが、一つの目安となるのは古代の天武朝（六七三—六八六）、特に天武天皇一一（六八二）年に集中する一連の服制改革だろう。同年四月、すべての男女に結髪令がでる（『日本書紀』）。のち六月、「男夫始之結髪、仍著漆紗冠」とあり、男性官人は公式にはじめて結髪し、漆紗冠を被った。これを機に官人以外の成人男性も冠帽具を被る習慣が定着していったと推測することも可能であろう。であるなら、古代国家以来の朝廷が定めた服装習慣を、一五世紀末、武士が自らの意志で拒否したことにもなろう。武士が朝廷の支配下にある社会集団ではなく、主体性を有する独立した武士身分としての成人の視覚指標を主張しだしたことを意味する。武士が自らの身分のアイデンティティを獲得したというほうがわかりやすいかもしれない。ただし、彼ら武士がこのことをどのように自覚していたかはわからない。また、公的な場、厳儀の儀式等における礼装としての烏帽子着用は続けられた。烏帽子が日常生活から離れた特別な装いになってしまったと考えていいだろう。(7)

本図の長尾政長の露頂姿は、こうした烏帽子を略し露頂でいることが日常的になった時期の武士の姿ということになる。同様の装いで描かれた肖像画は少なくない。以下、思いつくままに列挙する。①朝倉孝景像（福井県心月寺・一四二八―八一）②尼子経久像（鳥取県定光寺・延徳二（一四九〇）年　春浦宗熈著賛）③小田政治像（茨城県法雲寺・大永二（一五二二）年　叔悦禅懌著賛）④尼子晴久像（山口県山口県立美術館・一五一二―六〇）⑤木曾義元像（長野県定勝寺・天文五（一五三六）年　東福寺茂林善叢著賛）⑥永原重頼像（滋賀県常念寺・天文十六（一五四七）年　梅湖周霖著賛）⑦結城政勝像（茨城県大雲寺・天文二十一（一五五二）年）⑧木曾義在像（長野県定勝寺・永禄元（一五五八）年または同十三（一五七〇）年）⑨朝倉義景像（福井県心月寺・天正元（一五七三）年　観奚純察著賛）⑩小田氏治像（茨城県法雲寺・天正十六（一五八八）年　雲岩寺大蟲宗岑著賛）⑪松本図書氏輔・実輔像（福島県松沢寺（長福寺管理）天正年間（一五七三―九一）年頃）などがある（①④は像主の生没年を作期に代えたので、実際は晩年から没年後を想定するべきであろう）。肖像画には生前描かれる寿像や没後の遺像など作期には注意を要するが、露頂で直垂（大紋・素襖）姿の作例は文献における検出状況、すなわち一五世紀末～一六世紀と一致をみる。

次に大刀・小刀を差す坐像という問題だが、これについては現状において充分な文献資料の調査を終えていない。したがって、文献資料における関連記事の初見、早期の例などに触れることは避けたい。ただし、たとえば対面するときに大刀・小刀を差したまま着座することに関する記述類は滅多に見出せない。我々の常識的な理解では、武士が対面する際に着座した場合、大刀は左腰から鞘に収めたまま抜き、像主から観て右脇に置くのが普通であろう。しかし、これも近世にはいって武家儀礼が近世的な様相を帯びてくる一七世紀以後の「常識」であって、それ以前についてはあまりよくわからない。

実際の肖像画の作例中で政長像と同じように大刀・小刀の両方をさす作例は、①松井与八郎像（京都宝泉寺・文禄三〈一五九四〉年　玄圃霊三著賛）②長好連像（石川県悦叟寺・一五八二―一六一一）③稲葉忠次郎像（京都府雑華院・慶長六〈一六〇一〉年　一宙東黙著賛）④山崎長国像（石川県常松寺・慶長九〈一六〇四〉年　瑞龍寺開山広山恕陽著賛）⑤木下家定像（慶長十三〈一六〇八〉年　三江紹益著賛）⑥田中吉政像（一五四八―一六〇九）⑦留守政影像（岩手県大安寺・慶長十五〈一六一〇〉年　覚範寺虎哉宗乙著賛）⑧青山吉次像（慶長十七〈一六一二〉年　瑞龍寺開山広山恕陽著賛）がある（⑧は像主の生没年を作期に代えた）。これらで興味深いのは露頂・肩衣との組み合わせでも大刀・小刀の両方を差す作例が検出されることである。また特に肩衣との関連で考えるといずれも一六世紀末期から一七世紀初頭の作例が多いことも注目すべきであろう。

おわりに

少々錯綜したので整理をし、政長像に話を戻し、まとめておこう。

政長像は、直垂系の服装「素襖直垂」姿で、烏帽子を併用しない露頂である。露頂の普及するのは一五世紀末〜一六世紀で政長の生没年と一致する。更に一六世紀半ばには、正装に押し上げられた肩衣姿に大刀・小刀を携えた正装姿が広範に広まった。時期は一六世紀末期から一七世紀初頭である。露頂で大刀・小刀を携える正装は、肩衣の出現以前から日常習慣的に存在し、それが直垂系の素襖等から肩衣への、正装への変化に際しても流用されたと考えるべきではないだろうか。つまり描かれた政長の没年である永禄十二（一五六九）年以降、たとえば供養などに際して本図が制作されたと考えれば、本図の作期は一六世紀末から一七世紀初と考えていいだろう。(8) 武士の露頂と大刀・小刀両方を腰にさすタイプの肖像画が作られた時期、一五世紀末ごろから一七世紀初期までの約一〇〇年あまりの時代に、武士の姿は大きく変わったことになる。その過渡期の一諸相を明確に示すのが政長像である。少なくとも服装に関する限り、武士はこの過渡期、社会における自らの主体性をはっきりと主張しだし、そして、武士という身分を自覚していった意識の存在を推測できる。

肖像画研究において、像主を包み込む服装は画面情報の多くを占める。そして非常に多くの情報をもたらすために、像主の社会的な身分や像主の比定などの根拠とされることが多い。平安時代の中・末期にはすでに服制として完成を迎えた貴族の場合は、大宝・養老律令以来の法制度に大筋で迎合しながら時代性を紡いでいくために、肖像画の研究では明解なものがある。しかし、武家の服制ではどうだろうか。源頼朝が鎌倉幕府を開いて以来、室町、江戸幕府とさまざまな社会事情にそって法制度を整えてきたが、服装に関する制度は貴族のそれほど明確なものではない。直垂という服装が随時、実用性を重んじる中でさまざまな服と服装を派生させ、習慣的な決まりごとにより使用されていく。直垂の起源である袖細以来、おそらく進化の到達点である肩衣までの通史的理解、そしてその背景である政治や社会の変化への、跡付けはまだまだ不充分である。これは武士の服制だけではなく、儀式・儀礼観にも普遍して考えてもいいことだろう。

今回、紹介した「長尾政長像」は今まで述べてきたように服装の視点からみたとき、多くの特色を持つ作品である。しかし、賛などをもたないことから作期や伝存の情報は不明な点が多い。そこでそれを知るために画面に描かれた情報を検討することになるが、武士の服制、もしくは服装はよくわからないことばかりであることを痛感した。実用本位の「モノ」「道具」としての進化を続けてきた武士の服装習慣はプロセスが煩雑だが、それぞれの服装を個別に検討しつつ、それぞれの連関性を追及することで絡んだ糸がほどけてくるような印象を持った。現在の有職故実学における武士の服制と服装はその変遷を連関させる作業が充分ではない。今後もこうした直垂系服装の検討をより深化させていきたい。

注

(1) 近年、デジタルの「眼」といえば高精細のデジタル画像ビューワなどが念頭に浮かぶ。巨大なデジタル画像をコンピュータのディスプレイ上で苦もなく拡大・縮小ができる。これはコンピュータの性能などに左右されない閲覧環境を提供してくれる。筆者もこうした高精細デジタル画像ビューワの開発に関わっているが、こちらの場合は閲覧するためのコンテンツ(素材)がないことには始まらない。すなわち、高精細画像ビューワーを用いての閲覧にたえられるだけの画像がないと何の役にも立たない。しかしデジタルの「眼」とはこればかりではなく、小稿であつかうような撮影も含まれる。こちらの場合は研究用のコンテンツを研究者自身が生産することのできるものであり、なおかつその閲覧にも高精細の画像ビューワほどのアプリケーションは必要ない手軽さがある。全方向から対象のものを閲覧できるシステムなどもあり、今後の発展が期待される。おそらくデジタルの「眼」は研究および研究者にあらたな視座を提供するはずだが、多くの問題を抱えている。こうした問題については別の機会に論じたい。

(2) 所蔵されている長林寺により大切に保存されてきたのでこの程度で済んでいるのも事実で、そのご尽力に敬意を表したい。保存状態は良好な部類にはいるものである。

(3) 赤外線撮影では間着の部分で濃い燈色を塗る前の下あたりの線が非常によく映し出される。これも肉眼ではほとんど視認できないものである。

(4) 美術作品の画面記述は、画面に描かれたオブジェクトを片端から名付けを行ない、その様子を文章として表現することである。

もし広範に行なわれるようになると、美術史、歴史学などその周辺諸分野をふくめて、文字情報だけで画面の情報を共有できる可能性をもつ。肖像画では画面の絵画表現のレトリックや、描かれた物品類やその描かれ方を統計的に分析・検討することにより絵画表現上のターム（述語）として共有することが必要不可欠といえる。これが正確に理解できないと描かれたものの意味を理解することはできないだろう。今後の肖像画研究の課題の一つであるとともに、筆者の観点からいえば有識故実学においても早急に検討しなければならない課題と認識している。なお、美術作品における画面記述についてはすでに欧米各国でさまざまな目覚しい研究成果が蓄積されつつある。筆者も勉強している真っ最中だが以下の書籍に依拠することが多い。「イコノロジー研究」エルヴィン・パノフスキー著　浅野徹ほか訳（美術出版社、一九七一）、「イコンの記号学」ボリス・ウスペンスキー著　北岡誠司訳（新時代社、一九八三）、「中世の図像体系」（全六巻）エミール・マール著　田中仁彦ほか訳（国書刊行会、一九九六〜二〇〇〇）、「イコノグラフィー入門」ルーロフ・ファン・ストラーデン著　鯨井秀伸訳（ブリュッケ、二〇〇二）など。なお、二〇〇五年六月、アートドキュメンテーション学会大会（於、駿河台大学）において「データベース化を前提とした肖像画の画面記述について―有識故実学の立場から―」と題して報告した。現実的ないくつかの貴重なご意見を拝聴することができた。

（5）この呼称は近現代の有識故実学の命名で、平安時代にこの袖細が何という名称であったのかはわからない。おそらくは史料中に「衣（ころも・きぬ）」と表記されるものが該当するのだろう。

（6）冠帽具と露頂の関連については鈴木敬三「戦国時代の装身具・武具・武器について」（『戦国合戦絵屛風集成』別巻（中央公論社、一九八八））に詳しい。本稿も同論文に学ぶことが多かった。屋上屋を重ねることになるが、行論上、必要と思われる事項についてはあえて記したい。

（7）政長像に似た印象をうけるのが『伝武田信玄像』（成慶院蔵）である。近年では像主名が否定され話題になっている。この像も、露頂で素襖をまとう坐像だが、詳細にみると座り方が異なる。政長像は胡坐をかくが、伝信玄像は正座のような不思議な座り方をする。人物像として面白いのは体軀の表現で、政長像は伝信玄像と比べると妙に上下に押しつぶされたような印象をうける。前者が前のめりの姿勢で後者が胸をはって着座する姿なのか？　という疑問がでてくる。なんらかの絵画表現なのかもしれない。藤本正行も伝信玄像について詳細に検討しているので参照願いたい（『武田信玄像の謎』（「歴史文化ライブラリー」二〇〇六　吉川弘文館、二〇〇五）。

（8）気になるのはこうした服装と装身具、武器類の変遷に、具体的な時期を求めていいのかという点である。たとえば地域的な偏差を考慮する必要性があると思う。地域的な偏差が時系列的な偏差を生じることもあると考える。この偏差については後考を俟ちたい。

（追記）

末筆ではあるが、本図の調査・本書掲載を快諾してくださった大祥山長林寺とご住職・白金昭文様には心より御礼申し上げる。また調査時にさまざまな便宜をはかってくださった栃木県立博物館の千田孝明氏、本田諭氏、調査時に補助してくれた峯岸佐知子氏、調査に際してご指導をいただいた米倉迪夫氏にもこの場をお借りして御礼申し上げる。ありがとうございました。

第二部　年中行事と有職故実

第一章　雷鳴陣について

はじめに

平安時代に編纂された『新儀式』『西宮記』『北山抄』などの儀式書や日記などの古記録は、宮廷において膨大な数の年中行事・臨時公事が行なわれていたことを伝えている。これらを子細に読んでいくと、年中行事・臨時公事という既存の分類には該当しないものも多い。これから見ていく雷鳴陣はその一例と言えるであろう。

雷鳴陣とは、激しい雷鳴の時、近衛府・兵衛府・中務省の官人が清涼殿以下の殿舎に参候し陣列を立てるという行事で、九世紀から一一世紀の初頭まで行なわれた。平安時代の初・中期、様々な天災や疫疾は御霊信仰と結び付き、中でも雷神・雷公は火雷神・霹靂神として菅原道真の怨霊と融合し、当時の人々の恐れるところとなった。この行事は『西宮記』や『北山抄』などの主要な儀式書にとりあげられている。国文学では清少納言による『枕草子』第二四〇段「言葉なめげなるもの」に「雷鳴の陣の舎人」とあり(1)、同じく第二七七段では「神のいたう鳴るをりに、雷鳴の陣こそ、いみじう恐ろしけれ。左右の大将、中・少将などの、御格子のもとにさぶらひたまふ、いといとほし。」とある。

雷鳴陣に関する先行研究は、渡辺直彦・浜口俊裕・小林茂美等の論稿がある(2)。渡辺は、平親信の日記『親信卿記』から、記主が蔵人・検非違使として関与した諸行事の事例を検討され、雷鳴陣の行事内容を概観されている。浜口は、右に挙げた『枕草子』第二七七段の題材となった雷鳴陣の実例、作者・清少納言が執筆の題材として選んだ理由、同章段の文章構成の三点を検討された。事例の調査・収集など精密な検討をされているが、論究の目的から、対象とする時期を清少納言が出仕していた一条天皇期に限定されており、雷鳴陣の本質に言及するものではない。小林は『伊勢物語』第六段（「芥川」）の成立過程を考察され、雷鳴陣の陣立の任についた近衛府官人の行動を「雷神の降臨と昇天の祭儀」に基づく「作法」とされる。『北山抄』などの儀式書も併せて検討されているが、史料の解釈にやや誤解なども見受けられ、史実に見られる雷鳴陣の実像から少し離れているように思われる。

以上のように先行研究は豊富とは言えず、また雷鳴陣の行事の目的の解明や、年中行事・臨時公事における位置付けも明らかにされていない点が多い。本稿ではこれらの点について実施の状況・行事の内容を通じて、宮廷諸行事における位置付けを試みたい。

一　雷鳴陣の盛行と衰微

本節では雷鳴陣の実施の時期、特に上限・下限を中心に実施状況を概観する。雷鳴陣の実施を伝える記事は六国史や儀式書の勘物を中心に散見される。

初見は『日本後紀』弘仁六（八一五）年六月三日条に「壬寅。（中略）是日。大雷。内舎人并四衛府舎人以上賜禄有差」とあるものが広く知られ、[3] 関連官司として内舎人（中務省）・近衛府・兵衛府が列挙され、賜禄のあったことを伝えている。ただ、行事内容や陣立の場所について明瞭ではなく漠然とした感がある。続いて『続日本後紀』承和二（八三五）年十月二十六日条では「雷電殊切。四衛府陣于清涼殿前。計見参賜禄」とし、[4] 弘仁六年の例よりも具体的な

応和 3 (963)・6・26	村上	『西宮記』所引
康保 2 (965)・7・23	村上	『雷陣儀部類記』所引『御記』
天延 2 (974)・7・6	円融	『日本紀略』『天延二年記』
天元元(978)・5・23	円融	『小記目録』
天元 5 (982)・4・29	円融	『小右記』(『小記目録』ニナシ)
永観元(983)・6・1	円融	『日本紀略』
正暦 3 (993)・4・20	一条	『小右記』
正暦 4 (993)・6・20	一条	『小右記』(正暦 4・6・21 条)『雷陣儀部類記』所引『一条天皇御記』
長徳元(995)・7・2	一条	『権記』『本朝世紀』『西宮記』所引『日本紀略』
寛弘 2 (1005)・5・23	一条	『小右記』
寛弘 6 (1009)・12・5	一条	『権記』
寛弘 7 (1010)・6・6	一条	『小記目録』『御堂関白記』
長和元(1012)・5・4	三条	『小右記』

記述で、四衛府が清涼殿前に陣立した事がわかる。次節で詳しく述べるが、弘仁六年の例を含め、右の官司名・陣立・殿舎の三点は『西宮記』以下の儀式書に見られる雷鳴陣の行事内容とほぼ一致し、九世紀初めには既存の行事であった可能性がある。しかし雷鳴陣の起源はこれ以前の『万葉集』九四九[5]の和歌にも求められる。

　梅柳　過ぐらく惜しみ　佐保の内に　遊びしことを　宮もとどろに

　右は、神亀四年正月、数王子また諸臣子等、春日野に集ひて、打毬の楽を作す。その日忽に天陰り雨ふり雷なり電す。この時に宮の中に侍従と侍衛となし。勅して刑罰に行ひ、皆授刀寮に散禁して妄りに道路に出ずることを得ずあらしむ。時に悒憤して、この歌を作る。作者詳らかならず。

神亀四（七二七）年正月の頃、雷鳴の際、宮中に侍従・侍衛が侍していなかったらしく、聖武天皇はその科でこれら侍従・侍衛を罰し、授刀寮に散禁している。注目されるのは、初見の弘仁六年より約一世紀前、雷鳴時、侍従・侍衛が宮中に待していなくてはならなかったことを伝える点である。もっとも侍従・侍衛はその職掌からみて、常に宮中に詰めているべきとも考えられ、雷鳴という非常時であればいうまでもない。これを雷鳴陣の初見と認めることは傍証が足りず到底叶わないが、雷鳴陣の起源に関わる史料として挙げて

表3 雷鳴陣の実例一覧　　　＊…○付き数字は閏月

年月日	天皇	出典
弘仁6(815)・6・3	嵯峨	『日本後紀』
承和2(835)・10・26	仁明	『続日本後紀』
承和6(839)・3・29	仁明	『続日本後紀』
承和7(840)・2・27	仁明	『続日本後紀』
嘉祥3(850)・4・8	文徳	『文徳天皇実録』
次の実例はすべて『日本三代実録』を出典とするので、一括して以下に示す。 清和朝　貞観5(863)・10・1、同7(865)・4・17、5・1、5・2、5・29、同8(866)5・13、7・5、同9(867)・4・28、同10(868)・3・19、4・27、7・18、同11(869)・3・8、7・13、同13(871)・7・1、7・2、⑧・7、同15(873)・4・27、7・8、同16(874)・4・20、④・24、5・28、6・24、同17(875)・4・13、4・16、同18(876)・6・16、7・14 陽成朝　元慶元(877)・7・16、同2(878)・6・29、7・1、9・26、同3(879)・7・2、同5(881)・6・7、同6(882)・6・20、同8(884)・3・9、7・19 光孝朝　仁和2(886)・4・20、9・4、同3(887)・6・27、6・29		
昌泰3(900)・7・2	醍醐	『新儀式』『西宮記』
昌泰3(900)・7・4	醍醐	『新儀式』『北山抄』第九
昌泰3(900)・7・28	醍醐	『新儀式』
昌泰4(901)・⑥・29	醍醐	『新儀式』『西宮記』所引『日本紀略』
昌泰4(901)・7・4	醍醐	『雷陣儀部類記』所引『不知記』(昌泰3・7・4ノ誤記ヵ)
延喜元(901)・7・2	醍醐	『日本紀略』『扶桑略記』
延喜2(902)・7・一	醍醐	『新儀式』
延喜4(904)・4・7	醍醐	『日本紀略』『西宮記』所引『醍醐天皇御記』(4日条)
延喜9(909)・2・13	醍醐	『新儀式』
延喜10(910)・5・20	醍醐	『貞信公記』
延喜13(913)・6・21	醍醐	『貞信公記』
延長2(914)・一・一	醍醐	『延長二年記』
延長8(930)・6・26	醍醐	『扶桑略記』『日本紀略』『九條殿御遺誡』『後深心院関白記』『一代要記』『公卿補任』『西宮記』『延喜式』『貫之集』『続古事談』『蔵人補任』『職事補任』『官職秘抄』『本朝文粋』『太平記』『後撰和歌集』『玉葉和歌集』『帝王編年記』
延長9(931)・2・13	朱雀	『雷陣儀部類記』所引『不知記』(延喜9・2・13ノ誤記ヵ) 『貞信公記』
承平4(934)・6・21	朱雀	『西宮記』勘物
承平4(934)・6・26	朱雀	『雷陣儀部類記』所引『殿上記』
天慶7(944)・7・1	朱雀	『日本紀略』
天慶8(945)・3・26	朱雀	『雷陣儀部類記』所引『殿上記』
天暦2(948)・6・6	村上	『貞信公記』『日本紀略』
天暦2(948)・7・7	村上	『貞信公記』『日本紀略』
天暦6(952)・4・30	村上	『西宮記』所引『九記(『九暦』)』
天徳4(960)・1・24	村上	『西宮記』所引『延光大納言記』
天徳4(960)・2・17	村上	『九暦』
応和元(961)・4・17	村上	『雷陣儀部類記』所引『村上天皇御記』

おきたい。

雷鳴陣は弘仁六年以後、長和元（一〇一二）年五月四日の例に至るまで、約二〇〇年間にわたり確認される。この行事の場合、何らかの明らかな理由、例えば天皇の詔勅などにより中絶したのではないらしい。『小右記』長和四（一〇一五）年七月三日条[6]では、当時、大納言兼右大将だった藤原実資が次のように記している。

三日、庚戌、未剋許頭中将『資平』来也、示㆘有㆓所労㆒不㆓参内㆒之由㆖、是雷鳴陣也、仍差㆓別使㆒不㆑令㆑申㆓障由㆒耳、雷鳴陣立不案内、差㆓随身時頼（尾張）㆒、問㆓遣於陣㆒、帰来云、依㆑無㆓宣旨㆒不㆑立者、縁㆑入㆓秋節㆒歟、年来雷鳴陣事如㆓弁忘㆒耳、

雷鳴陣の陣立は秋節（七～九月）においては宣旨を要する原則があり、この時は宣旨がなく行なわれなかった。実資は右大将であるにもかかわらず雷鳴陣立を「不案内」とし、さらに傍線部では、当時、雷鳴陣が滞りがちであった事を述べている。かなり後年の『後二条師通記』寛治五（一〇九一）年六月二十九日条[7]にも雷鳴陣に関する興味深い記事がある。記主藤原師通は内大臣兼左大将だったが「故障」と称し参候せず随身にその旨を伝えさせている。同時に民部卿源経信の言の伝聞として「雷陣不被行、一条院以後件事無之云々、民部卿言語云々」と記し、一条天皇期（九八六―一〇一〇）以後、雷鳴陣は行なわれなかったとしている。現在、文献で確認できる最後の例は三条天皇の即位した二年後の長和元年五月であること、それから間もない『小右記』長和四年七月三日条の実資の見解、この二点は三条天皇を一条天皇とする点で一致しないものの、実際の年次では二年の相違でしかなく、記主の記憶違いと解してもさしつかえない程度の相違と言えよう。したがって『後二条師通記』寛治五年六月二十九日条の記事は以上の二点の傍証となる。雷鳴陣は一条天皇期において衰微するかたちで漸次行なわれなくなり、三条天皇期に至って終焉を迎えるとみられる。三条天皇期以後、雷鳴陣の記事は見当たらなくなるが、時代の下る一三世紀、鎌倉時代初期に順徳天

皇の著わした『禁秘抄』下「雷鳴」に、天皇の身辺にいる者が在所の縁に候じ、魔除の鳴弦を行ない、護持僧が居合せれば念誦をするのみだったとして、その遺制を伝えている。(8)

雷鳴陣の初見と終焉を伝えると考えられる記事から、実施されていた時期を導き出すことができたと思う。現段階で、約二〇〇年間に八十数例が確認されるが、この数字が雷鳴陣の全ての実施例を伝えていると言えるのであろうか。というのは、雷鳴陣を頻繁に行った天皇、在位期間の長さに関わらず行なわなかった天皇も見られるからである。考慮すべき点として、当該時代の文献の現在に至る残存状況がある。加えて表3の前半部分は『六国史』以外の記録が少ない時期にあたる。また、雷鳴陣を記事として取り上げる頻度が文献によって違うことも挙げられる。さらに、表1の文献における雷鳴陣の記事は、前掲『日本後紀』弘仁六年六月三日条や、『続日本後紀』承和二年十月二十六日条のような簡略なものが大勢で、詳細な行事内容まではわからない。だが雷鳴陣の行われていた時期は、官撰・私撰の儀式書が数多く著わされた時期なので諸書に散見される。雷鳴陣の行事内容を収載する儀式書は、1『延喜式』第一二「中務省」第四五「左右近衛府」、2『雷陣儀部類記』(書陵部伏見本、合綴『禁中相撲部類記』)、3『九条年中行事』(五月)「雷鳴陣事」、4『西宮記』巻四(六月)「雷鳴陣」巻九「雷鳴陣」、5『新儀式』第五(臨時下)「雷鳴陣事」、6『侍中群要』第七「雷鳴事」「雷鳴解陣事」「御装束事」「解陣事」、7『北山抄』巻第六(備忘略記)「解雷鳴陣事」巻第八(大将儀)「雷鳴陣」巻第九(羽林抄)「雷鳴陣」、8『小野宮年中行事』(五月)「雷鳴陣事」「解陣事」などである。(9)

雷鳴陣は主だった儀式書に取り上げられ、いくつかは詳細に記されており、行事内容の細部にわたり具体的に知ることができる。実例の考察から得られた結果を簡単にまとめておくと次の如くであろう。八世紀頃より雷鳴陣の実施を窺わせる記述が文献に現われ、九世紀の初・中期には陣立の場所や関連官司など、大概が整っていたと推測される。衰微の決定的な要因は不明だが、冷泉・円融天皇以降、実例は減少し、三条天皇期にいたって確認できなくなる。以後、雷鳴陣という行事は行なわれなくなったが、その遺制は鎌倉時代中期まで伝えられていた。

二　雷鳴陣の行事内容

前章で示した儀式書の中、最も記述が詳しく行事全体を見通すことのできるのは『北山抄』であろう。この『北山抄』の第九「羽林抄」を用いて雷鳴陣の行事内容を検討し、その変遷や目的を考察する。この「羽林抄」は雷鳴陣の確認される最後の例の時期と同じく長和元年の成立とされる。やや長い史料だが第九「羽林抄」所載の「雷鳴陣」を以下に示すことにする。(10)

※誤脱とみられる字句は校訂し、右傍の（　）「　」内に示した。

雷鳴陣、［近代《古巻注》不レ見レ之、］

[1]雷電日、若其聲盛、則蔵人奉レ仰、仰下可二陣立一由上、［大鳴及二三度一者、不レ待二宣旨一、但入二秋節一之後、必待二宣旨一陣レ之、］[2]即垂二廂御簾一、[3]先大将参上、［大臣之大将此日帯二弓箭一、但巻纓、不レ着レ緌、］[4]左候二孫廂額南間一、右候二右第二間一、［参候後、蔵人給二菅円座一、］[5]次中・少将参上、左右相対、候二同廂額間并南第一間一、［並西上、左入レ自二北廊西戸一、右入レ自二殿上戸一、地下人可レ用二青璅門一、］[6]左将監以下、入レ従二北廊東戸一、南御階北逼レ砌而立、［東面南上、］右入レ従二仙華門一御階南立、［東面北上、或説、御座之間当二中央一、相並立云々、非也、］[7]各應レ聲打レ弦、[8]若亜相少レ数者、有レ仰召二兵衛佐一令レ候二座末一、［或召二兵衛陣一、亦令レ候二御前一、］[9]御殿昇近衛左右各四人、取レ桙不レ帯二弓箭一、［左立二艮乾角一、右立二巽坤角一、］[10]鈴守近衛各一人、立二長楽門橋西庭一、兵衛官人以下、陣二南殿前一、［兵衛三人不レ帯二弓箭一、持二長桙一、往昔、中務省率二内舎人一陣二春興殿西砌一云々、］[11]但尉以上、候二殿上一之者、帯二

弓箭一候二御後一、〔衛門如レ此、近衛将監、雖二昇殿・侍中之者一、着レ笠立二庭中一〕[12]御座供二日御座南一、〔或説、大床子南、〕着二御神態御装束一、[13]後宮若御二別殿一、分二左右近陣一遣レ之、[14]雷収レ聲者解陣、[15]大将若不レ候、他上卿奉レ仰参上、〔兼二衛府一者帯二弓箭一、〕候二南廂第三間一、「敷二菅円座一為レ座、預可レ敷レ之、大将候者、於二本座一解レ之、[16]大将及他上卿不レ参者、内侍仰二左中将一令レ解レ之、不レ候者、進二東廂南第一間御簾下一、仰二右中将一〕[17]即向二御前一、召二左第一将監名一一音、[18]将監乍レ懸二笠於大刀一、趨二出庭中一、西面跪、置二笠於地一、立而称唯、〔或曰、称唯趨進跪、置レ笠磬折立、或曰、趨出跪、脱レ笠置レ地、立称唯云々、是雨不レ止時例歟、至二于甚雨一、惣不レ可レ脱歟、〕[19]次召二右将監一、如レ初、称唯双立、[20]上卿仰云、陣解介、将監同音称唯、[21]左将監召二御殿昇一二音、近衛等称唯、[22]仰云、下利、又称唯、右召仰、如レ左、[23]左右共下、[24]「笠於」脱カ（太カ）将監取二懸大刀一、立二本所一、次左右将監以下相分退出、[25]次上卿退下、次将又退、〔自レ下退出、〕[26]次兵衛陣退出、於二本陣一解レ之、
[27]将監不レ参之時、有二将曹解陣例一、解陣後又鳴者、重立、
[28]次将在二里第一者、忽然馳参、若有二故障一不レ可レ参者、早令レ申二其由於本陣一、

雷鳴陣の構造は陣立と解陣に大別される。行事の進行は紙幅に限りがあるので、陣立・解陣を各々の前提、殿舎ごとに整理して検討することにする（項目ごとに付した算用数字は、史料本文右傍に付した算用数字と一致する）。

○陣立の前提……1

陣立の前提はア・天皇の仰せとその宣旨、イ・大雷鳴三度の時、ウ・秋節において大雷鳴三度の時、の三種類がある。アは雷鳴の大小に関わらず天皇自身が必要性を感じた時。イは大雷鳴が三度に及んだ時で、近衛府の独自の判断によるものと推定される。ウは秋節（七～九月）において大雷鳴が三度に及んだ場合で、天皇の宣旨を必要とした。

○清涼殿（図8）

［室礼］……2・4・12

・孫廂と母屋の間の御簾を降ろす。これは孫廂に参候する近衛の将官や、前庭に陣を立つ将監以下に天皇の顔が見えないようにとの処置だろう。また蔵人が孫廂上の大将に円座を配る。

・天皇は雷鳴御座に着す。清涼殿上の天皇の座は母屋内北第二間の御帳台、同じく御帳台の南第三間の大床子の御座、東廂第二間の昼御座（平敷御座）の三箇所がある。雷鳴御座とは雷鳴陣の際に特別にしつらえる天皇の座とみられる。その位置は昼御座の南（東廂第三間）、ある説では大床子の南第二間の周辺であった。『新儀式』によれば雷鳴御座を舗設するのは掃部寮であるとする。

［臣下・位置関係］……3・4・5・6・8・11

・孫廂には将官が参候する。左大将は額間の南の間、右大将は南第二間に向かい合う配置で着座。左右次将はそれぞれの大将の後方の間に着座（将官は、東廂第三間の雷鳴御座の天皇を挟むかたちで、下座にあたる孫廂上に着座）する。なお、左次将は北廊の西の戸から、右次将は殿上間の東の殿上戸から、地下の少将は青瑣門から孫廂上に昇る。

・左将監以下は清涼殿庭の北方より参入し、南階の北、砌に寄せて東向きに、南を上座として立つ。右将監以下は清涼殿庭の南方より参入、南階の南、東向きに北を上座として立つ。南階を挟むかたちで列立する事になるが、左右将監の後方（南階の西）の簀子敷と孫廂の奥には雷鳴御座がある。亜将の数の少ない場合は兵衛佐が参候し孫廂の将官の末座に加えられる。

・兵衛尉以上で昇殿を許されている者は、弓箭を帯し天皇の後方に候ずる。衛門府の場合も同じ。近衛府の将監は昇殿を許されている者でも、あるいは蔵人でも、笠を被り庭中（の陣列）に立つ。

図8 『北山抄』第九「雷鳴神」にみる清涼殿の陣立

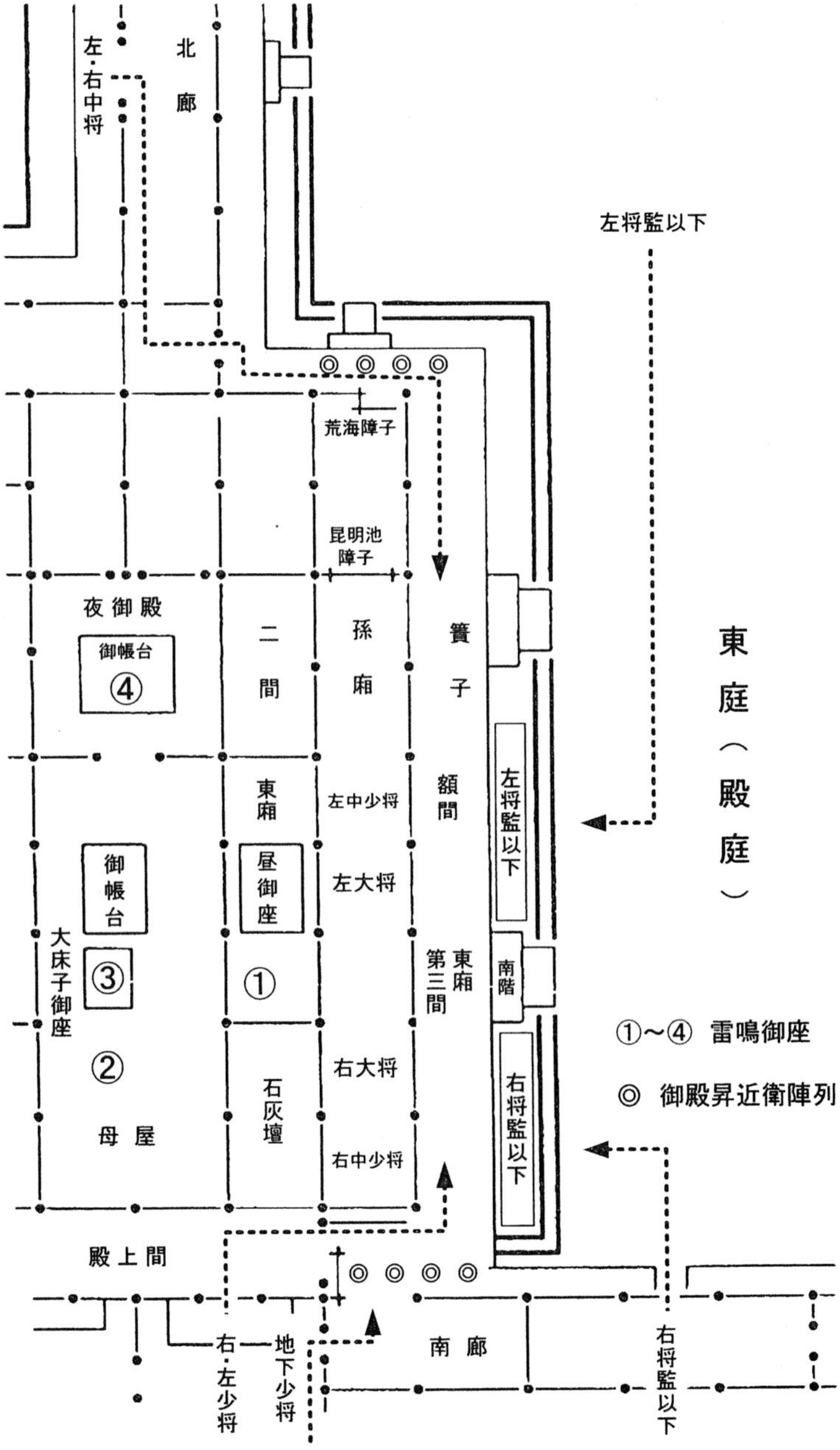

［御殿昇《おおとのもり》］……9

・御殿昇近衛は左右各四人、計八人は艮乾（北東・北西）、巽坤（南東・南西）に配される。図8では孫廂の外側の簀子敷北・南端に配している。御殿昇近衛はおそらく六位の将監以下が特別に許されて殿上に昇るので、この他の場所は考えにくい。同書の「左立艮乾角、右立巽坤角」に従ったためだが疑問が残る。御前の左右将官や殿庭の左右将監以下は、雷鳴御座のある東廂第三間・南階を中心に対置し、御殿昇は額間を中心に南北に配置している。なぜ将官と御殿昇の中心は一致しないのだろうか（後述）。

［鳴弦］……7

・近衛の将官たちは天皇を火雷から護るため、雷鳴に呼応して鳴弦を行なう。

［装束］……3・9・12・13

・臣下においては、武官としての本務なので大将以下、原則的には束帯であろう。雷鳴陣では、位袍の束帯姿に武官の標識ともいえる緌を付けた巻纓の冠に、弓箭・太刀を帯する姿である。ただし大臣を兼任する大将は弓箭・太刀を帯し、冠は巻纓のみで緌は付さなかった。こうした装いは警固を意味しており、雷鳴陣を凶事・焼亡などの非常時と認識していたことを示している。緌を付さないのは武官であることより大臣であることを優先したためと理解される。

・御殿昇の近衛は弓箭を帯さずに長枠（鉾）を持つ。後出、紫宸殿前の兵衛府官人とともに、即位礼などのごく限られた行事に見られる儀仗用の枠を用いるのは注目される。

・天皇は神事服である「神態《かんわざ》装束」を着御する（後述）。

○清涼殿以外……10・11・13

・南庭の南端の廊、承明門の東に長楽門がある。この門の橋の西庭に配された「鈴守近衛」とは、駅鈴の警固のためであることが知られる（後述）。
・紫宸殿の前には三人の兵衛府の官人が陣を立てる。彼らは御殿昇近衛と同様に桙を持つ。昔日は、中務省が内舎人を率い、春興殿の西の砌に陣を立てたという。
・最後に、天皇が後宮もしくは別の殿舎にいる際は左右近衛を分遣した。

続いて解陣について見てみよう。

○解陣の前提……14
・雷鳴が止み、天皇は解陣を仰す。

○清涼殿……15〜25・27・28
・解陣の由は御前に参候する将官中の大将に下達され、清涼殿上の御殿昇と殿前の将監以下に伝えられる。つまり、天皇↓大将↓左将監・右将監↓左右御殿昇という経路で下達されるが、同書の著わされた頃は大将の不参の場合も多かったらしく、大将による解陣の行事進行は記さない。代わりに大将不参の場合は上卿が御前に参候し、解陣を代行したことを記し、その場合の行事進行を記している。まず、大将不参の場合を掲げているのは、当時、雷鳴陣において大将不参はむしろ当たり前のようになっていた実情を反映しているのだろう。更に、左右大将と上卿ともに不参の場合として、天皇↓内侍↓中将↓左将監・右将監↓左右御殿昇という下達の経路を併記する。
・御殿昇近衛は解陣の由を殿前の左右将監より「下利」という指示を受け、殿上より降りる。おそらくは南階の南北の陣列に加わり、左右各々の将監に率いられて庭中より退出する。続いて上卿、次将が退下する。なお、将監不参の場合は将曹が代わった。

・陣立の由があった時、里第にいる次将はただちに天皇の在所に参候し、障りがあり参候できない場合は近衛の本陣にその旨を伝える。

○紫宸殿・南庭……26

・近衛府の解陣に続き、清涼殿上ならびに紫宸殿の南庭に陣を立てる兵衛府は、左右の兵衛陣まで還り、解陣となる。

『北山抄』の陣立・解陣の部分を整理した。図と併せ、清涼殿の室礼や人々の配置、関係官司などおおよその輪郭が把握できたと思う。解陣の記述の中心は政務手続で、兵衛府などの動きを細かく記さないのは、第九「羽林抄」所載「雷鳴陣」の記述内容の特色とも言える。これはいうまでもなく同書が近衛府の将官の職務履行のために記された事実を示している。

雷鳴陣の行事内容を見る限り、この行事は天皇の警固を目的とする陣立と推定される。本節の小括として、行事内容の特徴的な点を挙げておきたい。第一点は、雷鳴御座のほか、特別な室礼はほとんどなかったらしいこと。第二点は、鳴弦、清涼殿上の御殿昇、近衛の将官の装いなど、非日常的な様相を呈していること。第三点は陣立が清涼殿のほかに紫宸殿、南庭、長楽門および当該時点で行なわれなかったとはいえ春興殿にまで及ぶ点である。以上の三点は雷鳴陣の目的を天皇の警固とする証左となるもので、次節ではその主要なものを選び、細かく検討することとしたい。

三　雷鳴の御座

雷鳴御座（以下本章では「御座」と記す）はこの行事特有の天皇の座で臨時に舗設されるものである。(11)「御座」は『北山抄』にみたように清涼殿東廂第三間（昼御座の南）、または母屋内の南第二間（大床子の南）であった。「御座」の位置と関連すると見られるのが、孫廂に参候する左右近衛の将官の位置で、『北山抄』では「御座」のある東廂第三間に接した孫廂南第三間を挟んで対置し、「御座」と対応しているものと推測される。左右将官と「御座」の位置について『新儀式』『九条年中行事』『雷陣儀部類記』『侍中群要』『北山抄』『小野宮年中行事』は一致する。しかし『新儀式』『九条年中行事』とほぼ同時代に著された『西宮記』に「御座」に関する記述はなく、しかも「大将以下帯弓箭候御前孫廂（中略）額間左右、左北右南、大将在前西上」とある。近衛将官の向いあう中心を殿庭からみて清涼殿の中央に位置する額間としているので、『北山抄』等とは将官の配置が異なることになる。

儀式書では四か所の「御座」の位置が確認できる。既見の二か所に加え、三か所目は『権記』長徳元（九九五）年七月二日条[12]にみられる、大床子の御座である（傍線イ）。

二日、参内、頭中将斉信（藤原）云、雷鳴時陣立如レ例、但村上御時、夾二額間一南北行居、左少将済時（藤原）・右中将延光（源）、此時主上出御、令レ問二給陣居違例由於延光朝臣一、々々申云、至二于延光一、従二兵衛府一罷渡、其程不レ幾、難レ知二旧例一、従二左府（左近衛府）儀一也者、仍又令レ問二済時一、更無レ所レ申、此座猶向二南北一、可レ居二東西行一也者、但此御座事、故中納言（源保光）被レ申儀甚善、仍随二其説一者、［少将以上南北相対、並西上也、］蔵人弁為任（藤原）云、去正暦四年又有二雷鳴陣一、故将軍被レ候二其陣一、又居二南北行一云々、此日御座可レ在二大床子御座一、或供二昼御座南一、又可レ供二大床子南一云々、

傍線アのように、村上天皇の頃、『西宮記』と同じく、額間を中心に南北に近衛将官が参候する陣立の実例を確認できる。左少将藤原済時の言によれば、座の設定は「故中納言」源保光の説で、済時自身が「甚善」と考えた陣立であった[13]。この陣立はどこに「御座」を設けたのだろうか。管見の限り、孫廂額間の西方に「御座」を設定する史料はない。前掲の儀式書に「御座」の位置を求めると次のようになる[14]。『新儀式』では東廂第三間、『侍中群要』では大床子

御座の南、御座間（東廂南第三間ヵ）、塗籠、『北山抄』第八・九では昼御座の南、大床子の南、『雷陣儀部類記』では大床子の御座の南、昼御座の南、夜大殿としている。なお『九条年中行事』『西宮記』『小野宮年中行事』には「御座」の位置に関する記載は見られない。注目されるのは『侍中群要』『雷陣儀部類記』中の「夜塗籠」「夜大殿」で、これが四か所目の「御座」であり、母屋の北方にあった天皇の寝所、夜御殿を指している。『侍中群要』では「主上或御夜塗籠中」と、『雷陣儀部類記』では「従延長八―霹靂之後、雖御座入御夜大殿云々」と記している。「延長八―霹靂之後」とは延長八（九三〇）年六月二十六日の清涼殿落雷を指している。この落雷が菅原道真の怨霊によるものとされたことは著名で、落雷のために醍醐天皇は病に伏し、同年九月七日に譲位、二十九日に落飾・崩御した。『日本紀略』『扶桑略記』等に詳しい落雷の様子が記されているので、両書を併せ要約すると次のようになる。

延長八年六月二十六日、おりからの旱魃に、請雨について議すために大臣以下の諸臣が清涼殿の殿上に参集していた。昼過ぎ、突然の雷鳴に雷鳴陣の陣立を行なった。しばらくして、疾風と稲妻がおこり、清涼殿の南西の第一柱に落雷した。火災の方は鎮火したが、御前にいた大納言従三位兼民部卿藤原清貫と従四位下行右中弁内蔵頭平希世が大怪我を負い死亡、同時に殿上にあった右近衛忠兼らも死亡した。紫宸殿にも罹災が及び、右兵衛佐美努忠包・紀蔭連・安曇宗仁が死傷した。

『雷神儀部類記』によれば、これ以後、天皇は「御座」が用意されても夜大殿に入御したという。天皇が雷鳴陣の火雷に対する効力をどう考えていたかは知り得ない。天皇が通常の座である昼御座から「御座」に移るということだけでも、充分に厄禍を避ける目的を果たし得ると考えられていたのであろう。しかし、そこから更に夜大殿に入御する天皇の姿は、追い詰められ逃げ場を求めて身を隠すようにさえ見える。本来、天皇を含めた多くの人々にとって雷神は漠とした脅威であったと思われる。「雷公」と呼ばれた雷神は無気味な鳴動と閃光を放ち、落雷は神が解き放たれて地上に堕ちることと理解され[15]、末は人を頓死させ、火災を起こした。延長八年に至り火雷は醍醐天皇を襲い、道真の怨霊という具体的な脅威として人々に理解され、天皇にとっては直接自らに厄禍を与える存在になったと推測される。

「御座」と孫廂上の天皇を護る側の近衛将官の位置関係についても整理しておきたい。『西宮記』における孫廂上の近衛の将官は清涼殿の中央に位置する額間を中央に配置されている。一方、厄禍を避けるための「御座」を設け母屋を特別な場（＝空間）にしつらえる。清涼殿の殿舎全体をそうした特殊な場として空間認識をしたからこそ、額間を中心に近衛の将官を配置したのではないだろうか。これに対して『北山抄』以下の儀式書に見られる孫廂南第三間を挟む近衛の将官の配置は、警固の対象を「御座」の天皇に限定し、場よりも一人の人間を護ることに主眼を置いているのではないだろうか。額間を中心に対置する陣立をⅠ、東廂南第三間をⅡとし、「御座」の位置を①東廂の南第三間、②大床子の南、③大床子の御座、④夜大殿とする（この①〜④は前節で参照した図中に示してある）。少なくとも村上朝にはⅠ・Ⅱの陣立が併存していた。「御座」については、①は前述の通り陣立Ⅱとの関連から一応の理解が可能だろう。④は延長八年以降の設定であるが、いつまで「御座」として用いられたかは確認できない。本来②③の「御座」は陣立Ⅰのものだった可能性がある。②③は陣立Ⅰ・Ⅱとの位置における整合性が無いように見えるが、場を警固するのであれば②③の何れの位置であっても構わないからである。そもそも雷鳴陣が天皇の警固を目的としたことは明白で、警固の対象に「場」と「天皇自身」という二種類の概念があることは興味深い。ところで、前節で額間を中心に孫廂簀子敷の南北端に配置される御殿昇近衛についての疑問を述べた。この配置は陣立Ⅰと呼応する配置とみるべきで、元来、陣立Ⅰが行なわれていたところに延長八年の落雷があり、陣立Ⅱが生れたのではないだろうか。『延喜式』を除いて延長以前の雷鳴陣の詳細は知り得ないので確認には至らないが、右で明らかにした陣立Ⅰ・Ⅱの天皇の位置の相違を考え併せると、「御座」②③や御殿昇の配置は陣立Ⅰの遺制と見られる。

四　雷鳴陣の諸行事における位置付け

最後に宮廷諸行事における位置付けを検討したいと思う。その手懸かりとして雷鳴陣の行事内容中で特に注目されるのは、陣立の行なわれた殿舎と天皇の装いである。

前述の如く雷鳴陣では清涼殿・紫宸殿・春興殿などに陣立を行なった。この他、儀式書によっては別の殿舎も陣立の対象として挙げられている（表4）。

まず陣立の行なわれた殿舎の役割を見ていく。各儀式書でほぼ共通しているのは清涼殿と紫宸殿前の南庭で、后のいた別殿がこれに続く。紫宸殿は天皇の施政の場で、清涼殿は天皇にとって公私にわたる生活の場である。南庭は清涼殿とともにほぼ全ての儀式書に記されるが、紫宸殿上の陣立は記されないことも多い。理由は不明だが南庭の陣立は紫宸殿の殿前なので、殿上の陣立もあわせて行なわれていたと考えられる。また天皇が他の殿舎にいた場合は、前掲『北山抄』第八・九のほか、『日本三代実録』元慶二（八七八）年六月二十九日条にも「大雷雨。諸衛陣二於弘徽殿前一。天皇御二此殿一故也」とあるように、その殿舎で陣立が行なわれていた。つまり天皇の居所が陣立の対象となっていたことになる。また后や中宮、太上天皇などの居所も陣立の対象になっており、『続日本後紀』承和七（八四〇）年二月二十七日条では、[16]「甲戌。夜中雷雨交切。遣二中使左近衛少将橘朝臣岑継於嵯峨院。右近衛中将藤原朝臣助於淳和院一。祗二候先後太上天皇起居一」とある。他にも『新儀式』所引の延喜九（九〇九）年二月十三日の例では「延喜九年二月十三日。未刻大振。同三尅陣立。中宮御二登華殿一。有レ勅仰二左右近衛陣一相分遣立」と記されている。以上から、天皇の身近な者も警固の対象であったことが知られよう。このほかに、①仁寿殿、②春興殿、③安福殿、④長楽門でも陣立が行なわれた。①は紫宸殿北方に位置し、光孝天皇期まで天皇の御在所であったが、宇多天皇以降は清涼殿がもっぱら用いられた(17)。また、内宴・相撲召合・灌仏など、多くの行事の行なわれる公の場でもあった。②は『延喜式』段階では中務省の内舎人により陣立が行なわれていたが、『新儀式』では③と併記され「近代彼省不レ勤二此事一」といっているので村上天皇期では既に行なわれていなかった。この②は紫宸殿南庭東側に南北に連なり立つ二殿のうちの南の殿舎で、南庭を挟んで西側の③と対置する。『三代実録』元慶八（八八四）年二月二十一日条によると、左右近衛府の使用する四〇〇領の挂甲を納めてあったという。③には『西宮記』「所々事」によれば薬殿があり、『扶桑略記』寛平元（八八九）年十二月六日条には武具を収めた内兵庫があったともいう。④は内裏内郭南側の承明門の東側にあった腋門で、雷鳴陣におけるこの門の陣立は「鈴守近衛」と呼ばれた。この④には『日本三代実録』貞観十七（八七五）年七月二十一日条によれば駅鈴が納められていた。

表4　儀式書に見える雷鳴陣立の行なわれた大内裏の殿舎

	清涼殿	紫宸殿	南庭	仁寿殿	春興殿	安福殿	長楽門	后別殿
『延喜式』	御在所	●	○	●	○	●	●	●
『九条年中行事』	御在所	○	○	●	●	●	●	●
『西宮記』	○	●	○	●	●	●	●	○
『新儀式』	御殿	○	○	○	◎	◎	●	○
『侍中群要』	○	●	●	●	●	●	●	●
『北山抄』第八・九	○	●	○	●	◎	●	○	●
『雷陣儀部類記』	○	●	○	●	◎	●	○	●
『小野宮年中行事』	○	●	○	●	●	●	●	○

※…○　陣立あり　●　陣立なし　◎　過去に行なわれていたとされる殿舎
※…殿舎の名称を記さない「御在所」「御殿」は「天皇の在所」と理解し、清涼殿の欄に一括した。

清涼殿・紫宸殿・仁寿殿は、何れも天皇にとって政務・儀式・生活といった公私の場であり、天皇の警固という点からみて陣立の対象となったことは理解できよう。一方、春興殿・安福殿はともに武器・医療関連の殿舎で、天皇の警固とどのように関わるのか、一見しただけではわからない。だが長楽門中には駅鈴が保管されており、『延喜式』「主鈴」には、駅鈴が行幸に際して内印や伝符などと共に内裏から持ち出された由が記されており、このことに注目したい。長楽門に鈴守近衛が配置されるのは、落雷による焼亡などを避け、天皇が内裏外へ遷幸することを予測し、駅鈴を持ち出す意図があったのではないだろうか。とすれば、春興殿・安福殿の陣立が行なわれたのは、天皇の人身の安全と警固を目的としたためと考えられ、いずれも雷鳴陣の目的と合致し、その延長線上にあったのである。鈴守近衛と陣立の対象とされた殿舎の役割を併せて考慮すると、雷鳴陣は内裏の罹災や天皇の遷幸を念頭に置き、非常の緊急事態に行なわれた、当時としては極めて現実的な対応と推測される。

続いて天皇の装いについて考察する。警固の対象が天皇である以上、その服装を検討することで行事の特質が見えてくるのではないだろうか。雷鳴陣時の天皇の装いについて言及しているのは『北山抄』第八・九と『雷陣儀部類記』『侍中群要』である。『北山抄』『雷陣儀部類記』では「神態御装束」としており、『侍中群要』では「神事御服」とする。(18)

「神態御装束」とは具体的にどのような装束なのだろうか。「神態」は「かみ（ん）わざ」で「神の」「神事の」と解釈されるので神事に用いる天皇の装束を指していると言えるであろう。『北山抄』第二「九月十一日奉幣伊勢太神宮」では、天皇の装いを「着神態御服、〔着無文巡方御帯云々〕」と記している。「無文巡方御帯」とは天皇の神事料の石帯で、これを用いている点から見て、「神態御服」は冠を被り最上衣である袍の上から石帯を締める、束帯と同じ様式の装いであったと推測される。『北山抄』よりも約五〇年前に記され、同書と同じく九条流の『九条年中行事』九月「十一日奉幣伊勢太神宮事」では「天皇着神態装束、〔無文御冠、表御衣、同御下重、平絹表御袴、自余如常〕」

とある。装束の構成において束帯と同様式であった点で一致し、雷鳴陣の天皇の装いが具体的に理解できる。院政期に成立した『江家次第』第九「行幸神祇官被立伊勢幣儀」等では、「時剋行幸、帛御装束」としているので「神態装束」＝「帛御装束」ということになる。『江家次第』は『九条年中行事』より約一〇〇年も後の時代の文献なので、装束の呼称とその呼称の指すものが一致しないなどの変化が生じている可能性もあるのでもう少し細かくみてみる。

斎服と帛御衣の外見上の相違は冠にある。『江家次第』第一五「大嘗会卯日」に、天皇が廻立殿に御し、湯を供した後、渡御の際に着御していた帛御衣から斎服に着替える着装の次第が記され、冠に関して「又御幘令㆑廻㆓御巾子㆒、不㆔必曳㆓廻御額㆒」とある。冠の後方に垂下する纓が固定されていないので、儀式を行なうにあたり邪魔になる。そこで髻の入っている巾子の後部に白い平絹の裂地で巾子ごと括り纓を固定した。これを「御幘」と呼び、斎服着用時特有の冠である。『九条年中行事』にみられる神態装束では冠料が「無文」とだけあり、御幘の事は併記していないことから、天皇・臣下の常用した垂纓冠と同様の形態と推測される。(19) さらに「帛御装束」は『令義解』喪葬令「天皇条」に「帛衣」の註として「謂、白練衣」とあるように練絹を生地として用いた装束で、『建武年中行事』六月によれば夏料は生絹、冬料は練絹であったという。斎服については、『兵範記』仁安三（一一六八）年十一月二十二日条で、(20) 大嘗祭に臨んだ六条天皇の装いを「次著㆓御祭服㆒、闕腋御袍、半臂、下襲、以㆓生絹㆒調㆑之」と記し、生絹であったことがわかる。生絹は生糸を平織したままの状態のものを指し、これを精練すると練絹となる。両者とも白色（無色）で清浄であることを示していると見られる。さらに前者は精練していない分、人手に触れていないことになり、後者よりも清浄とする考え方から斎服に用いられるのであり、これが斎服と帛御衣の根本的な相違で、神事における用途の違いに反映している。一方の『侍中群要』では雷鳴陣における天皇の装いを「神事装束」とするが、天皇の神事装束が定められたのは『日本紀略』所載の嵯峨天皇の弘仁十一（八二〇）年二月二日の詔で、「其朕大小諸神事及季冬奉幣諸陵、則用帛衣」とし、「帛衣」は「大小諸神事」での使用と規定する。斎服に関しては一切触れていないのは、斎服の用いられる場が「大小諸神事」の中では極めて特殊かつ限定されていたからであろう。すなわち『侍中群要』の「神事装束」とは「帛衣」と考えられ、「神態装束」とは前に見た『九条年中行事』にみる天皇の冠の形態、斎服の用途の特殊性、弘仁十一年詔における帛御衣の用途、以上より帛御衣を指すと推定される。

天皇の神事装束着御の理由として次の二点が想定できると思う。第一点は、天皇が雷神に信仰に基づく敬意・畏怖を表する場合で、第二点は神事で用いる清浄な装束を流用することで、自らの褻を減じ、より雷火を忌避しようとする場合である。何れが該当するか判断するには雷火を含めた雷神の宮廷祭祀における位置づけを確認する必要がある。平安時代の宮廷祭祀を考える上で目安となるのは『延喜式』神祇一「四時祭」であろう。同書では四季の宮廷神事を大祀・中祀・小祀として分類し、そこには火雷祭・鳴雷祭・霹靂神祭が、「臨時祭」にも霹靂神祭があり、雷神の祭祀の規定はあるが、陣立を行なう雷鳴陣に関するものは含まれていない。『延喜式』成立時、雷鳴陣はすでに行なわれていたのであるから、神祇官の職掌として扱っていない以上、宮廷祭祀とは区別されていたと考えるよりほかない。むしろ天皇個人の人身を火雷神から護る意味で、天皇の私的な面を大きく持つ神事的行為と見るべきであろう。小稿で明らかになった諸点からも、神事装束の着御は雷火を忌避するためで、雷鳴陣は祭祀ではないと考えられるのである。

天皇の警固を目的とする雷鳴陣の諸殿舎における陣立は、突発的な雷鳴のみならず、雷火による罹災への非常に現実的な対応という側面をこの行事が有していたことを示している。しかし警固の対象である天皇の神事装束の着御から、宮廷祭祀一般とは区別されながらも、神事として宮廷行事に位置づけることが可能であろう。

おわりに

雷鳴陣の目的は天皇を警固することであった。八世紀頃より起源を窺わせる記事が文献中に現われ、九世紀の初・中期には陣立の大概が整っていた。陣立は罹災時を想定した現実的な対応と言え、年中行事・臨時公事一般とは同一視するべきでなく、むしろ非常の緊急事態に行なわれるものではなかったのか。雷鳴陣を宮廷諸行事に位置づけるとすれば、神事と見られるが、宮廷祭祀とは区別するべきであろう。天皇が神事の装いをし、雷鳴時にのみしつらえる雷鳴御座に着座する事実は、火雷神を忌避するためとは言え、雷鳴陣を神事行為と見做す根拠になると思う。ただ強調しておきたいのは、『延喜式』以前の雷鳴陣に関する、詳細を伝える史料が無く不明なことが多い点である。また、雷鳴陣の諸行事における位置づけに大きく関わる神事装束も、雷鳴陣の衰微しつつあった時期、もしくは全く行なわれなくなった時代の儀式書に記されているのは注意を要する。

延長八年の清涼殿落雷以後、雷鳴陣の「天皇の警固」という目的はより切迫したものとなったと思われ、行事内容にも少なからず影響があったのは前述の通りである。だが、落雷そのものの危険性が消失した訳でもないのに、なぜ雷鳴陣は衰微したのだろうか。事の始まりは延喜元（九〇一）年、菅原道真は藤原時平以下の謀議にかかり、太宰権帥に左遷された後、当地にて没した一連の事件だった。この後、延喜八（九〇八）年に共謀の藤原菅根が、同九年に時平が没した。時を同じくして疫病・旱魃などが続き、ついに延喜二十三・延長元（九二三）年に醍醐天皇の皇太子・保明親王が薨去した。『日本紀略』同年三月二十一日条によれば、当時の人々はこれを道真の怨霊の祟りと理解したという。この後も時平の家族や血縁ある人々が相次いで没し、こうした世情不安のもとで延長八年に至り、道真の怨霊＝火雷神とする畏怖の信仰が最高潮に達する。道真の怨霊の仕業とされた数々の出来事を見るかぎり、延喜八年の謀議に関わる当事者のみならず血縁者までもが祟りの対象となっていたのであるから、醍醐天皇の血を引く皇子・皇孫も他人事では無かったと見られる。おそらく延長八年以降、このような理由も相まって、雷鳴陣は実施の目的が従来の雷神から火雷神＝道真の怨霊という特定の厄禍に対する天皇の警固に変質したのではないだろうか。したがって醍醐天皇以後の天皇らにとって雷鳴陣の意味合いは延長八年以前とは異質のものとなったであろう。しかし宮廷の権力の中心が天皇親政を掲げる醍醐流の人々から藤原氏による摂関制に移行していったことは、時間の経過とともに、天皇を含め人心から道真の怨霊の記憶を希薄なものとしていったであろうし、実施の目的が変質した雷鳴陣も同調して滞りがちとなっていったと推測されるのである。勿論、北野聖廟祭祀などの道真の怨霊鎮撫の動きも、雷鳴陣を衰微させる方向に向かわせたのかも知れない。一方、そうした社会の動きとは別に、陣立すべき殿舎が焼失するなどして規模の縮小を余儀なくされた可能性も想定され、こうした直接・間接的な背景のもとで儀礼として形骸化したことも衰微の要因として掲げられるだろう。

神事装束の更なる検討が、雷鳴陣をはじめとする宮廷祭祀を更に深く理解する上で今後の課題と考えている。今回はこれで擱筆し後考を俟ちたい。

注

（1）『新潮日本古典集成』。

（2）渡辺直彦「蔵人方行事と『親信卿記』」（『日本古代官位制度の基礎的研究』吉川弘文館、一九七八）、浜口俊裕「枕草子「神のいたう鳴るをりに」の章段について」（大東文化大学『日本文学研究』二二、一九八三）、小林茂美「文學と故實・儀禮・藝能との交互相即試論―伊勢物語第六・十二段と雷鳴陣・盗人糾問劇などから―」（『儀礼文化』一五、一九九一・三）。ほかに甲田利雄『平安朝臨時公事略解』（続群書類従完成会、一九八一）も詳細なものなので挙げておく。

(3)『新訂増補国史大系』。以下、小稿の史料引用では筆者の校注を加えたものもある。

(4)『新訂増補国史大系』。

(5)『新潮日本古典集成』。

(6)『大日本古記録』。

(7)『大日本古記録』。

(8)『群書類従』雑部。

(9) 1『新訂増補国史大系』、2『群書類従』公事部、3『新訂増補故実叢書』、4『群書類従』公事部、5目崎徳衛校訂・解説、一九八五、6木本好信翻刻『古代文化』三一―七（一九七九・七）、7『神道大系』、8『群書類従』公事部。

(10)特別に注しない限り平松家本を以って底本とした。

(11)『侍中群要』「雷鳴解陣事」では「御座」が大床子御座南の場合の具体的な室礼を「其敷物用小筵二枚・半畳、神事也、」とし、『雷陣儀部類記』では「供雷鳴御座於大床子之南間面□以後□又□已無件御座……広四尺高七・八寸□床也、其上年畳立之、入夏即立後立□御厨子□辺於□無比物」とする。半畳の下の敷物について前者では神事なので小筵二枚とし、後者では広さ四尺四方、高さ七・八寸の浜床のような台を据えたらしい。

(12)『史料纂集』。同日条は『西宮記』の勘物にも引載されている。

(13)人物を登場順に見ていく。濟時は北家の忠平の孫で有職故実に長じ、村上・冷泉朝で蔵人頭を務めた。濟時の母親は勧修寺流の祖である高藤の息・定方の娘である（定方の姉・胤子は宇多天皇女御・醍醐天皇生母）。源延光は代明親王の三男で醍醐天皇孫にあたる。母は定方女で、その女は濟時の室となった。保光は延光の兄でともに村上天皇の信頼が篤かった。『西宮記』の作者・源高明は醍醐天皇の男で、代明親王・村上天皇と共に兄弟である。保光・延光は醍醐天皇の孫にあたる。こうした事実と『権記』長徳元年七月二日条を併せて考えると、『西宮記』所載の雷鳴陣の次第は醍醐朝以来の有職故実の一流独自のものの可能性がある。

(14)「御座」の位置の呼称は原文の記載順で、表記も原文のままに示している。なお、東廂第三間＝御座間＝昼御座の南、塗籠＝夜大殿である。

(15)『箋注倭名類聚抄』巻一天地部神霊類「雷公」。

(16)『新訂増補国史大系』。

(17)　鈴木亘『平安宮内裏の研究』(中央公論美術出版、一九九〇)に詳しい。

(18)　天皇の神事装束には斎服(祭服)と帛御衣(帛御袍)の二種類がある。斎服は大嘗祭・新嘗祭における神前で「神」と向いあう神饌供進儀に使用され、用途は非常に限定されていた。帛御衣は大嘗祭・新嘗祭では神前以外の渡御、さらに神事一般に広く用いられた。既に『延喜縫殿式』にはどちらの名称も散見する。斎服・帛御衣とも平安・鎌倉期の遺品はなく、材質・形状などの詳細は院政期以降の文献に拠るしかない。斎服・帛御衣に関する既存の知識が、院政期以前の事例検討に、どれほど有効なのか検討の余地がある。また後出『九条年中行事』に見られる「縑(かとり)」は、「固織り」の略といわれ、細い糸で密に織りあげたもの、あるいは生糸を用いたとする説もあり、斎服は生絹、帛御衣は平絹とする既存の知識とは一致しない。この記事は平安時代初期の神事装束検討の重要な史料といえる。

(19)　『新訂増補国史大系』。

(20)　『増補史料大成』。

第二章　『類聚雑要抄』の生まれた社会と時代

――儀式・人・服装――

はじめに

『類聚雑要抄』（以下、『類』と記す）は平安時代末期、鳥羽院政期の宮廷・貴族社会とその文化を知る上で欠くことのできない貴重な史料の一つといえる。建築・調度・食物・装束など、記述の対象は多岐にわたり、その内容は極めて詳細なことが特色の一つといえる。平安・鎌倉期の貴族とその生活全般を調査しようとするとき、この『類』を手に取らないことはまずあり得ない（1）。

『類』中、服装に関する記載が集中して検出されるのは巻第三で、当時の朝廷において毎年十一月に行なわれた新嘗祭の五節儀について記されている。そもそも『類』の成立した平安時代末期の装束は遺品もなく、その実体はよくわかっていない。一方、装束に関する記事は諸文献に散見されるものの、その多くは現代の我々が理解するには不充分なものが少なくない。というのも、モノの形状を文字で表現すること・理解することには限界がある。また、装束（の記事）はそれ単体では多くを語ってはくれないからである。元来、装束は着用者の出自や身分、着用する場・状況・空間認識や歴史的・社会的背景といった諸条件に沿って、厳密な使い分けがなされる。言い換えれば服装は上記の諸条件の反映、あるいは結果と理解するべきであろう。だから装束の理解と研究はこうした情報が併記されないと、名称と実物が一致するか否か判別が困難であったり、何を着ているかといった基礎的事項さえ識別できず、思わぬ誤解の生じることも多い。加えて、各文献の筆者により個人差があるものの、貴族家の召使や都鄙の庶民など、当時の社会では下層に位置する階層の人々の服装などについて記す事は稀有といえる。『類』の場合、装束の記事の集中する巻第三は、五節儀に臣下側で調進した物品について、その使用の状況が広範に亙り具体的かつ詳細に記されている。装束の記事はそうした物品中の一部として扱われている。その点からいえば『類』の装束記事は理想的な周辺情報を備えている。

また『類聚雑要抄指図巻』（以下、『指図巻』と記す）と呼ばれる画巻が諸所に伝わる。これは『類』にみられる建築・調度類を克明に絵画化したもので、字面では理解の及ばないモノを考える上で参考になる。一方で、近世の考證学の成果と絵画制作の一つの到達点を示す作品としての面もあわせもつ史料であろう。画面は写実的で美しく繊細な印象さえ受ける。しかし、中世を経て近世にいたる時間の経過のなかで公家の生活空間から失われてしまったモノも多く、その場合、『指図巻』では近世のモノで代用していることがあり注意する必要があろう。さて、その『指図巻』諸本中に装束の図が含まれているものは現時点において報告されていない。『類』巻第三のないように該当するのは『指図巻』でも第三巻だが、この巻は他の二巻に比してやや分量が少なく、いくらかの部分が転写の過程で散逸・漏出してしまった可能性があるだろう。その部分に装束の作画があったのかもしれない。

五節儀についても概観しておきたい。大嘗祭・新嘗祭の豊明節会では「五節舞」と呼ばれる舞が演じられた。そこで舞を披露するのが「五節舞姫」である。「五節」の文字は『春秋左氏伝』昭公元年条にみられる音律の五声の節「遅・速・本・末・中」を指すとする説(2)、あるいは『江家次第』巻第十、十一月「同（新嘗祭）節会次第」に「挙袖五變、故因五節」とあるように舞姫が舞の際に五度袖を振ることによる、などの諸説があり定説に至ってはいない。大嘗祭は天皇が即位ののち初めて新穀を天照大神以下の神々に、新嘗祭は毎年の新穀を同じく神々に捧げ奉る儀式で、宮廷で行なわれる各種の行事中では神事に分類される厳儀であった。まず新嘗祭に先立ち舞姫を献上する者を選定する「五節定」が式日のおよそ一・二か月前に行なわれる。『西宮記』「被定献五節舞姫人々事」によれば、上卿が舞姫を献ずる受領・公卿を天皇の御前で決定した。受領（国司）・公卿、各二名が一人づつ献上するので、舞姫は合計四名である。五節舞姫に選ばれた受領・公卿の娘たちは十一月の中丑日に参内、同日、天皇が大内裏常寧殿において舞の予行を御覧になる（帳台試）。翌、寅日、場所を清涼殿に移し御前で舞の予行を御覧になる（御前試）。その翌、卯日、今度は五節舞姫に付き添う童女の御覧があり（童御覧）、この儀の後、新嘗祭が行なわれた。そして翌辰日、天皇出御のもと豊明節会が行なわれる。この節会のなかでいよいよ五節舞の本番が披露され、新嘗祭の一連の行事は終了する。

本稿では、まず服装史・有職故実の立場から『類』に記載された装束（服装）記事の平易な解説を行なう。そして巻第三所収の装束などを通して、五節儀について当時の人々がどのような認識を抱いていたかという問題にも言及したい。

一　巻第三の内容

巻第三は、後に「法性寺関白」と呼ばれた藤原忠通（一〇九七―一一六四）が内大臣であった永久三（一一一五）年、新嘗祭の五節舞に舞姫（舞妓）を献上した際の定文と編者の覚書あるいは補説ともいうべき記述から構成される。ちなみに定文は巻第三の冒頭「目録」から「永久三年十月十九日」の日付けまでで、続く「右永久三年内大臣令五節出給定文之定也」から巻第三最後までがこの巻の編纂時、あるいは永久三年以後の記述の可能性が高い。まず本節では装束検討の基礎作業として、『類』巻第三の内容を確認し、その特徴を考えたい。

永久三年の定文は「目録」として内容を目次のように列挙する（理解し易いように丸付き数字を付す）。

①調度、②理髪具、③装束、④盥、⑤膳所具、⑥舞姫女装束、⑦傅女房、⑧童女、⑨下仕、⑩樋洗、⑪上雑仕、⑫祿、⑬饗、⑭出車、⑮前駈、⑯祿法、⑰所々垸飯、⑱行事所雑具、⑲儲本所物、⑳繪折櫃菓子、㉑雑菓子、㉒大破子、㉓屯食、㉔出火桶、㉕火櫃、㉖指図、㉗舞師房装束

これらを簡単に整理しておく。①②③④⑤はおもに大内裏常寧殿にしつらえる五節所でもちいるもの、⑥⑦は舞姫とこれに奉仕する女房の服装・装飾品の数とおそらくは調進の責任者、⑧⑨⑩⑪は五節の諸儀で舞姫の雑務を⑦とともに担当する人々の数とその責任者である。⑫は五節の舞を舞姫に指導する大師、舞の伴奏者などへの祿の詳細、⑬は五節儀の間の関係者の食事の数である。⑭は舞姫と傅女房らが出立所から五節所へ参入する際に牛車を用い、その乗降口の簾の下から着衣の端を出して見せる、出車という行為の担当者の名が記されている。⑮は舞姫らが牛車に乗り参入する行列の前駈である。⑯は大師・理髪・小師など五節儀の期間、舞姫の周囲で様々な役割を務める人々に対する祿であるが前出⑫とは別のものらしい。こちらは五節儀の間の道具・調度・装束類などがあげられている。⑫が純粋に褒美や礼の意からの祿と考えれば、ここでいう祿は十分な余裕を考えた経費を兼ねたものかもしれない。⑰は五節儀の間の各所の供膳で、瀧口から上皇の北面など広範囲に及ぶ。これらは五節儀における奉仕に対しての饗膳だが、やや豪華に過ぎる感がある。⑱⑲は関係する各所で用いる物品類が並ぶ。⑳㉑㉒㉓は菓子などの贈物に関する記述で品目・数量などが列挙される。

この目録の問題点としては、「目録」の項目の列挙される部分と本文の「一　□□□」とする項目が一致しないこと。㉔㉕㉖は項目のみでその本文は定文中には見受けられない。反対に定文の本文中にある「一　舞師房装束」は目

録に含まれない。『類』巻第三が編纂され、永久三年の定文が収載される過程でのことであろうか、それとも『類』が現在に伝えられる過程でであろうか、祖本の誤写や錯簡、漏失の生じた可能性がある。

次に永久三年以降の作と見られる巻第三後半部の内容と問題点も見てみよう。

この部分は内容から三部に分類することができる。第一、「右永久三年内大臣令五節出給定文之定也」から「以此定文被行之」までは永久三年から幾許かの時間の経過を経ていると考えられる。源雅実の邸宅である土御門東洞院が里内裏であった時（「土御門東洞院右大臣殿家内裏時也」）、という表現の仕方は過去をふり返る書き方ではないだろうか。藤原忠通が「内大臣」であったのと雅実が右大臣であったのはともに保安三（一一二二）年十二月までであるから、この部分は永久三年十月以降、保安三年までの七年間に定文の内容を受けて記されたと推測される。「定文」にこの部分を加えたものが既に一つの記録として成立していたのかもしれない。

続いて第二、「出立所」から「於童女装束色目者、依時好之、但参日被定也」までが二つ目である。新嘗祭の日程に従い、行事内容を記している。特徴的なのは丑日、舞姫が内裏に出立する様子が克明に記されている点であろう。前日に清掃がなされ、丑日、当日早くに砂が敷かれ、出立のための諸施設が鋪設される。申刻、金作檳榔毛車などの牛車が用意され、舞姫以下はこれらに乗車、出立所を後にする。舞姫一行は内裏「南庭」に到着する。酉刻、天皇の御前に全ての舞姫が参集する。(3) 戌刻、童女・傅女房らも参内した時の装束を、五節儀のために調進した装いに着替える。明記されないが舞姫も五節所に至り、式用の装束に着替える（次章参照）。記述はここで時間を少し遡り、酉から戌刻の行事内容について記す。童女・傅女房らの牛車の仕様と乗用時の出衣の方法を述べ、内裏に到着後の停車の手順の詳細に触れる。舞姫・傅女房・童女・下仕の順に降車する。舞姫らは、待ち受けていた殿上人らを介添えとして常寧殿の五節所に向かう。五節所に到着した舞姫は髪を整え、装束を改め、帳台試の儀に臨む。続いて寅日に御前試、卯日に童女御覧、辰日節会とこれに舞姫が臨むことをごく簡単に述べる。

第三、本文は「五節所装束料雑事」と見出しを掲げ、舞姫を除く童女・下仕・樋洗・上雑仕の装束の構成と着用法を仔細に述べ、この巻は終わる。

以上、ごく簡単に巻第三の内容についてみてきたが、この巻は複数の文献史料が集められ構成されている。最初に永久三年の「五節雑事定文」で五節儀における必要な品々について、内裏内の五節所を中心に列挙する。続いて五節所でこの儀と舞姫に直接関わる諸役に必要な品目を示し、舞姫を献上するに際して関係者に配る禄と所々への贈り物の分量を記す。舞姫を献上するために、これほど多くの人々に気を配らなくてはならなかったことに驚くばかりである。続く丑日から辰日の行事内容を示す部分では、記述の対象は舞姫と付随する童女などに注がれる。特に注目したいのは帳台試以前の、いわば五節儀の準備段階の行事内容が記され、舞姫以外の童女や傅女房らの装束や細かな品目まで詳述している点であろう。五節儀および新嘗祭は内裏のなかで行なわれ、天皇の直接関わる重要な朝儀であるために、他の文献類では帳台試や御前試儀に記述の多くを費やす傾向にある。このことは、巻第三が舞姫を献上する臣下の側の誰かが、五節の一連の儀を支障なく遂行するために作成した文書であったことを強く我々に認識させる。大袈裟かもしれないが、この巻第三を通読すると舞姫を献上する側の支度が一覧できる。次節で装束について考えるが、こうした目的意識で記されたことを確認しておきたい。

二　巻第三にみられる五節の服装（1）

巻第三に見られる服装記事は次のように整理できる。

舞姫装束（丑・寅・辰日）
傅女房
丑日（姫君装束）
童女・下仕・傅女房の牛車乗用時の出衣の方法
寅日（殿上人の服装）
卯日（童女・下仕の服装）
辰日節会（童女装束）
童女の装束
童女の装束（着用法）
童女の頭の物忌の付け方
童女下仕の装束
童女下仕の装束（着用法）
樋洗装束
上雑仕の装束

特徴的なのは、五節儀に舞姫を献上する立場で書かれたものなので、舞姫やその身の回りの世話をする人々の装束を中心に記されていることだろう。また、通常の儀式書では儀式の大きな流れを主軸として記述し、特に式場での記述に終始しがちだが、舞姫を献上する側の出立の次第や、この儀式において比較的低い立場にあった樋洗や上雑仕の服装も記している点、そして舞姫以下、特に天皇の目に触れる女性たちの服装の構成から着用法まで細かくていねいに記している点も興味深い。加えて古記録とはことなり、整理されて記述されているので理解しやすい。
　では最初に舞姫たち一行の出立からみることから始めよう。なお、『類』だけでは理解できないこと、記されていないこともあるので、『類』に近い時代の文献類に参看した。また、視覚上の具体的な理解の便を図り、絵巻物などの絵画史料も紹介する。

　中丑日の申刻、舞姫たちは牛車に乗り、出立所を後にして内裏常寧殿に設けられた五節所に向かう。舞姫（「姫君」と記されている）は「金作檳榔毛車一両」に乗る。檳榔毛車は檳榔の葉を細く裂き、晒して脱色して白くしたもので人の乗る「箱」（屋形とも）を葺いた牛車で、上皇以下四位以上にしか乗用は許されなかった。金作檳榔毛車とは、これに更に金製の飾り金具などを施した、特別にあつらえた豪華な車であったと推測される。割注に「但普通ニハ用檳榔」とあるので、金作檳榔毛車の使用は特例であったと見なければならない。そして通常仕様の檳榔毛車五両と網代車二両が続く。網代車は箱の左右側面を檜の薄板で網代に編んだ仕様で、その表面を青（緑）地に黄で文様を散らすなど彩色を施した牛車。前者は傅女房の女房八人が二人ずつ一両に乗り計四両、残る一両には童女二人が乗る。巻第三ではこの後、童女・下仕・傅女房の牛車の打出（出車とも）について、牛車の仕様とともに記している。童女の車は箱の前後の乗降口に布帛製の下簾を懸け、前方の降り口のみ下簾に通常の簾を巻き上げた状態で懸けたようだ。童女二名の車内での位置は源雅亮の『満佐須計装束抄』巻一「わらはのさうぞくをいだすこと(4)」によれば「まづわらはむかひて」とあるように向かい合って着座していた。そこで袴と最上衣の汗衫の裾を重ねて下簾の下から車外に一尺から一尺五寸程度のぞかせた。下仕車の場合は『類』の記述はやや曖昧で理解しづらい。これも『満佐須計装束抄』の右の箇所を見ると「しもづかへあじろぐるましたすだれかけず、すだれをあぐる事おなじ」とあるのをもって補足すれば、通常の簾のみが懸けられ、箱前方の降車口の簾は巻き上げられていたと推測される。なお打出は袴のみで、その出し方は童女に準じていた。また、傅女房の車の場合は通常の女房装束であったために、打出も通常の表着・打衣・袿・単・裳の裾の褄を見せるものであったと推測される。舞姫も五節所到着前は通常の女房装束なので、打出の方法は傅女房と同じ形式であろう。この五節の乗車時の打出の例は、単純に装飾にとどまらず乗用者を明示する意図があったのかもしれない。本書の場合は五節舞姫一行は金作檳榔毛車に舞姫が乗車した。本来は舞姫も、傅女房や童女の乗る通常仕様の檳榔毛車に乗車していたことを考慮すると、こうして打出をすることが舞姫乗用の車であることを示す意味があったのは確かであろう。

続いて舞姫の装束をみてみる。丑日、参内、常寧殿に入るまでは巻第三「出立所」に「姫君装束、〔袙・打衣・唐衣・裳・袴、普通装束也〕」とあることからごく通常の女房装束であったことがわかる。色目や文様については記されないが、若年の料であること以外は基本的には自由であっただろう。いわゆる女房装束とは最上衣から、

唐衣　裳　表着　打衣　袿（五衣）　単　打袴

という構成からなる。

平安時代の中期、摂関全盛期の頃には右のような構成が定着したといわれている。なお、舞姫が参内する際に着用していた女房装束は、素材や生地の質、縫製など最高級のものであったことは想像に難くない。

舞姫一行は内裏に到着すると北方の朔平門から特設の筵道を、殿上人に先導され玄輝門にいたる。玄輝門内に入り、貞観殿を経て、常寧殿の艮の檀にいたる。なおこの順路は中山忠親（一一三一―一一九五）の日記『山槐記』永暦元（一一六〇）年十一月十五日条の記文によるものだが、『類』所載の五節儀が大内裏の常寧殿を想定しているのか、それとも里内裏の常寧殿代を想定しているのか文面からは決し難い(5)。本稿では『類』は大内裏を想定するとみなして行論す

る。さて、牛車を降りた舞姫は筵道を進むが、『類』「今夜於此所有末取謂事」によれば「末取」という行為が行なわれた。舞姫が後方にひく裳の左右の裾を頭部越しに前方へ覆い返すことを指している。つまり、常寧殿にいたり五節所へ参入するまでは、末取のために翻した着衣で覆われ面貌は周囲の人々には見えなかったのである。

常寧殿の五節所に到着すると、舞姫は五節儀のために調進し、あらかじめ運び込まれていた式用の装束に着替える。髪上役の女房が舞姫の髪を整え、帳台試に臨む身支度を整える。舞姫の装束は以下のような構成であった。

丑日……唐衣（赤色）一領、袿（織物）一領、打衵（茜染）一領、裳（織・地摺）、一領、三重袴（茜染）一腰、扇一枚、錦鞋一足

寅日……唐衣（青色・裲襠を加える）一領、裳（蘇芳末濃）一領、打衵（茜染）一重、三重袴（蘇芳末濃）一腰、扇一枚、錦鞋一足

辰日……日蔭蔓五流、赤紐二具、唐衣（摺）一領、裳（泥絵）一領、打衵（茜染）一重、三重袴（茜染）一腰、扇一枚、錦鞋一足

これらの装束について五節儀における舞姫の役割に注意しつつ考えてみたい。まず、五節の諸儀の日程に合わせて装束の一部の色目を改めていることが目を引く。基本的な装束の構成は女房装束であるが最上衣である唐衣・裳は三日間の日程ごとに全く異なる色分けがなされている。特に辰日の唐衣は「摺」すなわち摺り文様であった点に注意したい。摺り文様は凸状の型木（陽刻）の上に生地を置き、山藍などの汁を摺り付け、型木の文様を浮き出させる技法で、文様の意匠はおもに花鳥であった。同種の事例では神事に奉仕する男装の青摺袍・摺袴や小忌衣が知られるところであろう。摺り文様の内でも藍摺は神事奉仕の者が物忌の意味から装束の文様として用いることが多い。おそらく自らの穢れを祓う意図からこうした文様が装束に採用され、それが転じて着用者が奉仕者であることを可視的に示

す標識となったのではないだろうか。例えば春日祭の神前で東遊の舞を奉納する舞人は青摺袍・摺袴姿である。五節舞姫の唐衣が摺り文様なのはこうした理由からと推測される。なお『類』にみられる右の舞姫の装束は皆具ではない。『満佐須計装束抄』「ひめ君のさうぞく」によれば基本的な唐衣などの色目に相違はないが、最高の礼を尽くした装いに用いられる織物の領巾（比礼）と裳に附属する裙帯が加えられている（後述）。

この時代、女房の日常の髪型は垂髪であったが、公式性の高い状況や厳儀の儀式の時は、頭頂部に髪を束ねた上で簪として釵子を差して飾った。定文の「一　可儲本所物」では髪上に必要な品々を掲げている。六百枚の「彫櫛」、二十四枚の「差櫛」、蒔絵の施された「蒔絵櫛」、そして「釵子十五枚」とある。釵子の内訳は傅女房が八枚、下仕が四枚、舞姫が三枚とする。また束ねた髪を括るためと目される「元結五筋」は紫絲一筋が舞姫、村濃（同色の濃淡）四筋が下仕料であったという。ここでいう釵子の形状は推測の域を出ないが、『年中行事絵巻』巻五「内宴」にみられる内教坊の妓女の宝髻と呼ばれた髪型や、また『紫式部日記絵巻』五島美術館本の五十日の祝の儀にみられる、釵子を髪に挿し元結で髪上をする女房の姿が想起される。

舞姫の装束をまとめておきたい。舞姫は出立所を出て内裏の常寧殿に設定された五節所にいたるまでは通常の女房装束を着用する。五節儀全体を通してみればこれは「褻」の装束といえよう。五節所に到着して以降は、日により相違はあるが五節舞を奉る神事奉仕者としての「晴」の装いとなる。女房装束に領巾と裙帯を加え、髪を上げて釵子や日蔭の蔓をつけ、錦鞋を履く。その姿は当時の女性の装いのなかでは最も厳儀に即した礼装＝「礼服代」といっても良いだろう。五節儀が、天皇の直接行なう祭祀行為である新嘗祭の一部であることを考慮すれば、儀式の一端を担う舞姫の装いが神に敬意を払い礼装になるのは当然であろう。五節舞はそれだけ重要な神への奉仕であったことが窺われる。

三　巻第三にみられる五節の服装（2）

童女以下の服装みてみよう。

装束の構成は「一　童女装束事」によると次のようにある。

汗衫尻長、［一丈五尺御覧日料、一丈三尺参日料］広二尺六分、［二幅、片方弘一尺三寸］前長［一丈三尺三寸御覧日料、弘身大頸ヲ合テ縫之、九尺参日料、凡下重之前定］（中略）打衵長、［四尺］袖弘常定、腋開弘、［八寸］下衵長、［四尺二寸、単・打衣、参・御覧同前］表袴長、［四尺五寸］下袴長、［八尺参料、一丈御覧料］

尻長の汗衫を最上衣として、下に打衵（打衣の場合もある）、衵、単と重ね、下袴、表袴をつける。これらは参入する日と童御覧の日では丈長に差異がある。差異を設定された装束全てにわたり御覧日はやや長めに仕立ててあったことがわかる。こうした装いは晴儀の「尻長」とも呼ばれる汗衫装束である。この装いで特徴的なのは、汗衫と二枚重ねる袴であろう。汗衫は、襟元は垂領で腋の下は前・後身とも縫い合わせない闕腋で、身の丈を余り、袴や裳とともに裾を後方に長く引くものだった。後宮に奉仕する童女たちが日常的に使用する装束で、本来は汗取り用の下着であったともいうが、五節の童女のように上着として用いることも珍しくはなかった。ただし五節の童女が用いるような汗衫は日常使用のものとは異なり、生地や縫製以下、特別に調進された特別製とも呼ぶべき高級な品であったろう。『満佐須計装束抄』では「わらはのさうぞく」として躑躅重の汗衫を掲げている。同書「五せち所のこと」では平時忠の五節童女に妹・建春門院から送られた装束に触れ「もえぎのかざみにむらさきの糸もてりんだうおりたりしか」と織物の生地を示す記述がある。しかしこの少し前の記述で童御覧の日の装束として、表地は織物製の汗衫と表袴、綾製表地の重ねの袴と打衣の衵であったと述べている。よってこの例は天皇の御前で行なわれる童御覧の日の装束であったと考えられる。また同書は、参入だけの日は平絹の汗衫・表袴・打衣であったとしているので、汗衫をはじめとする童女の装束は材質・寸法とも晴と褻の状況による使い分けのあったことがわかる。(6) 袴については、「表袴」「下袴」とあるように二枚の袴を重ねている。これはまず通常、当時の貴族の女性が使用していた身の丈を上回る女袴を着ける。色目は、童女なので若年料として濃色（深い紅色）であったろう。その上に男が参朝服である束帯姿で用いる、踝身程度の丈の白色の表袴を着用する。何故、こうして袴を二枚重ねるのか、そして男性用の袴を着るのかはよくわかっていない。(7) 以上のようにこの童女の装束は汗衫の着用や、袴を重ねるなどの特殊な着用法が特色といえる。なお以上の童女の装束には裾廻りや裏地には金・銀泥、墨などで花鳥の吉祥文様や洲浜・海賦などを手書きで描いた泥絵を描くことも行なわれた。特別な行事でなくとも、童女のこうした装いは可憐であった様子が想像される。乗車時においてもこれだけ手の込んだ装束が打出として下簾の裾からこぼれて見える様は、女房装束のそれとは趣が異なり、とても美しいものであったと思う。なお辰日の豊明節会の五節舞当日は、髪に物忌、つまり日蔭の蔓をつける旨が「一　同頭物忌付事」に記されている。これは前出、舞姫の装束でみた唐衣が物忌を意味する摺文様を施されていたことと一致し、童女も舞姫にしたがう神事奉仕者であることを示している。身につけ方は、まず頭部の左右に一箇所ずつつけたという。『満佐須計装束抄』「わらはのさうぞく」には詳しい日蔭の蔓の着装がでている。同書によれば、紅色の薄様（紙）を用い、童女の左右の耳近くの髪で輪奈（ループ）状のものをつくり、日蔭の蔓の端を通して固定したようだ。『指図巻』では糸を編んで作った日蔭の蔓が描かれているが、これは近世のものであり、『類』の頃のものと全く同じものとは言い切れない。もっと簡略なものであった可能性もある。

続いて、傅女房・下仕・樋洗・上雑仕の装束をみてみたい。

五節儀を扱う各種の文献史料ではあまり目立たない存在である傅女房は、参入した舞姫の身の周りの雑事を奉仕する。八人程が奉仕する傅女房は、五節の諸儀において御前には姿を表さない。したがって傅女房の装いの詳細はよくわからないが、定文の「一　傅女房八人」には唐衣と裳が十六ずつ調進されたことが見える。『承安五節絵』(8)には殿上人に先導され五節所に参入する傅女房の姿がみえ、袿に唐衣・裳・張袴を加えた平均的な女房装束で描かれている。以上から傅女房の装いは、内裏内の殿舎に昇殿する意味から礼を尽くした正装としての女房装束着用であったとみてよい。下仕はおもに摂関家などで雑用を担当する女性で、前掲、傅女房とともに舞姫出立の折り、網代の牛車二両に二人ずつ乗り、供奉の後、参入する。『類』には袙・打衣・単・唐衣・裳・袴とあることから傅女房同様の女房装束である。参入の日は三領、御覧日は四領、袙を重ねたという。天皇の目に触れる役割であるために、御前と五節所に控えている時では装束の使い分けがあるとみられる。前に「定文」に傅女房と下仕の釵子について記載のあることを述べたが、装束は参入以前に出立所で整えるものの髪に釵子を指すのは内裏朔平門に着いてからであったようだ。

『満佐須計装束抄』では次のように記している。

まいり《参》のよ《夜》は、まづきた《北》のぢん《陣》に、ひめぎみのくるまよりはじめて、（中略）殿上人まいりて上らう《臈》のひめ君よりしておろす、えんだう《筵道》をぢんより五せちところまでしく《敷》、さうぞくし《装束師》まづしもづかひ《下仕》をおろして、もんのうちにひだりのわきにたてゝ、さいし《釵子》をうちみだり《打乱》のはこ《筥》のふた《蓋》に女房八人・しもづかひ四人これを入たるをとりて、まづしもづかひにさして、（中略）さてのち女房の一のくるまをひきよせて、くちより女房をおろして、しだいにさいしをさして、殿上人つきて五せちどころへのぼす、

右の内容からみて、傅女房女房と下仕は参入の日以降、儀式の場や公の場では舞姫同様に髪を上げ、釵子を指すなどしていたことになる。こうなると外見上、この三者の見分けは装束が頼りになる。

樋洗は時に「樋清」「洗歪」と書き、内裏内の便所・便器を清掃した女性である。『類』では員数を一人とし、装束は袓（三領）・単衣（単と同）・打衣・袴で物忌の日蔭の蔓を髪に付す。樋洗が物忌を髪に付す理由は判然としないが、おそらくは役割上、神事奉仕者の一員として不浄の穢れを極力避けようとする配慮からと推測される。上雑仕は五節・女御入内などの際に雑用や使い走りをした臨時の下級女官のことで、二名を要し、装束は帷代以外は樋洗と同様である。帷代は、「代」を付しているのでおそらく汗取り用の裏地を付さない単ものの帷を模したものと考えられるが確かではない。帷代の表地は白で、「ヤウシタリ」とあるのは「瑩」の字をあてる。砧打で生地に張り・艶を出し、その上で糊を引いた砧上に生地を張り、擣衣杵で打ち、更らに張りと艶を効かせたものである。裏地は縹色で「瑩」する前段階の仕様のものであったらしい。

なお樋洗と上雑仕の三人は牛車一両に同乗し参入した。また『満佐須計装束抄』の「五節所の事」を引くと童女・下仕・傅女房には舞姫とともに参内し帳台試の儀に参候する者と、舞姫一行とは別に五節所に参候する者がいたとある。前者は出立所を出発する時点で五節儀の服装を既に整えていた。後者は舞姫一行とは別に参内、便宜の場所で着てきた装束を五節儀のために調進されたものに着替えた。また五節儀の間、毎日、常寧殿に参入していた者とそうでなかった者もいた。

五節所に参入し舞姫のそばで立ち働き、時に天皇の目に触れることもある傅女房と下仕、五節のために働いているとはいえ、仕事の内容が全く異なる樋洗・上雑仕では、両者の間に身分的に厳格な一線が引かれるのは当時の社会状況からすれば当然だろう。両者の装束上の大きな相違は唐衣と裳を身につけるか否かという点に集約される。貴族社会における家柄の善し悪し、政治力の強弱、同じ家のなかでの立場の高低などの立場の相違があるにしても、唐衣・裳を装いに加えられることができる人々は、広く社会的にみれば、やはり支配をする側であった。貴族女性は誰でも彼でも女房装束を着て優雅に生活していたような誤解もあるが、樋洗・上雑仕のような人々も貴族社会の下層に厳然と存在していたことを、装束の相違が示していると言えよう。

以上、『類』巻第三所載の装束について概観してきた。

本書に記された装束に現れた時代性についても述べておきたい。

『類』の記された一二世紀前半は平安京遷都の頃以来、広く行なわれてきた柔装束と呼ばれる装束および着装法が、強装束と呼ばれるものに変化していく過渡期であった。強装束とは着装後の装束の輪郭線が直線的な印象を衆目に与える。例えば、一二世紀中〜末期、平安時代末期に制作されたとみられる厳島神社所蔵『平家納経』見返し、五島美術館や徳川美術館所蔵『源氏物語絵巻』に描かれた人物像の装束は、皺や襞、輪郭線が曲線主体で柔らかな生地による装束が描かれている。対して鎌倉時代に入ってから制作された『紫式部日記絵巻』や『平治物語絵巻』、北村家本『中殿御会図』などの人物像の装束は直線主体で描かれている。もちろん絵画表現上のデフォルメもあろうが、当時の人々の目には柔・強装束の特徴が右のように印象付けられていたのであろう。ところで装束を強装束として着用するにはいくつかの工夫がなされたようだが、その一つが舞姫の装束中にみられた「打衵」や、そのほかにも散見した「打衣」といった装束、そして「瑩す」という行為である。砧で打ったり、「瑩」したりして強い張りを持たせた装束を着籠めて上衣を重ねれば、その輪郭は直線的になる。こうした強装束が官人社会の晴の場での正装として拡がりつつあったのが、ちょうど『類』の記された一二世紀中・末期にあたる。『類』の各人の服装には必ずといっていいほど強装束を意味する装束が加えられており、このことが巻第三の装束中に見られる時代性と結論されよう。なお、こうした装束の時代性を受け、装束師が史料中に現れてくるようになるのもこの時期なのである。装束に張りを持たせたりしたために、着用者自身ではうまく着装できず、この種の装束を加えた特有の着装法（着付け方）が考案されたと推測される。その結果、前掲、源雅亮のような装束着装の専門家の存在が要求された。

以上、多くの装束に関する記述がみられた。これらは一つ一つを考えると様々な疑問が湧き、とても興味深い。だが、何よりも五節儀における舞姫と周囲の女性たち個々の服装は、この儀式における各個の役割を可視的に示すものであった点に注意したい。奈良朝以来、平安・鎌倉時代を通じ、宮廷における晴の装束は、行事の性格、特定行事における役割、そして着用者の身分などを様々な方法で視覚的に示すことのできる標識、社会的なコード〈記号〉であったことが巻第三の装束記事の検討から理解できたと思う。

おわりに

文献史料の場合、当該史料が単体で存在することは滅多になく、周辺には何らかの関連性や共通項を持つものの存在していることが多い。もちろん、そこには時間的・空間的なズレがあることも事実で、注意深く史料の内容を検討しなければならないだろう。藤原親隆による『類』の場合、その周囲には藤原頼長の『台記』、源雅亮の『満佐須計装束抄』、藤原顕隆・重隆父子の『雲図抄』などがある。この「一群」といっても差し支えないであろう諸史料は永久三年度五節儀と藤原頼長（一一二〇—一一五六）という人物を中心に展開しているとも考えられる。建築史の川本重雄は『類聚雑要抄』が久安二（一一四六）年十一月の新嘗祭五節儀を目前に藤原親隆が編纂したとするがこの説は正鵠を得ていると思う。そこで川本の説を踏襲して考えてみたい。

頼長の日記『台記』の久安二年十一月十一〜十四日条を読んでいくと、まず十一日条に「此間童女・下仕着装束、散位清職、大舎人助雅亮、奉仕之」とある。本稿で参考にすることの多かった『満佐須計装束抄』の筆者・源雅亮は醍醐源氏の出身で清職とは兄弟である。この二人は当時、装束師として著名であったらしい。二人は父親である雅職とともに『台記』の記文中に散見され、仁平三（一一五三）年八月には頼長の家司となる（『台記』仁平三・八・二十九条）。したがって雅亮は頼長との関連はもとより、久安二年当時、頼長の家司であった親隆とは知見があったと考えられよう。同時に巻第三後半の装束の着装に関する記事も雅亮らの知識の影響を考慮すべきであろう。『満佐須計装束抄』も久安二年度五節儀の折に得られた知識を少なからず反映したものかもしれない。

『雲図抄』は葉室流藤原顕隆（一〇七二―一一二九）の命で弟・重隆（一〇七六―一一一八）が抄出したといわれる文献で、内裏で行なわれる行事を説明文と指図を用いて解説する。儀式における人々の所作や物品類の設置をどのように文章表現するのか、といった問題が非常にわかりやすい。その顕隆・重隆ともに、一一世紀末から一二世紀初頭、宮廷でも屈指の識者であり天皇・院・摂関家いずれの信任も厚かった藤原為房（一〇四九―一一一五）の息である。この両名は蔵人の経験者で、特に顕隆は永久三年八月に蔵人頭を任ぜられた。同書の成立は顕隆が蔵人頭に任ぜられた永久三年から重隆の他界する元永元（一一一八）年閏九月までの三年間に絞り込むことが可能である。

そして『類聚雑要抄』の編者とみられる藤原親隆は顕隆・重隆と兄弟であり、しかも親隆は重隆の養子となる。以上の一致は『類聚雑要抄』の成立を考察する上で興味深い事実である。院政下の当該時代は朝儀復興が盛んに行なわれていた時代であり、例えば保元内裏の造営があり、『年中行事絵巻』や『承安五節絵』のような絵画作品が製作された時期である。これらの朝廷を中心とする貴族社会の動きを受けて『類聚雑要抄』は成立したと考えられるのではないか。現在、確認できる文献は本稿で取り上げてきたようなものだが、当時、さらに多くの文献類が著された可能性を想定してもいいのではないだろうか。各種史料中における『類』の位置付けはいまだ不十分なので今後の課題の一つとしたい。また『類聚雑要抄』は葉室流藤原氏独自の見解かもしれない。元来同書は「式云……」といった官撰の文献からの引用が見受けられない。蔵人を半ば家職のようにしてきた葉室流の家流としての萌芽がこの文献に見いだされるのではないだろうか。もしそうであるとすれば、装束の着装といった問題も大きな儀式進行のなかの一部であることから、他流の存在を想定し、より慎重に取り組んでいかなくてはならなくなる。

さて、五節儀の場合、文献史料中には天皇の祭祀である新嘗祭の一部であることから、式場である内裏内で行なわれる儀式次第に関する記事などが多い。舞姫のように献上する側が自弁で賄う準備などに関しては史料も少なく、その点からいえば巻第三を含めた『類』の記事は貴重であろう。その巻第三「定文」では調進目録の品目の多さと、配慮すべき人々が広範に存在したことに目を奪われた。そして巻第三後半の行事内容とそこに含まれる形で記された装束の記載は、五節儀をつつがなく行なうためには夥しい人々の労力と手間、専門知識が必要であったことを物語っている。事情によっては自らの娘が舞姫を務めることで、入内あるいは後宮に入る可能性があった訳だから、この儀式に自家の繁栄を願う親が力を注ぐのも理解できる。しかし五節儀をこれだけの規模と物品、人材をかけて行なうのは政治的威力だけではなく、これを裏打ちするに足る経済力が必要であったのは言うまでもない。

文献史料においては、服装史・有職故実学に限らずある特定の分野にとって重要な史料として評価されると、その特定分野にとっての「専門的文献」と認識され傾向がある。それによって他分野からは顧みられなくなるという現象を引き起こす。今回、本稿では、従来の服装についての有職故実学をより深く広い視野で再検討した。結果として、服装に主眼をおく有職故実学においてはまだまだ検討すべき課題を多く含むないようであることが明らかになった。その過程で『類』は、服装の持つ身分表象や行事の政治的背景、過差などの現象にまで関心を広げていくことが可能な史料であることが実感された。こうした周辺事象を考慮することで有職故実学からの検討もより厚みのある成果を得ることができそうな手ごたえを得た。『類』は従来有職故実学で扱われることがほとんどであったが、建築史の川本重雄や家具・調度史の小泉和子のような他分野からの研究の結果、この史料の持つ新たな有用性が明らかにされた。こうした周辺諸学の成果を積極的に取り入れながら、改めてこの『類聚雑要抄』という院政末期の文献史料を考察してみたいと思っている。同時に、有識故実学からしか顧みられることのない諸文献についても理解を深めて再評価をしていきたいと思う。

注

（1）小稿は川本重雄・小泉和子編『類聚雑要抄指図巻』（中央公論美術出版、一九九八）の共同研究の成果として執筆した「『類聚雑要抄』の生まれた社会と時代―儀式・人・服装―」に加筆・修正したものである。したがって、行論の基本が『類聚雑要抄』『類聚雑要抄指図巻』の理解を助ける「解説」的な役割にある。その意味で本書収載の拙稿全般とはいささか趣の違う内容であることをお断りしておきたい。また川本・小泉編の前掲書も併せてご覧いただきたい。

（2）小稿で引用した史料の刊本は以下の通り。

『春秋左氏伝』（『岩波文庫』岩波書店）、『江家次第』『西宮記』（『神道大系』神道大系編纂会）、『満佐須計装束抄』（『群書類従』装束部、続群書類従完成会）、『朝野群載』『政事要略』（『新訂増補　国史大系』吉川弘文館）、『意見封事十二箇条』（『群書類従』雑部、続群書類従完成会）。

（3）五節儀で舞姫は北の朔平門から大内裏に参入するのが一般的である。式場になる常寧殿が内裏の北方にあるためと推測される。ところが『類』の文章を読むと、「南庭」に到着とか、御前に参集とか、前掲の『西宮記』や『北山抄』『江家次第』などの儀式書所載の五節儀の儀式次第では目にしない場所の名や次第が現れる。おそらくこれは、『類』所載の五節儀は大内裏ではなく、内裏代、すなわち里内裏での儀式次第を想定しているとみられる。もし『類』巻第三が久安二年の五節儀のために作成されたとするなら、近衛天皇の里内裏であった保延六（一一四〇）年造営の土御門内の構造に即した儀式次第と考えられる。第二節参照。

（4）『満佐須計装束抄』は『仮名装束抄』とも呼ばれる。仮名書きによる全三巻が現在に伝わるが、写本類は膨大。現在、唯一の刊本である『群書類従』所載のものが成立当初の全てなのか、それとも一部なのかの検討が充分ではない。諸本の校合作業を行ない、同史料の全容を把握する作業が急務であろう。内容は、寝殿造内の室内調度の敷設や特定の数種類の装束の着装法を詳細かつ丁寧に記している。本書は装束師として雅亮自らが奉仕した諸儀における経験を反映したものとみられる。著者・源雅亮は醍醐源氏の出身だが、生没年を含め不明な点が多い。雅亮の名は一二世紀前半の日記類に散見されるが、藤原頼長の日記『台記』久安二年十一月十一日条の五節出立所において童女の装束の着装を兄の清職とともに奉仕した記文が初見。雅亮はこの時代、装束師として定評のある人物であったのは間違いなかろう。取り上げられる項目が『類』と重複するものが多く、当時の雅亮の置かれた環境を考慮し、本章「おわりに」で掲げる周辺諸史料との関連性を検討する必要があろう。

参考文献　岩橋小彌太「満佐須計装束抄」(『群書解題』第三、一九六〇)、鈴木敬三「仮名装束抄と源雅亮」(『國學院雑誌』八〇―一一、一九七九・一一)。

(5) 前掲注(2)参照。

(6)『満佐須計装束抄』巻第一「五せち所のこと」には童女の装束に関して「ずらう《受領》のなどはひらぎぬ《平絹》にてあるべきなり」とある。前述のように舞姫は公卿・受領国司各二名ずつ献ずるが、舞姫に伴う童女においては公卿家・受領家、どちらの所属であるかを装束の生地で明示する必要があるとしている。この一文は三位以上(公卿)と五位以下(受領)の身分の格差を明白に示している。受領国司は徴税権により蓄えた豊かな経済力を糧に朝廷における政治力を増大させ院政を支えたという時代背景を考慮すると、現実に受領家の童女が平絹の装束を着用していたか否かは不明だがおそらくは着用することは少なかったのではないだろうか。その意味からすれば、院政期という時代性が窺える一文であろう。

(7) 本文でも述べたように、童女は女性用の女袴と男性用の表袴を着用する。服装上の性差を越えた装いと理解せざるを得ない。女性用の身の丈にあまる袴を下袴としてその上に男性用の表袴を着用するということは、女性であるということを基本に男性を演じる、もしくは模す、ということであろうか。現時点で明確な答えにいたってはいない。なお、朝廷の儀礼では、たとえば天皇は私的な空間における私的な装いとして、引直衣に女袴を用いる。これも服装における性差を越える所為だろう。五節の童女の問題とは身分・状況などくらべるべくもないが、朝廷における性差を越える服装の例は確かに存在するのである。こうした現象が、果たして、どんな理由に起因するのか。たとえば、五節儀のどこかのプロセスに男性用の表袴を着用したほうが所作の利便性において長じている、とか、あるいは信仰や習俗に起因する理由などさまざまな可能性があるように見える。朝廷の儀式一般に広く調査して解明の端緒を得たいと思う。

(8)『承安五節絵』は原本は伝わらず模本しか現存しないためか、あまり注目されない絵画作品であろう。絵・詞書ともに九段の形で現在にいたるが失われた原本の全容を伝えてはいないとみられる。標題の示すように高倉天皇の承安元（一一七一）年の五節儀に取材して制作された。五節儀を題材にする当該時代の絵画作品は現在のところこの作品以外には見受けられず、同時にこの時代の五節儀の様子や建築・装束などを知ることのできる貴重な作品といえる。ただし模本なので諸本系譜などの基礎作業が今後の課題であろう。『類』の装束記事の理解に際してはやや時間が降るものだが、字面だけでは理解に難があるので敢えてイメージを描く一助として本稿では取り上げた。なお本稿で図版として使用したのは東京国立博物館所蔵の狩野養信（晴川院、一七九六―一八四六）による模本である。養信は江戸城障壁画の作成で著名であるが、この他に数多くの古代末から中世にかけての絵巻物を模写を手がけており、本稿で図版として用いるのはその内の一つである。

参考文献　鈴木敬三「承安五節絵考」（『國學院大學大学院紀要』六、一九七五）、松原茂「狩野晴川院と絵巻」（『ミュージアム』三四四、一九七九・一一）。

なお以下の文献も『類聚雑要抄』巻第三の理解の一助となると思う。

國學院大學神道資料室編『高倉家調進控　装束織文集成』（学校法人國學院大學、一九八三）、鈴木敬三『有職故実図典』（吉川弘文館、一九九五）、高田倭男『公家の染織』（『日本の染織』二、中央公論社、一九八二）『服装の歴史』（同上、一九九五）。

第三章　見返に描かれた「御簾」

——賀茂別雷神社所蔵『加茂祭古図巻物』——

はじめに

京都の賀茂別雷神社（上賀茂神社のこと、以下、上賀茂社と記す）へ文書を拝見に伺ったことがあった。その折、神社側のご好意で、とある絵巻物の粉本を調査させていただいた。それは、近年、筆者が興味を抱いている『賀茂祭絵詞』と呼ばれる絵巻物の粉本で、一絵画作品として、あるいは研究上のイメージ・ソースとして検討を加えつつあるものだった。[1]絵巻物を目の前におき、肩幅ほどにそっと広げていく。するとすぐに見返が目に入る。「あれ、何だろう」といぶかしく思い、さらに先を急いだ。目の前に姿をあらわしたのは、「御簾」の図像（図9）であった。

巻子装の表具における見返そのものは珍しいものではないが、御簾の図像が描かれているとは予想だにしなかったのでとても驚いた。

そして、何故、見返に御簾が描かれなくてはならないのかを考えはじめた。

絵画作品には、何らかの意味・情報を直接的・間接的に示す、象徴的かつ暗示的な図柄が存在するのは周知の事実であろう。すなわち記号としての機能ということになる。歴史学の絵画史料論を通じて、もはや常識的となっている感のあるこうした記号的機能を持つ図像だが、通常の場合、それは描かれた人物のポーズや面貌の表情、服装であっ

図９　賀茂別雷神社所蔵『加茂祭古図巻物』見返
函架番号（貴重一四六九）
蓋題箋「賀茂祭詞書　百四十五　日野権大納言藤原輝光卿御筆」
箱書（側面・題箋）「加茂祭古図巻物　貴四六九」
体裁　巻子一巻、表装　緑地草花文織物
法量　天地 32.5 ㎝　全長 1211.3 ㎝（紙数 14）
見返部分　天地 32.5 ㎝　横 31.2 ㎝
＊作期　制作の時期を示す年次等は記されていないので、現時点においては詞書筆者、日野輝光（167　2-1716）の生没年をこれに代えておきたい。
＊備考　桐材薄板による箱あり。

たり、何らかの物品であったりすることが多い。画面の構図そのものが示唆である場合もある。示されるものは多様だが、確かなことは、制作者は「それ」を画面に描くことにより観る者との間に何らかの了解事項が交わされる点で、言い換えれば、観る者は画面に描かれた「それ」を一目見るや無意識のうちに何かを理解する、ということである。場合によっては観る者に好奇心や懐疑を促すことも可能で、画面と詞書との往復運動を促し、より深い理解を観る者にもたらす。それは suggestion（暗示・示唆）とか symbol（象徴）と言い換えた方がわかりやすいかもしれない。恐らくは未だわれわれ現代人の気づいていない多くの図柄があるだろう。意図的に配されるこうした図像は、制作者である画家自身の発想かもしれないし、制作の依頼者の指示なのかもしれない。しかしその根底にあるのは同時代人同士に通じる符牒の存在である。

小稿ではこの御簾の図像について、上賀茂社所蔵『加茂祭古図巻物』の紹介を通じ、儀式史、有職故実など様々な角度からこの図像を見つめてみたい。

一　上賀茂神社所蔵『加茂祭古図巻物』

京都・上賀茂社には『賀茂祭絵詞』と呼ばれる絵巻物の粉本が『加茂祭古図巻物』という標題で所蔵される。(2) あまり耳にしない作品名だが、原本の存在が確認されていないからか、とりあげられることは少ない。古代・中世の賀茂祭を絵画化した作品だが詳細な研究は管見に入っていない。この絵巻は各所に諸本が伝えられるが、今回紹介する上賀茂本もそのひとつで、前に示したような現状である。

さて、濃彩のやまと絵や金泥による刷り文様や切金を使った、美しい料紙を用いた巻子形態の作品を見かけることは少なくない。その代表的なものは装飾経で、広島県の厳島神社に伝わる一二世紀の『平家納経』や岩手県の中尊寺の『一切経』、奈良県大和文華館所蔵『一字蓮台法華経』などが広く知られている。しかしながら、装飾経とはあくまでも仏典を記した経巻であって、本絵巻は経巻ではなく世俗の題材について詞と絵画の両方向から創作された絵巻物なのである。御簾の図像が描かれている部分を見返とする根拠については、見返とこれに継がれた料紙部分（詞書・絵）とは、紙質・仕様が異なるからである。(3) これは後世に御簾の図像が見返に後補として描きこまれた可能性も示し得るが、料紙部分に描かれた絵と顔料の色合いや描線の筆致などを比較すると、両者は同時に描かれた可能性が高い。日本画の顔料はおおよその平均的な彩度等の基準はあるが、製造者や製造時、材料の産地などにより、全く同一の色を作ることは困難といっても過言ではない。御簾の図像に用いられている青みの強い緑は、緑青に群青の顔料を調合したものと推され、自然光の下では料紙部の絵に用いられている色あいとほぼ同じに見える。また料紙部分では紙継ぎ部分における絵のずれや欠損などの齟齬はなく、恐らくは料紙を必要な分量だけ継いだ後に制作されたとみられる。これらからみて、上賀茂本は見返・料紙などすべて同時期に制作されたもので、以来、再表装をしてはいない状態であると推測され、御簾の画像も上賀茂本制作時に同時に描かれたとみてよいのではないだろうか。

では御簾の図像を観察してみよう。簾とは蘆や竹を細く割き、糸で編み連ねて垂下する屏障具である。見返は金泥で若松を描く贅沢な美しい料紙で、そこに濃彩の顔料で御簾が描かれ、その輪郭線は砂子を散らしぼかしてある。丁寧な筆づかいで繊細に描かれている。御簾は画面から見て内側に巻き上げられた状態で、青みの強い緑青で色鮮やかに彩色されている。簾の縁は緑色で黒く窠文を染めてある。巻き上げられた簾は糸総のついた鉤丸二個に載せ懸けられている。糸総は上から、白・緑（現在では褪色し黄褐色）・赤・紫の四色で染め分けられている。また鉤丸にはそれぞれ葵の葉が挿してある。葵は言うまでもなく上賀茂・賀茂御祖神社（下鴨神社のこと、以下、下鴨社と記す）のシンボルであるとともに賀茂祭のそれでもある。平安・鎌倉期の賀茂祭では、祭りの当日、桟敷の簾や行列供奉の官人たちの冠や服、行列中の餝車などに同じく葵の葉を挿して飾った。おそらくはこの祭祀・祭礼が行なわれている「賀茂祭」という空間にいることを当事者である官人が相互に視覚認識し、ひいては見物の人々との間で共感を持とうとする意図からこうした行為が行なわれるのであろう。宮廷の男女が髪に飾りをつけることは髻華が原初であるといわれ、これに端を発し、男装の冠や女装の髪に花などを挿すことは当時よく行なわれていた(4)。類似するものでは蔓がある。新嘗祭の五節舞姫は日蔭蔓を髪に挿して飾った。これらは神事・祭祀に関わる者たちをそれ以外の周囲の者たちと視覚的に区別することが目的と考えられる。私見だが、おそらくは賀茂祭でも最初はこの祭祀に関わる関係者たちを視覚的に示すものであったのであろうが、賀茂祭の行事進行中、もっとも華やかな前掲の行列とその見物などの場を通して広く行なわれるようになったと推測される。

したがって上賀茂本の見返に描かれた御簾の図像は上賀茂・下鴨両社、あるいはそのどちらか、または賀茂祭そのものを示すと類推できる。しかし、もしそうであるとすれば本絵巻の諸本の見返にも同様の葵の葉を挿した御簾が描かれていても不思議は無いが、本絵巻のように見返に御簾が描かれた粉本は管見に入っていない。上賀茂本の見返に御簾が描かれているのはほかにも理由があると考えなければならないのである。

ところで、詞書を書写した日野輝光は、藤原北家冬嗣流で家格は名家に属する。日野氏は代々学問や和歌に長じ、近世においては武家伝奏・賀茂伝奏などを勤めることの多い家でもあった。輝光自身は従二位権大納言を極官とし、賀茂奉行・神宮奉行を数回つとめたあと賀茂伝奏を任ぜられた。その賀茂祭だが、実は一六世紀初めから中断していた。中断といっても賀茂祭の全てではなく上・下両社における社頭儀や祭祀行為は続けられてきたようで、中断していたのはむしろ一条大路で行なわれていた祭使一行の路頭儀であったという。これが国学者であり神道家であった下鴨社祠官・鴨祐之（一六五九―一七二三）等が朝廷に請い再興された。それが元禄七（一六九四）年のことで、輝光は同年十二月より同十二年まで賀茂奉行を務めた。晩年の享保元（一七一六）年六月に賀茂伝奏を任ぜられる。官歴からみても判るように輝光は賀茂祭再興の年に賀茂奉行を務めたり、賀茂伝奏としてその生涯を終えたことなどから見て、賀茂祭との関係は深い人物であった。上賀茂本の詞書の書写に筆を執るのも、こうした輝光の官歴に起因しており、おそらくは記念のような意味からかもしれない。(5)

二　『賀茂祭絵詞』の概要と主題

次に『賀茂祭絵詞』についてその概略を確認しておきたい。御簾の描かれている事実は上賀茂本をはじめとする本絵巻の内容と深い関係があると考えられるからである。なお既発表の拙稿と屋上屋を重ねることをご了承願いたい。

本絵巻は各所に相当数の粉本が伝わっている。(6) 調査の現時点において、詞書の異同や図様から見てもっとも原本の姿を伝えているのは近世の新写本とみられる宮内庁書陵部所蔵鷹司家献納本である。小稿ではこの鷹司家献納本を底本として行論するが、その内容は詞書によれば文永十一（一二七四）年四月十五日に行なわれた賀茂祭の路頭儀を絵画化したものという（後述）。

本絵巻物は原本は失われていると推測されるが確かではない。表題を『文永十一年賀茂祭絵詞』『賀茂祭礼草子』などいくつかの呼称が確認される。本絵巻の諸本には次のような奥書を有するものが多い。

此絵亀山院御絵合之時経業卿所㆓調進㆒也云云、畫為信卿、詞定成朝臣書之、元徳二年閏六月中旬之比令㆑写㆑之、
絵絵所預隆兼朝臣、詞入道内蔵権頭季邦朝臣写㆑之、

まず、原本の成立に関する情報が示される。鎌倉時代末期の亀山院政期、上皇の主催する絵合のために藤原経業が調進したという。『公卿補任』によれば経業は文章道に長じた人物であった。この経業が藤原為信に絵を、詞書を世尊寺定成に依頼した。為信は藤原姓で『天子・摂関御影』等の作者ともいわれ、同じく藤原姓の定成は代々能筆の者を輩出する家柄である。ここまでが原本に関する記述で、続いて元徳二（一三三〇）年にこれを祖本とする、絵・高階隆兼、詞書・入道内蔵権頭季邦による模写が行なわれた。つまり我々の目にすることのできる『賀茂祭絵詞』は経業らによる原本の隆兼・季邦の手になる元徳年間の転写本の系統ということになる。なお原本の作期は詞書中の人名の官位から建治三（一二七七）年から亀山院政の終わる弘安十（一二八七）年十月までの十年間が想定される。

さらに、調査の過程で本絵巻には二系統の諸本の存在することが明らかになってきた。両系統の相違は主に画容に検出される。一系統は人々を鎌倉末期、およそ一三世紀頃の風俗で描き、特徴的なのは一条大路沿いに設けられていた庶民から貴族にいたる数種類の桟敷を描いていることだろう（これをA系統とよぶ）。もう一系統は人々の風俗がA系統より降り、おそらくは中世末期から近世初期、一六・一七世紀頃のものを描いている（これをB系統とよぶ）。これら二系統の識別における特長的な点を指摘すると、第一点は、A系統で描かれていた桟敷が賀茂社頭で行なわれる競馬の馬場の柵（埒）に描き変えられている点にある。ちなみに上賀茂本は後者B系統の画容でありこの点に注意したい（後述）。第二点は、絵と詞書の構成で、A系統では絵と詞書は一対になり交互に展開するが、B系統では絵・詞書がそれぞれ一括される傾向がある（もちろん例外的に絵・詞書を段ごとに交互に配するものもある）。上賀茂本も見返に続いて詞書を全て一括し絵に続ける。第三点としてA系統では見られないことで、B系統ではA系統の粉本と比較して、詞書では校訂したり、絵では付箋で画容について注記をするものがいくつか見受けられる(7)。

前にも述べたように本絵巻の構成は詞書・絵ともに三段からなり、詞書と絵が一対となることから、その内容を三段に分けることが可能である。構成としては各段の絵は各詞書の後に配される。第一段は賀茂祭の沿革、祭当日以前の儀式の準備、文永十一年度の意義を記す。絵は詞書にあるように「大宮院」（亀山上皇の母）の賀茂祭見物一行の路頭の様子を貴賤の桟敷を背景に描く。第二段は賀茂祭当日の路頭の描写で、見物の人々と賀茂祭に乗じた過差を取り締まるための検非違使一行を描く。第三段は奉幣使（近衛使・斎院）の行列の様子である。やや長文であるが本絵巻の詞書は以下の通り。

○第一段

賀茂祭は卯月中酉。元明天皇和銅七年に山城国司検察して、年ごとの祭たるべきよし鳳詔をくださる。嵯峨天皇弘仁十年に鴨御祖の社別雷二神の祭を中祀とさだめられてのち、まさしく近衛使次第の供奉官をひきぐして一条大路をわたる事は、そのとしこそはじめなれなど見えたることはあきらかならねども、仁明天皇承和四年に天皇紫宸殿にして使の馬鞍已下を御覧ぜらるゝよしは、記録もあるにや。それよりこのかた、松柏の搆の前、蘋繁の礼の中、一日の庄観この祭にすぎたる事なし。年々例をまもる事なれば、めづらしかるべきにあらねども、月にいりぬれば、禁中も御神事灌仏をおこなはるゝとしは、九日より斎をいたさる。前一日に上卿陣に参りて内のくらづかさの請奏を下し、諸司諸衛にめしおほせられて、警固のありさま、わかき衛府の公卿殿上人などは興あるわざにおもひけすらひたるめり。雲の上よりはじめて、あやしのしづがいたやまでも、けふのかざしのあふひ草を、月のかつらのくもりなき御代のためしに引かけて、文永十一年こそ我君仙洞万歳のはじめなりしかや。この一両年は、たえたりつる御桟敷の御幸の儀も、またためでたかたじけなかりしに、峯山院前右大臣けいめいしてまいりまうけらる。殿上人一人実俊卿いまだ中将にてつかまつる。北面御随身御壺の召次御牛かひまでも、先院のみゆきのありさまつゆもかはらず。涙おもかげにうかみておがみたてまつる事のいのちながさもうれしのあまりに、末の代のもてあそびにもとて、むかしものがたりにも、つねのりがゐ、道風がことばなどかきつたへたれば、なまじひにそのあとをたづねて、けふのわらはれぐさにはなりはべるべし。

○第二段

大宮院も問道より御幸あり。なに事も二たびあらたまる椿のかげ、いはひ事もかくやと刻限に花つみとて、道俗男女てにはなをちらし、ひぢにあしかをかけ、くちに弥陀仏の名をとなへて、いくらといふことをしらずむれつゞきて、まことになりたかくのゝしりゆく。内證の御ちかひもたのもしくこそ、空也上人無極道心をあらはされんとて、わたりそめられたりけるぞ。これにはじめに申つたへたる。看督長ねりつゞきたり。大理のつかはれ人は、わしの羽のやを二さしたり。廷尉佐のはしろき羽を四さす。その外のはたゞしろき羽を二づつさしをひたる。ゆへくしくもみゆ。検非違使の別当廷尉佐などせしぎもたえてひさしくなれば、看督長の礼儀もなし。ことしは検非違使も六位五位あまたありしかども、せうくを書うつすなり。廷尉佐、殿上、検非違使なども車わたして供奉しけるとかや。ちかくはまたその事を聞ず。

○第三段

内蔵山城のすけはくだくしければ書もらしつ。山城介はたちをはき、内蔵助は官幣をつきたてたり。馬助もりやくしてかゝず。使は中将隆良朝臣いまだ少将にてわたられけり。かのいゐには舞楽の具を風流につけたり。かざりくるまはさだまりて楽屋につくり、弘長制符ののちは近衛舎人もりやくせられて、馬副ばかりなり。わかひ御まやとねり御うしかひなどはたゞ例のごとし。女使も命婦蔵人はかきのこしつ。斎院おはしますおりは、禊斎弁一條の大路をわたり、典侍神館にまいりて、紫野のかへりあそびなどもありしかば、祭の儀式もはへくしかりしを、元久ののちはそのあと久しく絶たり。諸宮のつかひもなきとしにて、さびしきやうなりしかども、大明神の霊威をあらはして、いよく敬神のこゝろをすゝめむがためなり。みむ人ゆめくあざけること有べからずとなん。

この詞書中、本絵巻制作の歴史的背景について二箇所で触れている。一箇所は第一段の傍線部である。文永一一年度賀茂祭の行われた亀山上皇院政期を「月のかつらのくもりなき御代」であるといい、しかもこれを後世への「ため（験）し」（＝先例）として理解する。[8]さらに文永十一年を「我君仙洞万歳のはじめなりしかや」と宣言する。本絵巻の制作の直接の事情は元徳年間の年紀の記された奥書に示された通りとして、その更なる背景は亀山院政の始まった最初の年の賀茂祭を記念する、ということを示しているのではないか。亀山天皇（一二四九―一三〇五）は正嘉三（一二五九）年から文永十一（一二七四）年まで在位し、退位以後は弘安十（一二八七）年まで院政を行なった。本絵巻詞書にあった文永十一年という年は亀山院政の開始された年で、鎌倉時代中期以降、南北朝期にいたる政治史上での大事件である大覚寺統・持明院統の両統迭立問題は同天皇の時から始まった。後嵯峨上皇の後継者として同院政を継受した感のある亀山院政期とその施策は、後嵯峨院政を延長したともいわれる。本絵巻詞書中、第三段に「弘長制符ののちは……」の部分は、後嵯峨上皇の発した弘長制符を引き続き遵守していこうとする亀山院政期という時代を反映しているくだりである。[9]事実、文永十一年四月二日亀山天皇の宣旨では「去弘長三年制符條々事、有㆓違犯㆒之間、一々宜可㆑守㆓厳禁㆒之者也」とあり、[10]こうした気運が当時の朝廷・院周辺にはあったとみてよい。そして、もう一つの歴史的背景は第三段詞書中の傍線部に見られる。まず、賀茂斎院のいなかった時期や、これに伴う「かへりあそび」、賀茂祭の一連の儀式次第の還立儀の停止などによる儀式の縮小化が元久年間（一二〇四～〇六）以来のことと指摘される。次いで、弘長の制符を始めとして、たびたび出され続けてきた過差を禁ずる公家新制の影響もあり、摂関期ほどの盛大で且つ華美な風流を施した、必要以上に大人数の行列が一条大路を進んだ賀茂祭はもうこの文永年間の頃には実現できなかった。朝廷・公家方の経済的な逼迫も相俟って、そうした現実の中で「さびしきやうなりしかども、大明神の霊威をあらはして、いよく敬神のこゝろをすゝめむがためなり」という理由で、盛時に比べれば規模は小さくなったが、文永十一年度賀茂祭はこの時期なりに精一杯の華やかさを以って行われた。なぜなら、規模の大小は別にしても宮廷祭祀・山城国祭としての賀茂祭を行なうことは、当該期院政が順調に運んでいることの証しであるからだろう。毎年、制符を遵守した賀茂祭を行なうことは、当該期の院政、ひいては朝政が支障なく営まれていることを人々の眼前で再生産し、視覚の上でも精神の上でも再確認することが潜在的な目的となっていたと理解することが可能であろう。もしそうであるなら、本絵巻の画面で展開される文永十一年度賀茂祭も、弘長制符の規定に沿った祭使一行の行列が営まれたことが、この絵巻物を開いて観るごとに人々の脳裏に想起され、絵巻の画面と記憶との相互の往復を促し、後嵯峨院の施政を継承した亀山院政期の繁栄を再確認したと推測される。

詞書を中心に文永十一年度賀茂祭の歴史的背景を考えてみた。こうした事情を題材選択の主旨としてこの絵巻は成立したと考えられる。

三　御簾という屏障具の意味

本節では視点を変えて御簾について考えたい。

制作者は画面に御簾を描くことで何を表現したいのであろうか。これは御簾そのものにヒントが隠されているように思う。まずは御簾について基礎的な知識を整理しておきたい。

御簾はそもそもが簾（すだれ）であり、「御」がつくのはその尊称である。室内調度の一種で、使用目的から考えると屏障具に分類される。屏障具とは室内の間仕切り等に使われる屏風や衝立と同種の調度である。では寝殿造の建築

空間で御簾がどのように用いられていたか概観する。(11)

御簾は、平安時代の貴族の居住空間であった寝殿造以来、主に母屋と軒下の簀子敷あるいは庇間や縁との間、蔀戸に沿って懸ける、屋内からみて一番外側にある舗設される屏障具である。通常は母屋の蔀戸に御簾の上端の帽額と呼ばれる布帛を張った縁を掛ける。巻き上げられている場合は、鉤（こ）と呼ばれる糸総で飾ったS字型の金具に巻いた状態で乗せ掛けてあった（上賀茂本の御簾の図像はこの状態である）。巻かずに垂らしておく場合もあるが、こうした御簾が蔀戸に掛けられた場面は平安・鎌倉時代の宮廷を題材とする絵巻物などではごくあたりまえのように人物の背景に描かれている。原則として御簾の機能はこの蔀戸を前提としている。蔀戸は薄板の表裏を格子ではさんだもので、閉めた状態では建物の開口部すべてを覆うかたちになる。なお蔀戸も、上下二分割の半蔀と呼ばれるものでは建物の外側につきあげる長押の内側に懸ける（内御簾）。上から下まで一枚の造作による一枚蔀は建物の内側に上げるために御簾は外側に懸ける（覆い御簾）。このように御簾の役割は母屋と縁を仕切るということ、さらには家の内部と外部、それぞれの空間を仕切る目的で舗設されると考えられる。また、御簾には目隠しとしての機能もある。外からは御簾が人の視覚を遮ってしまうのである。

しかし、完全に視線を遮るかといえばそうでもなく、室内から屋外の様子は御簾越しにおぼろげながらも確認できる。そもそも御簾の片側の空間がもう片側より明るい場合、暗い側から御簾越しに明るい空間のほうはよく見える。もし客と対面する場合、主人は御簾をおろしてやや暗めにした屋内にいて対面すれば、客からは主がぼんやりとしか見えない。御簾の外側からも内側に誰かがいる場合は、気配として察知が可能であろう。屋内・外、両側の人間はそれぞれをを感覚的に察知し、時にはおぼろげながらも視認の可能な屏障具が御簾と結論できるだろう。こうした点を考慮すると、御簾は、対面する者同士において殿舎の中にいる者が外にいる者より身分が高い場合に非常に有効な調度であることが導き出されるであろう。

ところで、寝殿造の建築において御簾がもっとも有効に利用されている例は皇居内の清涼殿ではないだろうか。皇居における天皇の生活の舞台が宇多天皇以降、仁寿殿から清涼殿に移って以来、里内裏の清涼殿代を含めて前近代に至るまで天皇にとっての公私の場として機能した。清涼殿代は別として、原則的な大内裏清涼殿の構造は、九間四方で殿庭に面した東側を正面とする。基本的な構造は、東から西をみる視点で①簀子敷②孫廂があり、南北にそれぞれが一空間を成していた。さらに西に接して③北から弘徽殿上御局・二間・昼御座・石灰壇の順で空間が構成された。そして④母屋と呼ばれる空間があった。清涼殿を初めとする大内裏の諸建築は、位階等によっては立ち入ることのできない空間が設けられていた。清涼殿で言えば、殿上人や公卿は、母屋南方に隣接した殿上間を控えの間とし、必要に応じて限定的に孫廂までは昇る事ができた。平安時代中期以降の儀式書を見る限り、孫廂は、叙位・除目など政務が行なわれる場所であり、諸臣の奏上が行なわれる場所であった。また天皇が人々と接見するための「昼御座」が隣接し、孫廂は臣下にとって天皇に拝謁するための「対面」空間の機能を有していたと考えられる。しかしその公卿たちも③④から奥には、焼亡や雷鳴陣など非常時の警護を担当する者や、天皇自身の許可なくしては容易に立ち入ることはできなかったのである(12)。さて、この建築空間のなかの二箇所に御簾は懸けられている。一箇所は上記②と③の間、もう一箇所は③と④、特に孫廂に向けて開放された昼御座・石灰壇の間である。つまり清涼殿の場合は御簾による境界が二重に設けられていることになる。②③を隔てる御簾は建物の外部と内部を隔てる意味での境界であり、同時に天皇と臣下の行動範囲を仕切る役割があったと推測される。清涼殿の公私の空間の境界であったとも言い換えられよう。③④は天皇自身の私的な占有空間を臣下の視野から隔てる意味での境界である。また諸儀式の式場としての空間との境界でもある。なお②の御簾の内側には御帳台を置いた母屋の空間と、寝室である夜御殿、食事を準備する御膳所などがあり、まさに天皇の私的空間であったと言えるだろう。

清涼殿の御簾から抽出される御簾の機能は、御簾という屏障具全体にまで普遍化できるものであると思う。単に空間の境界を示すばかりでなく、当該空間の主が、自らの姿とその占有空間を第三者に露出しない、あからさまにしない、第三者に知らしめないための屏障具である点が明確に理解できる。また対面の空間として建築の正面（おもて）としての機能を備えていたことも見逃せない。「簾中」という言葉があるが、御簾の内側という意味が転じて室内を指すようになるのは、清涼殿の御簾の機能から導き出される諸事を前提とすれば理解がしやすい。外部から遮断された空間をそこに創出するのが、清涼殿の御簾、ひいては寝殿造りの建築における御簾の機能のひとつなのではなかろうか(13)。これは神社建築における御簾の機能にあてはめても差支えが無かろう。建物の開放された部分に御簾をめぐらすことで、その外側から内側を容易に視認できなくし、また、御簾の内と外とを空間的に隔絶する。御簾を懸けることで、御簾によって隔てられた空間はそこが外側であろうと内側であろうと、対面するための場所としての機能を生み出す。神社の社殿などでは、御簾をめぐらすことで、御神体の安置された空間の清浄さを空間の隔絶によって確保する。しかも安置された御神体の姿を露にしない効果をもたらす。なおかつ、祈りをささげるための場として神への「対面」を可能にするのであろう。

上賀茂社本にこうした御簾の機能を還元して考えると、この絵巻物を観る者にとって、見返の御簾の図像は見返に続く詞書や絵にまみえるための対面の場である。やや大袈裟な表現をすれば、そこに展開する本絵巻の詞書と絵そのものが神社でいうところの神体と同じ意味を持つのであろう。観る者はこの絵巻物を鑑賞するとき、まず見返に描かれた御簾の画像を見て、これから眼前に展開される『加茂祭古図巻物』の題材に対して、あいまみえるための心構えのようなものを心中で確認する。そして更に画面を展開し詞書を読む。そこに記された賀茂祭の沿革を知り、近世からみれば往古ともいえる文永十一年度賀茂祭の意義とその様子を想像する。ふたたび巻子を展開していくと濃彩の画面が現れる。詞書の内容を想起しつつ画面を鑑賞する運びとなる。この見返に描かれた御簾は、対面の場として、絵巻物の鑑賞上の導入部分としての役割を負っているのである。

おわりに

本稿では上賀茂本とその見返に描かれた御簾のみに注目したが、本稿を締めくくるにあたり、上賀茂本の画容に関して少々の補足をして代えたい。

さきに本絵巻をA・Bの二系統に分類したが、Bの系統がなぜ画容を中世末期から近世初期、一六・一七世紀の風俗に変更し、一条大路沿いの桟敷が社頭の馬場の埒に描き変えられているのか、諸本調査の過程で常に抱いていた疑問であった。ところが上賀茂本に出会い、日野輝光という詞書の筆者と生きた時代について調べていくうちにその答えが少しづつ理解できてきた気がする。下鴨社には『賀茂祭絵幷序』と題する本絵巻の粉本が伝わっている。これも風俗を中・近世風にあらため、桟敷が埒に描き変えられているものだが、その奥書には貞享五・元禄元（一六八四）年銘の「賀茂祭絵図幷序一巻、今繕写、其旧本以　皇宮之珍也、其図乃使狩野親信画之矣、其序文余書之、以因従四位下鴨祐之需云」という奥書がある（画容・内容の構成からみて、おそらくは上賀茂本と近い関係にある粉本であろう）。一六世紀に賀茂祭が中断して以来、江戸期に入り下鴨社の祠官であった鴨祐之が中心になりこの祭祀を再興する事はさきに述べた通りである。しかし、すでに再興以前の貞享年間末には鴨祐之はこうした絵巻物を転写させ、往時の賀茂祭を懐古していたのではないだろうか。この気運の高まりが賀茂祭再興の実現という結果をもたらしたと考えられる。B

系統に分類される粉本は少なからず確認できたが、こうした、賀茂祭を懐古する気運は『賀茂祭絵詞』の粉本を大量に制作させた原動力となったのではないであろうか。上記の下鴨社所蔵本の祖本「旧本」の詳細は知るべくも無いが、画容の変更等もこうした気運と何らかの関係があるのかもしれない。[14]こうした推測が可能であるなら『賀茂祭絵詞』という絵巻物は、やや特殊な諸本展開をしてきた作品といえるであろう。社頭儀と祭祀のみのかたちで営まれつづけてきた賀茂祭の、中・近世の人々の認識がこのB系統の『賀茂祭絵詞』なのかもしれない。おそらくは賀茂祭という祭祀が時代の推移のなかで京都の人々の心中に生き続けていたからかも知れない。

今後の課題としては諸本系譜のより緻密な分析と、賀茂祭という祭祀の中・近世における展開を文献史料から裏付けていくことであろう。公家新制からの問題も、制符の法文解釈の視点から語彙系を整理し、公家の日記類との比較をする作業が必要であろう。『賀茂祭絵詞』が投げかける課題は果てしない。

注

（1）本絵巻には管見の限り他に類例のまったく確認されていない平安・鎌倉期の餝車と呼ばれる特殊な牛車が描かれている。この牛車をめぐる諸問題については拙稿「平安・鎌倉時代の賀茂祭使―餝車と過差―」（本書第四部第三章）を参照願いたい。

（2）以下、上賀茂神社所蔵本について「上賀茂本」と、本絵巻と記すときは『賀茂祭絵詞』全般を普遍的に指す。

（3）もしこの部分が料紙部分と同一の紙質・仕様であるなら本絵巻には見返しが存在していないことになり、御簾は料紙部分に描かれていることになる。つまり見返しに該当する部位に描かれた御簾の図像は上賀茂本の第一紙、冒頭部分に該当することになる。

（4）橋本澄子『日本の髪型と髪飾りの歴史』（源流社、一九九八）参照。

（5）日野輝光の官歴に関しては『公卿補任』『諸家伝』に拠った。また賀茂祭の再興については、紙幅に限りがあるので紹介のみにとどめておく。再興賀茂祭については座田司「勅祭賀茂祭」（『神道史研究』九―一・二、一九六一）に概要が述べられている。また史料としては元禄七年の賀茂祭再興時に関白であった近衛基熙の日記（『近衛基熙公記録』）に詳しい。

（6）現時点では以下の諸本を把握している。おそらくこれらのほかにもかなりの本絵巻が保存されていると思われる。以下、所蔵

者・標題・函架番号の順に記す。宮内庁書陵部所蔵『賀茂祭草子』C八―八八、同所蔵『賀茂祭絵詞』B六―五一九、同所蔵『賀茂祭絵詞』(『八洲文藻』第七〇)四五二―七、同所蔵『賀茂祭草子詞書』B六―五三一、同所蔵『賀茂祭草子詞書』B六―五三二、前田育徳会尊経閣文庫所蔵『賀茂祭絵合詞書』二七八―六(烏丸)、陽明文庫所蔵『近衛使絵巻物』、同所蔵『賀茂祭絵』九二三八五、神宮文庫所蔵『文永賀茂祭図』一一三八―一、上賀茂神社所蔵『加茂祭古図』貴四六九、下鴨神社所蔵『賀茂祭絵并序』、チェスタービーティー図書館　同コレクション収蔵本『神事祭礼図巻』八四/CB―一四一、京都市立芸術大学収蔵本『賀茂祭草紙』三三、逸翁美術館所蔵『賀茂祭絵巻残欠』二三四、同所蔵『賀茂祭絵巻物』一〇六八、群書類従所収『文永十一年賀茂祭絵詞』、國學院大學図書館所蔵『文永賀茂祭図』、同所蔵『賀茂祭草子』、京都産業大学図書館所蔵『賀茂祭絵巻』七九三〇六六、真田宝物館所蔵『賀茂の祭絵巻物』書画一〇一―一。

(7) なお上賀茂本ではこうした詞書の校訂や絵の付箋は見当たらない。

(8) 亀山天皇の即位に関しての経緯は『増鏡』第八「あすか川」『神皇正統記』第八十九代亀山天皇」に詳しい。

(9) 弘長制符は公家新制の一つで、賀茂祭関連では祭使の風流が過差(分不相応の華美な装飾)として規制を受けた。賀茂祭と過差・新制の関係については注(1)拙稿で述べた。公家新制については水戸部正男「公家新制の研究」(創文社、一九七九)などをご参照願いたい。

(10) 文永一〇年四月二日宣旨(勧修寺家文書一、『鎌倉遺文』一一二二六)。この他にも同年四月七日宣旨(東南院文書　同上一一二三六)同日官宣旨(『祐賢記』同年五月一日条、同上一一二三七)にも同様の主旨が見られる。

(11) 本章では室内調度や寝殿造の邸宅、大内裏清涼殿に関して述べるが、参考とした関連参考文献で代表的なもの紹介する。室内調度では家具史の小泉和子『家具と室内意匠の文化史』(法政大学出版局、一九七九)『室内と家具の歴史』(中央公論社、一九九五)などの一連の研究成果がある。寝殿造の邸宅や大内裏については太田静六『寝殿造の研究』(吉川弘文館、一九八七)、鈴木亘『平安宮内裏の研究』(中央公論美術出版、一九九〇)、橋本義則『平安宮成立史の研究』(塙書房、一九九五)がある。この他、川本重雄・小泉和子『類聚雑要抄指図巻』(中央公論美術出版、一九九八)も寝殿造の邸宅を考える上で最新の成果として掲出したい。また、調度や建築に関する研究成果ではないが、絵画に描かれた御簾について、絵画史料論の立場で言及した藤原重雄「絵巻のなかの《伊予簾》」(『月刊百科』四〇七、一九九六・九)がある。

(12) 雷鳴陣は火雷(神)から天皇を警護するため近衛府等の官人が、清涼殿以下の建築や殿庭に陣立てを行う神事である。その際、近衛将たちが武装して孫廂に昇るが、蔵人も弓箭を帯して母屋内の雷鳴御座に着座する天皇の背後に控える。詳しくは拙稿「雷鳴陣について」（本書第二部第一章）を参照願いたい。また天皇の許可とは、たとえば律令外規定と考えるべきものであるが、昇殿制や輦車・雑袍・禁色・帯剣などの各種宣下類が該当する。なかでも筆者が注目しているのは雑袍宣下である。貴族は官人である以上、天皇に拝謁したり、参朝する際は位階ごとに色彩（位色）や材質・文様・法量などの規定のある正装・束帯姿が原則であることはいうまでも無い。これは束帯が官人の身分標識であったからに他ならない。雑袍宣下は行事や儀式以外の平時において平服である直衣・指貫姿に冠を加えた装いで天皇に近侍することを許可するものなのである。これは天皇との個人的親疎に基づき随時下されるものだが、その実情は不明な点が多い。後世の文献なので慎重を期すべきだが、鎌倉期の順徳天皇による『禁秘抄』上「聴直衣事」（『群書類従』雑部所収）では雑袍宣下を与えられる者について規定が列挙されている。その一つに「聴入立之人」とある。「入立」とは女官の台盤所への出入りが許可された人々を指した。台盤所は言うまでも無く清涼殿の西側で母屋に隣接した区画である。また、同書「近習」では「万機被任叡慮、如此事繁多也、公卿如注前、［聴二簾中直衣一類也］」とあり、この宣下を下された人が天皇の近臣であったことは明瞭で、しかも「聴簾中直衣類」と称しているのは、雑袍宣下を下されることは御簾の内側で天皇と接見できる者と同等であることを指している。清涼殿の簾中、即ち御簾の内側とは天皇とごく親しい関係にあった者しか出入りできない空間であり、それは御簾の内側にある空間が天皇の私的な空間であったからではないであろうか。

（13）清涼殿が天皇の居住空間であることは、一〇世紀以降顕著になる天皇の触穢や物忌を想起させ、これを御簾の機能と関連させて、天皇の呪術性の問題に発展させて考えることも可能であろう。触穢の忌避や物忌などから転じて、御簾の機能から天皇という存在の清浄性の護持といった問題も提起する（黒田日出男「王の身体王の肖像」（平凡社、一九九三）参照）。一方で天皇の賓客に対する礼や、諸儀式への出御・非出御という問題にもおよぶ（吉村武彦『古代天皇の誕生』（角川選書二九七、一九九八）参照）。

（14）本絵巻の原本が制作された当時の賀茂祭では祭使・斎院一行の、桟敷に囲まれた一条大路を渡っていく行列が人々の関心を集め、むしろこの祭祀の象徴的な場面でもあった。しかし、近世においては、一条大路での行列は廃絶し、競馬などが行なわれていた社頭儀がその中心となっていた実情を画容に反映させたのがB系統ではないだろうか。もしそうなら、B系統は単なる懐古にとどまらず、近世における復興賀茂祭の青写真的な意味合いも込められていたのかも知れない。

（付記）

末筆ではあるが『加茂祭古図巻物』の調査・撮影、図版の掲載を快諾していただいた賀茂別雷神社、調査の折、種々のご示教を賜った同社安井正明氏に心より御礼を申し上げる。

第三部　中殿御会の有職故実

第一章　中殿御会の成立について

はじめに

中殿御会は、鎌倉時代より室町時代にかけて開催された宮廷の遊宴行事である。御会とは、内裏・仙洞において開催される、天皇もしくは上皇臨席の和歌・漢詩・管絃等の宴の総称、と定義できよう。この「御会」は行事の内容により、和歌御会・漢詩御会・両席御会・三席御会等に分類する事が可能である。両席御会・三席御会とは、『図書寮典籍解題』(1)によれば「両席御会とは詩歌の集会で、これに御遊即ち管絃が加はると三席御会と云ふ」とある。中殿御会は後に詳しく述べる様に、和歌(漢詩)に管絃の加わった行事である。

国文学を中心とする従来の研究では、福田秀一氏は「中殿(清涼殿)和歌御会といふ、最も公式な宮廷和歌会」とされている。(2)橋本不美男は、宮廷における和歌会を①晴の中殿御会②兼日兼題の和歌管絃御会③当座内々の和歌御会の三つに分類された。(3)①は「まづ管絃御遊を伴ふこと、しかも晴の公事とも目される中殿御会は、天皇および公卿が中核であり、殿上人は諸役に参仕するにすぎず、②もそれほど厳しくはないが、多分にその傾向をもつ」とされ、③は「当然極めて近臣近習的なグループを召されて催される」としておられる。先学においては、最も格の高い宮廷文芸行事の一つ、と見做されているが、その実状についての研究を進めたい。

鎌倉時代の中期、順徳天皇による「八雲御抄」では、詠歌の場となる行事を歌合・歌会に大別し、更に各々を内裏歌合・執柄家歌合、中殿会・尋常会に分類している。内裏歌合は、天皇・臣下・女房等が参会して開催される、言わば晴儀とも呼べるものである。執柄家歌合は、大臣家も同じ行事内容としながらも、広く一般に行なわれていた歌合の行事内容を記していると見られる。一方の中殿会は、対応する尋常会の注記が「内裏仙洞上下万人会同レ之」とある事から、すべての歌会の規範とされていたと推測される。内裏歌合と比肩する行事と理解されていたとも見られる。

以下、本稿は中殿御会という行事について、成立時期を中心に考察し、より具体的に中殿御会を理解しようとするものである。

一　中殿御会とは何か

中殿御会に関する個別研究は、歴史学・国文学ともに管見の限り見受けられない。ただし前述の如く、国文学においては宮廷の文芸行事の中では極めて高い位置に在るという認識のみに止まる。これは順徳天皇の編になる『八雲御抄』に依拠していると見られる。後に詳しく述べるが、同書ほど、中殿御会について詳述する文献は無く、「凡以二中殿一為二大会一」とある他、中殿御会が「尋常会」とは一線を画す事を窺わせる記述が数多見られる事によると推測される。(4)

中殿御会と呼ばれる行事の研究が停滞している一つの理由は、その主旨の定義づけの困難さにある。次に示す史料中には、中殿御会の語句が見られる。(5)

ア　八雲御抄〈歌学書〉

イ　中殿御会部類記〈部類記〉

表5　史料に現われる「中殿（御）会」

年次	西暦	日時	天皇	開催の主旨	出典
寛弘四年	一〇〇七	四月二十五日	一条	漢詩御会	ウ、エ
永承五年	一〇五〇	一月二十一日	後冷泉	不明	ウ
天喜四年	一〇五六	三月二十七日	同右	和歌御会	ア、イ、ウ、オ
延久三年	一〇七一	二月　六日	後三条	漢詩御会	ウ、エ
承保二年	一〇七五	四月　十八日	白河	不明	ウ
永保三年	一〇八三	二月二十六日	同右	不明	ウ
応徳元年	一〇八四	三月　十六日	同右	初度和歌御会	ア、イ、ウ、オ
嘉保三年	一〇九六	三月　十一日	堀河	初度和歌御会	ア、イ、ウ、オ
長治二年	一一〇五	三月　五日	同右	堀河院遷御後、初度の和歌御会	イ、ウ
天承元年	一一三一	十月二十三日	崇徳	初度和歌御会	ア、ウ、オ
治承二年	一一七八	六月　十七日	高倉	初度漢詩御会	ウ、エ
建保四年	一二一六	十二月　八日	順徳	中殿御会（初度漢詩御会）	ウ、エ
建保六年	一二一八	八月　十三日	同右	中殿御会（初度和歌御会）	ア、ウ、オ
建治四年	一二七八	正月二十一日	後宇多	仙洞年首御会	イ
弘安八年	一二八五	七月二十三日	同右	中殿御会（初度漢詩御会）	ウ、エ
正応二年	一二八九	正月　十七日	伏見	内裏御会始	イ
元亨三年	一三二三	六月　廿日	後醍醐	中殿御会（初度漢詩御会）	ウ
元亨四年	一三二四	正月　十九日	同右	漢詩御会	イ
正中三年	一三二六	三月　六日	同右	臨時花宴	イ
元徳二年	一三三〇	二月二十三日	同右	中殿御会（初度和歌御会）	ウ
暦応二年	一三三九	六月二十七日	光明	仙洞御会始	イ
貞治二年	一三六三	十月二十九日	後光厳	中殿御会（初度漢詩御会）	ウ
貞治六年	一三六七	三月二十九日	同右	中殿御会（初度和歌御会）	ウ、オ

至徳　元年	一三八四	十一月　三日	後小松	仙洞御会始	イ
応永　十七年	一四一〇	八月　十九日	同　右	八月十五夜密宴	イ
応永　十九年	一四一二	三月　二日	同　右	内々之舞御覧	イ
応永二十六年	一四一九	三月二十八日	同　右	仙洞御会	イ
享徳　二年	一四五三	三月　十二日	後花園	内裏御遊始	イ

＊ア…八雲御抄　イ…中殿御会部類記　ウ…御遊抄　エ…體源抄　オ…貞治六年中殿御会記

ウ　御遊抄〈楽書〉

エ　體源抄〈楽書〉

オ　貞治六年中殿御会記〈その他〉

　太平記　巻四〇[6]

　建保中殿会歌考

ここに掲げたア〜オに、中殿御会の主旨がいかに扱われているかを知ることにより、当該時代の人々の同御会についての認識が窺われる事と思う。ア〜オに掲げられている中殿御会の実例とされているものを年次毎に示したのが表5である。

平安時代の摂関期から室町時代に至る約四五〇年間にわたる二八例が摘出できる。初期の永承・承保・永保の三例は確認される古記録などが伝存しないので、行事の内容を知りうる事は叶わなかったが、その他の行事の内容については表に示した通りである。この表5から、中殿御会とされる御会の内容は、数量的に見て、中殿御会・初度和歌・漢詩御会、仙洞御会始、臨時花宴の順で認識されていたことが知られる。

ア〜オの史料を成立（推定）順に示すと、ア『八雲御抄』は承久年間（一二一九〜二二）[7]前後、オ『貞治六年中殿御会記』は貞治六（一三六七）年以降(8)、イ『中殿御会部類記』は享徳二（一四五三）年以降(9)、ウ『御遊抄』は文明十七（一四八五）年(10)、エ『體源抄』は永正九（一五一二）年(11)となる。表5から個々の文献の書かれた時代、中殿御会がどのような主旨の行事と認識されていたかを知ることができたと思う。結論としては、中殿御会の主旨を特定できない。そこで次に中殿御会に参会した当事者の記した『八雲御抄』・『貞治六年中殿御会記』周辺の記録類について見てみたい。

表5にもあるように順徳天皇は建保四年に初度漢詩御会を、建保六年に初度和歌御会を開催した。同時代の記録として著名な藤原定家による『明月記』建保四年十一月一日条には次の様な記事が見られる(12)。

（前略）頭弁云、今日松容之次、御作之体已以如レ此、何中殿御会不レ候乎由、伺二院御気色一、景気太神妙、明春早可二遂行一由有二仰事一云々、尤可レ然事歟、此次ニ、予等申二右大臣殿一云、延久治承有二中殿初度之議一、延喜天暦依レ有二内宴一、還無二此事一、承暦已後又有二和歌儀一、案二彼是一、至レ于二公宴一、雖レ未レ置二詩歌一、今度同日被レ講二詩歌一、更無二其難一歟、是依二両方一如レ此事、尤希有歟、今被二始行一之、即可レ為二万代佳例一、還可レ編二延久治承一歟、相府之仰セ尤可レ然、猶以二事次一、可レ伺二松容由一、被レ仰二頭弁一

＊傍線部筆者、以下の史料も注記の無い限り同じ(13)。

前掲、表5に挙げられ、『順徳院宸記』同年十二月八日条に確認される「中殿会」を目前にした際の記述である。参内した定家が後鳥羽上皇に伺候した院近臣・頭弁藤原定高や右大臣藤原道家の言を記している。この傍線部は十一月一日の時点では翌月四日の「中殿御会」は、未だ先例の無かった和歌と漢詩の披講を同時に行う予定であった事を伝える。注目されるのは「延久治承は［中殿初度之儀］が行なわれた」が、「延喜天暦は内宴があったので［此事］は無く、承暦以後は［和歌之儀］があった」とする部分である。［此事］・［和歌之儀］は［中殿初度之儀］を指す事は明白で、中殿御会は和歌を行事の内容とした事が知られ、更に「初度之議」ある事から、初めて行なう行事と推測さ

れる。「御作之体已以如此、何中殿御会不候乎由、伺院御気色」は、翌十二月八日に開催される「今度同日被講詩歌」御会で披講する後鳥羽院の御作は出来上がっているのに参会しない、とする院の意志について、その理由を尋ねたと解釈されるのであるから、「中殿御会」とは和歌漢詩御会を指している。しかし「猶以事次、可伺松容由」として定高等は慎重を期した結果、十二月八日当日には漢詩御会を開催した事実から見て、「中殿御会」は漢詩御会をも指すと知られる。同内容は前に見た二条良基の『貞治六年中殿御会記』にも見られる。天喜・応徳・永長（嘉保）・天承・建保（六年）の御会の例を「中殿にて講ぜられき」とし、

　此外承保二年四月、長治二年三月、嘉承二年三月、建武二年正月清涼殿にて和歌宴ありといへども、初度にあらざれば、中殿のえむ《宴》の先規にはくはへらるべからざるにや、

と述べ、中殿御会の先例についての知識には誤解の多い事を示唆しながら、「中殿のえむの先規」とは「初度」の行事を意味すると共に、漢詩御会だけで無く、和歌御会の行なわれた事も伝える。

では「初度」とは何を指すのか。その答えは、表5に掲出した中殿御会の先例と考えられている事例を検討することではっきりしてくる。嘉保三（一〇九六）年三月十一日に行なわれた初度和歌御会に関する詳しい史料として『袋草紙』所収の『江記』同日条がある。[14]

　嘉保三年三月内裏御会［江記］以㆓頭弁㆒召㆓公卿㆒云々。参入著座。次召㆓堪歌之者㆒。某々等参入候㆓簀子㆒云々。蔵人依㆑召入㆑自㆓年中行事障子北㆒到㆓御厨子㆒、取㆓御遊具㆒、即自㆓公卿座前㆒持来。次御遊。次始㆘自㆓下臈㆒献㆗和歌㆖。殿上人皆自㆓年中行事障子北㆒参入［今度代始会云々］。

傍線部にある様に「初度」とは天皇が即位以後、初めて開催する御会・「代始会」を意味した事がわかる。また『中殿御会部類記』所収『為房卿記』[15]では、

表6　中殿御会一覧

	日時	天皇		確認される史料	備考
1	天喜四（一〇五六）・閏三・二七	後冷泉	和歌	大右記　天喜四新成桜花宴殿上記（カ所収）　大納言経信卿集　新古今和歌集（賀歌）　新勅選和歌集（賀歌）	ア・イ・ウ・カ・キ
2	延久三（一〇七一）・一一・六	後三条	漢詩	山槐記・玉葉（治承二・六・一七日条）	エ・オ
3	応徳元（一〇八四）・三・一六	〃	和歌	後二条師通記　江記（ア所収）　宗俊卿記（ア所収）　続後撰和歌集（賀歌）	ア・イ・ウ・キ
4	嘉保三（一〇九六）・三・一一	堀河	和歌	中右記　江記（カ所収）　為房卿記（ア所収）　後二条師通記　時範記　本朝続文粋　師実集　匡房集　帥中納言俊忠集　続後撰和歌集（賀歌）	ア・イ・ウ・エ・カ・キ
5	天承元（一一三一）・一〇・一九	崇徳	和歌	中右記　時信記	ア・イ・ウ・キ
6	治承二（一一七八）・六・一七	高倉	漢詩	山槐記　玉葉	エ・オ
7	建保四（一二一六）・一二・八	順徳	漢詩	順徳院宸記　明月記（当日条は無し）	エ・オ
8	建保六（一二一八）・八・一三	順徳	和歌	明月記　光経集　雅経集　範宗集　拾遺愚草（定家）　順徳院御集　衣笠前内大臣家良公集　続古今和歌集（賀歌）　新後撰和歌集（賀歌）　玉葉和歌集（賀歌）　続千載和歌集（賀歌）　続後拾遺和歌集（賀歌）　新続古今和歌集（賀歌）	イ・ウ・エ・キ
9	弘安八（一二八五）・七・二三	後宇多	漢詩	良季記	エ
10	文保元（一三一七）・六・二〇	花園	漢詩	花園天皇宸記	開催されず
11	元亨三（一三二三）・六・二〇	後醍醐	漢詩	花園天皇宸記　増鏡	エ・オ
12	元徳二（一三三〇）・二・二三	後醍醐	和歌	増鏡	イ・ウ・エ
13	貞治二（一三六三）・一〇・二九	後光厳	漢詩	後愚昧記（同日条）	イ・ウ・エ
14	貞治六（一三六七）・三・一三	〃	和歌	師守記（同年四月四日裏書・十一・十二日条）　新続古今	イ・エ

15	永徳元（一三八一）	後円融	不明	和歌集（賀歌） 愚管記（同年三月二十一日・四月二日条）	開催の実否は確認出来ず

※　ア…中殿御会部類記　イ…貞治六年中殿御会記　ウ…太平記　エ…御遊抄　オ…體源抄　カ…袋草紙　キ…八雲御抄

今夕於二御前一始有二和歌一

と記されている。更に、治承二（一一七八）年六月十七日の初度漢詩御会の例では、『山槐記』同日条[16]に、

今夜有二内御作文一〔当代初度也〕、

とあり、『玉葉』同日条[17]には「此日内裏有二中殿宴一」とし、

於二御殿一始有二応製作文一

としている。嘉保三年の例では「代始会」を「始」と、治承二年の例では「当代初度也」を同じく「始」と表記している。表5に掲げた例に参看すると、前に見た嘉保・治承を除き、応徳・天承・建保（六年）の三例にも同様の記載がある[18]。

○応徳元年三月十六日・『宗俊卿記』同日条

於二皇居三条殿一、始有二和歌一、（以下略）

○天承元年十月十九日・『時信記』同日条

天晴、今日於二御前一始可レ有二和歌会一（以下略）

○建保六年八月十三日・『順徳院御集』（建保六年）

同八月十三夜、始於二清涼殿一、詠池月久明、群臣応製臣上、始二于今夜一、

以上から、中殿御会は代始会を指し、「初度」「始（初）」と表記される。これらに基づいて表5の中から明らかに中

殿御会と認め得るもの、古記録等により同御会の開催された事実の確認できるもの、その他をまとめたのが次に示す表6である。

これらの例は、「初度」あるいは「中殿御会」の語が記されている事により確認できるのであるが、実際に古記録等を見ると、記事の上からはこれらの語句のない限り、確認に至る事は不可能である。[19] この事は、表6に挙げた一五例の開催された時代の古記録等、全てに通じる傾向と言える。加えて中殿御会の語の代わりに「始」「初」等の語句を用いて示されている場合、何の初度を指すのかは判別できない。たとえば御遊始・年始御会・仙洞初度御会等と誤解しやすい事は表5・6の通りである。

また、前に触れた様に橋本不美男は、[20] 宮廷における和歌会を①晴の中殿御会、②兼日兼題の和歌管絃御会、③当座内々の和歌御会の三つに分類された。橋本の分類は非常に明瞭であるが、①と②は古記録等に記される場合、判別の困難な例が多い。例えば、①の中殿御会として確認される例の中にも、記録によっては『江記』応徳元年三月十六日条の様に、初度であることを明示しない場合もある。②では、『殿暦』長治二年三月五日条や『中右記』嘉承二年三月六日条の様に、記文から知られる行事内容には、①と大きな相違点は見られない。

以上の様に、前に掲げた中殿御会に関するア〜オ所引の古記録の記文からは、初度である事を示す語句の無い限り、判別出来ない。従って、恐らくは前掲ア〜オの編・著者たちも、古記録等に見られる「中殿御会」「始」「初」といった文字の意味を正確に理解できず実例の選定に誤解を生じたものと推測される。

二　先例と行事内容

初度の和歌・漢詩の御会を「中殿御会」と称した事が明らかになったが、この呼称は何時頃から使われ出したのだろうか。

順徳天皇の編になる『八雲御抄』は、和歌の技巧や作歌上の基本姿勢をはじめとして、和歌関連行事の次第を細かく記す綜合歌学書と言える。[21] また、中殿御会（初度和歌御会）の行事内容を明文化した始めての歌学書であり、その関連記載が多い事も本書の特長の一つである。特に中殿御会を一項目として掲げ、他の歌会と一線を画した事が注目される。同御会について、現在の国文学の研究では『八雲御抄』に基づいた扱いが主流である事は前に述べた通りである。先ず、同書において、中殿御会は和歌関連行事の中でいかに位置付けてられているか再確認したい。

同書では和歌会を「中殿会」と「尋常会」に大別し、「凡以㆓中殿㆒為㆓大会㆒」とも述べているが、

雖㆓禁中㆒、便所会ハ私事也、（中略）雖㆑有㆓御製㆒密儀也、

と、清涼殿で行なう事を強調し、御製の有無は決定的要素とはならない事が知られる。これは中殿御会の行事内容の冒頭の次の文とも関連して興味深い。

上古者尋常会唯中殿也、自㆓中古㆒為㆓晴儀㆒、

清涼殿で行なわれる歌会は「晴」であり、それは『八雲御抄』編纂時よりそれほど遠く無い時代からだとしている。前者は和歌関連行事における中殿御会の位置を明確に示しており、後者はその成立に関する重要な手掛かりになると推測される。尋常会については、

内裏仙洞上下万人会同㆑之、此中或有㆓略事㆒、

とあり、内裏・仙洞、階級に関係なく、中殿御会以外の和歌会は全て尋常会に分類されている。ここで言う「内裏」は、前掲の中殿御会に関する部分より考えて、中殿（清涼殿）を除く内裏殿舎の全てを指すと見られ、場所・参会者

にかかわらず、中殿御会以外の和歌会を同一視している事実は、中殿御会の持つ特殊性の現われと解される。『八雲御抄』に以上の様に扱われている中殿御会だが、その語句の初見は、前掲『明月記』建保四年十一月一日条である。管見の限り、これ以前の古記録等には中殿御会の語句は見出せず、その代わりに「初度」「始（初）」「代始」等の語句で中殿御会である事を示す例が多い。反対に『明月記』『八雲御抄』以後、鎌倉時代の後半以降は和歌・漢詩にかかわらず「中殿御会」と記す事が多くなる。この呼称の変化は、「中殿御会」の語の初見と共に、行事内容の整備と密接な関連があるのではないだろうか。

行事内容から見てみると、中殿御会は漢詩の披講（以後、中殿漢詩御会と記す）と和歌の披講（以後、中殿和歌御会と記す）、この何れかを中心に開催される行事である。両者を行事内容の整備に注目して考察したい。次に示す表7は、この考察の参考までに漢詩・和歌両中殿御会の行事内容を平易に復元したものである。なお中殿漢詩御会の行事内容1は『順徳院宸記』建保四年十一月五日〜十二月四日条に拠った。中殿漢詩御会は、中殿和歌御会の様に行事内容を掲げる『八雲御抄』のような作法書が見受けられない事から、治承度の『玉葉』『山槐記』同二年六月十七日条、建保度の『順徳院宸記』同四年十二月八日条、の実例を総合して復元した。中殿和歌御会の行事内容は、『八雲御抄』の「中殿会」に拠った[22]。但し、行事内容1は『八雲御抄』中に記されていない為、『明月記』建保六年七月二十九日〜八月十二日条を参考に補足した。

中殿漢詩御会の例は延久・治承・建保（四年）の三例があった。治承二年六月十七日の中殿漢詩御会について『山槐記』同日条では「当代初度也（中略）今日始有二中殿儀一也」とし、『玉葉』同日条では「此日内裏有二中殿宴一」と記している。両者に見られる「中殿儀」・「中殿宴」は『八雲御抄』に見える中殿和歌御会の定義と同様に、開催される場所に由来すると見られる名称である。『山槐記』治承二年六月十七日条に、

自二去春一内々有二御作等一、召二公卿侍臣於便宜所一、連日被レ賦レ詩、

とある様に、原則として内々の漢詩会は「便宜所」で行なわれるものであり、始めて中殿（清涼殿）で行なう詩宴が『玉葉』に言うところの「中殿宴」・中殿漢詩御会であった事を示す好例と言えよう。

中殿漢詩御会の先例は、延久・治承・建保［四年］の三例ともに、各例に参画した人々には一連の行事として捉えられている。延久度の中殿漢詩御会について記した古記録等は現在では散逸しているが、治承度の『山槐記』同二年六月十七日条には、

今度被レ用二延久三年十二月六日修竹雪中詠例一也、

とし、『玉葉』同日条では、

此日内裏有二中殿宴一、延久三年十二月六日例也、

と、先例として引いており、治承当時は確かな史料の存在した事を窺わせると共に、延久度が佳例であった事を推察させる。続く建保（四年）度では、『順徳院宸記』同四年十一月五日条に、[23]

上古者大略代々事也、延久以後此事絶久、高倉院殊学二古道一、崇二文道一、治承被レ行、〈中略〉追二二代跡一尤為恐、

とあり、延久・治承の両度を先例とした事が記されている。こうして一連の行事として捉えられている事は、行事内容の定着や、恒例化の如何は別としても、中殿漢詩御会という一個の行事としての認識は既に確立していた事を推察させる。従って中殿漢詩御会は、「中殿御会」の名称こそ一三世紀初頭の建保年間に始めて確認されるが、行事内容は一一世紀末葉の延久年間には、既存のものであったと推察される。[24]

中殿和歌御会は、その行事内容を伝える『八雲御抄』の成立したと推測される承久年間までに、建保（六年）度を含めて、天喜・応徳・嘉保・天承度の計五例を確認できる。同書に記された中殿御会の行事内容は、この五例を基に

表7　中殿御会の行事内容

	中殿和歌御会	中殿漢詩御会
1	御会の数日前に参会者・題の選定が行なわれる。	御会の数日前に参会者・題・韻字の選定が行なわれる。
2	―当日― 天皇出御、公卿参集、着座。	―当日― 天皇出御、公卿参集、着座。
3		文人公卿が題を紙に記し、参会者中で最高位の者或は御会の実質的な進行役がこれを天皇の御覧にいれる。
4		同じく文人公卿が韻字を3で題を記した紙に再記入し、天皇の御覧にいれる。
5		勧盃（延久の例では御遊の後、治承の例では御遊の前、建保の例では無し。
6	御遊。	御遊。
7	切燈台を立て、朝餉間の硯筥の蓋をそのまま文台として長押に置く。	切燈台を立て、朝餉間の硯筥の蓋を土高坏に載せて文台として長押に置く。
8	7と前後して読師と講師の座が設けられる各々着座。読師は序者。	7と前後して読師と講師の座が設けられ各々着座。読師は序者。
9	参会者は御前に参集、読師は各々の和歌懐紙を取り集め、位階の低い者を下にして文台の上に重ねる。	参会者は御前に参集、読師は各々の詩懐紙を取り集め、位階の低い者を下にして文台の上に重ねる。
10	臣下の和歌の披講。	臣下の詩の披講。
11	読師が天皇より御製を受取り文台に広げる。御製読師は原則として最高位の者（関白等）。御製講師は参進、着座。	読師が天皇より御製を受取り文台に広げる。御製読師は原則として最高位の者（関白等）。御製講師は参進、着座。
12	御製披講。	御製披講。

13	参会者は御製を数回、詠唱。	参会者は御製を数回、詠唱。
14	参会者は禄を賜り退出。	参会者は禄を賜り退出。
15	入御。	入御。

作成された事は前に見た通りである。(25) 天喜度以来の五例を古記録等に参看すると、各度毎に細かな行事内容の相違が見られ、一個の行事としての先例を顕著に考慮し始めるのは、応徳度からである事が知られる。

大江匡房は、『江記』応徳元年三月十六日条(26)に、当日の文台と燈台について、

以二御硯蓋一為二文台一、［昼御座］以二土高坏一供レ燈、

と記している。これについて、後日の左大臣藤原俊房等の言を同日条に追記している。

左府後日被レ示レ云、不レ可レ用二土高坏一、可レ用二切燈台一、不レ可レ申二問籍一、頭弁参入、可レ置二御硯蓋一、令二□（基カ）綱置一違例、

供燈は土高坏では無く、切燈台を用いるべきであり、頭弁が硯筥の蓋を文台として置くべきである。従って、右中弁である源基綱に文台を置かせた事は「違例」とする左大臣俊房の見解に頭弁（源通俊カ）は次の様に自らの意見を述べている。

頭弁曰、無二指文台一土高坏上可レ置二朝餉御硯蓋一、存二件儀一、令二蔵人献一レ之、而被レ供レ燈、為二之如何一云々、

特に文台とすべきものが無い場合は、土高坏の上に朝餉間にある硯筥の蓋を置き、これに代える。そして文台を置くのは蔵人の役目である、とする。しかし、供燈に土高坏を使用する事の是非については疑問を抱いている。これに対して左大臣俊房は、

左府日、不レ可レ有二文台一、只可レ用二御硯蓋一、後冷泉院御時度々例也、

と答えている。供燈については触れていないが、硯筥の蓋のみを用いるべきで、後冷泉院以来の作法であるとしている。以上からも知られる様に、行事の開催にあたって生ずる細部での混乱や不明な点については先例を考慮した事が記されている。また、この中殿和歌御会では天喜度の行事内容では御遊の後で和歌披講を行なうところを、その逆であった事が『宗俊卿記』同日条は伝えている。

続く、嘉保三年三月十一日の例では、応徳度の例で問題となった文台と燈台は『時範記』同日条に、(27)

御座間長押上置二御硯筥蓋一、以レ之為二文台一、其西方供二切燈台一、御座左右御燈如レ本不レ撤レ之、

とある様に、応徳度で先例を語った、左大臣俊房の言の通りとなっている。また御遊と和歌披講の次第も通常通りに行なわれた。(28)『袋草紙』所収『江記』同日条には「内裏御会初度御製文台用御硯筥蓋」とあり、中殿和歌御会で用いる文台は（朝餉間の）硯筥の蓋という作法の定まっていた事が知られる。(29)これらは、大江匡房等の宮廷歌人に特定の行事として認識されていた事を明瞭に示している。

天承度の例では『時信記』天承元年十月十九日条(30)によると、

今日於二御前一始可レ有二和歌会一（中略）令三予申二殿下一云、初度和歌序有無分明所見不明者也、而堀川中納言［師頼］宰相中将［忠宗］先例初度有レ序、近則堀川院御時嘉保三年三月初有二御前和歌一［題花契千年］、

とある様に、中殿和歌御会の序の有無が判然としないという事態が知られる。同記中に「近則堀川院御時嘉保三年三月」と有る様に、序の有無という部分的な点ではあるが、嘉保度の例を先例としている。応徳・嘉保の例にも見られた様に、「先例」を引く事は、一個の特定の行事として認識されていた事を示している。しかしながら嘉保の例から三五年後の天承の例で、既に行事内容に不明な点が生じる事態は、中殿和歌御会の行事内容は、極めて不安定であっ

た事を窺わせる。

以上の様に中殿和歌御会は回を重ねていくものの、その行事内容は非常に不安定で、容易に定着を見ない。これは中殿御会が、天皇の個人的行事である事に起因していると見られ、文芸、特に和歌に興味を持たない天皇の場合は開催されなかった事と関連している。換言すれば、中殿御会の行事としての重要性は天皇の和歌に対する造詣や理解の浅深といった、非常に個人的な要件に左右されたのである。

中殿御会の参会者の中、詠歌のために召される者を『八雲御抄』の「作者」では、次の様に規定している。

　中殿御会　公卿、殿上人、蔵人也。女房猶不レ可レ交。但有レ例。僧不レ参レ之。密儀ニハ女房参〔不レ候二禁中一人之妻尼ナド皆進レ之、僧綱凡僧皆可レ参〕。

とあり、女房・僧侶は参会しない事を伝える。内裏歌合等が、

　内裏歌合　公卿、殿上人、六位、女房〔所々女房同レ之〕、僧〔凡僧入道等無レ憚〕。

と、女房・僧侶の参会を認めている事と対照的であり、中殿和歌御会が公卿・殿上人を中心とする人選であるのは、この行事が厳儀で公性の高いものであった事を窺わせる。更に、中殿和歌御会の参会者を「堪歌之者」と記すことがある（『江記』嘉保三年三月十一日条）。「和歌に才のある者」と解釈されようが、中殿和歌御会の参会者は、公卿・殿上人を前提に、こうした「堪歌之者」が召されるのであり、政務等の一般的な年中行事の参加者とは異なる特殊な人選と言える。(31) 同御会の開催には「堪歌之者」を中心とする活発な宮廷歌壇の存在していた事も必要条件の一つと見做される。この事からも中殿和歌御会は歌壇の活動に連動していたとみてよい。しかし、あくまで天皇個人にとっての「初度」の記念すべき行事であるという事は、中殿和歌御会が公性は高いものの天皇の私宴であった事実を示している。また、それが行事としての整備・確立を妨げたとも言えるだろう。

中殿御会に限らず、和歌会の行事内容が始めて明文化されたのは藤原清輔の記した歌学書『袋草紙』[32]である。しかし同書には「中殿御会」の語句は全く見られない。ところが、表6で示した中殿御会の実例である天喜四年三月（『天喜四年新成桜花宴殿上記』）・嘉保三年三月（『江記』）の例を載せている。此の理由を考察する為に、同書に見られる和歌関連行事の分類から簡単に見てみたい。

同書では『八雲御抄』が和歌関連行事を四大別しているのと対照的に、歌合と和歌会の二種類にしか区別していない。この本文を子細に検討すると、清輔の分類には特色のある事が判明する。歌合の行事内容について「一、和歌合次第（内裏儀）」として、内裏歌合の行事内容である事を明示している。しかも、そこで引用される先例は天徳四（九六〇）年三月三十日[33]・承暦二（一〇七八）年四月二十八日の内裏歌合[34]といった極めて盛大な例であり、後世の範としてしばしば古記録等でも見受けられるものである。これらは盛大であるのみならず、行事内容も非常に完備されたものであった為に、その典型として認識されていたと解釈するべきであろう。また、歌合は内裏・仙洞・后宮・女院といった宮廷関係ばかりで無く摂関家や僧坊等、各階層で広く行なわれていた為に、清輔はその頂点に位置する内裏歌合の例を掲げたと推測される。従って『袋草紙』所載の歌合の行事内容は、内裏歌合という特定の歌合を示すと理解されるべきである。

和歌会の行事内容については「一、和歌会次第（公私同レ之）」とあり、和歌会の行事内容について内裏・仙洞・執柄家といった場所的区分が為されていない。これは和歌会の非常に基本的な行事内容を掲げている事を示している。この行事内容には「次臣下歌講了、自二簾中一被レ出二御製一」と、御前での儀を加えている部分も見られ、天皇列席の場合も考慮している。しかし大略は「公私同之」とある様に『袋草紙』所載の和歌会の行事内容は、宮廷の内外を問わず同書の執筆時、広範に行なわれていた平均的なものと解されよう[35]。

更に同書の「和歌会次第」には中殿御会には必ず付随する御遊の次第が無い。御遊に関する宮廷の人々の認識を知る上で、『古今著聞集』巻六管絃歌舞七「管絃起源の事并びに讃仏敬神の庭、礼義宴の筵に之を缺くべからざる事」(36)には次の様にある。

清涼殿の御遊には、ことごとく治世の声を奏し、姑射山の御賀には、しきりに万歳のしらべをあはす。心を当時にやしなひ、名を後代に留る事、管絃にすぎたるはなし。

内裏・仙洞の行事には不可欠の御遊が中殿御会にも付随していた事は、内裏歌合等と共に、晴の行事として特別な扱いが為されていた事を窺わせる。『古今著聞集』に記されている様な御遊(を伴う事)の認識が正しいとするならば、この行事の性格の一端を示していると言えるだろう。一方、『八雲御抄』所載の中殿御会の行事内容には、

次置二管絃具一(中略)次御遊畢、撤二管絃具一

とあり、御遊の行なわれた事を伝え、嘉保・応徳・建保等の例でも確認される。同書所載の尋常会の行事内容にも「内裏・仙洞上下万人会同之、此中或有略事、」と前置きした上で御遊の次第を含んでいない。これは中殿御会に御遊は不可欠であった事を物語っている。他方、『袋草紙』所載の「和歌合次第」に「次御遊事」としてその次第を載せているのと対照的である。これは前にも触れた様に、清輔が『袋草紙』において最も完備した歌合の典型と認識していた内裏歌合は、同書の編纂にあたり、御遊を行事の一部として含む天徳・承暦等の歌合の実例を参考にしたからである。では『袋草紙』には中殿御会の語句も無く、御遊を伴わない歌会の行事内容しか見られないのは何故なのか。『袋草紙』所載の歌合の行事内容は、前にも述べた様に、過去の実例を基にしたものだった。各所で行なわれる歌合の行事内容がその時々で異なる事は、古記録等に見られる様々な歌合の記事に照らせば明瞭である。このような同一儀式・行事の行なわれる都度の大同小異は九世紀の『貞観儀式』以来の年中行事でも同じである。叙位・暦奏といっ

た政務儀礼でさえも、儀式次第の変化の数多ある事は周知の通りである。行事内容の変化は、歌合の様な娯楽性の強い行事では、当座性も相まって、尚更一定しなかった事は言うまでも無い。清輔が内裏歌合を選んだ理由は、数多ある歌合の中でも最も完備していたからであり、最も高い位置にあると考えられていたからに外ならない。これより類推すると清輔が御前の儀を踏まえていたとは言え、中殿御会を和歌会の行事内容に取り上げなかったのは、当該時代には同御会が『八雲御抄』に見られたような和歌会上の頂点の位置付けを与えられるような特別な認識をされていなかった事を示している。

『袋草紙』に中殿御会が見られない理由を考察する際に見過ごせないのは、清輔の存命中、あるいは清輔が内裏歌壇において歌人として活躍した期間には、中殿御会（初度和歌御会）が行なわれなかった事実である。清輔は堀河天皇の長治元（一一〇四）年に、勅撰集『詞花和歌集』撰進者で歌人として有名な六条流藤原顕輔の子として生れる。六条流は俊成・定家を輩出した御子左流と共に宮廷歌壇の双璧である。清輔が公の場で和歌を詠んだ初見は、天治二（一一二五）〜天承元（一一三一）年の間に開催されたと推測される、三河守藤原為忠等の『三河国名所歌合』(37)である。この後、久安六（一一五〇）年頃に正五位下に叙され、(38)久寿三（一一五六）年一月には従四位下皇太后宮大進に叙任され、応保二（一一六二）年三月に昇殿を許された。(39)没年については、治承元（一一七七）年頃とされているが確かではない。(40)清輔が天治二〜天承元年頃歌壇に登場して以降、治承元年に没する迄の間に行なわれた中殿御会は天承元年十月二十三日のみである。天承年間の清輔は、昇殿さえ許されていなかった。この事も同書に中殿御会の関連記載の見られない要因の一つと言える。以上より、『袋草紙』に中殿御会の語句・行事内容が見られない理由は推測が可能であり、一方、中殿御会の先例である天喜度・嘉保度の記録を引載するのは、この二回の和歌御会が、宮廷の和歌御会の中では後世の範となるべき佳例の和歌会の範疇に属したためと推測されよう。つまり、清輔はこの二例を中殿和歌御会という一個の特定行事として、特に意識して引用したのでは無いと見るべきではないだろうか。

三　中殿御会の成立

中殿御会は、不安定な行事内容ながらも徐々にその形を整えた。前に述べた様に「代始」・「初度」の兼日兼題の御遊を伴う御会の行事内容は不安定なものだった。ところが、順徳天皇の『八雲御抄』において、始めて「中殿会」「中殿御会」としての行事内容が明文化される。ここに中殿和歌御会は一個の行事として成立したのではないか。最後に『八雲御抄』を記した順徳天皇と中殿和歌御会との関連を中心に、開催の意義を考察したい。

建保年間に行なわれた両度の中殿御会は、『明月記』『順徳院宸記』（以下、『宸記』と記す）に詳しく開催に至る経過を知ることができる。中でも、前掲『明月記』建保四年十一月一日条は、順徳朝における天皇周囲の人々の中殿御会に対する理解と認識が知られる貴重な史料である。直訳的に解釈すると、中殿御会に参会しないとする後鳥羽上皇は甚だ神妙な態度で翌春には行なう様、頭弁定高に語った。同上皇の見解を当然の事と解した藤原定家等は、右大臣藤原道家にこの旨を話した。道家は次の様に語った。延久治承は、中殿初度作文御会が有った。延喜天暦は、内宴が行なわれたので中殿作文御会は無かった。承暦以後は中殿和歌御会が有った。此等を考察してみると、順徳天皇の即位以来、公宴において未だ詩と和歌は行なった事は無い。此度、一日で漢詩・和歌の宴を同時に行なう。漢詩と和歌を同時に行う中殿御会を開催する事に問題は無い。今度、此の様な中殿御会を始めて行なう事は、万代の佳例というべきで、延久・治承を越えるものである。定家は道家の言を是認したが、道家等は上皇の見解を伺うべきである、と慎重を期した。この十一月一日条は、翌十二月八日に行なわれた中殿漢詩御会を目前に控えたものである事は、『宸記』

同日条に知られる通りである。

注目されるのは次の二点である。第一点は「延喜天暦依有二内宴一、還無二此事一」として内宴と対比する事により、宮廷行事に置ける同御会の位置付けが明瞭に知られる事である。内宴は嵯峨天皇の弘仁三（八一二）年に始まった公宴で摂関期には途絶した。後、保元三（一一五八）年、信西入道藤原通憲が再興したが、翌、平治元年に再び行なわれたのみでこれも途絶した。道家が中殿御会を年中行事における内宴と対比していることは、当時の宮廷の人々の同御会に対する認識が如何なるものであったかを窺わせる。更に「至二于公宴一、雖レ未レ置二詩歌一」としていることは、中殿御会を「公宴」として理解する当事者たちの姿勢を伝える。また、前掲の『八雲御抄』で見た「上古者尋常会唯中殿也、自中古為二晴儀一」とする順徳天皇の見解は、道家等の同御会に対する認識を理解する一助となる。つまり、「上古」の延喜・天暦年間は内宴が行なわれていたので、中殿（漢詩）御会の様な公宴を開催する必要は無かった。ところが摂関期に入り内宴は途絶したので、「中古」、延久・治承年間は中殿（漢詩）御会を以てこれに代えたが、承暦以後は和歌の中殿御会を開催して内宴に代えた、と理解されるのである。つまり天皇を含めた順徳朝の近臣等は、天皇内々の行事ながらも晴儀とされた公宴の一つである内宴に代わるものとして中殿御会は設定されたと考えていたことになる。

第二点は、詩・歌を同時に行なう中殿御会を開催する事は、延久・治承を越える事であり、後世にまで遺る佳例としている点である。順徳天皇の近臣の中には、歴代の中殿御会を越える意義を順徳朝のそれに与えようとする、復古的とも呼ぶべき思想のあった事がわかる。これは一点目と共に、中殿御会のみならず順徳朝の宮廷文化を捉える上で、見過ごせない事実と言える。

中殿御会を開催する順徳天皇自身が同両御会を如何に意識していたかは『宸記』の記文中に明瞭に確認される。例

えば、建保四年十月三十日条に、

当時如法内々儀也、御製読師不レ可二各別一、（中略）中殿已前ニ不レ用二別講師一、

とあり、中殿（漢詩）御会と内々の漢詩会との相違を、行事内容において明示している。『明月記』建保四年十一月一日条に「中殿御会」の語が見られるのと、時期的に一致する。これは、同年十二月八日の中殿漢詩御会を意識した記述と見られる。従って同年十月頃には順徳天皇も中殿漢詩御会を内々の漢詩会とは区別していた事が知られる。『宸記』同五年十月十日条では、

今夜有二詩会一、中殿会之後可レ然会也、禁中事、□いふ事ハなけれと聊晴儀也、

としており、中殿漢詩御会を特別な行事としていた事は明瞭である。「聊晴儀也」とある事からも、中殿［漢詩］御会を晴の行事として、他の内々の漢詩会とは区別していた。中殿（和歌）御会に対する認識は、同六年八月十三日に行なわれた同御会の翌九月十三日条に、

今夜有二和歌会一（中略）中殿以後頗晴儀、

としている。同年十二月五日条には、

今夜有二和歌会一、仍人々参集、予出テ欲二披講一ニ、公卿経通以下也、仍読師人先例自あれとも、無下下臈也、中殿已前ハ内々時ハ無レ憚、中殿以後ハ如レ此事守二先例一、

とある。「中殿已前ハ」「内々時」と記している事から、中殿（漢詩）御会の場合と同様に、同（和歌）御会を他の内々の和歌会と区別している。更に、承久三年二月二十二日条では、

入レ夜有二和歌会一、中殿会以後、雖レ可レ為二中殿一、准二内々儀一、

と述べ、中殿即ち清涼殿で行なう和歌会と言えども、同御会の開催以後は「中殿御会」とは呼称しないことが記され

ている。以上の様に順徳天皇は『宸記』中で、自ら中殿御会を他の和歌会・漢詩会と明瞭に区別している。行事内容のみならず、「晴儀」「内々会」といった行事の晴と褻、言わば公私の程度という概念からも中殿御会を捉えていた。ここに掲げた『宸記』の記文から見る限り、順徳天皇にとって中殿御会は、単に開催される場所に起因した名称として認識されていたのでは無く「初度」「代始」の記念すべき和歌会・漢詩会という特別な意味合いの行事として認識されていた事は疑いない。

順徳天皇は和歌について『禁秘抄』上「諸芸能事」に、

和歌自㆓光孝天皇㆒未㆑絶、雖㆑為㆓綺語㆒我国習俗也、好色之道、幽玄之儀、不㆑可㆓忘置㆒事歟、

と述べており、順徳天皇の和歌に対する意識が明瞭に知られる。前に考察した様に、『八雲御抄』では和歌の関連行事についても歌会・歌合ともに中殿御会・内裏歌合を宮廷歌壇の頂点として個別に設定し、各々臣下・仙洞・尋常・当座その他の例を一括した点は参会者や開催場所といった様に多岐にわたる和歌関連行事を整理・統括しようとするものである。順徳天皇はこの初度御会の行事内容を整理・統合し、慣習的な呼称となりつつあった「中殿御会」という語を名称として与えることにより、公宴の一つである内宴に代わる遊宴として成立させようとしたと推測される。『袋草紙』の編纂時、初度御会は他の歌会と概念的に漠然と区別されるに止まり、内裏歌合に見られるような整備された行事内容を有するには至っていなかった。前掲、『宸記』各記文に散見した順徳天皇の同御会に対する認識を考慮に入れると、同書「中殿会」で具体的に行事内容を明示し、天喜・応徳・永長（嘉保）・天承・建保（六年）度の初度和歌御会の例を同御会の先例として掲げて「以㆓五ヶ度例㆒定㆑之」めているのは、同朝において中殿御会を公宴に準ずる行事として成立させようとしたとする推測を裏付けている。[41] これは、内宴の様な年中行事が盛行していた時代を懐古し、その再来を願う後鳥羽院や順徳天皇・近臣達の意志を反映していると言える。同時に、『古今和歌集』の

成立以来、脈々と続いてきた宮廷歌壇の中心は天皇であることを再確認し、歌壇自体はその同心円上に存在する事を意味している。この道家等の意識は、順徳天皇の和歌及び歌壇に対する認識のみに止まらず、政治感の温床となった可能性を指摘でき、時代背景としての当時の朝廷における政治の指向性と相互に補完するだろう。

しかし、同天皇は譲位の後、承久の変により遠流に処せられ、歌壇の中核を為していた人々も張本公卿として処罰された。後鳥羽上皇の『新古今和歌集』編纂以来、繁栄を呈していた宮廷歌壇は活動の中断を余儀なくされた。順徳朝以降、鎌倉時代末から南北朝まで、宮廷歌壇はかつての繁栄を取り戻す事は無かったが、中殿御会の開催を数回確認でき、同御会に関連する記述も古記録類に散見する。表6の建保六年以下に示した例である。

中殿漢詩御会について一例を掲げるなら、花園天皇の文保元（一三一七）年六月二十日開催予定だった同御会がある。これは伏見法皇の病により延引され、そのまま行なわれずに終ったが、同天皇の『花園天皇宸記』（以下『宸記』と記す）にはその顚末が詳しく記されている。これによると、同年五月一日に中殿漢詩御会の日程を決定するよう仙洞より催促があった（『宸記』同日条）。四日には翌月二十日に行なう事が決定したが（『宸記』同日条）、翌六月十四日条には伏見法皇の御病と中殿漢詩会の延引を伝える。中殿和歌御会では貞治六（一三六七）年三月十三日に開催された例が数多くの史料に遺されている。同御会は『後愚昧記』同二年十月二十九日に確認される中殿漢詩御会に続いて開催された。再三、本稿でも取り上げた二条良基の『貞治六年中殿御会記』や、『師守記』同年四月四日・十一・十二日条[43]には開催の顚末を事細かに記している。同御会については、木藤才蔵の論稿に詳しいので屋上屋を重ねる必要は無かろう[44]。ただ、二条良基は同和歌御会について、自著に度々記している。いわゆる南北朝期の北朝の各種行事を知る事のできる史料として著名な『おもひのまゝの日記』[45]には三月の年中行事として、漢詩・和歌・管弦の三席御会の躰を以て恒例の年中行事の如く記されている。同書は成立年次が不明であるが、先学の定説は無い。前掲、木藤は同書の精密な分析をされ、貞治二・三〜五・六年の成立の可能性を指摘されている。(46)木藤は同書の編まれた目的について「単に王朝以来の年中行事を漏れなく列挙することにあったのではなく、すでに廃絶している恒例・臨時の行事をも含めて、主要な公事が滞りなく遂行されている、公家一統の理想社会の一年を、行事を中心にして、絵巻物でも見るように、印象的に記すにあった」とされている。木藤説に従えば、二条良基の活躍していた南北朝期に至っても中殿御会は、順徳朝以来の開催の主旨を継承していたと見られる。

貞治六年以後も、中殿御会に関連する記事は幾つか見受けられる。『愚管記』永徳元（一三八一）年三月二十一日・四月二日条(47)には、同御会の奉行を定めた由の記述が見られるが、実際に開催されたか否かの確認には至らなかった。管見の限り、この永徳度の例が、中殿御会の開催に直接関連する最後の記述と見られる。『公宴部類記』所収『荒暦』応永一七（一四一〇）年八月十九日条(48)では「中殿以前雖レ為二密宴一」としている。また『公宴部類記』所収『薩戒記』応永六（一四一九）年三月十六日条(49)には「今日禁裏和歌御会（当代初度、非二中殿義一）」とある。後小松朝では初度の和歌御会ながらも、中殿御会では無いとし、代始の御会という認識は健在であった事を伝える。

以上、中殿御会の成立について院政期から見て来たが、室町期については調査不十分なので、ひとまず筆を擱きたい。

おわりに

中殿御会と呼ばれる行事は、即位以後、始めて清涼殿で行なう「初度」即ち「代始」の和歌・漢詩の遊宴であった。一個の行事として認識され始めたのは、中殿漢詩御会においては後三条天皇の延久年間以降、中殿和歌御会は後冷泉天皇の天喜年間～白河天皇の応徳年間以降と見られる。特に中殿和歌御会の行事内容は院政期を通じ、同じ文芸行事の歌合に比べて、晴の宴としての確固たる行事内容を整備する事は儘ならず、順徳天皇による『八雲御抄』に始めて細かな行事の規定が記される。また、遊宴としての中殿御会は、内宴と対比される等、公宴としての色合は強いものの、あくまでも天皇の私宴に留まった。平安時代初頭より励行されて来た恒例・臨時の年中行事の衰退期に当たる院政期に根源を求められるこの行事は、公宴として位置付けられつつも、時代の推移の中に頓挫した感が払拭出来ない。建保六年八月十三日に開催された中殿和歌御会を、似絵の技法を以て描いた『中殿御会図』（現在では模本のみ伝わる）詞書には、当御会について「酔レ恩群臣等楽二吾道之再昌一」とある。これこそ、中殿御会開催の意図を端的に示していると言えよう。

以上、小論で得られた中殿御会に関する知見をまとめた。行事内容を中心としたより深い検討や、他の恒例・臨時の年中行事との比較等、残された問題は多大である。

注

（1）『図書寮典籍解題』続歴史篇　一六九頁「御会部類記」解題（養徳社、一九五一）。

（2）福田秀一「中世和歌史の研究」（角川出版社、一九七二）七七二頁。

（3）橋本不美男「院政期の歌壇史研究―院政期歌壇を形成した人々―」（武蔵野書院、一九一六）四一頁～。

（4）日本歌学体系第三巻。以後、同書よりの引用は全て、この刊本を用いる。

（5）ア　同右。イ「群書類従」第一六輯　和歌部　一三六。ウ「続群書類従」第一九輯上　管絃部　一。エ「日本古典全集」。オ「群書類従」第一六輯　和歌部　一三七。

（6）『太平記』巻四〇の「中殿御会」は、同御会の先例として引用されている例等に若干の相違が見られるものの、内容的には『貞治六年中殿御会記』と酷似している。内閣文庫所蔵の『建保中殿会歌考』は林鵞峰により延宝七（一六七九）年に著わされた。鵞峰は同書中に『太平記』巻四〇を参考にして同御会の解説を試みている。従って『太平記』・『建保中殿会歌考』は『貞治六年中殿御会記』と同系列の史料と見做し、『貞治六年中殿御会記』のみを本文中では掲げた。

（7）アの『八雲御抄』は順徳天皇により、同天皇が承久年間前後を中心に編纂された。同書では天喜・応徳・嘉保・天承・建保（六年）の例を挙げる。その行事内容は天喜の例は別としても、初度和歌御会で統一されている。古記録類の引用は無いが、中殿御会の行事次第を述べ、その準拠として上記の五例を選んだ事が次の一文から知られる。

　後冷泉天喜四年新成桜花、白河院応徳花契多春、堀河院永長竹不改色、崇徳院天承松契遐齢、近、建保池月久明、以五ヶ度例定之。

同書の注目されるのは後で触れる『貞治六年中殿御会記』と共に、中殿御会を開催した当事者の手になるという事である。

（8）オの『貞治六年中殿御会記』は二条良基（一三二〇―八八）が著した。周知の様に北朝に重用され、頓阿に和歌を学んだ良基は、南北朝期宮廷歌壇の中心人物である。同書は書名にもある貞治六（一三六七）年三月二十九日に後光厳天皇のもとで開催された中殿和歌御会について記している。歌道の意義、中殿御会の歴史、当日の行事内容を克明に述べており、同御会の史料としては極めて重要と言える。二条良基及び、この御会に関しては木藤才蔵氏「二条良基の研究」（桜楓社、一九八七）があるので、ここでは割愛するが、同記が注目されるのは、成立年次が明確な事と共に『八雲御抄』と同じく同御会に参会した当事者の記録という事である。『中殿御会部類記』は成立年次が不明であり、『御遊抄』・『體源抄』は詳細な行事内容を欠く編纂物である事を考慮すると、『八雲御抄』と同様の史料価値を有すると言えるだろう。なお、小川剛生氏も「南北朝の宮廷誌　二条良基の仮名日記」（臨川書店、二〇〇三）貞治度の中殿御会について同記（『雲井の花』として）ご著書で触れられている。特に絵画化について触れられているので次章とともにご参照願いたい。

（9）イの『中殿御会部類記』は天喜四（一〇五六）年三月二十七日から享徳二（一四五三）年の間に開催された、中殿御会とされる一五例および、それらが記載される一七の古記録の記文等より成る。同書は成立時期の特定に必要な奥書等を具さず、引用されている例が享徳二年であることから、同年以降の成立と推測されるに止まる。編者も不明だが、中殿御会に関する文献の中では、最もまとまったものと言える。しかし、掲げられている実例は表1の様に和歌御会・初度和歌御会・仙洞年始御会・内裏御会始・臨時花宴・仙洞御会始・八月十五夜密宴・内々舞御覧といった、統一された内容ではない。

（10）ウの『御遊抄』は次の様な奥書を持つ。

　已上五冊、綾小路中納言入道借請、本卒馳レ筆畢、歌楽目録等少々略レ之、雖レ似レ無二執心一、近代当家流断絶之間、依レ有二所存一

不レ載レ之、清書之時尚可レ加之者也

文明第十七暦九月日兵部卿藤（花押）

「兵部卿」は中御門宗綱（一四四五―一五二五）で、「綾小路中納言入道」とは綾小路有俊（一四一九―六八）である。従って、少なくとも文明一七年には成立していたと見られる。同書は御遊を伴う宮廷の行事毎に編年形式で事例を挙げ、演奏された曲目と演者である伶人の氏名を列挙する。御会については「臨時御会」・「中殿御会」に大別している点から見て、同書の編纂時、中殿御会が天皇を中心として開催される遊宴の中では区別されていた事は明白である。

(11) エの『體源抄』は後柏原天皇の笙の師範を務めた豊原統秋（一四五〇―一五四二）の撰による楽書である。奥書によれば成立は、

永正第九暦［壬申］林鐘中旬撰終畢　六十三才（朱筆）

正四位下行前筑後守豊原朝臣統秋（花押）

とある事から、永正九（一五一二）年六月であったと知られる。同書では「代々中殿作文御遊伶人歌楽等事」として中殿作文御会の実例六例を掲げる。中殿御会に関する史料の大勢が和歌・漢詩の別無く一括りとして同御会を扱う中で、中殿作文御会を個別に扱うのは同書だけである。前に指摘した二点目と関連して、その事実を裏付けるものである。

(12) 国書刊行会本第二巻。

(13) 『明月記抄出』（続群書類従第十七輯上和歌部）により校訂した。国書刊行会本第二巻から引用した部分の四行目「中殿初度之議」は『明月記抄出』によると「中殿初度之儀」となっている。続く部分の文意からすると後者の「儀」の表記が正しいと考えられる。これに従って本文中では「儀」を用いた。

(14) 日本歌学体系第二巻。以後、同書よりの引用は全て、この刊本を用いる。

(15) 注（5）参照。

(16) 史料大成本　第二巻。

(17) 名著刊行会本　第二巻。

(18) 『宗俊卿記』（『中殿御会部類記』所収、注（5）参照）。『時信記』（陽明叢書第六輯『平記・大府記・永昌記・愚昧記』所収）。『順徳院御集』（『私家集大成』中世Ⅱ）。

(19) 橋本による歌会の分類は実際の古記録の記事に参看すると極めて妥当なものである事が知られる。しかし氏による中殿御会と兼

日兼題の和歌管弦御会の分類は、小論で後に詳しく論ずる『八雲御抄』を参照した上で無ければ成立しない。院政期、特に堀河天皇在位期には中殿御会と言う語句は古記録等に見出し得ないので有り、この時点でこのように分類する事には疑問を感ずる。

(20) 橋本前掲書、四八頁。注（3）参照。

(21) 参考までに国文学の『八雲御抄』に対する評価の一例を掲げておく。久曾神昇は「校本八雲御抄とその研究」（一九三九）三二八頁において「本書は歌学の全部門に亘り詳述せられており、それ以後も遂に本書程大部の歌学書は見ることが出来なかった」としている。

(22) 表7に示した『八雲御抄』所載の中殿和歌御会の行事内容原文は以下の通り。但し、紙幅に限りがある為、主要部分のみ示す。行頭のアルファベットは表7の中殿和歌御会の行事内容に付したものと一致する。

b「尅限出御」・「次依天気頭召上卿」・「次公卿自上戸参着」

f「次置管絃具」・「次御遊畢、撤管絃具」

g「次置文台」・「次置歌」・「次立切燈台敷菅円座」

h「次講師正笏参上」・「次読師取歌自下重（座講師腋重之）」

i「次人々進寄」・「次読師取歌自下重（座講師腋重之）」

j「次講師読之」・「次読師撤歌」

k「次読師給御製披置。講畢、自御懐中令取出給也」・「次御製講師着」

l（該当する動作を掲げてはいないものの、前後の文から御製の披講が行なわれた事は明白である）

m・n「次有公卿祿有差（臣下歌詠合于御製之時、有別祿）」

o「入御」

(23) 史料大成本『歴代宸記』。

(24) 表7にも示したが、中殿漢詩御会の行事内容は一〇世紀中頃の『新儀式』以来の儀式書類に見られる遊宴の行事内容とほぼ一致する。その代表的な事例として『新儀式』巻四「花宴」（新訂増補故実叢書）が挙げられる。同書に見られる花宴の次第は中殿漢詩会の次第と一致するだけで無く、この他の漢詩会の行事内容とも一致するものが多い（『御堂関白記』寛弘四年四月二五日条内裏作文会等）。これは、漢詩会の行事内容が『新儀式』の編纂時には既存の遊宴の儀式次第を行事内容として継承した事を窺わせる。

(25) 注（7）参照。

(26)『中殿御会部類記』所収、注（5）参照。

(27) 木本好信編『江記逸文集成』（一九八五）。

(28) 中殿和歌御会において、御遊を和歌披講後に行なう例は、管見の限り、応徳度と貞治（六年）度の二回のみである。貞治度では二条良基の『貞治六年中殿御会記』に「先和歌を講じて後に御遊ある事常の儀にあらざれども、此度応徳の佳例につきて」とある。この御遊と和歌の順序に注目するなら、嘉保度の時点で中殿和歌御会の行事内容には天喜度・応徳度の二つの流れが存在した事になる。

(29) 藤原俊房等の言う「文台」は、表7の行事内容の7に示したものである。『八雲御抄』の中殿御会の行事内容中では、同御会特有の行事内容として「次置文台、朝餉御硯筥蓋也、蔵人入柳筥持参、置長押上、一説ニハ蓋ヲ伏テ置、尋常不然」とある。「朝餉御硯筥蓋」は参会者の持参した和歌懐紙を置く文台として使用される。もとより硯筥は朝餉間に置かれた調度の一つであった事が、『禁秘抄』上「朝餉」（『群書類従』第二十六輯　雑部　二二）に「御屏風内外案御調度、二階一（押錦）唐匣筥一、硯筥、」とある事から知られる。この文台を中殿漢詩御会では土高坏の上に載せる。即ち、『山槐記』治承二年六月十七日条に「次召文台（土高坏上置朝餉御硯筥蓋）」とするものである。南北朝時代初期成立の『夕拝備急至要抄』下　臨時「中殿御作文」（『群書類従』第七輯　公事部　二七）にも「文台（朝餉、御硯蓋、居土高月、延久治承例）」に確認される。

(30) 注（18）参照。

(31) 建保六年八月十三日の中殿（和歌）御会に参会した藤原光経について『道助法親王家五十首』（『群書類従』第一一輯　和歌部　三二）の「上皇勅書云」には「光経依二堪能一已被レ聴二昇殿一、即献二中殿会和歌一」とある。

(32)『袋草紙』と『八雲御抄』の相違点は前者が過去の古記録等の条文を掲げ、実証的に先例や歌論を展開するのに対して、後者は古記録等はほとんど掲げない。その為に、先例を列挙する際に、年次等が史実と異なる場合が非常に多い。『八雲御抄』所載の先例においては他方面からの確認の必要性が大である。反面、行事の内容等は順徳天皇の生存中広く行なわれると共に天皇自らが参加した成果によると推察される。

(33)「平安朝歌合大成」第二所収。

(34)　同右　第四所収。

(35)　『新儀式』巻四「花宴」には「或有勅令侍臣献倭歌」ともあり、天皇の意向次第で和歌を詩に代える事を記している。詩宴の行事内容は、和歌のそれとは「探韻」に関連する動作と勧盃を除けば、大きな相違は無い。中殿和歌御会では、表7に示した中殿漢詩御会の行事内容から3・4・5を除いたものが、『八雲御抄』等に見られる同御会の行事内容となる。従って和歌の遊宴の行事内容は既存の詩宴を流用したと推測する事が可能である。これを推測させる一証左として、御会当日に行なわれる、献題・叡覧の儀がある。本来、詩宴特有の行事内容である題の献上は詩の披講以前に御前で紙に書き、天皇の御覧に入れるものである。ところが、『西宮記』巻八「臨時宴遊」（新訂増補故実叢書）所収の勘物の一つに天暦三年四月十二日の藤花宴が有り、和歌の披講前に題を紙に書き、天皇の御覧に入れている。『袋草紙』・『八雲御抄』によれば、中殿御会を含む和歌会の行事内容に献題・叡覧の儀は見られない。『袋草紙』によれば和歌会では献題・叡覧の儀は原則的に行なわれず、題は序と共に序者の和歌披講時に行なわれる。和歌会は漢詩会の行事内容を応用していたと推測される例であり、他にも『袋草紙』所収「天喜四年新成桜花宴殿上記」天喜三年閏三月二七日条には「題目先経叡覧之後、次第下之」とある。これは漢詩会の行事内容を和歌会に流用した過渡的な例と言える。

(36)　「岩波日本古典文学大系」八四巻。

(37)　「平安朝歌合大成」第六所収。

(38)　『袋草紙』上巻　雑談「故北政所令哀給て、朝覲行幸御給ニて叙正五位下、」。

(39)　同右「二条院御時也、予応保二年三月三日昇殿、来十三日中宮御方可有貝合事、仍俄所仰下也」。

(40)　藤原清輔と『袋草紙』については、小沢正夫・後藤重郎・島津忠夫・樋口芳麻呂氏編の『袋草紙注釈』（塙書房、一九七六）下巻「袋草紙解題」に詳しい。本稿では同書に従い（四三六〜四六五頁）、清輔の没年を治承元年とした。

(41)　天喜度の例は『大右記』（『中殿御会部類記』所収）・『天喜四年新成桜花宴殿上記』（『袋草紙』所収）同日条の記文に確認される。表6では中殿和歌御会として扱ったが、初度御会であった事を示す語句は一切見られない。本文中でも述べた様に、初度御会であったとしても、それを示さない記文の例もあり、一概に否定出来ない。『八雲御抄』「歌書様」では「中殿御会序者書様如此」として天喜度の例を掲げているが、一方の「序者」では第一回目の中殿和歌御会として「始中殿也嘉保三年三月十一日辛亥、花契千年」と、嘉保度としている。注に記した様に『八雲御抄』に引用されている各種和歌関連行事の日付等には、誤記も数多見受けられるのであり、慎重を期すべきである。

(42)「大日本古記録」本　第一巻。貞治二年十月二十九日条「今夜中殿也、当代初度也」。
(43)「史料纂集」本第八巻。
(44)木藤前掲書、九〇〜九六頁。注(8)参照。
(45)「群書類従」第二八輯　雑部　四四。「二月にもなりぬ、(中略)三月に中殿の御会あるべければ」、「三月十日の夜に中殿の御会はじまる」。
(46)木藤前掲書、二九五〜三二二頁。注(8)参照。
(47)「続史料大成」本　第四巻。
(48)「続群書類従」第三三輯　上　雑部　一一六。
(49)同右。

第二章　中殿御会図考
――現状に関する一試論――

はじめに

『中殿御会図』（以下、御会図と記す）は、順徳天皇建保六（一二一八）年八月一三日に開催された中殿御会と呼ばれた行事を題材としている。『年中行事絵巻』『承安五節絵』『随身庭騎絵』などと一連の「記録」を意図する製作姿勢を窺わせる絵画として知られる。一方で画中の人物を鎌倉時代に流行した所謂「似絵」―肖像絵画の手法で描いている。こうした事から、平安時代末葉から鎌倉時代中葉の公家文化の一端を知る事のできる貴重な絵画史料として認識されている。しかし、御会図は原本を失ったと見られ、各所に多数の模本が確認されるのみである。かなり精緻な筆致の北村家本や曼殊院所蔵本、出光美術館所蔵本などの模本もあり、秀逸な原本の存在を予測させる。現在では、人物の作風や描かれた風俗・建築等から、原本の作期を一三世紀と推測するにとどまる。

御会図の現状は詞書二段・絵一段、合計三段の構成のものが広く知られている。絵は御遊（管絃の遊び）の場面が描かれている。管見の限り、現在、確認される御会図はこの場面だけであり、これ以外の場面は報告されていない。御遊の場面の他に、中殿御会当日の行事内容を記した漢文体による日記類の記文の様な形式の詞書（以下、御会記と記す）と、当日の序、天皇以外の参会者の和歌と位置を記した詞書（以下、序ならびに和歌と記す）を伴う。なお、模本によっては御会記・序ならびに和歌の両方を伴うもの、何れか片方だけを伴うもの、両方とも伴わないものなど様々である。

御会図は広く知られる絵巻物であるにもかかわらず、各所に伝わる模本の精査も充分なされているとは言い難い(1)。また、中殿御会という行事の主旨解明をはじめとする、史実や制作の背景の検討も充分ではない。事実を後世の人間に伝えるため、即ち、記録を目的とする写実的な絵画として知られている御会図だが、実際はどうなのだろうか。御会図の制作者は、同図の題材となった建保六年度の中殿御会をどのように認識し、その認識をどのように絵画化したのか。また、現時点で確認される御会図の現状が制作当初の原型を保っているのかどうか、散逸してしまった部分があったのかどうか。こうした点についても明らかにされてはおらず、検討すべき問題点は多い。

小論はこうした視点から、歴史事実に注目し、建保六年八月十三日に開催された中殿御会の歴史的背景や開催の事情などをを明らかにし、御会図の現状と対比する事により右の問に対する答えを導き出したい。

一　御会図制作の背景

御会図の題材となった中殿御会とはどのような主旨の行事だったのか。前に中殿御会の成立時期を中心に論じたので(2)、ここでは簡単に中殿御会を概観し、行事としての特質を確認しておきたい。

中殿御会は天皇が即位以後始めて行なう晴の宴で、「初度御会」ともいう。中殿とは清涼殿の別称であり、御会とは天皇臨席の会(宴)を意味する。行事の内容は、天皇の召しにより和歌・管絃に才ある者が清涼殿に参会し、御遊(管絃)と和歌会(和歌の披講)、あるいは管絃と詩会(漢詩の披講)を行なう。よって、文芸や管絃に興味を持たない天皇の場合は開催しなかったようだが、行事の中心は和歌か漢詩の披講だった。建保六年度の場合は和歌披講で、後に詳しく述べるが、御会図に描かれた建保六年度の中殿御会を開催した順徳天皇は和歌は造詣が深く、『八雲御抄』という歌学書を記しているほどだった[3]。

中殿御会という語句の文献上の初見は、藤原定家の日記『明月記』建保四（一二一六）年十一月一日条である[4]。この記文は語句の初見史料であるのみならず、同会の濫觴について触れ、更に、天皇周辺の人々の同会に対する認識が知られる興味深い内容である[5]。初見史料である点について述べると、右の『明月記』以降、各種史料中に「中殿御会」の語を見出せるようになる。一方、中殿御会の濫觴に関する記述中、「延久治承有二中殿初度之議一、延喜天暦依レ有二内宴一、還無二此事一」とある下りに注目したい。内宴は、平安時代初・中期の天皇・摂関の最盛期の行事で[6]、これに代わるものとして中殿御会を認識している事が窺われる。

更に「至二于公宴一、雖レ未レ置二詩歌一」ともあり、中殿御会をこうした宮廷文化華やかなりし時代の晴の「公宴」と匹敵する行事として捉えている。また、建保四年度の中殿御会では和歌と漢詩を同時に披講しようと画し、これが過去の中殿御会を超越する事であり、「万代佳例」とする下りは、順徳朝の復古的な思想を明瞭に示している。以上が中殿御会という行事の特質であり、開催の主旨である。

こうした中殿御会の開催を、宮廷の人々はどのように受け止めていたのか。建保六年度の中殿御会は前掲『明月記』により、開催当日の八月十三日に至る経過を天皇・臣下の動向から知ることができる。同記の記主・藤原定家は藤原北家の一流・御子左家の出身で、父・俊成と共に同家を和歌の家として確立した。定家は元久二（一二〇五）年に成立した『新古今和歌集』の編纂に撰者として参加し、以来、後鳥羽院歌壇の中心人物の一人として活躍した。後鳥羽院歌壇は、順徳天皇に継承され、同天皇の歌壇を形成する。建保六年当時、定家は自らの歌集『拾遺愚草』（一二一六頃成立）を編んだ直後で、自他ともに認める宮廷歌壇の中心人物だった。

建保六年七月二九日条には参会者の人選の決定について記されている。

伝聞、中殿和歌作者、昨日被二定仰一云々、院仰、序者［右大臣］、大納言四人［通光・公経・良平・通具］、中納言一人［忠信］、参議四人［実氏・定家・経通・忠定］、三位四人［家衡・基良・家隆・雅経］、殿上人知家、範宗、経兼、頼資、行能、信実、光経［依二此事一昇殿、承暦通宗例歟］、六位康光云々、一門之中被レ忘二保季卿一云々、定経卿子二人堪能云々、道之用捨、非二愚意所一レ及、

中殿御会の人選が、「院」すなわち順徳天皇の父・後鳥羽上皇によるものだったことは注意される。また定家とは兄弟の寂蓮の息・保季が選に漏れた事を「道之用捨、非愚意所及」と嘆いている。翌、三十日条には、

参院、可レ有二出御一云々、先是按察密語二中殿和歌事一、為家今度可レ参之由、内裏有二御気色一、而以二父吹挙詞一可レ申由承レ之、且存知歟者、予云、詠歌事始終非下可二思放一事上、随又如レ形相連候歟、然而当時愚父眼前可レ加二吹挙一之分限、猶極不レ堪之由依二見給一年来加二制止一、不レ合二交衆一、今無二指風情一、加二増證據一、只依二晴事一、忽可レ令レ列二人数一由奏聞之条、猶憚思給、只依二別叡慮之趣一可レ被レ召者、非二此限一之由重伺二天気一、猶愚父可レ申之由被レ仰者、早奏達可レ候歟、（中略）予云、非二身上一事口入、極雖二恐思給一、保季卿不レ入二此人数一由承レ之、家事極渋思歟、為二累代公人歌仙一漏二此事一、不便候歟、両方有二便宜一者、可レ有二御存知奏達一（下略）、

とある。後鳥羽院の近臣・按察藤原光親から、定家の息・為家が中殿御会に参会する事を順徳天皇が希望しており、定家に父親として吹挙するよう言いつかったと伝えられた。定家は、為家には未だ人前で和歌を詠める程の力量は無く、晴の大会というだけで参会させるのは憚る、とし、これとは別に天皇の御気持ちが有るならその限りではない、と答えている。一方、人選に漏れた保季についても触れ「家事極渋思歟、為累代公人歌仙漏此事、不便候歟」とし、為家・保季の両名について便宜を図るよう懇望している。最終的に両名は参会を許される。

十二日条には中殿御会を翌日に控えた参会者達の慌ただしい動向が記されている。

密々下㆓給御製三種㆒、申㆓殊勝之由㆒、被㆑進㆑院、以㆓御点㆒可㆑被㆑定云々、人々歌少々、唯今送㆑之、右武衛猶宜由答了［両宰相中将・宮内・武衛・知家朝臣・頼宗朝臣等也］、頼資、光経、信実前日見合、大宮大納言、四条中納言、同再三被㆑示㆓序者㆒、御歌度々給㆑之、自歌已闕如、行能又送㆑之、

順徳天皇は自らの詠歌（御製）三首を定家に届けた。定家は「申殊勝之由」し、これを後鳥羽院に届けた。天皇の他にも数人が定家に歌を届けてきたが、数日来、この様な事があったらしい。また何人かの者は序者・藤原道家に自らの歌を届けていたらしいが、道家の添削を受けたこれらの歌は「自歌已欠如」であると辛辣な感想を記している。

次に当日の一三日を見てみよう。

壬子、天晴、辰時今熊野御幸云々［東洞院大路］、朝又給㆓御製㆒、院仰云、松御歌、叶㆓中殿儀㆒歟、□先御遊、御琵琶［主上］、笙［四条中納言］、拍子［前左兵衛督］、笛［修理大夫］、和琴［右三位中将家嗣］、箏［四条三位中将基良］、篳篥［右兵衛督］、付歌［資雅朝臣］、呂［安名尊・鳥破・席田・鳥急］、律［万歳楽・更衣・三台急］、

朝方、天皇は再び和歌を定家に届けてきた。一方、後鳥羽院は自らの詠歌が中殿御会にふさわしいか、定家に打診してきたようである。

『明月記』の記文は、順徳天皇だけで無く参会を許された人々の中殿御会にのぞむ意気込みや慌ただしさといったものを伝える。これは、同会に参会を許される事が当事者にとって、如何に名誉な事だったかを意味している。特に、甥や息子がその人選に除外された定家の嘆き様は深刻そのもので、俊成以来、歌仙の家柄である事も相まって、当時の宮廷の人々の中殿御会に対する認識の高さを一層、明瞭に伝えていると言えよう。更に、建保六年度の中殿御会の

開催には後鳥羽院が深く関与していたらしい事も無視できない。そもそも、『明月記』建保四（一二一六）年十一月一日条にもある様に建保四年一二月八日の漢詩の中殿御会も後鳥羽院の意志によるものだった。単純に、順徳天皇の父親としての行動として理解する事も可能だが、中殿御会という行事の特質とも関連して、後鳥羽院政の姿を垣間見る。

建保六年度の中殿御会で、もう一つ見逃せない事柄がある。それは同会の行事内容中、臣下の和歌の披講の前に行なわれた御遊である。御遊とは、天皇の御前で行なわれる管絃の遊びを指し、中殿御会の場合は楽所等の楽人では無く、伶人と呼ばれた管絃に才有る人々によるものだった。中殿御会の他にも内宴、朝覲行幸、元服、竟宴などの際にも付随して行なわれる。御遊を行事に付随させる理由は『古今著聞集』巻六管絃歌舞七「管絃起源の事幷びに讃仏敬神の庭、礼義宴餞の筵に之を缺くべからざる事」(7)によると、

清涼殿の御遊には、ことごとく治世の声を奏し、姑射山の御賀には、しきりに万歳のしらべをあはす。心を当時にやしなひ、名を後代に留る事、管絃にすぎたるはなし。

とあり、当時の宮廷の人々の御遊に対する意識が知られる。

この日の御遊は、順徳天皇自身が宮中に古くより伝わる琵琶の名品・玄上（玄象とも）を演奏した。同天皇は自著『禁秘抄』上の「玄上」の項で「累代宝物也」とし、玄上に関する様々な逸話を記している。また「鈴鹿」の項では「玄上弾二琵琶一之人以レ弾レ之為二至極一」とも述べている。同天皇はこの中殿御会の直前、八月七日に、当時、琵琶の名手として名高かった二条定輔に秘曲「楊真操」を伝授された事が、『順徳院宸記』同日条（以下、『宸記』と記す）に見られる(8)。この秘曲の伝授は「可弾玄象之間、故先伝秘曲」（『宸記』同日条）とあるので、十三日の中殿御会で玄上を演奏するためだった事が知られる。かつて定輔は後鳥羽上皇の琵琶の師であり、三度も玄上を弾いた事を同天皇に語り、「自讃無レ極」ったと同天皇は記す（『宸記』同日条）。

初度の和歌披講を本来の主旨とする中殿御会に、玄上の演奏を付した順徳天皇の真意は解らないが、当日の御遊については『御遊抄』[9]「中殿御会」の項に次のようにある。


同六年八月十三日。

先《順徳》御遊。次和歌。池月久明［右大臣献之］。

拍子［前中納言有雅］。

付歌［資雅朝臣］。

笙［権中納言隆衡卿］。

笛［公頼］。

篳篥［右兵衛督雅経卿］。

琵琶《玄上》［主上御所作］。

箏［三位中将基良］。

和琴［三位中将家嗣］。

呂［穴貴、鳥破、一反。席田、鳥急、二反］。

律［万歳楽、半帖、御前十拍子如例。更衣、一反。三臺急、五反。兼日被レ定二三反一之由、依レ興レ感、当座及二五反一了］。

御琵琶師定輔卿賞在之。


同会当日の御遊は、曲目によっては予め三反と定めていたものを、感極まった同天皇は五反も演奏するなど、中殿御会の主旨である和歌披講に劣らぬ盛り上がりを見せたらしい[10]。記念すべき和歌披講の中殿御会の開催にあたり、更にこの行事を盛大なものとするためであろうか、天皇自らによる玄上の演奏を御遊に盛り込んだのかも知れない。

中殿御会とは、天皇にとって初度の和歌披講を主旨とする公宴の開催という、生涯にただ一度の記念すべき行事であった。参会者を含めた宮廷の人々にとっても、天皇・摂関全盛期の行事に比定される晴の宴の開催自体、意義深いものであったに違いないであろうし、和歌や管絃に才有る人々にとっても参会を許される事の意義や名誉は並々ならぬものだったろう。一方、行事本来の開催の主旨とは別に、御遊にも重点がおかれ、天皇自身による玄上の演奏という当時の人々にとっては見過ごせない出来事としての特別な事情があった事が知られる。

さて、現在、確認される御会図は、行事の終始を記した御会記や詠歌と位署を記した序並びに和歌を伴うにも関わらず、絵の部分は御遊の部分しかない。我々の目にする御会図の現状は、和歌披講の場面を失ったのだろうか。また、もし制作当初より現在確認することのできる御遊の場面しか存在しないとしたら、行事の主旨とは別に敢えて御遊の場面を選んだのは何故なのか。

二　御会図の復元

建保六年の中殿御会を題材として絵画化する場合、どの場面を描く事が適切で、絶対に画面から落としてはならないものは何か。前章で得られた知識を基に考えると、この行事は場面として和歌披講・御遊両場面を絵画化する事が可能だろう。主旨からすると、和歌披講の場面を絵画化するべきだが、建保六年度の中殿御会は、順徳天皇自らによる琵琶・玄上の演奏という事情があった。

欠いてはならない画面の構成要素は、和歌披講・御遊に共通して参会者—主催した天皇と召しにより参会した臣下たちである。行事内容に基づいて、和歌披講・御遊の各場面に分けて考えると、前者では和歌を詠んだ順徳天皇と臣下達、後者では琵琶・玄上とこれを弾く順徳天皇と伶人達が主人公である。何れか片方の場面を選ぶにしても、和歌披講・御遊それぞれの行事内容の参会者を描けばよいのであり、仮に両場面が制作された場合、制作者は行事内容に従い、それぞれの参会者を描き分けたであろう。しかし、再三、述べているように現存する御会図は御遊の場面であり、加えて、そこには御遊を窺い見る配置で全ての参会者が描かれているのである（図10）。

そこで御遊と和歌披講の行事の流れと参加者の相違を、建保六年度中殿御会の行事内容から考察する。御会図には詞書として当日の行事内容を記した御会記が付随している。但し、この御会記は理解しづらい部分もあり、これを補足する意味で、前掲『八雲御抄』、更に和歌披講の部分の参考に藤原定家の記した歌学書『和歌秘抄』(11)を参考にしたい。

御会記は漢文で記された古記録の記文に似たもので、一般的な絵巻物の詞書が仮名書きであるのと比べると趣を異にする。何故、このような漢文体の詞書が付されているかは全く解らない。あたかも参会者の記した日記をそのまま流用した様にも受け取れるが、記主を推測する手掛かりは見受けられない。御会記の内容と『八雲御抄』に見られる行事内容を人間の動きに着目して比較すると、御遊の部分は前者が詳しい。これと対照的に詞書の後半、和歌披講の部分は後者が詳しい。このような記述の差異は両者の作成の目的に拠る。御会記は、和歌披講・御遊の別無く中殿御会全般を一読すれば理解できるよう、後に続く絵の解説の役目に留まるからだろう。『八雲御抄』の場合は、中殿御会という行事を誤り無く遂行できるよう伝えるための範として記されたと見られる。御遊の行事内容がごく簡単にしか記されていないのは、同書が歌学書であり、御遊は歌会に付随する一部分に過ぎないという認識に基づいているからだろう。これは和歌披講の行事内容には、先例などを加味した詳しい注記が付されている事にもよく現われている。

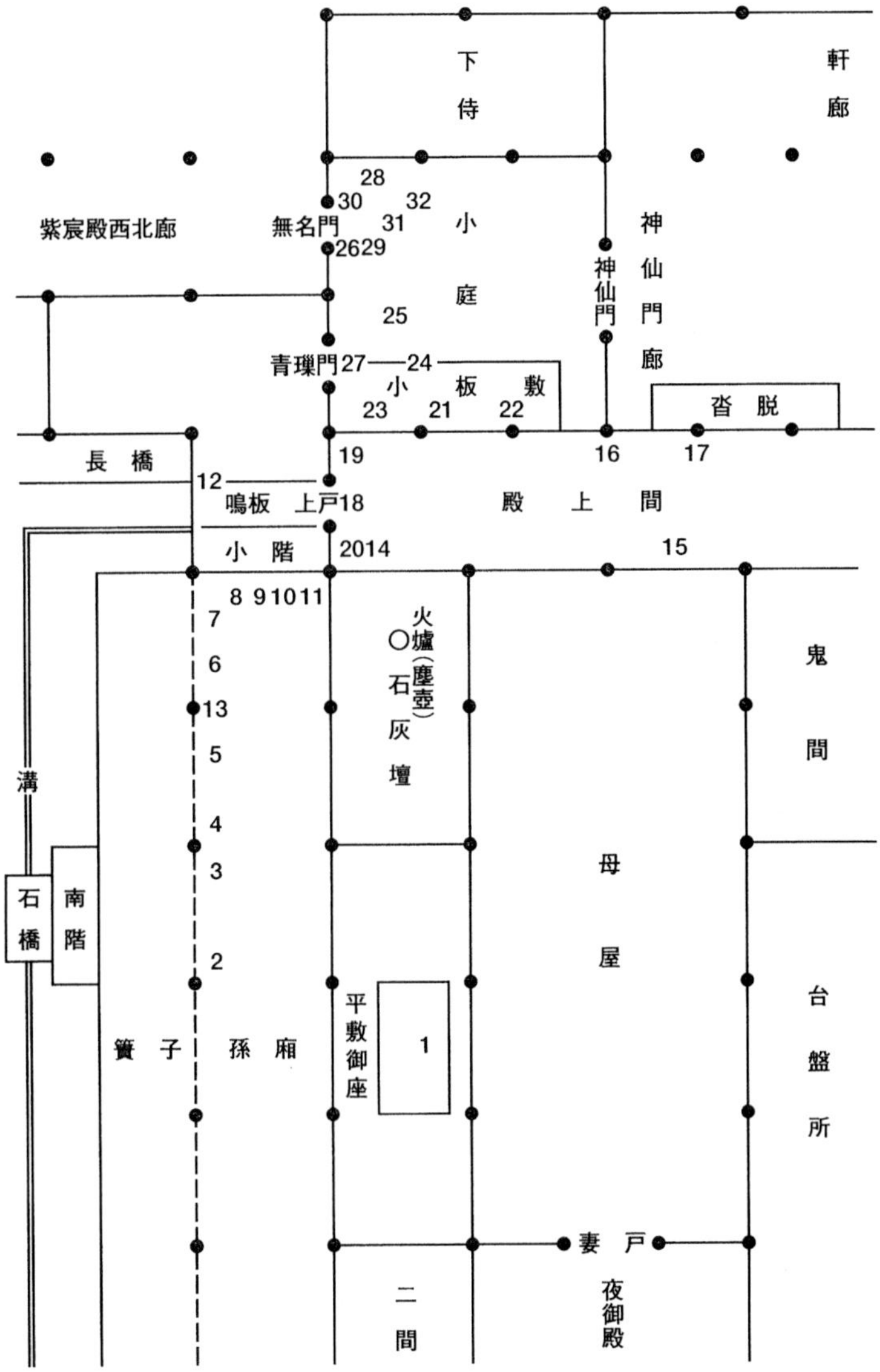

図10『中殿御会図の人物配置』（図中の英数字は表9を参照）

表8　中殿御会　行事内容の比較

中殿御会図詞書「御会記」	八雲御抄「中殿会」	和歌秘抄「和歌会次第」
A戊時出御昼御座［御直衣御張袴］、御剣如恒。	a剋限出御。平敷御座［御直衣張袴］、東向母屋簾本ニ立几帳。御装束同官奏時。但有公卿座。	ⓐ主人出客亭。
B頭中将公雅朝臣召公卿［孫廂南第三間御南西折敷円座］。	b次依天気頭召上卿。	ⓑ公卿以下着座。
C先依有御遊伶人等参着。右大臣　右近大将源朝臣　太宰権帥藤原朝臣　権大納言藤原朝臣［公］　中納言藤原朝臣［隆　笙］　前左兵衛督源朝臣［拍子］　修理大夫藤原朝臣［笛］　右近衛中将藤原朝臣［家和琴］　左近衛中将藤原朝臣［基　箏］　右兵衛督藤原朝臣［雅　篳篥］。 D殿上人候簀子［資雅朝臣依付歌也］。	c次公卿自上戸参着［直衣束帯相交］。	
E五位殿上人置御遊具。 F頭中将持参御琵琶［玄上］、置右大臣座前。 G大臣取之参進御前。 H糸竹発音［呂　安名尊　鳥破　席田　鳥急　律　万葉楽　更衣　三台急］。	d次置管絃具。五位殿上人役之。主上御所作時、頭取玄象置大臣前。大臣取之置御前［建保例］。	

I事了伶人退下。 J次撤御遊具。	e次御遊畢、撤管絃具［参管絃不参歌人起座］。	ⓒ依主人命、諸大夫置文台［主人前］。
K置文台、立切燈台。 L五位敷読師円座［文台巽弘庇逼長押子］。 M六位敷講師円座［在文台前聊去長押子］。	f次置文台。朝餉御硯筥蓋也。蔵人入柳筥持参、置長押上。一説ニハ蓋ヲ伏テ置。尋常不然。 g次立切燈台敷管円座［五位役之、読師講師二枚也］。本自御座左右有掌燈。其上立切燈台。於講師前或取便宜方掌燈置之。公卿座掌燈ハ先例不然。建保御遊之間依可有便宜、有沙汰立之ニ所、如除目。	ⓓ敷講師円座。 ⓔ立切灯台。
N権大納言藤原朝臣　源朝臣　左衛門督藤原朝臣　左近中将藤原朝臣［実］加御前座。		ⓕ［頭書・奉行人催之］歌人自下臈任位次参進（以下、略）。
O殿上人六位以上次第置歌。右大臣［序者］　右近大将源朝臣　権大納言藤原朝臣［良］　源朝臣［通］　中納言藤原朝臣［隆］　左衛門督藤原朝臣　左近中将藤原朝臣［実］　民部卿藤原朝臣　左近中将藤原朝臣［経］　中宮権大夫藤原朝臣　右近衛中将藤原朝臣［家］　従三位藤原朝臣［家］　左近中将藤原朝臣［基］　宮内卿藤原朝臣　右兵衛督藤原朝臣　従三位藤原朝臣［保］　知家朝臣　範時朝臣　為家朝臣行能　頼資信実　光経　藤原康光。	h次置歌。先序士進文台下膝行置。以歌下方向御所方。次自下次第置之、右廻退下［大内儀］。一揖退下、一説也。普通不然。自簀子参也。俊明ハ指笏置歌。隆季ハ侍中殿一揖。嘉承池上花度、先召切燈台後置歌。 i次人々進寄。上臈両三人又堪能人、又為講音曲人少々、侍臣一両人進簀子。建保侍臣中無音曲人。仍以知家為家召之。	ⓖ置歌。 ⓗ各々置歌訖、主人気色読師。々々頗坐寄［当座第二人多勤之］。取和歌召寄然之人［近代称下読師］。令重和歌。其人次第重之。且奉読師。々々取之披之置文台［以下向主人］（以下、略）。

P次右大臣着読円座。 Q次々人各進参群居近辺。		ⓘ觸読師之後、召講師［近代豫内々告之］。恒例用五位。内裏院中多有四位勤之例。
R講師範時朝臣着座［持笏］。	j次講師正笏参上。依召参也。殿上四位［五位雖有例普通不然。清輔朝臣五位也］。 k次読師取歌自下重。或有下読師。座講師腋重之。下講師者非御気色、私之心寄人也。	ⓙ講師参進［雖有殿上之所、於講師者必持笏。衣冠時多略不持。雖束帯又不持非巨難。但可依人。如弁官儒者、尤可持（以下、略）。
S自下﨟次第講之。	l次講師読之。	ⓚ題読様（以下、略）。 ⓛ読人名事。御前儀（以下、略）。
T次講師退下。 U大臣依天気参進、御製復座。 V召民部卿藤原朝臣、為御製講師。 W満座詠吟。 X事了各退下。	m次読師撤歌。 n次読師給御製披置。講畢、自御懐中令取出給也。 o次御製講師着。先是本講師退下、或臣下講師通用有例。御製講師ハ中納言宰相也。通俊説。御製文台下ニ立土高月。一説云々。多ハ唯本文台也。	ⓜ歌読上訖即忩起座退［殊忩立、故実也］。公宴又向之。臣下読了、早速起座。御製講師、依他人勤也。内々御会、別仰猶可読御製之由、有御気色之時、非此限。同候読師取臣下歌。被置御製之時読之（以下、略）。有序者之時、召弁漢学者、為講師。先読序訖、人々詠句々訖之後、詠和歌也。

p 次有公卿禄［有差］。臣下歌詠合于御製之時、有別禄也。但、白河院宗忠詠合無禄。凡先例未勘之。
q 入御［或先入御］。

＊…本表は御会記の行事内容の進行を基準として、都合一一に分けた。各行事内容に付したアルファベットは必ずしもA＝a＝ⓐとはならない。

＊…右表中の御会記は『続日本絵巻大成』一八所載のカラー図版より筆耕した。なお、表中、『八雲御抄』『和歌御抄』の行事内容の配列については御会記の行事内容記載順にあわせて配列しなおしたもので、原典どおりではない。また、行論上、必要な部分だけの引載である。

また、両者の間では行事の進行には僅かに支障を来さない程度の相違がある。通説通りに『八雲御抄』が承久年間に成立したものであるなら、同書所載の中殿御会の行事内容は建保六年度の例を参考にして記されていると推測されるので、同年以降、本書の執筆時においては変更・改善などがなされ、より順徳天皇の理想に近いものとなっている部分もあると見られる(12)。

次に示すのは、御会記を含む以上の二史料を、行事内容の進行に従い対比したものである。

表8の御会記を見ながら行事内容の検討を進めるが、参会者は氏名で記し、括弧内に御会記に記された人名表記を付す。

A～Jまでが御遊である。Aで順徳天皇が出御し、Bで蔵人頭藤原公雅が公卿を召す。次のCで伶人が御前に参集する。御会記ではCに参集した伶人の氏名が列挙されているが、この内で伶人は四条隆衡（中納言藤原朝臣［隆　笙］）、源有雅（前左兵衛督源朝臣［拍子］）、藤原公頼（修理大夫藤原朝臣［笛］）、大炊御門家嗣（右近衛中将藤原朝臣［家　和琴］）、藤原基良（左近衛中将藤原朝臣［基　箏］）、飛鳥井雅経（右兵衛督藤原朝臣［雅　篳篥］）、源資雅（資雅朝臣［付歌］）の七名で

30	○	信実	藤原信実	正五位下守中務権大輔
31	○	光経	藤原光経	宮内少輔従五位下
32	○	藤原康光	藤原康光	蔵人正六位上左衛門権少尉

＊…□が御遊のみ、○が和歌披講のみの参会者、▲が御遊・和歌披講の両方に重複する参会者。御遊の参会者は□と▲、和歌披講の参会者は○と▲を合わせた顔ぶれとなる。
＊…人名の配列は御会記の記載順に拠った。ただし、▲の御遊・和歌披講の両方に重複する参会者の場合は初出の順である。

ある。九条道家（右大臣）は建保六年度中殿御会の進行役であり和歌披講の序者でもある。また、御会記のF、Gにあるように蔵人頭が運んできた琵琶・玄上を順徳天皇に渡す役目でもあり、これらの事情からこの場に召されたのだろう。久我通光（右近大将源朝臣）、西園寺公経（権大納言藤原朝臣〔公〕）の両名については明確ではないが、久我通光は当時、定輔などと共に琵琶には通じた人物であったためであろうし、西園寺公経は、道家と共に公武交渉に活躍した史実から、順徳朝の実力者であったためだろう。二条定輔（太宰権帥藤原朝臣）は前章でも述べたように順徳天皇の琵琶の師であったためと目される。

本来、伶人以外のこれら四名は御会記のBに記されるべきだが、BとCには大きな時間的ずれが無かったのだろう。御会記を見る限りでは、御遊に参集した者の顔ぶれは天皇と蔵人頭を除いて計十一名で変わらない。

続いて和歌披講が始まる。御会記のIで伶人が退下する。この伶人の内の四条隆衡・藤原基良・飛鳥井雅経の三名と九条道家・久我通光は和歌披講にも召されているので御前に残る。『八雲御抄』ではeであり、こちらの表現の方が御会記より妥当である。また二条定輔・西園寺公経は退下する。御会記のKからMが和歌披講の準備である。和歌披講のために召された人々が御前に参集したのは、御会記のNで、九条良平（権大納言藤原朝臣〔良〕）、堀川通具（源朝臣〔通〕）、藤原忠信（左衛門督藤原朝臣）、西園寺実氏（左近中将藤原朝臣〔実〕）の四名が御前の座に加わった。Oで各々が携えてきた和歌懐紙を御前の文台に置いているので、おそらく上記の九条良平以下四名が参集した段階の前後にはその他の者も参

表9　建保6年8月13日中殿御会参会者一覧

NO	行事のどこに参加したか	御会記による表記	実　　名	建保6年8月13日当時の位階・職掌
1	—	順徳天皇	—	—
2	▲	右大臣	九条道家	右大臣正二位
3	▲	右近大将源朝臣	久我通光	正二位権大納言兼右近衛大将
4	□	太宰権帥藤原朝臣	二条定輔	散位前権大納言正二位太宰権帥
5	□	権大納言藤原朝臣(公)	西園寺公経	正二位権大納言
6	▲	中納言藤原朝臣(隆　笙)	四条隆衡	正二位中納言太宰権帥
7	□	前左兵衛督源朝臣(拍子)	源　有雅	正二位前左兵衛督
8	□	修理大夫藤原朝臣(笛)	藤原公頼	正三位修理大夫
9	□	右近衛中将藤原朝臣(家　和琴)	大炊御門家嗣	正三位右近衛中将
10	▲	左近衛中将藤原朝臣(基　箏)	藤原基良	従三位左近衛権中将
11	▲	右兵衛督藤原朝臣(雅　篳篥)	飛鳥井雅経	従三位右兵衛督
12	□	資雅朝臣(付歌)	源　資雅	従四位下
13	○	権大納言藤原朝臣	九条良平	正二位権大納言
14	○	源朝臣	堀川通具	正二位権大納言
15	○	左衛門藤原朝臣	藤原忠信	正二位権中納言兼左衛門督
16	○	左近中将藤原朝臣(実)	西園寺実氏	参議正三位左近衛中将兼讃岐権守
17	○	民部卿藤原朝臣	藤原定家	参議正三位民部卿兼伊予権守
18	○	左近中将藤原朝臣(経)	藤原経通	参議従三位左近衛権中将兼備前権守
19	○	中宮権大夫藤原朝臣	中山忠定	参議従三位左近衛中将兼中宮権大夫
20	○	右近衛中将藤原朝臣(家)	衣笠家良	正三位左近衛中将
21	○	従三位藤原朝臣(家)	藤原家衡	従三位
22	○	宮内卿藤原朝臣	藤原家隆	従三位宮内卿
23	○	従三位藤原朝臣(保)	藤原保季	従三位
24	○	知家朝臣	藤原知家	正四位下中宮亮
25	○	範時朝臣	藤原範時	正四位下右大弁
26	○	範宗朝臣	藤原範宗	正四位下丹後守
27	○	為家朝臣	藤原為家	従四位上左近衛中将兼美作介
28	○	行能	世尊寺行能	散位正五位下
29	○	頼資	藤原頼資	蔵人正五位下右衛門権佐

集したと類推される。和歌披講に参集したのはこの四名に加えて、藤原定家（民部卿藤原朝臣）、藤原経通（左近中将藤原朝臣［経］）、中山忠定（中宮権大夫藤原朝臣）、衣笠家良（右近衛中将藤原朝臣［家］）、藤原家衡（従三位藤原朝臣［家］）、藤原家隆（宮内卿藤原朝臣）、藤原保季（従三位藤原朝臣［保］）、藤原知家（知家朝臣）、藤原範時（範時朝臣）、藤原範宗（範宗朝臣）、藤原為家（為家朝臣）、世尊寺光能（行能）、藤原頼資（頼資）、藤原信実（信実）、藤原光経（光経）、藤原康光（藤原康光）の一六名だった。和歌披講に参加したのは天皇を除き、計二五名で、御製披講が行なわれ、御会記のXまで顔ぶれは変わらない。以上の御遊と和歌披講の参会者の別をまとめたのが次の表9である。

行事中の参会者の異同が把握できたところで、御会図の画面と比較する。注目されるのは、琵琶を弾く順徳天皇と向かい合うように孫廂南第二間と第一間の間の柱の下に座す九条良平の姿である。良平は御遊の際は天皇の御前に参入していない。良平が御前に参入したのは、御遊が終わり、和歌披講の準備の前後、表8の御会記、Nの段階である。もし和歌披講の場面が存在したのであるなら事実と矛盾してしまうので、御遊の場面に良平を描く必要はない。また、御遊・和歌披講の両場面が制作されたのであれば、長大な画面とはいえ、順徳天皇を含めた中殿御会の行事内容を通じた全ての三一名の参会者を描く必要は無い。

このような矛盾が生じたのは御遊と和歌披講の参会者を一段（一画面）に収めたからと推測される。画家は、御遊・和歌披講それぞれの参会者と玄上、順徳天皇、三つの絶対書き落としてはならない主人公を一つの画面の中に収めるためにこうした構図をとったと推測される。しかし、中殿御会が初度和歌披講を主旨とする行事でありながら、画家がなぜ御遊の場面を選んだのかという疑問が生じる。おそらく、順徳天皇の玄上演奏は天皇自身・当時の宮廷の人々にとって、重大な関心事として印象付けられ、認識されていたのではないだろうか。画家が御遊の場面を選んだ意図は、こうした当時の人々の認識を表現しているとみられる。玄上を弾く順徳天皇と琵琶の師である二条定輔、順徳朝の実力者である九条道家と西園寺公経、そして御遊の伶人らを中殿（清涼殿）の母屋と孫廂付近に、和歌披講に召された人々を画面下手の孫廂、母屋・石灰壇以南の落板敷・殿上間・小庭・下侍に配したと推測される。こうした推測が成り立つのであれば、御会図の画面は、行事としての特質、歴史的な背景を反映したものであり、その結果として御遊と和歌披講、異なる二つの行事内容と参加者を無理なく一つの画面に重ねた画面構成となっている。したがって制作当初より御遊の場面だけしか制作されなかったと推定される。おそらく、現状で確認される御会図の絵の部分は、制作当初の大勢を伝えていると見られる。

三　御会図制作の意図

御会図の画面を読み込む上で最後に残った疑問がある。それはこの作品が異なる行事内容とその参会者たちを一画面に配置している事実を知る手掛かりとなった、御遊の場面にはいるはずの無い九条良平の像だった。この事は御会図の制作の意図を探る端緒となるのではないだろうか。

まず、北村家本御会図などに「良平卿」と傍書された人物が、間違いなく九条良平自身なのかということが問題となる。御会図よりは作期が下るであろう『天子摂関影』や『天皇摂関影』といった一連の作品には、建保六年度中殿御会に参会し、御会図にも描かれた順徳天皇・九条道家・久我通光・西園寺公経・九条良平・西園寺実氏・大炊御門家嗣・衣笠家良らの肖像が確認される。御会図を含めたこれらの絵画はいずれも人物に各々の名前が傍書されているが、これらに描かれた順徳天皇以下の人物ごとにその相貌を比較すると、顔形や目鼻立ちなどの特徴はおおむね一致する。したがって、これらの絵画に描かれた人物と傍書された名前は作品相互に一致し、同一人物である事が知られる。これよりすれば、御会図に「良平卿」として描かれている人物は、九条良平自身であると考えていいだろう。

御会図に見られる人物の配置は、御遊と和歌披講を併せた構図とはいえ、天皇の御前である事や、天皇を除く全員が官人である事から、位階・職掌に準じたものである。前の表9を参考に見ていくと、九条道家から西園寺公経、九条良平までは御遊の関係者と順徳天皇の近臣中でも実力者と呼ぶべき者たち、四条隆衡から源資雅までは御遊の伶人である。画面右手を上として位階・職掌の高い順に配置されている。特に伶人の一人として参会した資雅は、御会記によると簀子にいた事になっている。画面では殿上間の上戸の前、鳴板のあたりに配置されている。これは資雅が従四位下だった事から、三位以上であるために孫廂に昇殿が許されている他の伶人達とは、座を同じくしてはならなかった事を示している。資雅のいた場所が御会記と画面では一致しないが、これは構図上の問題と理解され、位階・職掌にそった配置である事に変わりは無い。堀河通具から藤原康光までは和歌披講の参会者である。正二位から正三位までは殿上間周辺、従三位以下の者は小板敷と小庭に配されている。つまり、画面構成の上から見ると、基本的には御遊の参会者は孫廂、和歌披講の参会者は殿上間・小板敷・小庭に別けて配置され、それぞれ、位階・職掌にそっていることがわかる。

そこで良平の位置が問題となる。御遊と和歌披講を同一の場面に描く場合、良平の着座する孫廂には良平と共に和歌披講のみの参会者であり、良平と同じく位階・職掌が正二位権大納言である堀河通具も併置されなくてはならない。更に、官人にとって位階・職掌に基く、所謂、位次による身分秩序は絶対的な厳守事項であることは言うまでも無い。御位次に基く座次も同様であり、こうした位次や座次をめぐる諍いの例は枚挙に暇無いことは周知の事実であろう。御会図の画面構成において、良平・通具両名を別々の場所に描くことは、行事の進行上からもつじつまの合わない事になるのであり、しかも、同じ位階・職掌にあった二人を、これを無視して上手・下手に分けて描く事は、官人の世界の行事を絵画化する上では、あってはならない不首尾と言える。しかし、こうした画面構成や秩序を無視してまで良平だけを孫廂に配置するのは、相応の理由があると思われる。

そこで良平と同じく孫廂に描かれた道家が注意される。良平は『玉葉』の筆者として著名な兼実の息子だが、その兄弟・良経の息子が道家である。つまり道家は良平の甥に当たることになる。再三、述べているように、道家は順徳朝の実力者の一人ではあるが、良平は順徳天皇の近臣である事以外、特筆すべき政治上の業績とか立場は挙げ難い。御会図の画面で言うならば、通具を無視して強引に良平を配置する必然性は見出せない。こうした事を踏まえた上で御会図の画面を考えると、この人物の配置は建保六年当時の九条家の権勢を示しているのではないだろうか。更に、こうした作為的な画容を要求し、鑑賞しようとする者、即ち、御会図制作の依頼者は、九条家、あるいは同家に縁の深い者が想定されるのである。

もし、以上のような推測が可能であるなら、御会図の作期についても言及する事ができよう。先ず、なかなか絵画化される事は無いであろう殿上人以下の人間の相貌を似絵として描いていている点から見て、中殿御会の行なわれた建保六年からさほど遠くない時点での制作と言えるであろうし、この年を作期の上限として設定する事に問題は無かろう。一方の作期の下限は、画面に描かれた九条道家に注目すると、次のような推測が可能であると考える。すなわち、承久の変以後の朝廷は、鎌倉幕府との緊張関係を背景に、西園寺公経とその女・綸子の婿である九条道家らが関東申次の任につき、運営していた。道家の四男・頼経は嘉禄二（一二二六）年に将軍として鎌倉に下っていた。ところが、寛元四（一二四六）年、幕府の内紛―所謂「宮騒動」―に共謀した科で、頼経は京都に送還された。これに巻き込まれる形で同年、父親である道家は関東申次の任を解かれ、失脚・籠居した。[13] 御会図のような絵画作品の制作される背景としては、道家を始めとする九条家の人々の政治上の立場の安定と繁栄が前提となる、と考えるべきだろう。

したがって、これよりすれば、御会図の作期は建保六年以降、寛元四年までの二八年間と推測されよう。

おわりに

最後に本稿で得られた知見をまとめておきたい。

建保六年当時を知ることのできる周辺史料の考察から、御会図の現状は絵の部分は制作当初より一段のみであったらしいことが推測される。

また、こうした画面構成が用いられている事は、御会図を記録的な絵画とする既存の認識に、検討の余地の残されていることを示している。更に、制作の動機と関係して、その依頼者に九条家が推測され、制作の背景には政治的要素の介在する事が予想される。御会図は建保六年度中殿御会を様々な側面から象徴的に絵画化した「記念」的作品と見るべきではないだろうか。また、建保六年当時の九条道家・西園寺公経らが主導権を握っていた当時の順徳朝を賛美する、もしくは憧憬する作品なのではないだろうか。

御会図は平安末期から鎌倉初・中期の公家文化を知る上で、非常に貴重な絵画史料と言える。御会図を史料として正しく理解することができれば、様々な関連分野において、計り知れない恩恵に預かれる事だろう。同図についていくつかの問題点を指摘したが、何れも推測に推測を重ねたものなので再考すべき点は多く未解決の問題は山積している。

注

（1）次章参照。以下に示す他にも幾つかの模本の所在を確認しているが、筆者の調査・実見した模本は、出光美術館所蔵本・曼殊院所蔵本・東京国立博物館所蔵狩野養信模本・出光美術館所蔵冷泉為恭模本・東京国立博物館所蔵『古画類聚』人形服章部所収画・同『古画類聚』宮室部所収画・内閣文庫所蔵本・宮内庁書陵部所蔵『建保六年中殿和歌御会図』・同『建保六年中殿和歌御会図』・同『中殿和歌御会』・同無題・同『御遊絵巻』・同『建保六年中殿和歌御会之図』、以上一三種である。他に、北村家本（『続日本絵巻物大成』一八所収）・『群書類従』和歌部所収『晴御会部類記』引載『無名記』本（群書類従第一六和歌部一三六所収）・徳川美術館所蔵本（影写本は無し）などの著名な模本が現存しているが、これらの三種については実見できなかった。

（2）本書第三部第一章参照。

（3）同書の成立は承久年間（一二一九〜二二）前後と見られている。内容的には、和歌の技巧・作歌に際しての心構え・同天皇の時代に広く行なわれていた各種の和歌関連行事の行事内容などを詳細に記している。また、同書は中殿御会の行事内容を始めて明文化した文献でもある。

（4）国書刊行会本二。以下『明月記』よりの引用は全て同書。

（5）奈良時代より宮廷には様々な儀式・行事が行なわれた。これらは恒例・臨時の別はあるものの、年中行事と総称される。鎌倉時代になると、宮廷の儀式・行事は平安京遷都の時代に比し、衰退・形骸化してしまったものが多い。一方、平安時代を通じて、宮廷を中心に天皇や貴族たちが創出した一群の行事がある。平安以前より行なわれていた漢詩の宴などの行事を基に、和歌の盛行を背景として育まれた歌合や歌会である。中殿御会の名称が文献に見えるのは一三世紀初以降だが、基となった初度御会の濫觴は一一世紀中の後冷泉・後三条両天皇の時代まで遡ることができる。つまり中殿御会は恒例・臨時の年中行事とは全く別に創出された行事の一つと言える。

（6）内宴とは、恒例年中行事の一つで、毎年の正月二一日に天皇の常の御所だった仁寿殿で行なわれた。行事の内容は源高明（九一四―九八二）による儀式書『西宮記』に詳しい。御前に文人を召し、詩を賦させ、披講におよぶ。その後で内教坊の舞妓が舞を献ずる。内宴は、『年中行事秘抄』正月に「廿一日内宴事」として、弘仁三（八一二）年前後には既に行なわれていた事が知られる。『百練抄』保元三（一一五八）年正月二二日条によると長元七（一〇三四）年以後、廃絶したという。その後、『百練抄』・『兵範記』保元三年正月二二日条に、この日、長元七年以来絶えていた内宴が再興された事を伝えるものの、翌年、再度行なわれ、以後は廃絶してしまった。

参考文献　山中裕『平安朝の年中行事』（塙書房、一九七二）、甲田利雄『年中行事御障子文略解』（続群書類従完成会、一九七六）など。

(7)『日本古典文学大系』八四。

(8)『史料大成』「歴代宸記」所収。

(9)『続群書類従』第十九輯上管絃部一。

(10) 鎌倉時代初の琵琶と天皇の関連などについては石田百合子「藤原孝道略伝」（『上智大学国文学論集』一五・一九八一）、相馬万里子「『代々琵琶秘曲御伝授事』とその前後―持明院統天皇の琵琶―」（書陵部紀要三六・一九八四）などを参考に詳しい。本稿でも参考にさせていただいた。

(11)『日本歌学大系』第三所収。

(12)『八雲御抄』「中殿会」冒頭部分から、建保六年度の中殿御会は天喜・応徳・永長・天承などの先例を参考に開催された事が知られる。行事の進行にあたってはそれなりに試行錯誤があったらしい。後に本文で用いる表8、『八雲御抄』のf、gには文台と掌燈について記されている。文台とは、読師（とくじ）が天皇・臣下が懐中に携えてきた和歌懐紙を取り集めるための台である。これには朝餉間の硯筥の蓋を裏返して用いる。この文台と掌燈を所定の位置に据えるについて『明月記』裏書には参会者の一人、右大臣九条道家の言として次のようにある。

　裏書云、

　人々云、頼資置文台、又掌燈、信実持参燈云々、後日右大臣殿仰云、先例依催立切燈台掌燈、次仰文台事、而今度仰切燈台掌燈、頼資立切燈台、未持来燈以前、不待催進寄、取御硯蓋置之、次信実持参燈、頼資又供之、不得心、於円座事者、其後又仰之令敷、

文台と掌燈を据える作業について、参会者であり蔵人だった藤原頼資が担当したが不手際だったという。『八雲御抄』ではこのような実際の経験に基づき、進行上の問題点や反省点の改善が成されていると推測される。

(13) 承久の変以後の朝廷と九条家の動向、寛元四年の宮騒動については以下の先学に詳しい。上横手雅敬「鎌倉幕府と摂関家」（『宇治市史』2、一九七四）、「鎌倉幕府と公家政権」（『岩波講座日本歴史』5　中世1、一九七五）、山本博也「関東申次と鎌倉幕府」（『史学雑誌』八六―八、一九七七）。

第三章　中殿御会図の諸本と伝存関連資料

はじめに

本章では、御会図諸本とその関連史料について述べたい。諸本の調査は、御会図の伝存部分の把握、制作当初の姿の復元のために不可欠の作業と思われるので、各所に残る諸本について、散逸部分の補訂や、断簡の有無を調査した。画質・保存状態などの良好な模本や、奥書を備え、摸写した人物の氏名や出自などの明らかな模本を探す事も目的とした事は言うまでも無い。一方、『本朝画史』や『考古画譜』などの近世以降の絵画史関連の文献は、「作者は似絵名人・藤原信実である」、「原本は焼失した」といった、制作や伝存に関する諸説を掲げている。こうした文献の記述をもとに御会図の検討が進められている現状からも、伝存関連資料の調査も諸本の調査と同じく重要な基礎研究として再検討した。

行論の前に、先学の歩みを概観しておきたい。昭和七（一九三二）年五月『史蹟と古美術』四〇に、曼殊院所蔵本の図版が紹介された（無記名）[1]。翌、同八（一九三三）年一月、『國華』五〇六に「中殿御会図巻解」と題して、九条家本、すなわち現在の北村家本の図版が解説と共に発表された（無記名）。画容や伝存に関する諸説について、基本的な問題点を余すところ無く指摘し、現在の御会図研究の指針を示したと言っても過言では無かろう。また、絵の筆致から同模本の作期を南北朝〜室町期（本文では「足利時代」）とする。

昭和五十三年（一九七八）年に刊行された『日本絵巻物全集』二六に、北村家本が採録され、赤羽叔（「建保六年の中殿御会」）・宮次男（「中殿御会図について」）・鈴木敬三（「似絵の装束について」）が個々専門分野からの解説を執筆した。赤羽は国文学の立場から建保六年八月十三日中殿御会開催に至る経緯を述べ、和歌会の行事内容について解説した。宮は美術史の立場で詞書の異同に注目し、北村家本・徳川美術館本・出光美術館本・群書類従所収本を比較、同図に二流の転写系統のある事を発見した。また、宮内庁所蔵『天子摂関御影』などとの比較から、人物描写の相似性の高い事を証明した。これにより北村家本が原本に近い模本であると推測し、鎌倉末・南北朝を下らない時期の作とする鈴木は、有職故実の視点から人物の着用する装束について解説した。なお、鈴木は『初期絵巻物の風俗史的研究』（吉川弘文館、一九六〇）三七二〜三七七頁で、模本ながらも人物の着用する装束が鎌倉期の強装束の特徴を示すとし原本の作期は建保六年当時と推測した。

昭和五十八（一九八三）年『続日本絵巻大成』一八に北村家本が採録され、小松茂美が解説「『似絵』の絵巻」第三章に「『中殿御会図』の伝存」を執筆した。小松も詞書に注目、東京国立博物館所蔵狩野養信模本は、北村家本に見られる虫損を部分的ながらも書写している事から、本模本は北村家本を祖本としている事を明らかにし、両者が系統を一にする模本である、と結論した。絵の筆致も鎌倉期の特色を示すと共に、詞書の筆致が、同御会に参会し、この詞書を記したと『本朝画史』などに伝えられる世尊寺行能の現存遺品に見られる筆致の特徴と一致する事から、北村家本は建保六年度中殿御会の開催後、時を隔てずしての制作と結論した。

本稿は先学の諸研究に啓発されつつ、調査した諸本の概略と、その比較検討から得られた問題点について述べることから始めたい。

一　諸本概観

現状では、次の三部構成のものが御会図として認識されている。
Ⅰ　御会記・当日の行事内容を詳しく記した漢文体の記事
Ⅱ　絵　・琵琶を擁する順徳天皇と他の参会者を清涼殿に配した管絃の場面
Ⅲ　和歌　・九条道家による中殿御会を賛美する漢文体の序文と参会者の位署と和歌
※以下、注記のない限り、「御会記」と記す場合は右のⅠ、「和歌」と記す場合は右のⅢを指す。単に「詞書」と記す場合は右Ⅰ・Ⅲを併せたものを指す。

諸本は、以上の三部が様々に組み合わされて伝存する。調査・実見したのは以下の一四の模本で、簡単な解説を付した。なお、以後は各模本の呼称と共に記した括弧内の略称を用いる。但し、宮内庁書陵部所蔵本①〜⑥は、書陵部本①〜⑥と記す（各書陵部本の括弧内は函架番号）。次の表10は、調査結果の内、論を進めるに際して必要な事柄をまとめたものである。

イ　出光美術館所蔵本（出光本）。
比較的、古い模本と見られる。一九八八年六・七月、同館で開催された「絵巻展」解説には室町期の作とするが、根拠は不明。本模本はかつて前山家本・河本家本と称されたものと同一物である。一九四〇年に前山宏平氏所蔵「紙本墨画中殿御会図」として重要美術品に認定され、一九六四年、文化財保護委員会事務局美術工芸課編「昭和三十九年九月現在　重要美術品等認定物件分類目録（絵画）」では河本嘉久蔵氏所蔵となっている。その後、出光美

表10　諸本比較検討表

	諸本	成立	摸写作者	彩色	構成	年齢注記	殿上間描写
A	ウ　徳川本	不明	不明	白描	絵・和歌	有	台盤なく御簾あり
	オ　群書類従本	不明	不明	―	御会記・絵・和歌	有	台盤なく御簾あり。
	シ　書陵部本①（B六―五三四）	嘉永七	清原宣嘉	白描淡彩	御会記・絵・和歌	有	御簾無く台盤あり。
	ス　書陵部本②（B六―五三六）	不明	不明	白描淡彩	御会記・絵・和歌	有	台盤無し。御簾とも異なる御帳の如きものあり。
	セ　書陵部本③（二一七―三五八）	不明	不明	―	御会記・和歌	―	―
B	ア　北村家本	室町期の作カ	不明	白描淡彩	御会記・絵・和歌	―	御簾無く台盤あり。
	イ　出光本	室町期の作カ	不明	白描淡彩	御会記・絵・和歌	有	御簾無く台盤あり。
	エ　曼殊院本	元禄六以前	不明	白描淡彩	御会記・絵・和歌	―	御簾無く台盤あり。
	カ　養信本	文化一四～文政二	狩野養信	濃彩	御会記・絵・和歌	有	御簾無く台盤あり。
	キ　為恭本	文政六～元治元	冷泉為恭	白描淡彩	絵・和歌	―	御簾無く台盤あり。
	ソ　書陵部本④（四〇五―六四）	寛文五～延宝五	葉室頼業	―	御会記・和歌	―	―
	チ　書陵部本⑥（五一六―二六六）	宝暦一四	甲斐守義	白描淡彩	御会記・絵・和歌	―	御簾無く台盤あり。
	ク　『古』人形服章部本	寛政九～文化年間	松平定信命。直接の製作者は不明。	濃彩	絵	―	台盤と長押を混同、御簾を描きかける。

C						
ケ　『古』宮室部本	寛政九〜文化年間	松平定信命。直接の製作者は不明。	濃彩	絵（人物を付さず）	—	台盤なく御簾あり。
コ　内閣本	不明	不明	白描	絵	有	台盤無く御簾あり。
サ　中殿御会部類（『宮』本）	不明	不明	—	和歌（序のみ）	—	—
タ　書陵部本⑤（五〇〇―三九）	不明	不明	白描淡彩	御会記・絵	—	御簾無く台盤あり。

＊…整理番号のA、B、C各群及びア〜チは本文で使用した分類と一致。
＊…構成の欄の略称は、小稿本文で使用の略称と一致。

術館の所蔵するところとなった。

エ　曼殊院所蔵本（曼殊院本）。

この模本も御会図の諸本中では古いものの一つと見られるが、伝存の経緯はわからない。曼殊院御門主山口圓道氏の御教示によると、後水尾天皇猶子・八条式部卿智仁親王息、良尚法親王関連の遺品という事である。同院は室町時代以来、洛中・御所近隣にあったが、明暦二（一六五六）年現在の上京区竹ノ内町に移転・造営された。その折り、任にあたったのが同親王である。同親王は書・画・茶・華・香道などの諸芸能に秀でた人物で、御所の持僧として仏教行事を司った。よって、同親王の遺品であった事から、同親王が薨じた元禄六（一六九三）年を作期の下限とした。

カ　東京国立博物館所蔵狩野養信模本（養信本）。

養信の手になるこの模本は、小松が前掲論文で明らかにされた様に北村家本を祖本とする。細かな考証は小松前掲論文に詳しいので割愛する。この模本の制作年次は、東京国立博物館・松原茂氏の御教示によれば、養信の署名と花押の変遷から見て、文化一三（一八一六）年から文政二（一八一九）年と推定されるとのことである。(2)養信本の奥書の内容については次章で触れる。なお、本奥書と同文のものが『訂正増補　考古画譜』下巻　知部（『黒川真頼全集』国書刊行会、一九一〇）に、「粉本記云」として引載されている。

キ　出光美術館所蔵冷泉為恭模本（為恭本）。

作期を確定出来ないので、便宜上、その生没年（一八二三―六四）を以て代えた。北村家本・出光本・曼殊院本などと同様、模し崩しが少ない。

ク　東京国立博物館所蔵『古画類聚』人形服章部所収画（『古』人形服章部本）。

ケ　　同　右　　　宮室部所収画（『古』宮室部本）。

東京国立博物館所蔵『古画類聚』に引載される御会図は二種類あるが、前者は人物とその服装を、後者は建築の引載を目的としているため、ともに詞書の類は一切無い。参考・『調査報告書　古画類聚』（東京国立博物館編、一九九〇）。

コ　内閣文庫所蔵本（内閣本）。

成立・作者ともに不明。巻子仕立てで、表書きには「建保中殿御会図［詞書別紙］二通の内」とあり、詞書の存在した事を伝えるが、現在の同文庫所蔵目録の中には見出せなかった。

サ　宮内庁書陵部所蔵『中殿御会部類』。

本書（以下、『宮』本と記す）は、群書類従　第十六輯　和歌部一三六に収められている同名の文献（以下、『群』本と記す）の異本で、中殿御会とされる各種和歌会について、古記録類の記文を引載する。両者に引載されている各種古記録は幾つか相違する。『宮』本では引載されている建保六年度の例が、『群』本には無い。『宮』本には同御会の序が引かれ、これが御会図の和歌より引載されたものか、御会図とは全く別に伝存されて来たものを引載したのかは不明。但し『宮』本には『群』本には見られない貞治六（一三六七）年三月十三日の同御会の序を引載している点から見て、全く別の伝来によるとも目されるが調査・検討の対象に含めた。

次章参照。

シ　宮内庁書陵部所蔵　(1)『建保六年中殿和歌御会図』（B六―五三四）。

ス　同　右　(2)『建保六年中殿和歌御会図』（B六―五三六）。

セ　同　右　(3)『中殿和歌御会』（二一七―三五八）。

ともに成立・作者は不明。

ソ　同　右　(4)無題（四〇五―六四）。

詞書だけを内容として絵がない。天地四〇センチ、全幅五〇六センチ、全二〇紙の巻子。作成の年次は奥書に次の様にある。

此一巻葉室故大納言［頼業卿］令模写、加一校者也、
延宝五年丁巳年　仲秋中旬
右近衛権少将藤原朝臣（花押）

寛文五年
仲秋日
正四位下藤原季有（花押）

※［　］は原文割注。以下、他の資料の引用においても同じ。

「葉室故大納言［頼業卿］」は葉室頼業で、万治三（一六六〇）年正二位に叙され、寛文六（一六六六）年権大納言を

辞し、延宝三（一六七五）年に薨じた（以上『諸家伝』七による）。「右近衛権少将藤原朝臣」の人物比定はできなかった。右、奥書の枠内は別紙による貼り込みで、意味するところはわからない。貼り込み中の「正四位下藤原季有」は寛文三（一六六三）年に正四位下に叙された四辻季有と見られるが確かではない。これに記された御会記・和歌には、祖本にあった虫損部分を輪郭線で示している部分があり、幾つかは北村家本と一致する。従って北村家本と転写系統を一にする可能性があると考えられる。

タ　同　右　(5)『御遊絵巻　建保六年八月十三日』（五〇〇―三九）。

成立・作者ともに不明。

チ　同　右　(6)『建保六年中殿和歌御会之図』（五一六―二六六）。

本模本は巻末には宝暦十四年（明和元・一七六四）二月十一日「甲斐守義」なる人物（人物比定は叶わなかった）の手になるものである事を伝える以下の様な奥書を有する。

宝暦十四年二月十一日写之、後日以公麗卿御所蔵校合之所、公卿殿上人之名字落之、則彼卿被染御筆賜之、

甲斐守義（花押）

「公麗卿」は宝暦一四年当時、正三位権中納言だった、滋野井公麗（一七三三―八一）である。

以上の他にで実見・調査出来なかったものが次の三種の模本である。

ア　北村家本

中央公論社『続日本絵巻物大成』十八を用いた。

ウ　徳川美術館所蔵本（徳川本）。宮前掲論文に詳しいが図版は掲載されていないので、同館に頒布して戴いた写真版

を検討に用いた。

オ　群書類従　和歌部所収『晴御会部類記』引載『無名記』本（群書類従本）。

本模本は『歴代残闕日記』所収『無名記』（以下、『歴』本と記す）引載の御会図と同じく、三部構成からなる。両者は和歌と参会者の位署の末に「応安第一初秋此書写了　倉了判」と同一の奥書を有し、祖本を一にするか、同じ転写系列のものである。両者の祖本は応安元（一三六八）年に模写された事を伝えるが、この奥書が御会図全体に懸かるものなのか、和歌の部分にのみ懸かるものなのかは群書類従本・『歴』本各々の祖本となったものを見てみない限り判断できない。宮は前掲論文で御会図の転写系列が二流ある事を明らかにした。これは北村家本・徳川本・出光本詞書の異同に着目したもので、以下の通りである。和歌に見られる藤原保季の位署には「正四位下行中宮亮臣藤原朝臣保季　上」と記されていて、『公卿補任』建保六年(3)では同年正月十三日に従三位に叙任されている事実に反する。御会記では「従三位藤原朝臣　保」・「保季卿」とあり、これは和歌において保季の次に記された藤原知家のものと誤記されたからで、正しくは「従三位臣藤原朝臣保季　上」・「正四位下行中宮亮臣藤原朝臣知家　上」となるべきである。北村家本や出光本は保季・知家の位署が誤記され、一方の徳川本・群書類従本は正しく記されていることから、二つの転写系列の存在する事が明らかになった。また、画中に注記された藤原雅経の年齢が出光本は「四十八」と書いたものを訂正して「四十九」とあるのに対し、徳川本・群書類従本は「五十六」としている事も、同図の模本の系統が二流あることを裏付けるとしている。

調査した諸本を宮の論に従い、群書類従本・徳川本等をA、北村家本・出光本等をB、詞書の欠如等から判別不可能なものをC、として分類すると次の様になる。

A　ウ、オ、シ、ス、セ

B　ア、イ、エ、カ、キ、ソ、チ

C　ク、ケ、コ、サ、タ

諸本調査の結果をいくつか報告したい。

御会図の画中書入れは人物の傍に年齢や名前を注記するもので、御会図の特色の一つとなっている。注目したいのは年齢の注記で、A群に分類されるものには必ず記入されているが、B群では出光本・養信本を除き他には全く記入されていない。興味深いのは北村家本を祖本とする養信本は、前者には見受けられない年齢注記がある。これは転写の過程で後人の手の入った事を示している。年齢注記の異同についてまとめたものが表11である。

表11の飛鳥井雅経の年齢に注目すると、A群では「五六」、B群では「四九」・「五九」となっている。雅経の建保六年時の年齢は『公卿補任』同年の条には記されておらず、承久三（一二二一）年の条に三月十一日に五十二歳で薨じたとあり（『尊卑分脈』も同じ）、これより逆算すると建保六年当時は四十九歳である。ところで、内閣文庫所蔵の御会図の関連文献資料『建保中殿会歌考』（次節参照）には「三十一人年齢及其所生并家号考建保六年公卿補任・諸家系図・作者部類等記之」とある。『建保中殿会歌考』は薨年より逆算した年齢を記しているとも推測される訳だが（表11）、これより類推すると、B群の出光本の様に雅経の年齢を「四九」と記す模本は『建保中殿会歌考』と同じく、

書①	内閣本
26	26
32	31
55	56
48	48
35	35
47	47
47	47
46	46
31	31
21	21
56	56
20	20
48	48
29	29
42	42
31	31
33	—
57	57
25	25
60	60
39	39
46	46
37	37
21	21
53	55
47	47
—	—
—	—
—	—
—	—
—	—
—	—

「書②」→書陵部

表11　年齢注記 比較一覧

	尊卑分脈	公卿補任	中殿歌考	出光本	養信本	徳川本	群書本	書②
九条道家	26	26	26	26	26	26	26	26
久我通光	32	32	32	31	31	31	31	31
二条定輔	56	■ 56	56	56	56	55	55	55
西園寺公経	48	■ 48	48	48	48	48	48	48
九条良平	35	35	35	35	35	35	35	35
四条隆衡	—	47	47	47	47	47	47	47
源　有雅	43	■ 43	43	47	47	47	47	47
藤原公頼	—	■ 47	47	46	46	46	46	46
大炊御門家嗣	—	22	23	31	21	31	31	31
藤原基良	32	■ 32	31	21	21	21	21	21
飛鳥井雅経	49	■ 49	49	49	59	56	56	56
源　資雅	19	—	—	20	20	20	20	20
堀川通具	48	49	48	48	48	48	48	48
衣笠家良	27	■ 27	27	29	29	29	29	29
藤原経通	—	43	42	42	42	42	42	42
中山忠定	—	31	31	31	31	31	31	31
藤原忠信	32	32	32	32	32	32	32	33
藤原定家	60	57	57	57	57	57	57	57
西園寺実氏	25	25	22	25	25	25	25	25
藤原家隆	—	■ 61	60	60	60	60	60	60
藤原家衡	—	■ 40	—	39	39	39	39	39
藤原保季	—	—	—	46	46	46	46	46
藤原知家	—	■ 37	—	37	37	37	37	37
藤原為家	22	■ 21	21	21	21	21	21	21
藤原範時	—	■ 53	53	53	53	53	53	53
藤原範宗	—	■ 48	—	47	47	47	47	47
藤原頼資	37	■ 37	—	—	—	—	—	—
藤原光経	—	—	—	—	—	—	—	—
藤原康光	—	—	—	—	—	—	—	—
世尊寺光能	—	—	39	—	—	—	—	—
藤原信実	—	—	—	—	—	—	—	—
順徳天皇	—	—	—	—	—	—	—	—

＊…『尊卑分脈』の全てと『公卿補任』の■を付してある年齢は、没年より逆算した。

＊…「中殿歌考」→『建保中殿会歌考』「群書本」→群書類従本「書①」→書陵部本①
本②　その他は本文中、使用の略称に同じ。

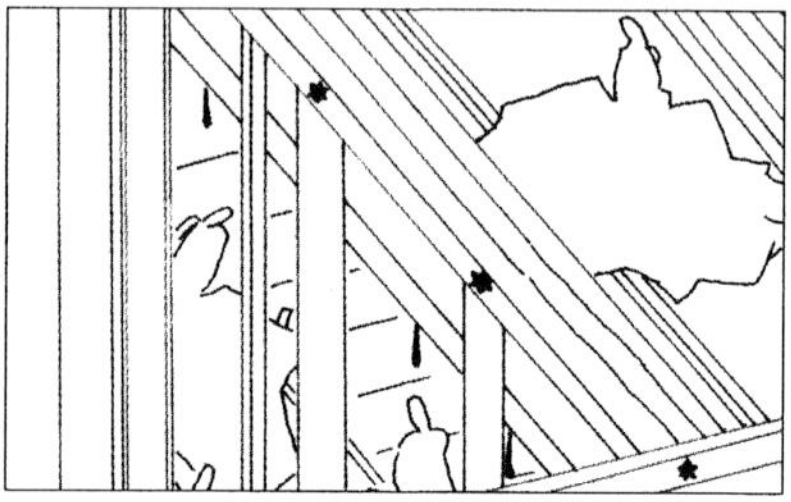

図11　養信本

図12　書陵部本②

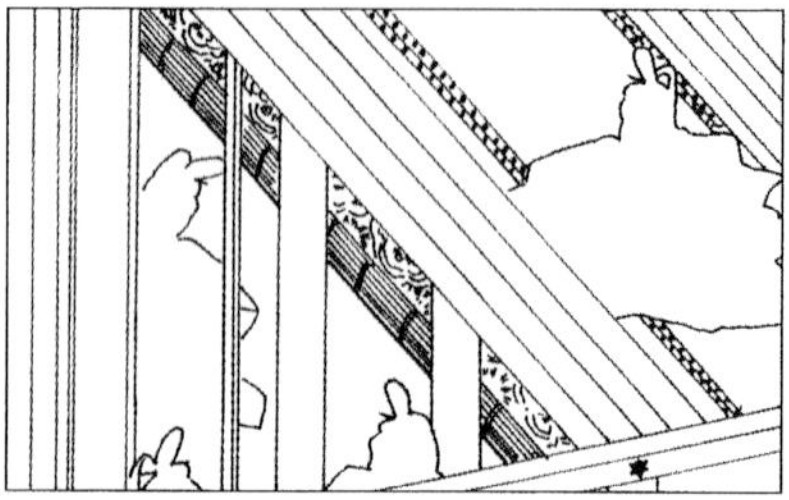

図13　徳川本

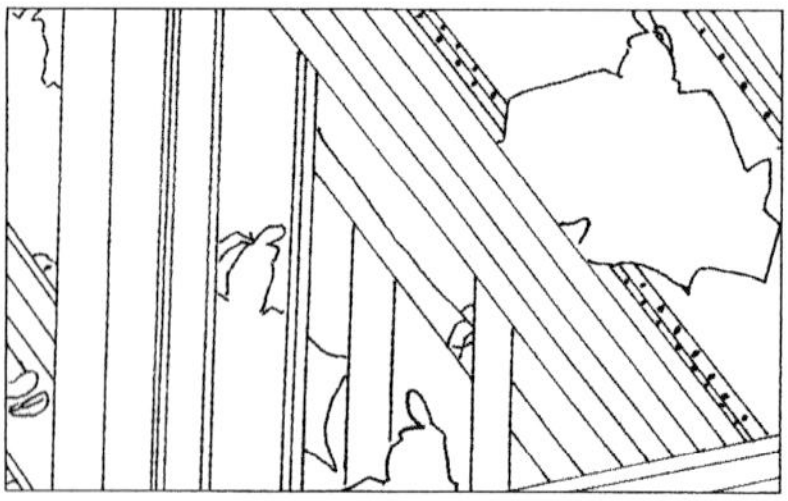

図14　『古』人形服章部本

図11〜14　中殿御会図諸本における清涼殿殿上間の描写
※　人物は輪郭線のみ描き、画中書き込みは省略した。

『公卿補任』・『尊卑分脈』などの編纂物を参照して記された後世の補筆の可能性があるのではないか。つまり、御会図に見られる人物の年齢注記は、模本の系統整理の上では指標とはなり難い。一方の各人の名前の注記については、検討不充分なので後考に期したい。

諸本間の絵の異同については、画面下手、殿上間内部の御簾と台盤が注目される（図11〜14）。B群の北村家本・曼殊院本・出光本等の系統の模本では、殿上間の台盤を挟んで忠信・実氏・定家が着座する。一方のA群、徳川本・群書類従本・『古』宮室部所収本等では台盤は描かれず、更に殿上間南側の長押に巻き上げられた御簾が掛けられている。ここで『古』人形服章部所収本と書陵部本(2)に注目したい。前者では台盤と長押を描いているが、台盤の脚を御簾の鉤丸の総と、長押の線描を御簾の輪郭線と誤解して、中途で描くのを止めている。後者の図様は前者と同様の誤解によるものと推測されるが、台盤を描かずに御簾とも帳とも判別できない調度が描かれている。何れも台盤と長押を混同したと推される。

『古』人形服章部所収画・書陵部本(2)は、徳川本等に見受けられる御簾と同質の誤解とも受け取れる。A・B群の何れの描写が正しいかは速断できないが、これらの描写に注目すれば、諸本の転写系統を整理するための一つの指標となりえる。

以上の様に、画容における異同は、A群では御簾、B群では台盤・長押が描かれるという形で検出され、前述の宮による詞書の異同に基づく転写系統の分類と一致するのである。

二　伝存関連史料

御会図は『本朝画史』・『考古画譜』などの伝存関連資料をもとに説かれてきた。十七世紀末、狩野永納による『本朝画史』[4]巻第二「藤原信実」の項に、

（前略）

又九条殿家有二順徳院中殿御会図一「中殿清涼殿也、曾集二群臣一作二歌御会一、其後催二音楽一有二遊宴一、天子擁二琵琶一諸臣各把二楽器一、列座厳重也」為二一大巻一、当時之名臣皆列二于図一、信実亦預レ焉、写二其生一伝二其神一、尤足二以徴一レ之者乎、（下略）

※傍線は筆者。以下、注記の無い限りこれに同じ。

とある。傍線部にいうところの「中殿御会図」の画容は、現在、我々が御会図と認知しているものと同一である事が窺われる。また、同書編纂[5]時、九条家には御会図とおぼしき絵画が一巻の体裁で伝わっていた、という。御会図研究の現状では、これが原本を指すとの見方が強く、制作を担当したのは似絵の名人・藤原信実だった、ともいう。御会

図の現在に至る研究の指針と動向は、この『本朝画史』の記述に負うところが大きい。一方、東京国立博物館所蔵の養信本には、祖本に記された左の奥書を書写している。

此一軸者順徳院御宇建保六年於二清涼殿一開二公宴一図也、行能・信実陪二其席一、行能記二公宴大概一、信実図二勝会及群臣真容一、可レ謂二千歳珍奇一也、其真跡秘二官庫一不レ得二輙見一、伯三品雅喬王辱蒙二勅免一謄二写之一、余強請二雅喬王一書二写之一訖、

寛文八龍集仲春上浣朝議大夫侍読吏部少卿清原経賢（花押）

これも『本朝画史』と並ぶ基礎資料と理解されている。傍線部のように、寛文八（一六六八）年当時、本模本の祖本は、「官庫」すなわち天皇のもとに所蔵されていた事を伝える。(6) 更にそれは信実・行能の「真跡」だったという。この「真跡」とは御会図の原本を指すと解釈するのが自然であろう。

以上の二資料に匹敵する資料価値を有する文献がある。内閣文庫所蔵『建保中殿会歌考』がそれで、現在まであまり注目されていない。著者は林鵞峰（一六一八―一六八〇）で、その内容と構成は、巻頭に九条道家の序文・参会者の詠歌を書写する。次に『太平記』巻四〇を引用して同御会の沿革を解説し、続いて藤原定家の私家集『拾遺愚草』所載の同御会における詠歌を引く。最後に次の様な奥書を記し巻末を結ぶ。

伝聞、藤原信実以レ画顕二名於一世一、列二建保六年八月中殿会一、未レ受二道家之旨一直図二公卿雲客像一、故其年齢面体無二毫釐之差一、倭歌皆道家親筆也、九条殿累世伝以為二家宝一、不二妄示一レ人、先年安芸拾遺源綱晟以下為二九条家姻族一故上懇望、遣二狩野縫殿永納一就二彼家一写レ之、正本呈二綱晟一副本自蔵焉、永納与レ余有二世交之好一、故模二其副本一贈レ之、乃加二写其倭歌一、且所二考勘一如レ右、

延宝七年二月二十九日　　鵞峰林叟

鷲峰が『建保中殿会歌考』を執筆した経緯は次の様になる。九条家に伝存する御会図は、同家累世の家宝であったためにみだりに他人に見せる事は無かった。ところが先年、安芸拾遺源綱晟（芸州藩主浅野綱晟、以下、綱晟と記す）が九条家と姻戚関係であったため、狩野永納を遣わし模写させてもらった。永納は模写した正本を綱晟に、副本は永納自身が所蔵した。永納と自分（鷲峰）は親交が有ったので、副本を再転写したものを鷲峰に贈ってくれた。そこで、参会者の詠歌を加え写し、鷲峰は自らの識見を加えた、という。つまり、鷲峰は綱晟の命により永納が模写した中殿御会図の再転写本を得たのを契機に、延宝七（一六七九）年、同書を記した、とする。綱晟が狩野永納に九条家所蔵の中殿御会図を模写させた時期を特定してみよう。綱晟が九条家と姻戚関係を結んだのは、九条幸家の女を室として娶った万治元（一六五八）年六月八日なので、(7)この年から綱晟の没した延宝元（一六七三）年までの十五年間がその時期と特定される。(8)

本書の奥書には数々の注目すべき点がある。第一点は、今まで知られていなかった中殿御会図の成立事情が記されている事である。建保六年の中殿御会に参会した藤原道家の命を受ける前に、同じく参会者の一人であった藤原信実が同御会を絵画化したとする事。第二点は、参会者の和歌を執筆したのは道家自身であり、第三点は、御会図が代々家宝として九条家に伝存していたとする点である。

第一・二点の、御会図の成立事情については、否定も肯定もできない。従来、前掲の養信本奥書に「行能記公宴大概、信実図勝会及群臣真容」とある記述が広く知られてきた。一方の『建保中殿会歌考』に信実が作画をしたとする点では一致する。詞書の筆者については一致しないが、併せて文面通りに理解するなら、御会記は世尊寺行能、和歌は藤原道家が記したと解釈する事もできよう。(9)道家自身が和歌を記したとする伝承は、当時の宮廷における実力者であり、序者という立場で関わった史実からすると、同家が先祖の道家を称えるのは道理で一概に否定はできない。何

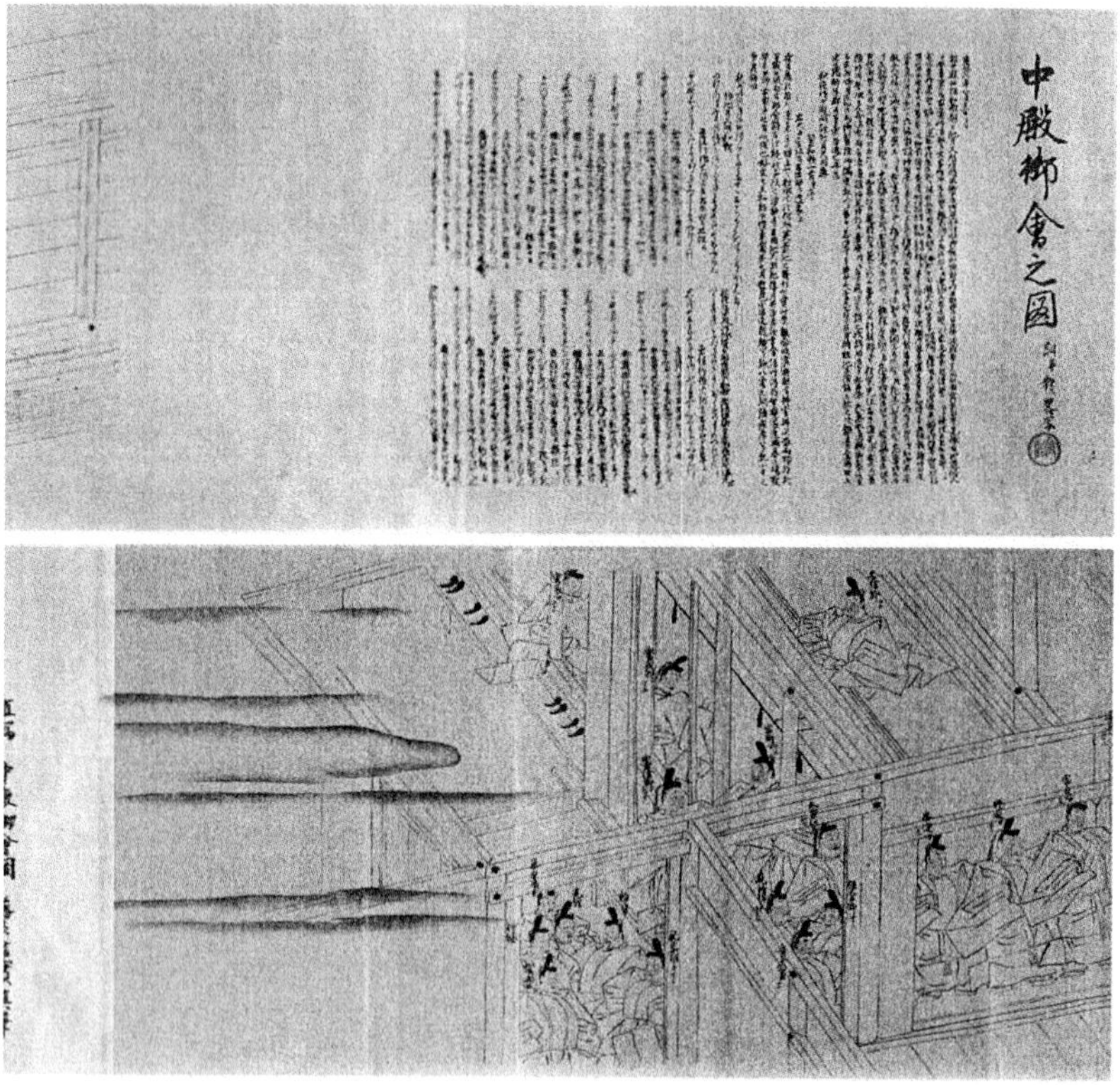

和歌御会図』（宮内庁所蔵／ B6-534）
れていない。

れにしろ御会図の制作者に関しては、養信本奥書にしろ『建保中殿会歌考』にしろ、藤原信実の作と確認可能な絵画も現存しない以上、様々な解釈の可能な「伝承」の域を出ない。第三点の『本朝画史』に記された御会図に関する永納の記述は、伝聞では無く自らの知見だった事が予想され、同時に『本朝画史』の「九条殿家有順徳院中殿御会図」とある記述を裏付けている。

　ところで、『建保中殿会歌考』に浅野綱晟の依嘱により永納が制作した模本とは、書陵部本①（『建保六年中殿和歌御会図』）の祖本ではないか（図15）。

　奥書に次の様にある。

直写　中殿御会図　藤原信

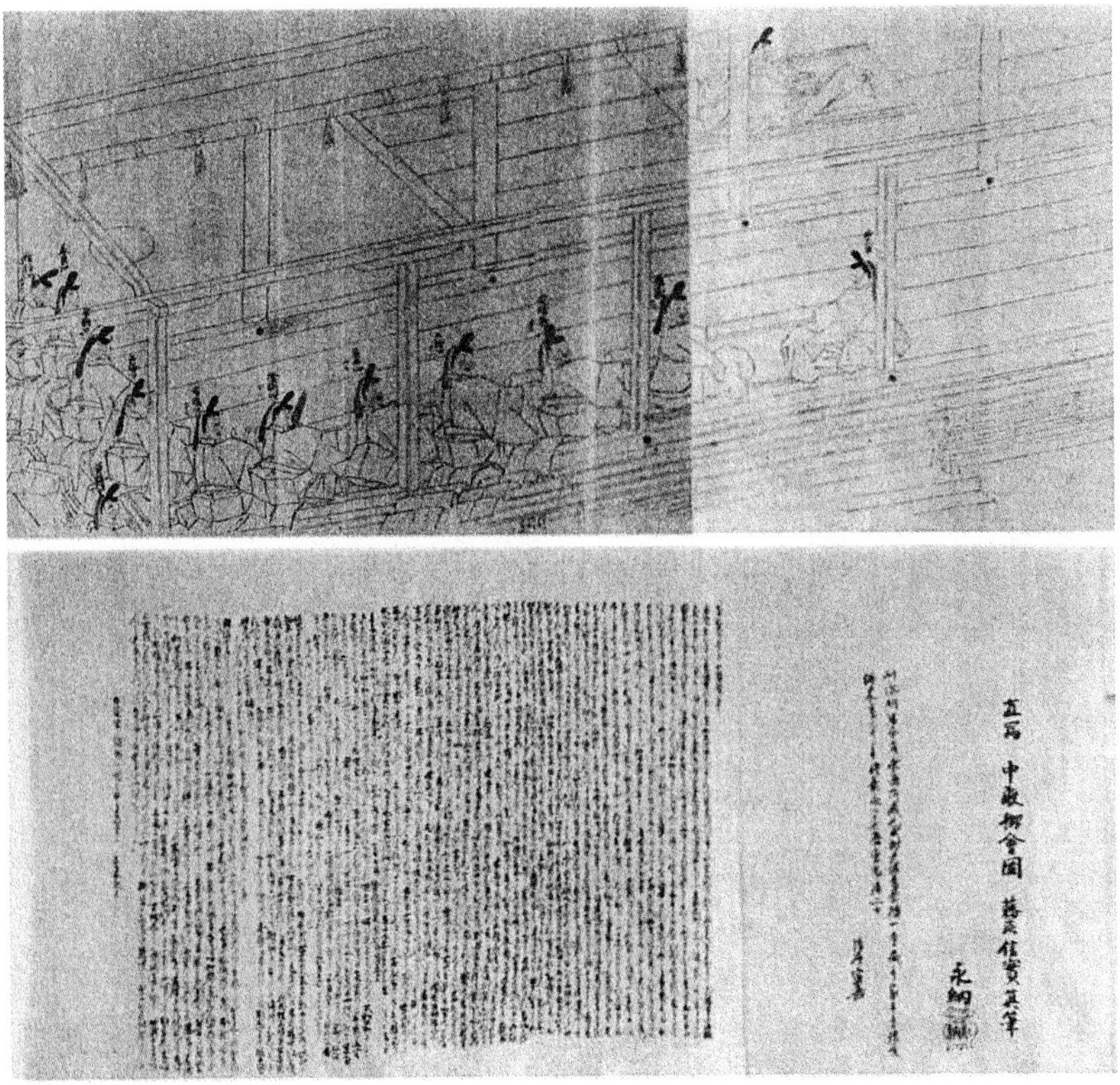

図15　書陵部本①『建保六年中殿
※見返し、軸付は図版中には含ま

実真筆
永納㊞
此永納写本者永岳所蔵也、
式部大録為恭模二一本一蔵二
其家一、予亦借二受件本一写
レ之了、于レ時嘉永第七暦重
陽後二日、
清原宣嘉

模写したのは清原宣嘉（一八三五―七三）で、家名を沢という。幕末の尊攘派の公卿で、七卿長州落の一人として著名である。天地約四〇センチ、全幅約三二〇センチ、全十二紙からなる。第一〇～一二紙に、中殿御会の沿革と貞治六（一三六七）年の同御会について記した『太平記』巻四〇「中殿御会」を引載する。本奥書は、『建保中殿会歌考』に見られた、永納の手になる九条家所蔵の御会図の模本である事を示しているのではないか。奥書の永納の落款は、鼎に「永納」の字を組み合わせたものを写している。永納の作成した御会図模本（『建保中殿会歌考』奥書にいうところの「副本」か）は五代後の永岳が所蔵し、冷泉為恭もこれを祖本として、一本を模写し、所蔵したとある。(10)

作期の古いと目される北村家本・曼殊院本・出光本と比べ、本模本は、嘉永七・安政元（一八五四）年と、比較的新しいにも関わらず模し崩しが少ない。宣嘉の描き癖を考慮するとしても、かなり程度の良好な祖本の存在を彷彿させる。その祖本が『建保中殿会歌考』にいう永納の模本だとしたら、この書陵部本①は、九条家に累代伝存したものを模写した事になり、御会図の伝存を考える上で大変興味深い模本と言える。しかし、宣嘉が模写した祖本は永納の直筆本であったのか、その再転写本であったのか、更に永納が御会図原本を、あるいは宣嘉が永納の模本を、どれだけ忠実に模写したか、という基本的な問題点が挙げられる。ただ、永納が御会図を模写した事を伝える模本がある以上、『建保中殿会歌考』奥書の内容は『本朝画史』と相互に補完し合い、信頼性は高くなる。

まだ、全ての御会図関連資料を調査できた訳ではないが、本章の小括として、御会図原本の伝存について述べておきたい。

何故、御会図が九条家に伝存したのか。何故、原本が九条家に伝存しなくてはならないのか。そもそも、建保六年中殿御会に参加した全ての人物の末裔の家に伝存する可能性があり、九条家に伝存する事の積極的な理由の明瞭で無い事が、御会図に取り組み出した当初から疑問だった。しかし、御会図制作の意図の一つとして、九条家の権勢の誇示が推測される事を考慮すると、同家に所蔵されていたとする所伝は理解できる。(11)では『本朝画史』・『建保中殿会歌考』にいう九条家に伝存された御会図とは本当に原本だったのか。『建保中殿会歌考』には「九条殿累世伝以為家宝、不妄示人」とあり、代々伝存してきたといっているに過ぎない。『本朝画史』も同様で、九条家に原本が伝存したとはいっていない。「真跡」は官庫に秘蔵されていたという養信本奥書の記事と照らすと、むしろ、御会図の原本は官庫にあり、九条家には模本が伝存していたのではないだろうか。

『考古画譜』に板屋慶舟（一七二九—九七）の補足として「板屋慶舟曰、九条殿御本、於彼御殿焼失了、依之住吉如慶奉命、以重代粉本画之」とある。これも原本とはしておらず、九条家に伝存していた「御本」としている。住吉如慶は寛文十（一六七〇）年に没した。九条家所蔵の御会図は焼失したとする右の記事は、永納が同家で御会図を模写したと推測される万治元年から延宝元年までの十五年間という数字を、万治元年から寛文十年までの十二年間に絞ることができる。更に板屋慶舟の言う九条家の罹災とは、万治四・寛文元（一六六一）年正月十五日の大火を指すと見られる。鹿苑寺住職第九十五代・鳳林承章（一六一一—六七）はこの大火の詳細を自らの日記『隔蓂記』同日条に事細く記している。同記は、この時、九条幸家邸も罹災した事を伝える。したがって、九条家所蔵の御会図は、万治四（寛文元）年の大火の際に焼失したとも推測される。つまり『建保中殿会歌考』の記事にあった狩野永納の同図模写は、綱晟と九条家の姻戚関係の成立した万治元年から同四（寛文元）年の三年間と考えられる。[12]

ところが『考古画譜』には、宇喜田可為（一七九五—一八五九）の補足として「原本白描、今猶存于九条殿」とあり、前掲、板屋慶舟の補足とは矛盾する。可為は何を根拠に九条家にあった御会図を原本としたのか。明らかにしなくてはならない問題である。

おわりに

御会図の画容を理解するための基礎研究として、諸本の調査と伝存関連資料を再検討した。諸本調査から、画中の年齢注記は後世の補筆の可能性の高い事が予測される。また、画容における異同が宮の分類に一致し、御会図の転写系統は大きく二つの流れのある事が再確認できた。さらに、清原宣嘉による書陵部本①など、従来知られなかった模本を紹介することができた。伝存関連資料については、『建保中殿会歌考』を紹介した。同書は『本朝画史』などの内容との関連から、検討の余地は十分に有り、その史料的価値は見過ごせない。御会図研究の基礎資料として提示できると思う。御会図伝存に関する資料は、未発見のものが数多くある。特に近世の公家の日記類は手付かずのまま、各所に散在する。これらの中には美術に造詣の深い記主の日記も数多く含まれる。今後、注目すべき資料と言えるだろう。

御会図諸本の調査の現段階では、各模本の現状に関する限り、描かれた人物に見られる画風や精密さといった点から見て、北村家本が最も原本の姿を伝えていると見ていいだろう。出光本・曼殊院本も北村家本に次ぐものとして、優れた祖本の存在を窺わせる。一方、制作の年次や祖本が明らかな点、伝存関連資料により、その経緯を補完し合える点から、清原宣嘉筆の書陵部本①の意味は大きい。

絵画のような美術史上の芸術作品を、歴史学などの実証研究に利用する事は大変困難な面がある。本来、鑑賞するために制作された絵画を実証研究に用いるためには、基礎研究として、絵画という表現手段を理解し、情報媒体としての斟酌―「史料批判」を加え、史料価値を探らねばならない。諸本や関連資料の検討も、そうした基礎研究として欠くべからざる作業といえるだろう。創る者・観る者の数だけ検討の方法がある事を痛感する。

注

（1）　同誌の目次によると、掲載された図版は「東京市　公爵　九条道實君蔵」とある。これがかつては、九条家本と呼ばれたもので、現在では所蔵者が北村又左衛門氏にかわり、北村家本と呼ばれる事となった。以下、本稿では北村家本と呼ぶ。また、小松茂美は、後出論稿で、北村家本が九条家から同家に所蔵された経緯を次の様に明らかにされている（小松論稿一一八頁）。戦時中、華族に伝襲する古美術品が、帝室博物館（いまの東京国立博物館）の所蔵品とともに、疎開の対象となった。九条家の秘宝も一括して、疎開品に加えられた。この一巻は、戦後、しばらくは東京国立博物館に寄託され、絵画室の陳列にも出品されていた。が、のち、いまの北村又左衛門氏の所有に移った。

（2）本稿で取り上げた御会図模本をはじめとする、養信筆の模本類（東京国立博物館所蔵）とその作期については、松原茂が「狩野晴川院と絵巻」（『ミュージアム』三四四　十一、一九七九）に詳しく論じておられる。

（3）新訂増補　国史大系・吉川弘文館。

（4）『訳注　本朝画史』笠井昌昭他編　同朋社出版、一九八五。

（5）以下、本稿で「原本」の語を用いる時は、現在は失われたと見られるオリジナルを指す。

（6）養信本は北村家本が祖本である、とされる小松氏の見解は前に触れた。小松は前掲論文で、本奥書の内容について、北村家本が本模本の祖本である事に注目され、「当時、「官庫」に秘蔵されていた「真跡」とは、まさに、この「中殿御会図」であったのだ。」と北村家本を原本とされている。

（7）『徳川実紀』第四篇　万治元年六月八日条（新訂増補　国史大系・吉川弘文館）。

（8）浅野綱晟は『寛政重修諸家譜』第五（続群書類従完成会）によると、寛永一四年（一六三七）に生れ、承応二年（一六五三）十二月二十一日に元服、従四位下弾正少弼に、寛文八年（一六六八）十二月二十七日侍従に叙任され、延宝元年（一六七三）正月二日に没した。

（9）本書第三部第一・二章参照。

（10）前掲、書陵部本①奥書には冷泉為恭が御会図を「模一本蔵其家」したとあるが、前掲の為恭本が該当するか否かは不明。

（11）注（3）参照。

（12）『隔蓂記』第五（鹿苑寺、一九六四）。この大火については『続史愚抄』五十九・『徳川実紀』第四篇（共に新訂増補　国史大系・吉川弘文館）の同日条などにも詳しい。

第四部　行列と乗り物の有職故実

第一章　牛車と平安貴族社会

はじめに

牛車とは何か。平安貴族層の乗り物として、参朝や祭見物などの外出時に多用された乗り物であることは言うまでもない。しかし、牛車の持つ意味、平安貴族層がなぜ牛車に乗る必要があったのか考察されたことはない。本稿は平安貴族社会における牛車の存在意義について考察を加えるものである。

従来より、物流・情報のルートとしての交通史の研究は非常に盛んであり、特に古代史では道路研究や宮都を中心とした都市史などに確固たる成果が蓄積されつつある。文献資料はもとより特に近年の発掘成果は著しい。しかし、乗り物の研究自体はどうだろう。輦輿についてはいくつかの研究が報告されているが、牛車については微々たるものではないだろうか。(1)

一方、こうした近年の交通史の研究動向は、行列やその構成要素の一つである乗り物を考える上で、あるいは史料学的な面からも、関連する文献の記事や指図・絵画などもより綿密な背景の調査・検討の必要性をもたらしたといえる。こうした研究動向に刺激を受けつつ、有職故実学からの乗り物研究は新たな展開とそのための柔軟な方法論の確立が急務になったといえよう。

近世の松平定信による『輿車図考』以来、古代の乗り物の研究は有職故実学をその主たる属性としている。だが、有職故実学自体、車種とその乗用者の特定の研究を専らとし、乗り物の運用といった実際的な側面や、乗り物の持つ身分制の視覚指標としての機能は等閑視してきた感がある。これに加えて、乗り物自体の遺物が極端に少ないことも要因として掲げられる。また、乗り物を包含した広い視野で行列や鹵簿を考察する研究が蓄積されつつある。例を掲げると、儀式としての行列、現実の行列空間と背景としての令制の社会、貴族社会に注目する野田有紀子や、その交名としての図示化に端を発する行列の図像表現に注目した藤原重雄の研究である。(2)こうした研究成果により、道具としての乗り物が使われる空間と、それが当該期の人々にどのように認識されていたかが具体的に明らかになってきた。行列そのものの本質や社会的機能が明らかになってきた以上、乗り物の運用などもその知識を研究に反映させるべきであろう。

なお、行論にあたっては、道具としての「乗り物」、身分制社会における「乗り物」の役割という視座で再考する。乗り物は、あくまでも道具であり、創りだすのも使うのも人間である。そしてその人間にはさまざまな背景としての社会状況がある。牛車をはじめとする平安貴族社会の乗り物の特色を明解なものとするために、あえて、中世末〜近世初期に出現する駕籠にも注目したい。

牛車は平安貴族社会を象徴する乗り物と言える。まずは乗車規定を考察し、平安貴族社会における役割と位置づけを試みたい。さらに今まで論じられなかった、古代末〜中世にかけての牛車衰退期について、その運用面から見てみたい。

一　牛車と平安貴族社会

牛車は、平安時代、貴族社会に広範に普及した乗り物と考えられてきた。令制下の人間の乗る牛車の受容については松本政春（注1参照）、同じく牛車と荷駄の運搬用の荷車については加藤友康の研究成果がある。(3) 両氏の研究成果に導かれつつ多少の私見を交えて、牛車が貴族社会に広がった過程を確認する。

まず『日本後紀』（『新訂増補国史大系』）弘仁六（八一五）年十月壬戌条では、

勅。親王内親王女御及三位已上嫡妻子。並聴レ著二蘇芳色象牙刀子一。但緋色鞦勒一切禁断。又禁三女人著二褐及黄櫨染等色一。唯節会日不レ在二禁限一。五位已上聴二恒服餝刀一。六位已下不レ得下以二金銀一為上餝。内親王孫王及女御已上。四位已上内命婦。四位参議已上嫡妻子。大臣孫。並聴レ乗二金銀装車一。自餘一切禁断。

一見したところ、後世において「過差」と呼ばれた奢侈とも相通じる法規制と言えるだろう。刀子や飾太刀、着衣の色彩に関して述べており、車もその一環として規定される。加藤も述べているが、ここに出てくるのは比較的高位の女性で、男性の車に関する記事はもう少し時代をくだらないと確認できない。男性は騎馬が原則であったが、寛平六（八九四）年五月十二日太政官符（新訂増補国史大系『政事要略』巻六七「糺弾雑事」）では、

男女有別。礼敬殊著。而頃年上下惣好乗車。非施新制。何改弊風。左大臣宣奉　勅。不論貴賤。一切禁制。

と、する。当時の官人の分限を省みない牛車の濫用についてこれを改めるようとする。興味深いのは女性の牛車利用が認知されていた可能性が窺われる点であろう。同七（八九五）年八月十七日付宣旨では男の乗車も「奉　勅。男聴乗車」として追認された。しかし『政事要略』の編者、惟宗允亮はこの一文のあとに「男乗車之制。隔一年停止。為

見旧法」と注記する。八九五年以後、一年程度で男の牛車使用は中止になったという。分限を越えた男の官人の乗車が一気に増加し、それが目に余る状態を示唆していると推測される。そして、長保元（九九九）年七月二七日太政官符（同上）では、同七（八九五）年八月十七日付宣旨を受けて、官人の牛車乗用について次のように規定された。

同七年八月十七日宣旨称。奉　レ勅。男聴二乗車一者。其後雖下車聴レ乗之者非上無二等差一。而卑位凡庶之人。不レ量二涯分一。恣以乗用。或加二黄金之餝一。轉濫二朱轓之體一。風流嘲二奇肱一。妙巧驚二衆目一。是又凋訛之基也。夫乗レ車者。皆君子。不レ可二大夫徒行一。若无二隄防一。何誡二後車一。同宣。奉レ勅。自今以後。六位以下乗車一切停止。但外記官史。諸司三分以上。并公卿子孫及昇殿者。蔵人所衆。文章得業生不レ可二必制一。

すなわち、①男の乗車を許可して以後、身分の等差なく広く乗車の習慣が広まったこと、②著しく装飾を施した車を戒めたこと、③六位以下の乗車を禁止したこと（五位以上の乗車を認可したこと）、④例外として「外記官史。諸司三分以上。并公卿子孫及昇殿者。蔵人所衆。文章得業生」が特定された。すなわち、九世紀後半、牛車とこれに乗車する習慣は貴族社会に広範に広がっていたということになるであろう。さらに、長保三（一〇〇一）年閏一二月八日太政官符（同上）では「一、応レ禁二制車華美一事」として、

（前略）華美之躰。倹約之法。不レ別二位階一。無レ有二異同一。其器物之類。随レ身不レ同。須下依二品秩一以異中形制上。四位網代。五位蔦張。六位板車。床不レ可レ塗レ内。輪只塗二掃墨一。凡厥塗漆不レ得二照耀一。又造二高大一一切禁断。然則華美自断。倹約可レ存者。同宣。奉　レ勅。依二先宣旨一。只禁二断華美照耀一。但至二于輪轤轂一。公卿及少納言弁。六衛府次将。殿上侍臣用レ之。自餘一切禁断者。

とする。牛車使用における華美な装飾が横行しているのに対して、位階の高低にかかわらず倹約の必要性を説く。牛車の過剰な装飾は、過差に該当すると理解されていたのである。また、牛車の仕様が四位網代、五位蔦張、六位板車

と規定された。なお車の床や車軸部分を墨で掃く（刷毛で塗る）か、髹漆仕様とするかといった規定も設けられた。これは漆を塗ることで光沢を得るか得ないかを意味すると推測されるが、「公卿及少納言弁。六衛府次将。殿上侍臣」とは、四位・五位相当の殿上人から三位以上の公卿に該当する人々も、車の車軸部については光沢のある漆仕上げは禁じられた。以後、一一世紀初頭以降は牛車に関する乗車規定は定着したと推測される。

牛車の乗車規定で注目されるのはその例外に該当する職掌とその意味するところであろう。長保元年七月二十七日太政官符では、外記官史（大外夫記は五位、原則は正六・七位）、諸司三分以上、并公卿子孫（三位以上）及昇殿者（四位・五位）、蔵人所衆（五位・六位）、文章得業生が、同三年閏一二月八日太政官符では、公卿及少納言弁、六衛府次将、殿上侍臣がそれぞれ例外的に乗車を許された。つまり、殿上人以上、諸大夫、公卿、これに加えて、天皇に近侍する職掌の者が牛車に乗ることを許されたということになる。この乗車資格にはいわゆる「昇殿制」が深く関係しているのではないだろうか。(4)光孝・宇多天皇期（八八四―八九七）以降、天皇と朝臣の親疎に基づく雑袍・禁色・勅授帯剣・輦車勅許（宣下）などの新たな身分制度が史料に散見され始める。朝廷の身分秩序が、令制以来の位階に基づく官僚制度の原理から、天皇との私的な「信頼」関係を根拠とする天皇の近臣・側近を選出する制度へと移行し、昇殿制が成立する。やがて、一一世紀には、五位以上の官人は公卿・殿上人・諸大夫という身分秩序が定着することは周知の事実であろう。近年、筆者も折りに触れて幾度と無く述べてきたように、天皇との「信頼」関係という位階制度とは別個の新たな身分秩序は、既存の位階制度と服装における表象システムである位色では可視化できない。そこで牛車に乗車しての参朝、服装の種類や持ち物、皇居内における行動上の特権というかたちで示したものといえる。前掲の雑袍以下の各勅許（宣下）はこの昇殿制の可視的指標の一端と言ってもいいだろう。牛車の乗車規定の根拠も、右に掲げた昇殿制などの勅許を受けた人々の身分指標という観点を持つ必要があろう。

牛車の乗車資格に関する太政官符などの規定の文言を見直すと、昇殿制という制度の存在が背景として浮かび上がってくる。牛車に乗る、という行為は、乗用者が殿上人以上と天皇に近侍する職掌の者であるという身分を対外的に誇示することであると結論できる。したがって、牛車という乗り物は、古代の身分制社会を象徴する「特権的な」乗り物であったことが明らかになる。しかし、このことが貴族以外の身分には広がりえなかった理由とも言える。

牛車は殿上人以上と天皇に近侍する職掌の者の乗り物として平安貴族社会に広がり始めるが、その具体的な仕様などについては『延喜内匠式』「牛車条」に、

> 牛車一具。屋形。〔長八尺。高三尺四寸。広三尺二寸。〕輪料櫟廿八枚。轅輻料樫九十七枚。樫料槻二枚。博風四枚料。歩板四枚檜榑五村。軸木一枚。熟銅大四十斤。滅金小廿両。水銀小八両。鉄四廷。漆五升。胡麻油。荏油各四合。掃墨二升五合。帛三尺。石見綿八両。調布一端一丈二尺。伊予砥二顆。青砥二枚。焼土五升。白綾五丈。油絹五丈。練絲五両。出雲席二枚半。毛料染苧四十四両。炭十一斛。和炭五十斛。銀小八両。〔鑵銅物料。〕洗革一枚。木賊七両。糯米三升。猪髪二把。釭一具。絹三尺。絲一斤四両。篦廿株。染料茜大三百斤。白米九斗。〔煮茜用度〕。酢一斛二斗。生絹四尺。〔篩茜料。〕庸布四尺。〔篩皀料。〕灰四十五斛。〔斤別一斗五升〕。薪百五十荷。〔斤別宛半荷〕。染槽一隻。〔長一丈已下。八尺以上。広三尺已下。二尺以上。〕柴十五荷。杓二柄。水麻笥一口。〔受四斗已下。〕水瓱麻笥一口。〔受二斛。〕苧割雇女単卅人食料。白米二斗四升。〔人別八合。〕酒一斗八升。〔人別六合。〕魚六升。〔人別二合。〕鹽六合。〔人別二勺。〕海藻三連。〔人別一把。〕功新銭六十文。〔人別二文。〕工百三人。夫九十人。〔不論長短功。〕

と部品や工程を詳述する。興味深いのは、牛車の部位の表記の順番とその内容で、①屋形、②輪料、③轅輻料、④博風、⑤歩板、⑥軸木に分類されている。注目したいのは「屋形（人間の乗る部分）」は寸法のみの記述にとどまり、細

かな部材の列挙がなされていない点である。牛車と同じく人の乗る屋形部分をもった輿——おそらくは鳳輦や葱華輦のような輿——の調進の詳細を伝える同「御輿条」では、(5)斗（牛車で言う屋形の部分）について、柱・障子・梁・桁などの構成部品を明確に記している。牛車に比して、人の乗る斗の部分もその構成する部材や仕様などが明瞭に記述されている。これは同「腰輿条」でも同じである。

『延喜内匠式』の「牛車条」「御輿条」「腰輿条」からわかることは、牛車が同じ乗り物である輿や腰輿とは根本的に異なる構造であったこと、特に牛車では、屋形は車軸や車台部分とは完全に分離した別個の仕様であったことが知られ、対して輿や腰輿では轅にいたる部分まで全てが一体化した構造であったということだろう。少し詳しく述べると、牛車の屋形は、これを構成する細かな部材単位で列挙されているのではなく、あくまでも「屋形」を一部位（一ユニットというほうが理解しやすいかもしれない）と認識している。おそらく、この「内匠式」をもとに様々な物品類の調達や仕様の細部にわたる決定がなされ、屋形の作業詳細とともに別個の指示書のようなものが作成されたと推測される。だが「牛車条」からは、次のような牛車制作のプロセスが想起される。つまり、『延喜内匠式』の成立期かあるいはそれ以前、牛車の屋形部分には寸法などの規制はあったにせよ、前章で述べたように殿上人、天皇近侍の職掌にある乗用者自身の身分による長保三年閏十二月八日太政官符にみられるような仕様の差（四位網代、五位薦張。六位板車など）があったと考えられる。そのために『延喜内匠式』では屋形の統一的な仕様を規定していないのであろう。また、このことは屋形の制作は乗用者の私弁に委ねられていた可能性も示している。そして、晴や褻、公用や私用といった乗車の時・場所・状況に対応する儀礼観が生じ、同時に屋形の種類も多様化してくる。たとえば、四位の牛車の屋形は網代という規定も、本来は、檜皮や葦、竹の薄板を編んだものを屋形の外装とする、と理解できる。しかし、上皇以下四位以上、女房などが使用する公性の高い車種である檳榔毛車などは網代の一種に過ぎない。すなわち檳榔の葉をさらして細く裂いて乾燥したものを「網代」状に編んだものを外装として張っている。いわば、高級な「網代」を張った網代車ということになろうか。網代の定義の拡大解釈であり、これが流行して檳榔毛車として定着していくと推定される。これと似たプロセスでさまざまな車種が生み出されていったのであろう。また、屋形の制作が乗用者に委ねられたと仮定するなら、複数の屋形を適宜換装することで運用していた可能性も想定していいのではないだろうか。これが経済的に富裕な貴族層などがそれを誇示するように、もしくは誇示するために乗車の時・場所・状況ごとに別個の牛車を調進するようになり、それが平安時代の中期以降、牛車の車種として定着する一因となるのではないだろうか。

二　牛飼童と荷車 ―― 牛車の衰微 ――

平安時代末期から鎌倉時代にかけて、貴族の経済的な衰微と時を同じくして牛車は使われなくなり、腰輿（手輿）を代用するようになる、といわれることが多い。前掲の太政官符などで見たように、官人の乗り物は原則として騎馬であり、牛車は官人の私弁として普及していったと推測される。それが過差の対象ともなるような贅沢な牛車を調達する根拠となったということになろう。だからこそ、鎌倉時代以降、貴族の財政事情の疲弊とともに牛車は使われなくなると理解される。こうした考え方におおむね賛同はできるが、ただちに貴族にとっての身分指標である牛車が手輿にとって代わられる背景になるとは考えられない。

文献・絵画両史料に現れる手輿は、板張りの簡素なものも見られる一方で、『春日権現験記絵』などには牛車の屋形の部分を移植したような豪華な袖輿のようなものも描かれる。単純に手輿＝質素という図式にはならない。では、なぜ、鎌倉時代になると牛車が使われなくなるのだろうか。

ところで、網野善彦は中世社会と職能について多くの研究を蓄積してきた(6)。氏は一連の研究の中で牛飼と車借の問題についても言及し、次のように述べている(7)。

牛飼は馬寮、あるいは院、摂関家等の厩に属する童形の人々であり、(中略)牛飼童は間違いなく交通業者としての車借を兼ねていた。それは鳥羽殿の院の厩に多くの牛飼が属していたこと、車借の最大の根拠地が鳥羽の地であったことから見ても確実と思われるが、北野社はこうした牛飼―車借を神人としてとして組織し(下略)

貴族や院の牛車運用を担当していた牛飼童は、本業である主人の用向きのないときは、運送業者である車借や車力をしていた、とするのである。貴族の牛車に供奉して牛を動かした牛飼童＝車力は、自らの能力を生かして、荷車の牽引力としての牛を飼育・管理し、当時の陸路における物流の中核であった車借を構成した。貴族層の牛車運用が困難になっていく過程で、居飼や牛飼童にとって余業であった「車借」「車力」が本業に転じていったのではないだろうか。また、藤原明衡により院政期の永承七(一〇五二)年頃に著されたと考えられている『新猿楽記』(現代思潮社)「七の御許は、貪飯愛酒の女なり」では次のようにある。

七の御許は、貪飯愛酒の女なり。(中略)仍て形貌端正なりと雖も、馬借、車借の妻たらむと願ふ。件の夫は、字は越方部津五郎、名は津守持行と云々。東は大津、三津に馳せ、西は淀渡、山崎を走る。牛の頭は爛ると雖も、一日も休むこと無し。馬の背を穿つと雖も、片時も治へず。常に駄賃の多少を論じて、鎮に車力の足らざることを諍ふ。等閑にして腰を屈ず、蔑如にして紐を検めず。(下略)

特に「鎮に車力の足らざることを諍ふ」とある一節は、院政期の時点で車力の需要は供給を上回っていたことが推測されるのである。たしかに、応長元(一三一一)年前後成立の『松崎天神縁起絵巻』正中年間(一三二六〜二六)年に制作された『石山寺縁起絵巻』、などの建築現場の場面に描かれた荷車の傍らには、童形の露頂で髪を束ねた男が描かれており、氏の説を裏付けるものであろう。貴族社会の牛飼が、余暇を用いて従事していた運送業者に本格的に転職していったということになるだろうか。こうした視点も貴族の牛車の運用が衰退していく一因として考慮するべきではないだろうか。

しかし、牛車を御す牛飼童に荷車を御すことは可能なのだろうか。もし可能なら牛車と荷車は構造や運用面で共通部分の多くあることが前提となる。牛を御す、という行為のみならず道具としての車を整備・運行する能力が欠かせないと考えられる。牛や荷車に関する積載物の品目や数量についての文書類はあり、前掲の網野論文でも検討が加えられている。ところが実際の荷車の形状・仕様、運用の姿を伝える文献資料は管見に入っていない。牛車の形状・構造などに関する詳細な情報は唯一『延喜内匠式』「牛車条」の記載があるほか、公事書・儀式書・古記録を中心に形状・仕様・車種などに関する記述が断片的に伝わるのみである。翻って絵画史料では、牛車のみならず、鎌倉時代初期の『扇面古写経』や前掲『松崎天神縁起絵巻』『石山寺縁起絵巻』に荷車の姿が少なからず描かれている。これらをもとに前掲網野氏の見解を考えるために、牛車と荷車の構造や形状、運用について、絵画史料に見られる荷車の図像を参考に人の乗る牛車とその構造を比較してみよう。

牛車の基本構造は前章で述べたように『延喜内匠式』に見られるようなものであった。人の乗る屋形と、駆動部分等は分けて考えられていたことになるが、このことが荷車の車としての理解の一助となる。前掲の絵画史料に見られる荷車は、『延喜式』よりもはるかに下る時期の作品ながらも、乗車用の牛車も運搬用の荷車も、その構造においてはほぼ同じであることがわかる。屋形があるか、運搬用の荷台があるか、という構造的相違点、表面の髹漆の有無、雨皮を懸けるときの雨皮付輪とその座金、装飾用の金具・金物の有無といった仕様における相違点が掲げられる。イ

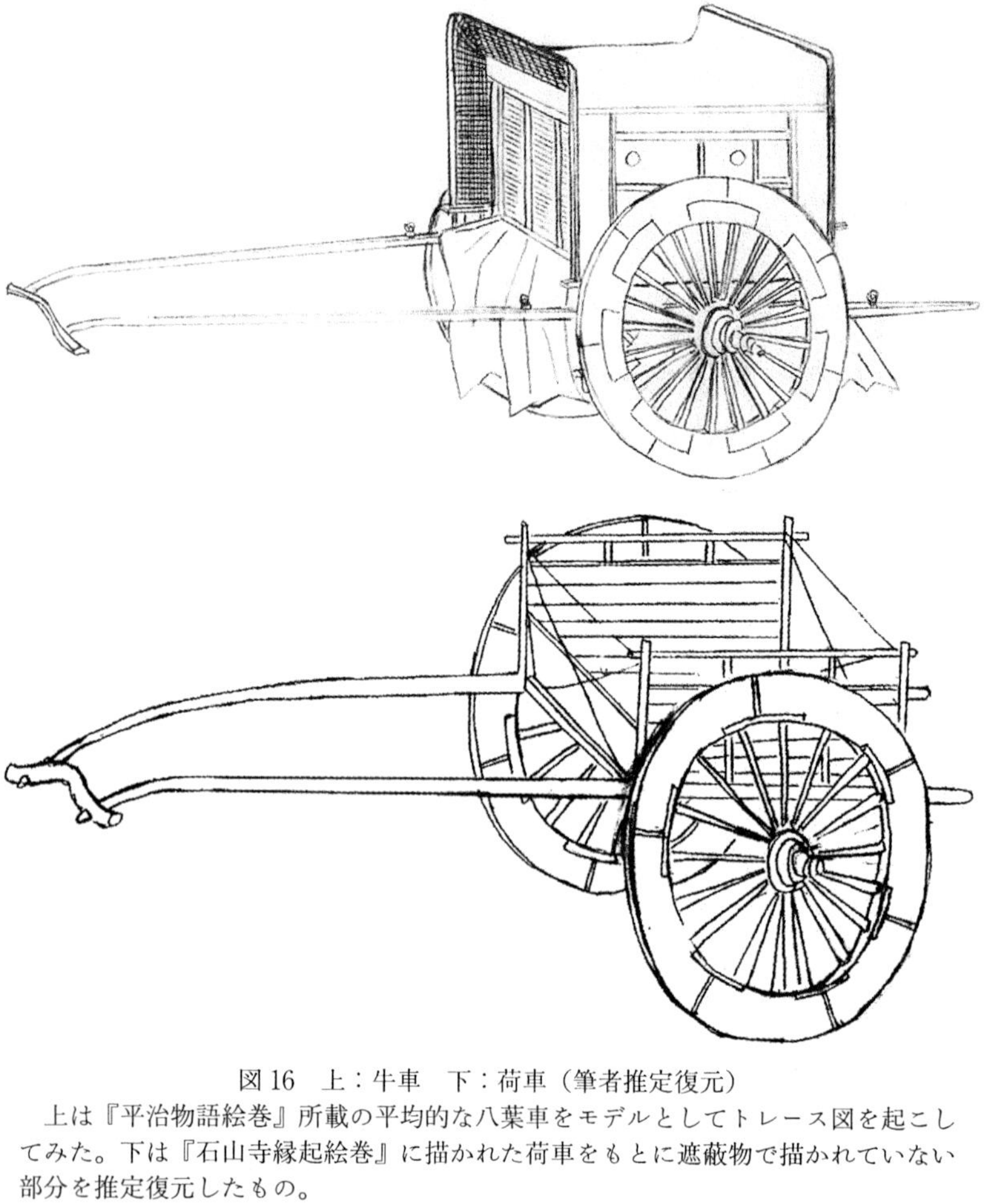

図16　上：牛車　下：荷車（筆者推定復元）

上は『平治物語絵巻』所載の平均的な八葉車をモデルとしてトレース図を起こしてみた。下は『石山寺縁起絵巻』に描かれた荷車をもとに遮蔽物で描かれていない部分を推定復元したもの。

細部の仕様（仕上げ）こそ違うが、基本的な構造は同じものであることがわかる。目立つ相違点を掲出するとすれば、牛車では屋形のある部分に荷車では土砂や木材を乗せるための荷台のあること、後部に突き出た鳶尾（とみのお）の長さが短めなことくらいであろうか。

構造が同じであれば牛車生産のノウハウを用いて荷車の作られたことは明らかであろうし、牽引する牛を繋いだとしても、その運用・操車は大差の無いものであったことは明らかであろう。

メージとしては、荷車は牛車制作の中途の状態のものに荷台を載せたものというとわかりやすいかもしれない。

以上から、荷車は牛車と同じ構造であると推定される。また、老朽化した牛車は屋形の部分を撤去してしまえば、荷車への転用は容易であったと類推できる。そして、牛の扱いを含めて、牛車の運用ができる者なら十二分に荷車の運用の可能であったことを推測するに足る。牛車の構造とその特色を文献・絵画の両面から考えていくと、牛車も荷車も構造的には同じもので、牛車の牛飼童に牛を牽引力とする荷車の運用は可能であったと結論される。前掲網野の研究成果を踏まえた上で、スキル(技術)としての牛の運用・扱い、アイテム(道具)としての荷車の運用、両者を併せ持つ牛飼童が車借としての職能に傾倒していくことは、非常に説得力のある仮説となると思う。前掲の『石山寺縁起絵巻』『松崎天神縁起絵巻』の建築の作事場面では、童形の男が荷車のそばにかならず描かれている。これは牛飼童が車借をつとめていたことの証明であり、網野の説を裏付けるものである。また前掲『雲州消息』の、車力が不足しているという当時の実情もある。貴族社会における牛車が手輿に取って代わられる理由は、経済的な事由から、本来は貴族私弁の牛車調達が困難になっていくことを契機として、牛飼童は本業である貴族層の牛車運用から余業である車借・車力へと生業を替え、最終的には本末転倒の状態になり、結果的には牛車の運用そのものが衰退していくことになるではないだろうか。

三　駕　籠——牛車に対置される乗り物——

平安貴族社会の身分制を象徴する牛車を考える上で、非常に参考になるのは中世末期から現れる駕籠の存在であろう。本節では、いったん、平安貴族社会を離れて、中世末期以降の駕籠とその周辺を考えてみたい。牛車と駕籠、一見して比較は無意味に見えるかもしれないが、起源・運用・使用者などを比べることにより、両者の違いが明確に理解できると思う。

駕籠は中世末期、安土・桃山時代に姿をあらわすが、その正確な年次等が確定できる史料は管見にはいっていない。前章で述べたように、鎌倉時代、貴族層や高僧などが牛車から手輿に乗り換え、その後は手輿がこうした人々の常用するところとなった。それが近世の初頭になって変化する。すなわち、駕籠の出現である。駕籠は同時期、瞬く間に武士、ひいては庶民にまで用いられる程、利用者を広げた。ところが、手輿から駕籠へと利用者が推移していく当初のことはほとんど解明されていない。駕籠という乗り物自体についても、種別や名称などの研究は進んでいる。ところが、起源や特長などに本格的に言及するものは見受けられない。

近世初期における乗り物の乗用資格については、文禄四（一五九五）年の豊臣秀吉による『大坂城中壁書』や、元和元（一六一五）年、江戸幕府の『武家諸法度』における事例などがあるものの、「乗物」という語句が使われているために公家や武士、高僧等が乗っていた手輿を指すのか、それとも駕籠なのか明瞭ではない(8)。ただし一般的な傾向として、乗用者の身分標識としての機能も付加するために、高級な仕様のものは「乗り物」、比較的簡素かつ質素な仕様のものは「駕籠」と呼び分けられた。実際には、近世の貴族も武士も駕籠を日常的に用いた。しかし公性の高い状況・場ではその限りではない。貴族や高級武士は晴の乗り物として最上位に手輿、下位に「乗り物」と呼ばれた駕籠を用いた。武士も晴の最上位に手輿があったが非常に少数で、むしろ「乗り物」と呼称した駕籠が用いられた。駕籠の興味深い点について本稿の主旨に即していえば、身分や社会集団を越えて広く庶民にいたるまで利用が許されたこと、次に、人力をその動力源とする点とその意味するところ、が掲げられる。

駕籠は近世以降の文献・絵画両史料に数多く散見されるものの、その起源について触れるような内容のものは管見に入っていない。特に豊臣政権や江戸幕府が法制に組み込む以前の駕籠の発生期に関する史料は乏しい。わずかに見出せるルイス・フロイスの『日本史』一五六五年、『坂板卜斎慶長記』慶長元年「つりこし《吊り輿》」に秀頼公乳母にいたかれ」、『時慶日記』天正一九年五月六日などが、輿を吊り下げる、という運行の乗り物があったことを伝える。輿から駕籠への過渡期の様相を示していると考えられる。しかし、史料中の乗り物に関する呼称と実物の一致が確認・実証できない。その意味では名称や呼称などの「名付け」の作業は別の問題として捉え、絵画史料のような一目瞭然の蓋然性に依拠した方が合理的である。

文献上では前掲のように一六世紀末から一七世紀に法制史料を中心に確認できる駕籠だが、作業仮説に従えばこの時期よりもさらに遡って「駕籠」として成立してきたと考えざるをえない。駕籠が我々のイメージする形状—前後に二名の人間により担がれ、人の乗る部位は担ぐものの視線よりも低い位置にある—駕籠の初見史料と見られる事例は絵画史料で、一六世紀末成立の『聚楽第図』(三井文庫美術館蔵)第一扇の向かって右下端である。二名の人足が前後に棒状の木をかつぎ、その間に人の乗る部分を垂下する方式の運搬具が描かれている。人の乗る部位は四方輿の斗のようなつくりで、蓋部は切妻である。輿を担い棒に無理やり垂下したようなイメージをうけ、手輿と駕籠の中間形といっていいだろう。(9) このほか、

次に絵画史料を見てみよう。駕籠は近世を通じてさまざまな絵画作品に姿を現す。初期風俗画とよばれる『洛中洛外図屏風』のような障壁画類、たとえば岡山県林原美術館所蔵の『洛中洛外図屏風』は江戸初期、元和年間(一六一五—二四)の作で、ここではおそらくは武士がその乗用者として洛中の街路におびただしい数が描かれる。(10) また、浮世絵では、たとえば喜多川歌麿(一七五三—一八〇六)の『三保の松原道中』で女性が竹とわずかな木材を組んで筵を屋根代わりに乗せた駕籠に乗っている。かとおもえば安藤広重(一七九七—一八五八)の『東海道五十三次』草津宿で

は早駕籠が、そして同じく広重の同・箱根では東海道の箱根の山の悪路を夜間に越えようとする駕籠の姿が描かれる。浮世絵ではおもに民衆が駕籠を使う姿が描かれるが、『都鄙図巻』（住吉具慶筆、興福院蔵）では正月の年賀の御礼に公家の屋敷を訪れる同じく公家が駕籠に乗って描かれる。近世社会で、駕籠は、武士・貴族から民衆にいたるまで実に広範に身分を越えて利用されたことがわかる。これは牛車と根本から異なる点であろう。牛車が貴族社会から一歩も外には踏み出さないものであったのと好対照といえる。この時代、上級貴族は晴の乗り物としてはその最上位に鎌倉時代以来の輿、手輿に乗った。その下位に「乗り物」と呼ばれた駕籠があり、褻の平時では乗り物を用いた。武士はやはり晴の最上位の乗り物として手輿があったがこれは少数でむしろ「乗り物」と呼称した駕籠が用いられた。褻の状況でも駕籠が用いられる。

しかし、なぜ、駕籠の初期の例は文献にはあまり見られず絵画には多く見られるのだろうか。単純に文献史料が少ないだけではあるまい。その明確な理由はわからないが、次のような仮説を提示できる。それは駕籠が自然発生的なもので、仕様や形状、運用方法など、漸次改良を加えられつつ人々の利用するところとなったのではないだろうか。こうした現象に対して法制等による実態の追認というかたちで文献に確認できるのではないだろうか。利便性に富んだ道具として、人々が工夫し、改良を重ねて生まれてきたものであり、広範に普及し始めてから、おそらくは身分や職能を逸脱するような使用状況、体制側からすれば「濫用」の状態が生まれる。そしてその「現状」を交通整理するための法的な規制が出される。あるいは、低い身分層・社会集団で発明されたものがその利便性ゆえに高い身分層・社会集団に採用され、特権的なものへと転化する例は枚挙に暇がない。下位から上位にその使用者が推移すると同時に、こんどは上位が自らの都合に合わせて使用の制限を設け特権化するのである。諸資料における初期の事例の検出状況は、道具としての発達のプロセスや、その使い手である社会集団のあり様を示している。

さて、こうした各種史料における駕籠の事例の検出状況を踏まえて、駕籠の起源についても触れておきたい。

結論から言えば、土木作業で用いられる「もっこ(畚)」のような運搬具が駕籠の起源ではないだろうか。もっこがいつから存在したのか定かではないが、一四世紀成立の『曾我物語』(『東洋文庫』)には「あんだ」、同時期成立の『太平記』二六(『日本古典文学大系』)には「あをだ」と呼ばれる運搬具が伝えられる。この語源は『和名類聚抄』刑罰具には囚獄司が罪人を弾正台へ連れて行くときに乗せる道具として「箯籠(あみいた)」という運搬具が記述され、これを駕籠の起源とする説もある。しかし「箯籠」「あんだ」「あをだ」の図像を具体的に名指しするような絵画史料で証明できない以上は再考を要する。絵画史料におけるもっこの最初期の例としては、足利幕府第六代将軍足利義教が願主となって制作させた室町期の『誉田宗廟縁起絵巻』上巻(誉田八幡宮蔵)の土木作業の場面の例がある。前後二名の人足が一本の棒をかつぎ、その棒から二本の支点で垂下される莫蓙・筵状のものが描かれ土砂が運ばれている。このタイプのもっここそが駕籠へと転用されていったのではないか。以後、慶長一二(一六〇七)年頃の成立といわれる『築城図』(名古屋市博物館所蔵)には実に多種の運搬具が描かれるなかに、人を乗せるための駕籠や、土砂や樹木を運ぶためのもっこ姿が並行されて使われている姿が見出せる。本作品よりも以前、もっこが駕籠へと変化していったと推測される中世末期、各地で戦国大名らによる河川改修や灌漑用水の整備、そして築城が行われた。こうした場でもっこを使用し、使い勝手を改良し、やがて乗り物への転用を考案したのは武士やその周辺の人々ではないだろうか。なお、もっこは、土木作業以外の場でも通常の運搬具として使用されていた。桃山期の写しとされる『鼠草子』残巻(「思文閣古書資料目録」一八三(二〇〇三・七)一三六頁〜)中の姫君輿入の行列中に見える。

前述のように駕籠は、牛車のように牛と牛を御し管理する技術を持った特別な人間や設備を必要とせず、運用・維持・管理が容易であったろう。また、土木作業などの現場から生まれてきたと推測されることは、街路や街道はもとより、悪路や山間部での使用も可能な、きわめて汎用性の高い乗り物たらしめたであろうことも指摘しておきたい。駕籠を牛車と対置して比較検討の資とすることで、両者の相違点や共通点など新たな視点が導き出せると思う。

おわりにかえて

牛車は、一〇世紀以降の昇殿制と不可分の関係にあり、昇殿を許された官人・貴族の標識（身分表象）であった。また、一二・一三世紀においては、牛車運用の当事者である牛飼童が、車借という職能を務める車力として兼業していたことが牛車衰微の一因となった可能性を提起した。元来、牛車は中国から律令制度継受と前後して輸入された乗り物であり、律令国家と運用主体である官人・貴族社会以外には広がらなかった。令制下で中国から継受したこの乗り物の制度は、その母胎となった律令国家の変質と、続く平安貴族社会の衰微と同期したと言えるだろう。また、牛車はある程度、整備された道でしか運行できない。京洛や、京洛に準ずる整備された道をもつ限定された地域でしか運行できなかったことが、人的、地域的な広がりを持ち得なかった要因ともいえるだろう。

これに対して中世末から近世にかけて出現する駕籠は、日本という風土に育まれた乗り物であった。土木作業における運搬具・もっこを起源とすると推測され、乗用の駕籠への転用を暗示する様子が絵画史料に確認できることを指摘した。本来、土木の場などでの使用であったためか、悪路に強く、また動力となるのは人間そのもので運用は牛車に比べて容易かつ汎用性に富んでいたと考えられる。また、駕籠は身分を越えて使用された。一般庶民の「道具」が漸次、上位の身分の目に留まり使用され整備されていくプロセスは駕籠に限ったことではない。武家に限らず貴族においてもしばしば見られる現象と言えるだろう。ただ、特に武家社会とその風俗慣習では、既存のものから新しいものを構築・整備し、自らの身分・職能のアイデンティティ確立と同期して導入・運用されていった事情がある。

牛車と駕籠、一見したところ、乗り物という機能以外には共通点がない。しかし「運搬具」という道具の原義的な視点でみたとき、牛車と荷車、もっこと駕籠という広がりを持ち始める。その広がりは各種乗り物の起源と普及の経緯、乗用者の身分と運用された時代背景などを重要な要素として、対照的な展開を見せることも見逃せない。たとえば乗用者に注目して、牛車と駕籠を比較すると運行形態に興味深い事実が読み取れる。牛車を含む古代の令制下の乗り物である鳳輦・葱華輦・腰輿・輦車と、中世末に出現する駕籠との対比で非常に面白いのは、乗用者と牽引・運行する牛や人の位置関係ではないだろうか。前者では乗用者が上方に位置し、後者では下方に位置する。これは街路を行くこれらの乗り物と、周囲のさまざまな身分の人々との位置関係にも置き換えられるだろう。すなわち、前者は令制下のわが国に継受されたその当初、すでに隋や唐などでは身分表象として完成されたものであった。乗用者は、乗り物を牽引・運行する人や牛、道行く人々（とその視線）よりも高い位置に据えられることで権威を示したのだろう。これに比して、駕籠では、乗用者は身分にかかわらず駕籠舁きや街路の人々よりも下方に位置する。乗用者の権威を誇示する身分表象としては、駕籠という乗り物の種類や運行の形式を変えることなく、仕様や行列の行粧・規模などに依拠せざるを得ない。駕籠がもっこのような運搬具を流用して生まれてきた「道具」であること、さらに社会の下層から上層に広がってきたものへの、権威による仕様や形状などにおける差別化などが如実に見て取れる。利便性を重視しつつ、そこに権威を加味しようとする、非常に現実的な側面が見えるとはいえないだろうか。

今後の課題として、車が身分制の表象の一つであることを念頭に、「はじめに」に記したような近年の儀式空間としての「行列」という視座を加味し、平安貴族社会における牛車の車種や乗車資格の問題について考察を続けたい。また、鎌倉時代以降室町期にいたる、牛車と武士との関係についても明らかにしていきたいと考えている。

注

（1）管見の限り、近現代、牛車についての専論は僅少と言わざるを得ない。牛車や輦輿をふくめて、文化元（一八〇四）年、松平定信らにより編纂された『輿車図考』が、乗り物研究の指標として理解されている。同書は、平安時代以来の文献・絵画作品を精査・考証の上に編まれた高度な研究水準を備える文献といえる。同書をもって前近代の、特に公家社会の輦輿・牛車については研究し尽くされたようなイメージで捉えられているが、果たしてどうであろうか。乗り物関連の主な研究成果は以下の通り。山本信吉「藤原実資と鳳輿・葱花輿」（『古事類苑』月報四四、一九七〇）、渡辺直彦「蔵人方行事と輦車宣旨」（『日本古代官位制制度の基礎的研究　増訂版』吉川弘文館、一九七八）、鈴木友也「神輿の発生とその流れ—鞆淵八幡神輿を中心として—」（『ミュージアム』三九二、一九八三）、松本政春「貴族官人の騎馬と乗車」（『日本歴史』五一五、一九九一）、古谷紋子「輦車の宣旨」（『駒沢大学史学論集』二一、一九九一）、清水みき「古代輿の復原—長岡京の部材進上木簡より—」（『平安京歴史研究』一九九三）、橋本義則「古代御輿考—天皇・太上天皇・皇后の御輿—」（『古代・中世の政治と文化』一九九四）、拙稿「輦輿の雨皮」（「風俗」三十二—四、一九九四）「平安・鎌倉時代の賀茂祭使—餝車と過差—」（『栃木史学』一一、一九九七）。また昨年から今年（二〇〇四）にかけては乗り物に関する論考が集中して発表されている。宮島新一「秀吉は駕籠に乗ったか」（『日本歴史』六六九、二〇〇四）、日高真吾「伝統的乗用具の変遷に関する一考察」（『民具マンスリー』三六—一〇、二〇〇四）、拙稿「牛車から駕籠へ—乗用者の意識変化—」（『古代交通研究』一三、二〇〇四）この拙稿をもとに加筆・修正したのが本稿である）がある。宮島論文については注（8）参照。日高論文は、牛車・輦輿、輿、腰輿、駕籠の誕生・運用・展開を悉皆的に概説する。行論の比重は近世の女駕籠に置かれており、通史的に見た乗り物に対する理解においては筆者と細かい見解は異なるものの多くの示唆を得た。また、近年、徳仁親王・木村真美子が『車図』について精力的に成果を発表している。牛車に関する基礎資料の書誌学的な成果が蓄積されつつあるといえよう（「西園寺家車図」諸本の研究　附、宮内庁書陵部所蔵九条本「西園寺家車図」翻刻」（『学習院大学史料館紀要』一一、二〇〇一）、「忘れられた車図　陽明文庫所蔵『納言大将車絵様』および『車絵』について」（『学習院大学史料館紀要』一二、二〇〇三）、『九条家車図』の成立をめぐって附、学習院大学史料館所蔵飛鳥井本『九条家車図』解題および翻刻」（『学習院大学史料館紀要』一四、二〇〇七）。

（2）野田有紀子「日本古代の鹵簿と儀式」（『史学雑誌』一〇七—八、一九九八）、「日唐の「鹵簿図」について」（池田温編『日唐律令制の諸相』東方書店、二〇〇二）「行列空間における見物」（『日本歴史』六六〇、二〇〇三）、「行列空間における女性—出車を中心に―」（『古代文化』五六―五、二〇〇四）、藤原重雄「行列図について―鹵簿図・行列指図・絵巻―」（『古文書研究』五三、二〇〇一）。

（3）加藤友康「「くるま」の比較史」（『アジアのなかの日本史Ⅳ　文化と技術』一九九三）「日本古代の牛車と荷車」（『東京大学公開講座　六八　車』一九九九）など。

（4）昇殿制関係の代表的な先行研究は、古瀬奈津子「昇殿制の成立」（『日本古代の政治と文化』吉川弘文館、一九八七、のち『日本古代王権と儀式』（吉川弘文館、一九九八）に収録）がある。昇殿制と関連する律令外規定としては、大丸弘「禁色雑袍の風俗史的研究」（『風俗』三―三、一九六四）、小川彰「古記録記事を通して見たる禁色勅許―平安後期殿上人層を中心として―」（『国史学』一二七、一九八五）「禁色勅許の装束について」（『後期摂関時代史の研究』吉川弘文館、一九九〇）、安田政彦「勅授帯剣について」（『律令制社会の成立と展開』吉川弘文館、一九八九）がある。また、近年、平安貴族層の儀礼における、挿頭花などの頭部装飾の研究で成果をあげつつある永島朋子の一連の研究がある（「奈良・平安期における挿頭花装飾の意味と機能―貴族と身分標識―」（『延喜式研究』一八、二〇〇二）「挿頭花と大嘗会―挿頭花の献上と下賜―」（『専修史学』四一、二〇〇六）。永島の視点は公卿の視覚指標に置かれているように見受けられ、今後の研究の進展とその成果に注目している。

（5）御輿一具。［長一丈四尺。広三尺一寸。柱高四尺八寸。斗内長三寸。広三尺二寸。脚高六寸。］障子四枚。［一枚長五尺。高二尺。一枚高四尺三寸。広三尺五寸。二枚各高三尺二寸。広九寸。］蓋一枚。［長六尺。広五尺四寸。］長桁并梁脚等料。五六寸桁二枚。壁代并平帖。束柱等料。歩板二枚。杦料簀子二枚。柱桁并葱花等料。槻十三枚。簀子敷并棉椙障子押等料檜榑二村。骨料椙榑二村。盖椽料簀子木廿六枚。［笠縫氏供。］盖下棧料川竹十株。盖料管一圍。山城国進。熟銅大廿三斤。水銀小十五両。銀大一両二分。滅金小一斤十四両。釘料鉄三廷。膠小四両。漆一斗。掃墨三升。油四合。伊予砥一顆半。青砥一枚。障子料紫綾四丈。下張料東絁三丈五尺六寸。縁料錦一丈三尺。縫料紫絲二両。生絲六両。絞漆料帛三尺。石見綿三斤。調布一尺五寸。下銅湯料調布六尺。巾料調布六尺。浸菅并拭料商布一段。黏縁料薄紙十六張。糯米一升三合。小麦五合。焼土一斗。炭二斛七斗。和炭五十二斛五斗。長功三百卅人。［木工五十五人。銅百卌七人。鉄七人。漆六十人。画七人。張五人。縫笠廿人。夫卅九人。］中功三百九十四人大半。［工三百五十一人小半。夫卌三人半。］短功四百五十三人小半。［工四百一人大半。夫五十人。］

（6）『異形の王権』（一九八六）「中世前期の馬借・車借―厩との関係を中心に―」（『立命館文学』五二一、一九九一）「西の京と北野社について」（『都市と共同体』上、一九九一）など。

（7）注（6）「西の京と北野社について」参照。

（8）宮島新一（1）論文参照。初期の駕籠の事例について言及、絵画史料など多数を紹介する。本稿は二〇〇三年度古代交通研究会第一三回大会での報告がもとになっている。その報告要旨を同会『古代交通研究』第一三号（二〇〇四）に掲載する校正作業中、宮島氏の論考が発表された。特に駕籠の出現期に関して、ルイス・フロイスの『日本史』や松平主殿助家忠の『家忠日記』等から初期の事例を抽出し指摘していることは特筆すべき成果だろう。ぜひとも参照願いたい。本稿を補訂した際には多くを学ばせていただいた。

（9）結論は出ないことかもしれないが、この事例の駕籠の図はかなり曖昧な描写の可能性が高い。通常、絵画の場合、画家は描くものをそれらしく無難にまとめる傾向がある。すっきりと見た目の違和感なくまとめる、と言い換えたほうがいいかもしれない。しかし、本図の場合、切妻の輿の斗に似た構造を考慮すると、強度からみて不安がある。人の乗る部分や、前後に通す棒部分周辺などをよほどに頑丈に作りこまなければならない。その意味で、画家が駕籠という運搬具を実際に見た上で作画したのか、単純に作画の上手下手の場合もあるので断定は出来ないのだが、筆者としてはいささかの疑問を抱いている。詳細に観察すると剝落部分から何度も墨で線を重ねた下当たりの線がみえる。これがなかなか形状を確定できなかたことを予想させるような「下書き」の線である。本図自体が聚楽第を描こうとしているので、絵の全体からみれば駕籠の描写は問題にならないかもしれない。

（10）洛中洛外図屛風は、中世末期の東京国立博物館所蔵模本・上杉本・歴博甲本（町田家本）などの第一定型、その後の近世初頭に制作された林原美術館本やＭＯＡ美術館本などの第二定型に分類されている。興味深いのは、第一定型ではまったく駕籠の描かれていない点であろう。対して第二定型の諸本では大量に描かれる。すなわち、権力者層の輿から駕籠への「乗り換え」は、中世末から近世初の間であることがわかる。

第二章　輦輿の雨皮

はじめに

平安・鎌倉時代の貴族の記録や文学作品、絵巻物などの絵画作品には鳳輦・葱花輦・輦車・牛車・腰輿といった「輿車（よしゃ）」と総称される乗物がしばしば登場する。「雨皮（あまがわ）」とは輿車一般の防滴具の名称で、その形状・構造・材質・使用方法などをはじめ、不明な点が多い。

輿車そのものも、最も盛んに用いられていた時代―平安・鎌倉時代―の遺品は皆無に近い。詳しく述べた文献も江戸時代の『輿車図考』のほかはあまり知られていない。先学も多くはなく、一九七〇年の山本信吉の論稿以降、近年では乗物の研究がいくつか報告されている程度である。輦車宣旨に関しては渡辺直彦、古谷紋子が、輦輿に関しては清水みき、橋本義則が、神輿に関しては鈴木友也の研究がある。何れも大きな成果をあげている[1]。本稿では、鳳輦・葱花輦などのいわゆる「輦輿（れんよ）」の平安・鎌倉時代の古制に基づく雨皮の形状・構造・材質・使用方法を検討してみたい。いくつかのあまり知られていない史料の紹介もしながら事実報告を主体として進めていきたい。また、本稿が輦輿本体の理解、輦輿という身分標識をより深く理解するための一助となれば幸いである。

先ずは牛車、腰輿の雨皮から検討し、輦輿のそれを考えるための基礎知識を得たい。

一　牛車・輿・腰輿の雨皮

牛車は貴族や皇族、高僧などに広く用いられた乗物で、晴・褻の状況に応じて様々な種類があった。我々にとって平安・鎌倉時代の乗物としては最も馴染み深い。牛車の雨皮が文献にあらわれるのは平安時代初期の源高明による『西宮記』臨時八「車」で、「公卿以上張之」とある。(2) この時期に既に使用されていた雨皮は『西宮記』以降、記録類の記文中にしばしば散見する。例えば次の藤原経光（一二一二―七四）の『民経記』嘉禄二（一二二六）年五月十日条(3)のような記録形式のものが一般的といえる。

十日、天陰、（中略）女院有二御幸一、路頭行烈（列）大八葉切物見御車、（中略）〔二人也〕先召次々御車、次御中間、次御榻持、[御車副歟、]次退紅仕丁、[持二御雨皮一、懸レ杖、]（下略）

牛車を交えた行列の路頭次第の記文中で、不意の降雨に備えて仕丁に雨皮を持たせている。(4) 次の『九条忠教三位中将拝賀記　弘長二年』(5)も同様である。

次車、檳榔毛、新調、先例申□今度不レ然、無二下簾一、行綱□□遣レ之、路之間可レ称二警蹕一、然而三辻許称レ之、牛童持レ榻、□衣仕丁持二雨皮・縉筵一、舎人持レ笠、（下略）

儀式書、有職故実書といった文献に眼を向けると、漠然とではあるものの牛車の雨皮の実体が見えてくる。時代は下るが室町時代初期、中山忠定が著わしたといわれる『物具装束抄』(6)には次のようにある。

一　雨皮事、

面練、薄青染レ之差レ油、裏白生絹、近代面裏練之、薄青染、不レ差レ油、為二公平一云々、公卿以上・僧綱用レ之、

張筵、殿上人以下凡僧用レ之、

公卿以上の使用規定は『西宮記』と変わらないが、殿上人以下は張筵を用いるとする規定が示されている。また、雨皮の材質・体裁も知られ、給物（あわせもの）で薄青に染めた上から油を引いた絹の練地による表地と白の生絹地による裏地からなるという。しかし、これは文脈から『物具装束抄』の編まれた以前の事であり、「近代」すなわち同書の編まれた当時は、表・裏地ともに薄青に染めた練地の給物で油は引かなかったらしい。牛車の雨皮について更に詳しい文献として、同書とほぼ同時期に編まれた洞院実煕による『蛙抄（あしょう）』がある。[7] 同書の車輿部では牛車の雨皮について次のようにある。

一　雨皮間事

三位已上用レ之、雖二何車一通二用之一、①表裏平絹、［幅長サ、］浅木ニ染ム、②緯ノ妻ニ細緒ヲ縫含テ以二其緒一結二付雨皮付一之、先下ニ張筵ヲ、其上ニ張二雨皮一之、連レ軒俄降雨之時、上臈不レ覆之前ニ不レ覆レ之、進而覆ハ無礼也、③殿上人已下不レ用レ之、只用二張筵一、晴天路次之間、釜殿仕丁着二退紅一持レ之、［参議不レ具二退紅丁（仕脱カ）一、糺レ依二制符一之故云々、此時白張笠持相加二笠持一之云々、当家八座日猶具二退紅仕丁一］④以二白布一十字緘レ之、緘之時或以二雨皮一為レ上、或以二張筵一為レ上、［徳大寺如レ此之、］当家説、以二雨皮一為レ上テ、以二張筵一籠レ中之、院中緘二杓ニ挿テ一持之、大臣以下只夾レ腋乎、［他家不レ知レ之、当家如レ此見レ図、］在右鳶尾外、

論を進めるにあたり、必要と思われる事項に傍線と番号①〜④を付してあるので、これにしたがい見ていく。

まず①は材質・体裁についてで、生地においては『物具装束抄』と一致しないが、本来は表・裏異なる地質の給物であったのが、時代の下降とともに油も引かず、表・裏同じ地質となる。

②は具体的な雨皮の構造を述べている。この記事を実際の牛車を想起して考えあわせると、牛車の雨皮の懸け方は次のようになる。乗用者の納まる部位、所謂、屋形（やかた）を雨皮で覆い、雨皮に縫い含められた細緒を牛車前部左右の轅（ながえ）と後部左右の鴟尾（しび）に設けられた雨皮付の輪に通して結び付ける。こうして雨皮を固定するのだろう。また、②で特に目を引くのは雨皮を懸ける際には予め筵を張っておくとする部分である。前掲『九条忠教三位中将拝賀記　弘長二年』に「仕丁持二雨皮・繕筵一」とあったのは、このことを示している。次の『東寺長者拝堂記』建長元（一二四九）年三月六日条は、(8)東寺二長者に任ぜられた法印権大僧都宣厳が拝堂した時の記文で、時代を遡って②の記述を確認できる。同日、宣厳が慶賀門において下車する場面である。

次扈従、（中略）次御車放レ牛、（中略）次慶勝上座進寄、在二于右轅下一、（中略）次圓賀進寄解二雨皮緒一、次慶勝乞二牛楉一、小金剛丸取レ之授二慶勝一、々々持レ楉、刎二挙雨皮一、［不二刎張筵一］（下略）

雨皮を撤する様子が具体的に記されており、②にみた雨皮の各部位の使用法を理解し推測する一助となるだろう。

続いて③は、前に『物具装束抄』でも見たように、殿上人以下の牛車では雨皮を用いずに筵を懸ける、という使用規定である。最後の④は仕丁が雨皮を携帯する際の方法についてで、家によって相違があったようだが、少なくとも洞院家では次のように規定されていた。畳んだ筵の上から雨皮で包み込み、白い布でこれを十文字に縛る。ここには記されていないが、こうして畳んで十文字に白い布を懸けた雨皮と筵を、前掲『民経記』記文に見られるように「持御雨皮、懸杖」けて仕丁に携帯させた（図17参照）。更に院中ではこれを杓に縛り付けたといい、大臣以下の仕丁は腋に手挟んで携帯したという。『御幸記　晴儀』弘安十一（正応元年・一二八八）年正月八日条では、(9)後深草上皇の法勝寺修正会御幸の記文中、「御雨皮・張筵、［在杵、結布］」とあり、小さく方形に畳んだ雨皮を杖状の杵（かせ）と呼ぶものに縛り付けている。こうした仕丁の姿は『石山寺縁起絵巻』などの絵画作品に具体的な姿を見ることができる。

公卿以上は雨皮、殿上人以下は筵という規定に関して一つだけ補足する。それは多くの人々が様々な状況で用いた八葉車の雨皮の使用規定である。前掲『蛙抄』車輿部「車様事」の八葉車の項には、同車の説明として「上下男女真俗相通褻時用レ之」とあり、様々な階層の人々が、晴の場合以外の日常的な外出に同車が用いられていたとする。その一方では「殿上人已下令二乗用一者雨皮付不レ打レ轅、又不レ用二榻及雨皮一、曰レ用二張筵許一、実儀可レ尋」とある。乗用者の身分・所属を越えた通用性を特徴とする八葉車であっても、雨皮の使用に際して殿上人以下の乗用であるなら、筵を用いたとする点である。

次に輿と腰輿の雨皮について見ていきたい。輿も腰輿も人力で運行される乗物で、皇族や一部の貴族・僧侶など様々な階層の人々に用いられた。屋形を持つ四方輿、屋形の前後に袖を付けた袖輿などが通常は輿として認識されており、屋形を持たず床に手摺りを配した塵取輿のようなものは腰輿と呼ばれている。鎌倉末期に制作されたと言われる『春日権現霊験記』に屋形を持つ腰輿が数種類（四方輿など）描かれている。これらに描かれた屋形を持つ腰輿の多くが轅に雨皮付の輪が認められることから、雨皮を使用した事は明らかである。屋形を持つ輿は牛車とは形状的にはほぼ同じ構造であることから、多少の例外はあるとしても雨皮の懸け方は類似していたと類推される。事実、絵巻物類に描かれる輿の轅には雨皮付輪とその座金が描かれているものが多く散見され、牛車と同じような雨皮の懸け方をしていたことが推測される。ただし、屋形の後方から乗り、前方から降りるという方式は牛車と同じだとしても、屋形が入母屋であることを考えると雨皮の形状などは異なることが予想される。こうした点は考慮に入れるべきであろう。

雨皮の懸け方がよく解らないのは屋形を持たない腰輿である。屋形をもたず乗用者が露出する腰輿は、降雨などにどのように対処したのであろうか。牛車や輦輿が遠所への行幸に用いられたのに対し、大内裏内の中重への行幸や、大嘗祭御禊行幸で御禊の行なわれる式場までは輦輿に、祭祀行為としての御禊の行なわれる場所までは腰輿を用いるなど、限定された区域内で用いられた。雨皮は腰輿にも用いられたが、携帯の方法や形状などは不明な部分が多い。ただ、屋蓋の形状が輦輿と類似している点から見て、雨皮の形状や懸け方は輦輿のそれと近似すると類推される。次の『玉葉』文治二（一一八六）年十一月十六日条は腰輿の雨皮に関する興味深い記文である。(10)

十六日、[己未、] 雨降、（中略）仰下可レ有二御方違行幸一之由上、但他所行幸有二事煩一、左近府近為二斎宮御在所一、定無二殊大破一歟、（中略）入レ夜余相二伴内府一欲参内一之処、聊神心不快、仍余不レ参、内府参内了、暁天帰来、語云、依二甚雨一供二鳳輿一、[歩行幸多用二腰輿一也、然而依二甚雨一供レ之、為二小雨一者猶腰輿立レ蓋、其上張二雨皮一云々、

後鳥羽天皇は方違にあたり、斎宮御在所として用いられていた近隣の左近衛府に行幸した。この時、「甚雨」のために鳳輿（鳳輦）を用いた。ところが輦輿の使用について、歩行可能な距離での行幸では多く腰輿を用いるとし「甚雨」故に輦輿としたとする。腰輿の運用の基準が明確に知られるといえよう。また、腰輿に雨皮を懸ける基準として、小雨の場合は腰輿に蓋を立て、その上に雨皮を張る、と注記している。理に叶った見解だが、それでは「甚雨」の中で輦輿には雨皮を懸けないのかという疑問が生じる。恐らく「甚雨」とは言え、輦輿の屋蓋は雨湿に耐えられるだけの防滴性を備えていたのであろう。一方、筵を用いたか否かは不明である。しかし、時間の経過とともに腰輿に屋蓋を立て雨皮を懸けるという事自体、あまり一般的な事では無くなったらしく、『実躬卿記』永仁三（一二九三）年閏二月二十日条には次のようにある。(11)

（前略）今夕為二御方違一行二幸持明院殿一、（中略）後聞、及二深更一乗二御腰輿一臨二幸御堂方一、此間雨下之間立レ蓋供二御雨皮一、此間次将等大略退出云々、腰輿立レ蓋供二御雨皮一事、頗先例希事歟、委可二尋注一之、宮中行幸之時可レ為二腰輿一之時雨降日被レ用二葱花一常事也、（下略）

以上、牛車と腰輿の雨皮を見た。特に材質と構造に関して、本稿の目的である輦輿の雨皮を検討する上で資するものがあったと思う。

二　輦輿の雨皮

鳳輦（ほうれん）・葱花輦（そうかれん）は人間が轅を肩に担いで運行する乗物で、輦輿と総称される。屋蓋（屋根にあたる部分）中央に鳳凰を据えたものを鳳輦、萌芽する葱の新芽を形象化した飾りを据えたものを葱花輦と呼ぶ。前者は天皇の行幸時の正式の乗物であり、後者は天皇の略儀の乗物で、時に東宮・中宮・皇后なども用いた（なお、以下、輦輿と記す時は鳳輦・葱花輦を指すものとして行論する）。輦輿の存在は八世紀成立の『職員令』「主殿寮」[12]に「主殿寮、頭一人、掌供御御輿輦、（下略）」と見え、輦輿の管理にあたったのは主殿寮であった事が知られる。輦輿を調進したのは内匠寮だった。『延喜式』内匠寮には、天皇料の乗物の材料や調進に必要な日数について記され、輦輿に関しても非常に詳しい記載がある。[13]

輦輿は『延喜式』「左右近衛府駕輿丁装束条」[14]に「凡供奉行幸駕輿丁者、駕別廿二人、［十二人擎㆓御輿㆒、自余執㆓前後綱㆒］（下略）」と見られるように合計二十二人の駕輿丁（がよちょう）と呼ばれる近衛府の下部により運行された。十二人が輦輿を担ぎ、残り十人は運行により生じる揺れを防ぐために輦輿の屋蓋の四隅から垂らされた綱を取る。これは直接に輦輿を担いだ駕輿丁を指しており、本来の駕輿丁の員数は同「中務省時服条」によれば左右近衛府各百人、左右兵衛府各五十人で、合計三百名である。これらが番制で交替しつつ行幸に供奉した。行幸時にこの駕輿丁を統括したのが、次の同「左右近衛府輿長条」に「凡行幸之時御輿長五人、択近衛膂力者、」とある御輿長（みこしおさ）である。近衛府から選ばれた御輿長は、膂力（りょりょく）の者―腕力に長けた者達だった。なお御左右兵衛府からも選ばれた（同「左右兵衛府行幸分配条」）。こうした御輿長や駕輿丁とともに儀仗兵として行幸に供奉し、路頭次第全体を指揮したのが左右近衛府の大将や、次将（中・少将）だった。

それでは雨皮の構成・構造・材質などを見てみよう。[15] 雨皮の構成は、鎌倉時代の永仁六（一二九八）年、後伏見天皇即位儀のために調進された室礼・装束などを列記した『即位注進事　永仁六年』中に雨皮の構成を伝える記載がある。[16]「一、御輿御装束」として「御雨皮三帖、〔在二赤綱三筋一、長各六丈〕同筵三枚、」とする。輦輿に雨皮を懸けるのに必要なものは牛車と同じく「雨皮」「綱」「筵」となる。

ところで『雨皮秘抄』と呼ばれる文献がある。同書には、鎌倉時代中期、順徳天皇の建暦元（一二一一）年に定められたという寸法を併記する筵と雨皮の指図が遺されている。これは三種類の文献が一つにまとめられたかたちで現在に伝わる。三種類をそれぞれA、B、Cとして簡単に紹介する。

A『雨儀行幸御輿雨皮事』は、建久五（一一九四）年から建永二（承元元・一二〇七）年まで近衛次将をつとめた藤原（中山）兼季による文献である。[17] B『無題記』は、標題は特に示されていないが、弘安年間（一二七八〜八八）の「聞き書き」である。Cの『雨日行幸時次将供御輿雨皮次第』は文永二（一二六五）年に藤原（正親町三条）公種により記され、これに雨皮と筵の指図が採録される[18]（図17）。

この図は諸本により多少の書写の精粗はあるが、図中の注記の異同はほとんど無い。[19] 雨皮を懸ける次第は次節に譲り、C指図の雨皮本体とその懸け方を検討する。なお図の検討にあたっては、次節であつかう『世俗浅深秘抄』『雨皮秘抄』A・C本文を参考とした。また、江戸時代に編纂された『集古図』所載の手向山神社伝来輦輿図（図18）およびその附図も参看する。[20] 同図はかなり精密で、各部位の法量や名称などが注記されている。特に法量については

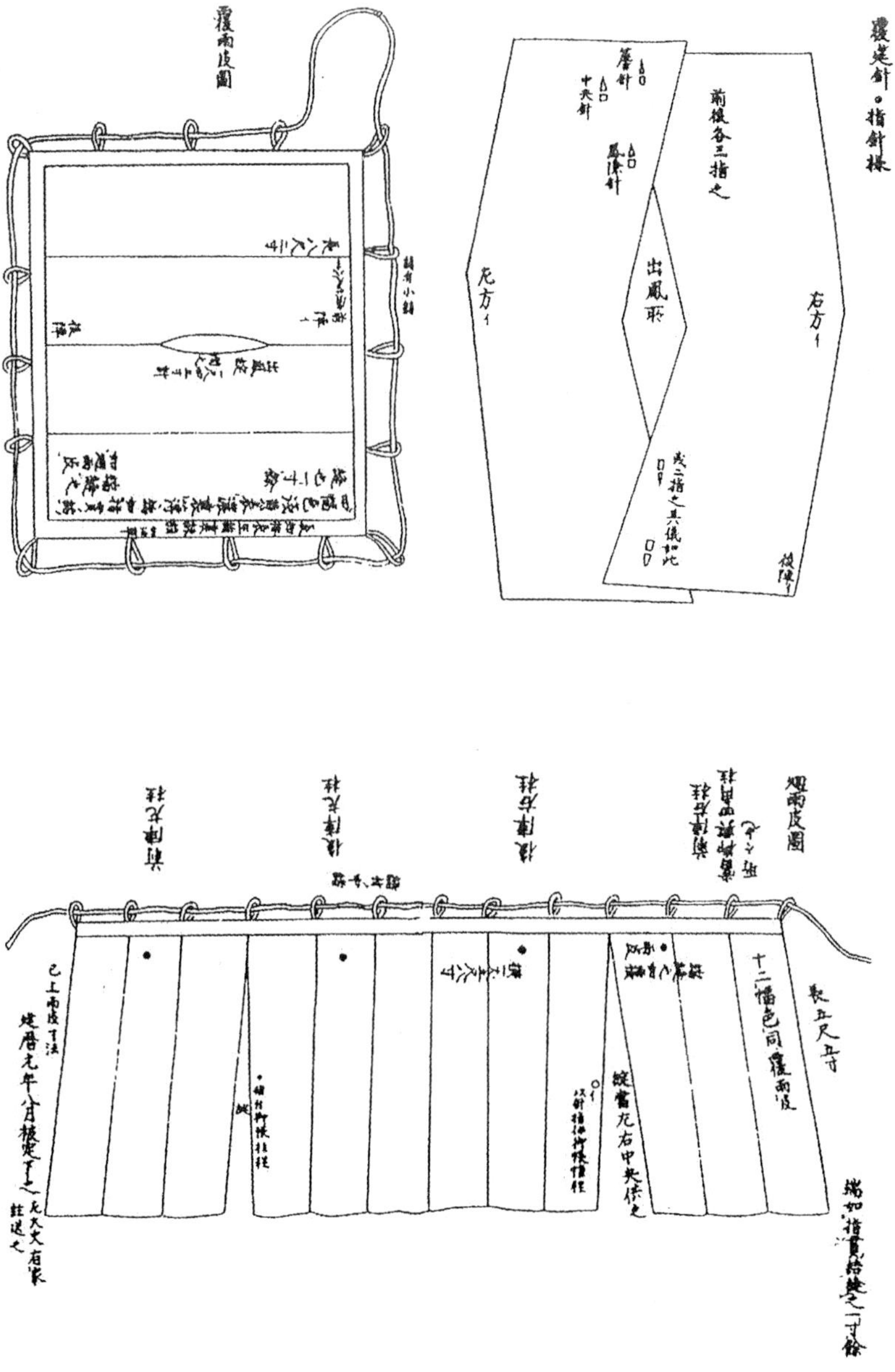

図 17 『雨日行幸時次将供御輿雨皮次第』所収の雨皮図（本文参照）
上右：覆筵　　上左：覆雨皮　　下：廻雨皮

「全図以二几帳尺一計レ之、几帳尺者本社所レ伝、其分寸如二曲尺一」とあり、図中の几帳尺の具体的な数値は曲尺に準じるという(21)。

　まず、筵は「覆筵」と呼ばれ、「出鳳所」とあることからも屋蓋に懸ける事がわかる。二枚を鳳凰を挟むように輦輿の前陣・後陣（前陣は輦輿前部のこと、後陣は輦輿後部のこと）で重ねあわせて、それぞれ竹製の針を外向きに二・三箇所差して固定する。

　覆筵に重ねて屋蓋を包み込むのが「覆雨皮」で「上雨皮」とも呼ばれる。輦輿の前陣・後陣方向に四幅の生地を並べて接ぎ合わせ、中央部に鳳凰・葱花を戴く露盤（ろばん）を出すための綻（ほころび）を設けてある。覆雨皮の周囲には縁を巡らし、十六の輪奈（綰・わな）状の耳を設け、「緒付小緒」を通してある。寸法は、前後が八尺二寸（約二・四八メートル）、左右は七尺八寸（約二・三六メートル）とある。葱花輦図によると、屋蓋裏側は木組の骨組が見えないように一面を白綾で覆ってある。各角の外から内に向かって①L字型の「折釘」、②環状の「緋綱輪」と呼ばれる金具が打たれ、③「緒付」と呼ばれる穴状のものが穿ってあった。あまり鮮明ではないが、金具で補強された穴のようにも見える。なお、葱華輦図に見られるこれらすべての金具類が御輿制作の当初より附属していたかはわからない。人間が乗用する輦輿ではなく、祭祀における神輿独自のものとも考えられるので注意が必要であろう。なお、①は稲妻釘とも呼ばれ、これに鐸鈴や寺院の堂内荘厳に用いられるような金銅製の幡を垂下する。たとえば安貞二（一二二八）年以前の作と推測される和歌山県鞆淵八幡宮の神輿（国宝）をはじめ、多くの遺品に見られるものである。ただし、もとからこうした装飾を垂下する目的で打たれていたものかどうかはわからない。②は第四部第一章第三節の駕輿丁のところで触れた、輦輿の揺れを防ぐ綱（緋綱）を結ぶ金具であろう。

　次に「廻雨皮」で、「傍雨皮」「横雨皮」と呼ぶ事もある。十二幅の生地を横に並べて接ぎ合わせて横長に仕立てた。

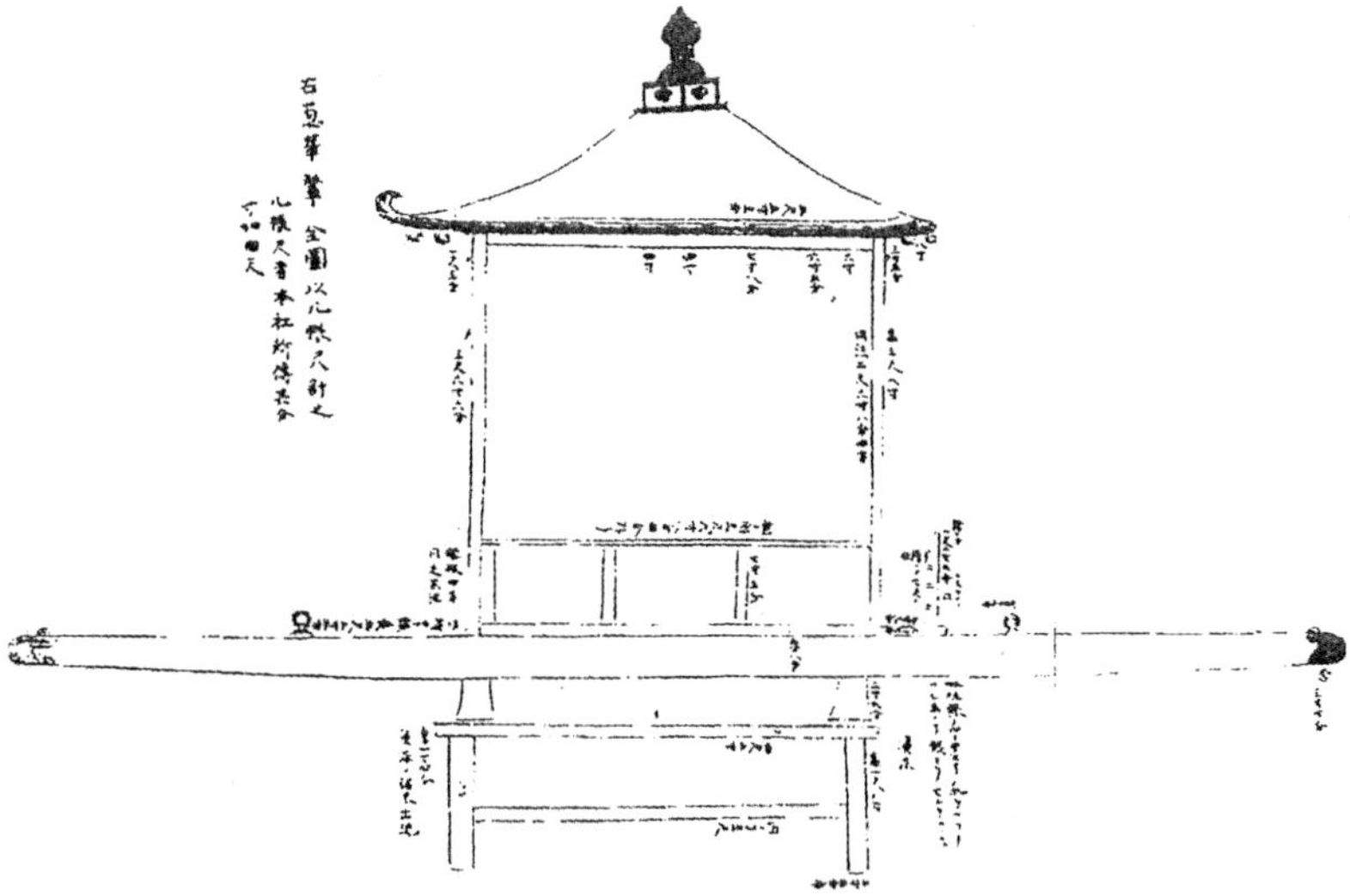

図18 『集古図』所載の手向山神社神輿（葱華輦）図

輦輿の斗（牛車でいう屋形）左右中央にあたる部分は綻として縫い合わせない。上部に覆雨皮と同じく、十三の耳を持つ縁を設けてあり、ここに「緒付中緒」を通す。上下の寸法が五尺五寸（約一・六七メートル）、全幅が一丈五尺八寸（約四・七八メートル）とある。本稿では引載しない手向山神社輦輿図の一つ、鳳輦図には斗の高さを四尺一寸（約一・二四メートル）、斗の一面の幅は三尺八寸五分（約一・一七メートル）とする。方形なので四面で一丈五尺四寸（約四・六七メートル）となる。廻雨皮は鳳輦を包み込むのに手頃な大きさと言える。ちなみに葱花輦は鳳輦よりやや小振りで、葱花輦図では、斗の高さを三尺八寸（一・一五メートル）、一面の幅は三尺六寸八分（約一・一二メートル）、四面で計一丈四尺七寸二分（約四・四六メートル）とある。

輦輿への懸け方だが、指図の右から三、五、八、十一幅目の上端に打ってある黒点を斗の四隅に立てられた柱の角に充て、後陣から前陣にかけて取り回し、左右の緒付中緒を前陣左寄りで結ぶ。その後、廻雨皮がずれないよう固定するために緒付中緒を通してある三、五、八、十一幅目上端の耳、つまり斗の四隅あるいは前陣の左右の柱にあたる耳を潜り通すように、竹針で前に見た軒下の③緒付の壺に指したらしい。場合によっては更に竹針で左右側面の廻雨皮越しに斗の柱に設けられた御帳の壺に指し通したという。壺とは、穴状のものを意味する文字だが、この語義のほかに一本の紐を環（ループ）状にしたものを指す事もある。輦輿には、斗の周囲に御帳を巡らしている。時にこの御帳を左右に開いて斗の柱にまとめ、その際に御帳と同じ生地でできた帯状の紐を用いて斗の柱に巻き付け固定する。おそらくこの帯状の紐は一寸の隙間も無い程にきつく締められていたのでは無く、多少の余裕―竹製の針が差し込める程度の余裕があったのではないか。御帳の壺に竹針を差す、とはこうした意味なのではないかと推測する。

雨皮の材質については、表は濃い浅黄色で裏は薄い同色であったという（覆雨皮図）。牛車の雨皮同様に袷物である事を示している。地質は記されていないが、前節で見た『物具装束抄』では牛車の雨皮の地質を「面練、薄青染之、差油、裏白生絹」としていた（輦輿の雨皮を考える上では参考になるであろう）。また牛車において、殿上人以下は張筵のみだった事、輦輿と同じく公卿以上は筵の上に雨皮を重ねていた事を照らすと、雨皮と筵の組み合わせは防湿のための最良の手段であったことが窺われる。乗物を雨湿から守るという機能面を目的として優先すれば、防滴の方法や雨皮の地質等は当該時代の防水・防滴技術の望み得る最高水準にあった筈で、自然、近似した仕様となるのだろう。

前に、『延喜式』に輦輿調進について詳しい記載がある事に触れた。同書は乗物ばかりで無く、天皇や諸官司の一年間に調進する数多の装束・器物についても、細かな点まで詳しく記載されている。だが輦輿の雨皮、雨皮という文字は同書中には見出せない。その代わり「雨覆」の文字が確認できる。同「縫殿寮三年雑物条」には、

（前略）雨覆三条料、緋油絁五丈七尺、〔裏料生絹、長同表、〕緋綱六条〔各長二丈、〕料、緋絁一疋、調布一端二丈、〔中子料、〕黄覆一条〔長八尺、三幅、〕料、黄絁二丈四尺、〔裏料帛、長同表、〕雨覆一条〔長同上、〕料、緋油絁二丈四尺、〔裏料生絹、長同表、〕同覆帯四条〔各長八尺、〕料、縹絁八尺、〔割四、〕（下略）

と二種類の「雨覆」が見られる。両者とも表を油絁、裏を生絹とする袷物である点、「緋綱」が併記されている点から見て、輦輿のものではないかと予想されるが確かではない。雨皮と雨覆の関係は不明な点が多い。これらは地質の色が緋色である点で雨皮とは相違する。また「黄覆」との関連も不明である。しかし「油絁」は国史大系本の同書では「アフラキヌ」と振り仮名をふってある。「アフラキヌ」とは同「内蔵寮諸司供年料条」には「油絹六十疋〔緋三十疋、縹二十五疋、白五疋、〕」とある。六十疋の油絹の詳しい用途はわからないが、裁断して何かに加工する前の状態であった事が推測される。つまり「油絹」とは油を引いた縫製前の裏地のない単物（ひとえもの）の状態だったということである。また「油絹」は「油単（ゆたん）」を想起させる。小泉和子は油単について「器物に掛けて覆いとするものの総称」とし「古代・中世には、雨皮とよぶ輿車などの覆い」にも用いたとする。[22]『物具装束抄』でも旧儀の雨皮は、表地に油を引いた練絹だった。これに生絹の裏地を袷せて雨皮という防湿具が形成されたのではないだろうか。

三　輦輿の雨皮奉仕次第

本節では、輦輿の「雨皮奉仕次第」――雨皮の懸け方を史料に基づき再現・考察し、注意すべき点を指摘してみたい。

輦輿の雨皮奉仕について、藤原定能（一一四八―一二〇九）による『羽林要秘抄』「朝覲行幸雨儀条々」によれば、二種類の前提となる状況があった。[23]一つは行幸前より雨天で、紫宸殿南階で天皇が輦輿に乗御する前に雨皮の奉仕を終えている場合。もう一つは天皇乗御後に雨皮を奉仕する場合、すなわち路頭で降雨に遇う場合である。『羽林要秘抄』には記載されていないが、行幸前より微雨の場合、天皇乗御後に内裏承明門などで奉仕することもあった。雨皮奉仕次第を検討するための文献は、前節で触れた後鳥羽上皇の編纂といわれる『世俗浅深秘抄』[24]で「雨日行幸之時、次将奉仕御輿雨皮役事」として詳しい雨皮奉仕次第を記す。これと前掲の『雨皮秘抄』A・Cの三点である。これらの成立時期を確認しておくと、『世俗浅深秘抄』と『雨皮秘抄』Aはともに鎌倉時代初・中期、『雨皮秘抄』は同末期である。なお、何れも大部なので、適宜必要と思われる箇所は引載していきたい。以下、天皇乗御前は『世俗浅深秘抄』、乗御後は『雨皮秘抄』Aに基づいて考察していく。

○天皇乗御前の雨皮奉仕次第

輦輿は然るべき場所で雨皮の奉仕を終え、大内裏紫宸殿南階や、里内裏の場合は正殿の階や御輿寄に輦輿を寄せられる。その「場所」は『世俗浅深秘抄』では紫宸殿南庭東側の宜陽殿と春興殿を結ぶ廊にある日華門が挙げられている。これは輦輿が保管されていた「御輿宿（みこしやどり・「御子宿」「御子座」とも）」が宜陽殿東庭にあり、ここから輦輿が南庭に運ばれたからであろう。御輿宿は『江家次第』巻第一「元日節会」によると[25]「宜陽殿東庭御輿宿小舎」とあり、頭書に「如＝節会＝東宮参給之時、為＝御休所＝、故有＝御子宿号＝云々」とある。ところが摂関期以降から輦輿の保管場所は管理当事者である主殿寮に移動した形跡がある。藤原忠実（一〇七八―一一六二）の『殿暦』永久五（一一一七）年十月四日条[26]によれば、内裏は大風で「棟上屋十六宇顛倒」する程の被害を受け（同記九月一日条）、大内裏北東に位置した主殿寮も顛倒、鳳輦も新調同然の修理が必要な程に破損した。これらから輦輿は主殿寮に保管されていたことが知られる。しかし天皇が内裏から行幸の場合、輦輿は主殿寮から南行し、建春門、宣陽門を経て日華門に至るので、その保管場所が御輿宿でも主殿寮でもさしあたり問題は無い。

日華門に至った輦輿は前述の御輿長により雨皮を懸けられる[27]。のち、輦輿は紫宸殿南階、里内裏では正殿の階や御輿寄に寄せられ、一端、雨皮類は外される。公卿の将（上臈の将）が剣璽役を務め輦輿に運び込み、天皇乗御の後、前にはずした雨皮を輦輿に懸ける。今度は奉仕に次将も加わる。以上の『世俗浅深秘抄』の雨皮奉仕次第を、筵・雨皮・綱に注目して要約すると次のようになる（図19）。

a　廻雨皮を輦輿の斗に引廻す。

b　覆筵を屋蓋の上に懸ける。中央の鳳凰もしくは葱花の左右に二枚使用する。斗の前陣で筵の端を重ね、前部では左の筵を、後部では右の筵を上にして竹針で止める。

c　覆雨皮を筵で覆った屋蓋の上に懸ける。

d　覆雨皮で覆った屋蓋の上に懸綱を引く。屋蓋越しに左右前後の轅に結び付ける（尋常儀）。文意から見ると懸綱は左右各一本、合計二本である。

e　風雨の時は腰綱を懸ける。斗の床の際「腰」の部分に、綱を前陣から後陣に取りまわして結ぶ（『世俗浅深秘抄』には見当たらないが、『雨皮秘抄』Cにより補足）。

○天皇乗御後の雨皮奉仕次第。

天皇の乗御後、路頭で降雨に遇った場合、あるいは行幸前より微雨で、乗御後に然るべき場所に移動した輦輿を「呉床（くれとこ・「暮床」「久礼止古」とも）」と呼ばれる台座の上に載せる。雨皮を奉仕する場所について『雨皮秘抄』Aの「乗御之後、覆雨皮事」では、「雨猶不㆑休者於㆓承明門㆒［若日華門或中門、随㆓其所便宜㆒也、］覆雨皮、（中略）其儀同路頭之儀」とする。『雨皮秘抄』Cでは「微雨之時、不㆑供㆓雨皮㆒寄㆓御輿㆒、乗御之後於㆓承明門下㆒供㆑之云々」とし、雨皮を奉仕する場所を次のように具体的に述べている。

　於承明門下供雨皮儀、

　　御輿案㆓門下㆒、［承明門南面、日華門東面、里内中門下西礼所、中門外南面、］伏㆓久礼床㆒可㆑案也、

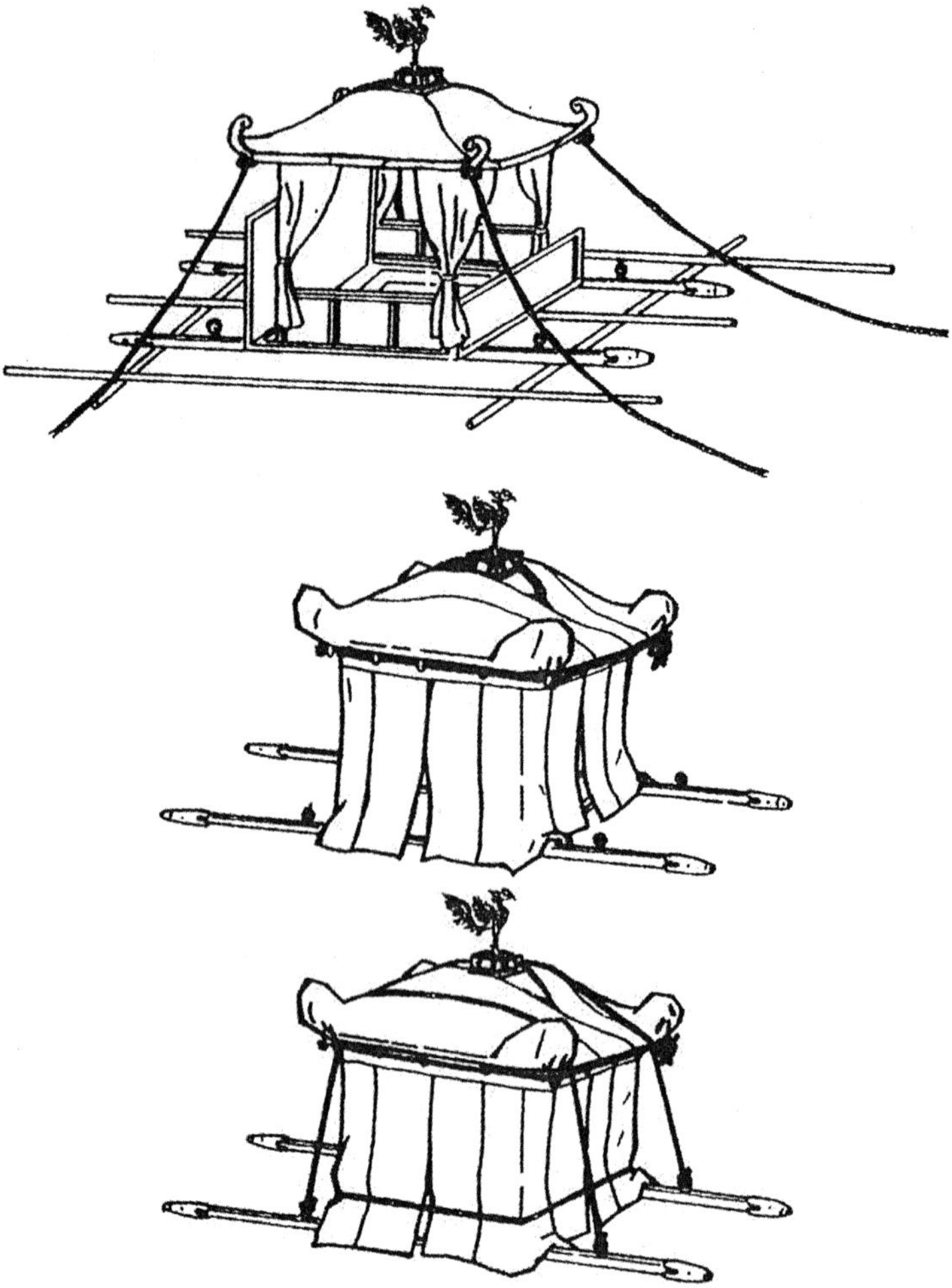

図 19　輦輿の雨皮復元試案

『世俗浅深秘抄』『雨皮秘抄』Ａをもとに、平安時代末期〜鎌倉時代にかけての輦輿に雨皮を懸けた状態の復元を試みてみた。

上段：通常、晴天時の鳳輦。

中段：鳳輦に覆雨皮・廻雨皮・覆筵（雨皮に隠れて見えない）を懸けた状態。

下段：中段の図に描かれた状態のうえに、さらに懸綱と腰綱を懸けた状態。

※上図のうち、中・下段は屋蓋　下四隅の綱と副轅は画面が煩雑になるので省略した。

これは天皇乗御後の雨皮奉仕に限定して記されたのではなく、輦輿に雨皮を奉仕する場所として内裏・里内裏の何れの門で行なわれるかを記している。前二者は内裏の乗御後・乗御前、後二者は里内裏の乗御後・乗御前を示している。そこで雨皮を輦輿に懸けることになるが、天皇乗御前と異なる点は、雨皮を奉仕する当初より作業にあたったのは御輿長ばかりでなく、次将も加わって来るところにある。これは天皇の乗る輦輿に、御輿長といった下部が直に手に触れる事は畏多いから、という単純な事由ばかりではないだろう。近衛次将が自ら雨皮奉仕するのは、剣璽が天皇とともに輦輿中にあるからではないだろうか。天皇代替わりの践祚譲位儀に際し、新帝と先帝の在所の異なる場合、剣璽渡御を近衛次将が剣璽使として奉仕したことに注目すべきだろう。行幸時、輦輿に天皇が入御するに先だって、次将が剣璽役をつとめ剣璽が運び込まれる。天皇と剣璽が輦輿内に入御した段階で、近衛将たちは天皇に近侍し警固にあたる本来の職務とともに、剣璽を護持するという職務をも果たしていると解すべきではないだろうか。天皇と皇位の象徴としての剣璽が時を同じくして輦輿の中にある事実は見過ごせない。

『雨皮秘抄』Aの雨皮奉仕次第を以下に要約する。

(a) 御輿長が覆筵二枚を輦輿の屋蓋に懸け、左右次将が覆筵の前後を重ねて竹針で止める。

(b) 御輿長が覆雨皮を、覆筵を懸けた屋蓋の上に懸ける。

(c) 御輿長が左右各一本の懸綱を（覆）雨皮を懸けた屋蓋の上に打ち懸け、左右の次将が左右の舁柄（かいて・轅と同義か）の鐶に結び付ける。

(d) 御輿長が傍雨皮で輦輿の斗を覆い、左右の次将が引き廻し、行幸先に着いた折り、剣璽を輦輿に運び入れる役をつとめる「剣璽之仁」すなわち上臈の将が、御輿寄に寄せられた輦輿の廻雨皮を撤する便を計り、輦輿前陣向かって右側（文中では進行方向に向かって前陣左側）で廻雨皮の緒付中緒を結ぶ。

(e)　さらに風の強い時は腰綱を懸ける。

以上、本節冒頭で述べた輦輿に雨皮を懸けるべき状況を天皇乗御前・後別に、その奉仕次第を概観した。だが、天皇乗御前で、ほぼ同時代の鎌倉時代初・中期に著わされた『世俗浅深秘抄』と『雨皮秘抄』Aにおいては雨皮・筵・懸綱の順序が一致を見ない。前者は廻雨皮―覆筵―覆雨皮―懸綱の順で、後者は覆筵―覆雨皮―懸綱―廻雨皮となっている。天皇乗御後では、『雨皮秘抄』Aは、乗御前と変わらぬ順序である。一方、鎌倉時代末期の同書Cは乗御前・後とも廻雨皮―覆筵―覆雨皮―懸綱の順序となっている。実際に雨皮を奉仕する時の原則として存在する筈の文献が相互に一致しないのはどうしてなのか。鎌倉時代の古記録『明月記』『不知記』『実躬卿記』を以下に示し、これらに記載された実例を見てみたい。(28)

『明月記』建永元（一二〇六）年六月十三日条

（前略）自㆓出㆑門程㆒大雨、雨皮事、頻雖㆓相触㆒上下不㆓聞入㆒、御輿長等奔走、於㆓待賢門下㆒僅留、予・資家奉㆓仕之㆒、門に奉㆑居、［クレトコ伏テ敷㆑之、］次席後方ヲ竹針ニテ三所許差貫テ後打覆、御前の方に又差㆑針、［是皆資家所為、］次に廻の雨皮ヲ引廻、御前左角に結㆑之、［予結㆑之、］次資家以㆓御輿帷紐㆒御前ヲ結、次上雨皮ヲ打懸テ鳳ヲ出、［以㆑弓掻出、］次綱ヲ打懸テ轅に結、資家云、雖（為脱カ）㆑可㆑故実此綱已短、只可㆑略歟、（下略）

『不知記』建暦元（一二一一）年正月十三日条

依㆓立春㆒行幸㆓八条院御所㆒、依㆓甚雪㆒於㆓二条大宮㆒装㆓御輿雨皮㆒、左中将資家朝臣・右少将能茂奉㆓仕之㆒、資家先以㆑針張筵二枚取合テ前方縫㆑之、以㆑弓打㆓覆御輿上㆒、右少将能茂以㆑針鳳輦後方縫㆑之、張筵御輿後、余ル打入、打㆓入之㆒縫㆑之、次覆雨皮、先装㆓四方㆒、次御前ヲハサム、次覆㆓御輿上張綱㆒、大旨如㆑此、此外委不㆑見㆑及、（下略）

『実躬卿記』正応四（一二九一）年七月十八日条

入レ夜雨下、行二幸北山亭一、（中略）乗御之後、於二中門下一〔南面、〕安二御輿一供二御雨皮一、先予取二腰御雨皮一、如二所存一差レ針廻二左方業顕一、又差レ針之後、当二角柱程一結レ緒、次左縫二筵上一之、予同引二上之一、自元縫方成御前方・御後方、予賜針於御輿長令縫之、次上雨皮自左同上之、予又取之以弓出鳳、次第引廻結之、左又結レ之、次結二懸綱一遣二後方一云々、御輿長結レ之、チカフヘキカノヨシ予命二左将一之処、風不レ吹之上、只可レ引之由返答、雖二風不一レ吹遠所之間如レ然有二先例一、然而今度チカヘス、次前御雨皮結上、以二御帳手一結上之、事了、

『明月記』建永元年六月十三日条は、土御門天皇が翌十四日の祇園御霊会の神輿を避けるため閑院内裏から大内裏へ遷幸した時の記文で、幸路中、甚雨に遇ったが待賢門に到るまで雨皮の奉仕は無かった（藤原長兼『三長記』同日条）。待賢門は大内裏の外郭の門だが、経緯から見て路頭と解するべきだろう。この例は今まで見てきた雨皮奉仕の何れとも一致しない。『不知記』建暦元年正月十三日条は、順徳天皇の三条烏丸殿から八条院御所への方違行幸の記文で、路頭での例である。『雨皮秘抄』Aと一致する。この二例は五年の時間差しか無く、同じ条件下なのに次第は相違する。『実躬卿記』正応四年七月十八日条は、伏見天皇の冷泉富小路殿から北山亭への行幸の記文で、天皇乗御後の奉仕で『雨皮秘抄』Cと一致する。このように『世俗浅深秘抄』『雨皮秘抄』A・Cを含め、雨皮奉仕次第は実例でも一定しないのである。奉仕次第の基本的な相違は、天皇の乗御以後に覆雨皮と廻雨皮、どちらを先とするかという点に集約できる。これに関して『世俗浅深秘抄』では「先覆レ上時乍立近候、依レ有二其恐一也、必可レ曳二横雨皮一也、是極故実也」とする。輦輿の屋蓋に覆筵・覆雨皮を奉仕する時、次将が斗中の天皇の傍に立ったままでいることは畏多い、という。『雨皮秘抄』A（乗御前）には「或秘説曰、先供上雨皮之間、立副御輿之条有其恐、仍為隔龍顔ナリ、上ノ雨皮ノ後、傍ノヲ引廻セハ懸綱カセビテ有レ煩、然者旁先不レ覆二傍雨皮一云々」とあり、斗中の天皇を「為隔龍顔ナ

り」としながらも、覆雨皮を懸ける手際を優先している。何故覆雨皮を優先するかというと、同書A中（乗御後）には「次覆二廻之雨皮一云々、此儀宜歟、先為レ令レ不レ湿御輿上尓筵計ヲ覆テ後、為レ恐二龍顔一、次上ノ雨皮ヲ覆フ歟、此儀又一説歟」とある。天皇の傍に何の隔たりも無く立つことを懸念しながらも、輦輿を雨湿から守るために覆筵・覆雨皮を優先しているが、聊かの抵抗があるようである。次将にとって何れを正否とするかは容易に決し難いものであったろう。どちらも相応の理由があり、全く次元の違う選択で、当事者である次将の困惑が推測される。同書C（乗御前）ではこの問題に関して次のように述べている。

　或先供二覆雨皮一後引二廻雨皮一、

或抄云、覆雨皮・廻雨皮前後事、有二両説一、一者先覆二上雨皮一、一者先引二廻雨皮一云々、但以二後説一所レ執也、乍レ立咫二尺龍顔一依レ有二其憚一、為レ隔二宸儀一先引二廻雨皮一之、尋常説自レ上次第供レ之、雖レ有レ便後説所レ執也云々、今案、初説供二雨皮一者御輿為レ不レ湿也、雖二須臾一先自レ上可レ供之故也、後説不レ隔レ物咫二尺龍顔一有レ憚之故也者、両説共難レ定二是非一、可レ依二其所一歟、

覆雨皮・廻雨皮、何れが先かという問題の理由を明記する。前掲『明月記』建永元年六月十三日条には、覆筵―廻雨皮―覆雨皮―懸綱という変則的な順序で雨皮を奉仕した例が記されていたが、考えてみれば覆雨皮・廻雨皮、何れが先かという問題に直面した処置とも解され興味深い。

おわりに

以上、輦輿の雨皮を概観した。『雨皮秘抄』の雨皮奉仕次第と手向山神社に伝わる貴重な遺品である神輿とをあわ

せて検討することにより、文献に現われた実際の使用法と「もの」の構造・仕様が一致する結果が得られた。両者を相互補完的に理解できたと言い換えられるだろう。この作業によって『雨皮秘抄』の内容は、実物に即した正確な雨皮の使用法を記している事が判明し、手向山神社の神輿は（製作の年次を限定する事は叶わないが）、鎌倉時代初・中期以来の古制を伝えている事が明らかにできた。

天皇乗御の輦輿に雨皮を懸ける次第を通じて、行幸における剣璽と近衛府の関連や、天皇への畏敬の念と近衛府の実務意識といった問題があることを知った。特に天皇乗御後の輦輿で、天皇へ畏敬の念を払うべきか、輦輿が雨に濡れるのを防ぐのが先か、という問題があり、後鳥羽上皇の作とされる『世俗浅深秘抄』では前者を、『雨皮秘抄』Aでは後者を採り、執筆者の立場の相違が明瞭に反映されていた。『雨皮秘抄』Aではどちらを採るか決めかねている感がある。同Cではその理由を明らかに述べていた。鎌倉時代初・中期と末期では、近衛府官人の職務への意識に微妙な相違があるように思える。要はそうした相違が生じる背景であり今後の課題である。

最後に確認しておきたいのは、乗り物の研究が、非常に大きな社会史的な問題や身分制論的な問題を内包するということである。輦輿、とりわけ天皇の正式の乗物である鳳輦は、天皇と剣璽をともに移送するのであり、単に乗物という輸送手段には留まらない。行幸という大規模な行列、鳳凰、葱花を屋蓋に戴き、人力により運行される輦輿は、視覚的に天皇の権威を誇示している。いわば天皇の象徴なのである。雨皮自体は歴史の中では極めて小さな事象だが、こうした事が『世俗浅深秘抄』『雨皮秘抄』中の雨皮奉仕を巡る記述の端々に現われていたのではないか。

注

（1） 山本信吉「藤原実資と鳳輿・葱花輿」（『古事類苑』月報四十四、一九七〇）、渡辺直彦「蔵人方行事と輦車宣旨」（『日本古代官位制制度の基礎的研究増訂版』一九七八）、古谷紋子「輦車の宣旨」（『駒沢大学史学論集』二十一、一九九一・五）、清水みき「古

代輿の復原―長岡京の部材進上木簡より―」（杉山信三先生米寿記念論集刊行会編『平安京歴史研究』一九九三）、橋本義則「古代御輿考―天皇・太上天皇・皇后の御輿―」（上横手雅敬監修『古代・中世の政治と文化』一九九四）、日高真吾「伝統的乗用具の変遷に関する一考察」（『民具マンスリー』三六―一〇、二〇〇四）。

我々の得ている輿車に関する知識は『輿車図考』から学んだものが多い。『輿車図考』は、文化元（一八〇四）年に松平定信らにより、平安時代以来の文献・絵画作品を調査し精密な考證の後に編まれた、高度な研究水準を備える文献である。編者は典拠とした文献・絵画の理解にあたり当時の公家の知識を参考にすることが多かった。しかし公家は既に平安時代以来の伝統的な儀式・典礼・有職故実の知識の多くを失っており、公家方の誤解を編者がそのままに受容している点も多く、同書の大きな問題点といえる。『輿車図考』の高い評価を否定しているのではない。輿車を現代の歴史学やその周辺諸学の視点から再検討し、同書の成果を生かしていくべきだと思う。

（2）『西宮記』（新訂増補故実叢書）臨時八「車」。

（3）『民経記』（大日本古記録）。［　］内は割注。以下の史料引用においても同じ。

（4）鎌倉時代初・中期の公事について詳しく知られる『三条中山口伝』（『続群書類従』第三十三輯上雑部）「行列」には当時の路頭次第を掲げる。「次雨皮持、［仕丁著退紅持之、為衛府督之人、令衛士持之、近代無此儀］」とあり、本稿で掲げた記録類に見る路頭の次第が一般的なものであった事が知られる。同書は三条公房（？―一二四九）が父・実房、外舅・中山忠親らの口伝を記録したもの。

（5）『九条忠教三位中将拝賀記　弘長二年』（図書寮叢刊『九条家歴世記録』一）。この拝賀は弘長二（一二六二）年正月二十五日に行なわれた。記主は藤原［九条］忠家（一二二九―一二七五）で忠教は嫡男。

（6）『物具装束抄』「一　雨皮事」（『群書類従』第八輯装束部）。装束に関する室町時代初期の文献。中山忠定（一三七九―一四一六）の作といわれている。

（7）『蛙抄』車輿部「一　雨皮間事」。内閣文庫所蔵（一四七―二二八）を用いた。『蛙抄』の作者は洞院実熙（一四〇九―？）。実熙は『拾芥抄』（新訂増補故実叢書）や『名目抄』（『群書類従』雑部）の作者で儀式典礼に通じていた。

（8）『東寺観智院金剛蔵聖教』百十箱。

（9）『京都御所東山御文庫記録』乙―七十（三〇〇一―一―八七）。

(10)『玉葉』(名著刊行会本)。
(11)『実躬卿記』(新訂増補故実叢書『輿車図考』上所収)。記主は藤原(正親町三条)実躬(一二六四―?)。
(12)『職員令』「主殿寮」(国史大系本『令義解』巻一)。
(13)注(1)橋本論稿参照。氏の論稿は画期的で素晴らしい成果を挙げられている。『輿車図考』に端を発する輿車研究の流れに一石を投じたと思う。本稿では鳳輦・葱花輦の使用法について全く触れなかったが、氏が詳しく検討され新事実をいくつも明らかにされ、鳳輦・葱華輦の象徴性の考察において筆者も多くを学んだ。
(14)『延喜式』「左右近衛府」(国史大系本)。
(15)『輿車図考』「鳳輦」では輦輿の雨皮に関してかなり細かく検討されている。文献史料として、鎌倉時代の『雨皮秘抄』を引載し(第二節参照、『雨皮秘抄』A)、これをもとに『年中行事絵巻』『春日権現験記絵』を参考にし、輦輿に雨皮を懸ける様の絵画化を試みている(雨皮の形状は後述の同書C所載の指図に基づく)が、見る者の理解の便を考え、現実の雨皮を懸ける次第のままには作画していない。
(16)『即位注進事 永仁六年』(東京大学史料編纂所所蔵謄写本『柳原家記録』三)。
(17)以後、本稿で用いる『雨皮秘抄』は内閣文庫に『行幸雨皮秘抄』として所蔵されるもの(一四七―五五四)を用いた。なお同書については、「史料紹介『雨皮秘抄』」(『賀茂文化研究』三、一九九四)で全文を翻刻、諸本で校訂した。本稿とあわせてご参照願いたい。
(18)注(15)参照。
(19)『雨皮秘抄』Cには覆筵や廻雨皮を輦輿に固定するための竹製の針三種類の指図と寸法などの注記もある。
(20)手向山神社の神輿は鳳輦一基、葱花輦二基の計三基が現存し、重要文化財に指定されている。また、精巧なレプリカが三重県立斎宮歴史博物館にも展示されている(同館学芸員の榎村寛之氏のご説明によれば、屋蓋の軒の勾配は阿弥陀堂建築の屋根のそれを範にしたというお話だった)。『集古図』によると「正長元年戊申十月廿三日、三御輿、御修理事、」と銘があるので正長元年(一四二八)以前に調進された事は間違いないだろう。これらの神輿は転害会に用いられていたもので東大寺油倉に所蔵されていた。また『集古図』は『集古図巻』ともいう。内容は天文・地理から器物まで多岐にわたり、編者は『好古小録』の作者・藤井貞幹である。本稿で検討に用いた『集古図』は京都の日本画家、故・豊秋半次氏が所蔵していたもので現在では筆者が所蔵している。題箋には「集古図巻天皇家千載絵巻」とある。抄出本で淡彩の施された長大な巻子一巻の体裁である。収載される全図は透き写しによる模写であることが推定される。線描は描きなれた感があり、ある水準に達した技量を会得していた同一人物の手になると見られる。一方、彩色技術は線描に比してかなり劣り、おそらくは別人の補筆と見られる。見返しには寛政六年（一七九四）に貞幹が転写したことを伝える序文を書写し、さらに「裏松入道殿本云」とある。「裏松入道」とは『大内裏図考証』の筆者・裏松光世（固禅）のことで寛政一〇（一七九八）年に落飾、文化元（一八〇四）年に没したので、この粉本とその祖本の作期はおのずと知られる。

(21)『雨皮秘抄』所載の雨皮の寸法は左大史・小槻有家が註し送った。「已上雨皮寸法、建暦元年八月被定下之」とあり順徳天皇の在位時に定められたらしい。なぜ、順徳天皇の在位期なのか、それはわからない。しかし、朝儀復興に熱心だった父・後鳥羽上皇、その息として自らも宮廷の諸事に詳しく『禁秘抄』を編纂したほど有識故実に通じた順徳天皇の時代だったことを考慮すれば、こうした輦輿の故実が同時代に整備されたとしても不思議はない。

(22) 小泉和子「油単（ゆたん）」（『国史大辞典』十四）。

(23)『世俗浅深秘抄』（『群書類従』第二十六輯　雑部）。

(24)『羽林要秘抄』（『群書類従』第七輯　公事部）。

(25)『江家次第』（神道大系　朝儀祭祀編）。

(26)『殿暦』（大日本古記録）。

(27)『世俗浅深秘抄』と『雨皮秘抄』A（天皇乗御前・後にかかわらず）には「御輿長」とあり、同書Cでは「御輿固」となっている。単純な書写上の誤記か、鎌倉初・中期以降、末期にいたる時期に、御輿固という新たな役割ができたのか、現時点では不明である。

(28)『明月記』（国書刊行会本）、『不知記』『実躬卿記』（『行幸雑要』東京大学史料編纂所謄写本『柳原家記録』一一〇　所収）。

第三章　平安・鎌倉時代の賀茂祭使

——餝車と過差——

はじめに

現在、京都では五月十五日に葵祭が行なわれる。平安・鎌倉時代は賀茂祭と呼ばれ、四月中酉日に行なわれていた。内裏から賀茂御祖社（以下、下鴨社と略す）、賀茂別雷社（以下、上賀茂社と略す）に至る道すがら、風流と呼ばれる装飾で飾られた行列の行粧が衆目を集め、古記録や文学作品などに数多くの記述を見る。その風流の飾りは、公家新制に（1）、「過差」（奢侈）として度々規制の対象となるほど華やかなものだった。本稿でとりあげる「餝車」とはこの賀茂祭で用いられた、風流の飾りを施した牛車の呼称である。

小稿では餝車の有職故実の視点からの検討はもとより、賀茂祭の祭使と餝車の関係、賀茂祭における餝車の果たした役割を通して過差の問題についても考察を試みる。賀茂祭に関する先行研究では祭祀自体の検討、行事としての全体像の解明に端を発し、近年では祭料負担者の考察から賀茂祭の変遷に着目し、国家の祭祀運営のシステムを明らかにするなどの成果をあげている（2）。こうした先学の研究成果を踏襲して論を進めていきたい。

餝車を含め、平安・鎌倉時代の乗物は神輿を除き当時の遺品も無い。一方、乗物の研究は近世の松平定信による『輿車図考』以来、ほとんど研究はなされていない。同書においても餝車の扱いは簡潔で、記録類を中心に実例を掲げ「これらみなおごりたる世の風流よりおこる事にて、さして定制も侍らず、賀茂祭の絵なんて見てもその大概はしるべければいはず、こゝに其図をはぶく」とする。また平安・鎌倉時代、賀茂祭は京洛の人々にとって重要な歳事であったにもか絵巻物などのいわゆる絵画史料でも描かれているものは少ない。保元内裏の造営を期に制作されたという『年中行事絵巻』「賀茂祭」と「関白賀茂詣」が著名なところであろう。だが、あまり注目されていない『賀茂祭絵詞』という絵巻物がある。これが『輿車図考』(3)にいうところの「賀茂祭の絵」と目される。実はこの作品には絵画に描かれた唯一の餝車の例をみることができる。

まず賀茂祭という神事の概観を確認する。賀茂祭は、天皇が祭りに先立ち撰任した祭使を立て、朝廷の平安、天下の泰平を上賀茂社・下鴨社に祈る宮廷祭祀である。『類聚国史』巻五「賀茂大神」によれば嵯峨朝の弘仁十（八一九）年三月、勅により国家祭祀として中祀に位置付けられた。こうして、毎年、四月中酉日に執り行われるようになる。賀茂祭の準備は、御禊の點地、祭除目、御禊前駈定など、前月より始められる。祭りの舞台となるのは、内裏の天皇の御前から斎院のある北野の紫野神館、京洛の各祭使の出立所、御禊を行なう賀茂川畔、祭祀そのものを行なう上・下の賀茂社にまで及ぶ大規模な祭りである。

賀茂祭の祭祀のうち、衆目を集めたのは御禊と祭当日の路頭儀であった。まず祭り前の午あるいは未日、未婚の皇女から卜定され選ばれた斎王（院政期以後は歴代の内親王）が、禊を賀茂川で行なう。賀茂川の西岸の河原で禊を終えた斎王は一条大路まで出て西進し北上、斎院に至る。この日の一連の儀を御禊という。祭当日、奉幣を務める近衛使、山城使、内蔵寮使らの祭使は、自家あるいは縁者の家を出立、内裏へ向かう。参内した各祭使は天皇の御前で自らの乗る唐鞍の一式を載せた餝馬を披露した後、退出、一条大路列見の辻にて斎院を出発した斎王一行を出迎える。斎王一行には内侍所の典侍あるいは尚侍が随行した。これを「女使」と呼び、奉幣を行なう近衛使以下の祭使を「男使」

と呼ぶこともあった。近衛使以下、各祭使は斎王等に供奉し、一条大路を東進、下鴨社、続いて上賀茂社へ向かう。両社頭での祭儀を終えた斎王と祭使らは帰路につく。斎王は紫野神館に戻ると祭使に酒肴・禄を振舞う還立儀を行ない、全ての祭儀を終了する。

賀茂祭の概要が理解できたと思う。次節では、餝車について文献を中心にその実状をみてみよう。

一　文献にみる餝車

餝車とは、その文字の示すように風流の装飾を施した牛車を指す。本節では日記などの文献を中心に、餝車と呼称された牛車の実例を蒐集、使用者と使用の場を明らかにした上で、具体的な風流の意匠を概観する。次に示す表12は、賀茂祭で用いられる牛車の事例を日記類を中心に抽出・整理したものである。(4) 対象としたのは、賀茂祭に車の用いられたことの確認できる醍醐朝から、次章でみる『賀茂祭絵詞』の作成されたらしい後宇多朝までの昌泰元（八九七）～弘安十一（一二八七）年にいたる約三百年間である。ただし小稿の論旨に直接関係しない車の実例は割愛した。

まず名称であるが、「餝（簦）車」の文字は一二世紀末頃より確認され、それ以前は単に「某々使車」と記される。「かざり」の音には「簦」「餝」の何れかをあてる。「餝車」の文字の初見は建久二年（一一九一）三月二十八日に出された公家新制、『後鳥羽天皇宣旨』で「一　可レ停二止賀茂祭使斎王禊車及従類装束過差一事」の項目中に「簦車　金銀珠鏡」とある。しかし、当該時期、必ずしも一般的な呼称として定着はしていなかったのか、同時期の文献にこの呼称を見出すことはできない。一三世紀になると土御門大納言源通方（一一八九—一二三八）の作という有職故実書『餝抄』(5)下や、『民経記』天福元（一二三三）年四月二十三日条、『妙槐記』文応元（一二六〇）年四月二十四日条などをはじめ、多くの文献で「餝車」の呼称を用いるようになる。また、ごく少数の例しか確認できていないが、『兵範記』仁安三（一一六八）年四月十五日条のように「渡車《わたしぐるま》」と呼ばれている例もある。

次に、実例の検討から使用者と使用される場に注目して、風流の施される牛車を整理すると次の四種に分類できる。[6]

ア　御禊の日の前駈

イ　女使

ウ　賀茂祭当日の祭使

エ　御禊・祭当日・還立の見物の者

アは、御禊の前駈の車を指す。前駈の用いる例の初見は『春記』永承七（一〇五二）四月十九日条であるが、表中の一〇世紀から一三世紀においては前駈による御禊の供奉は騎馬が原則で、牛車の使用については個々別々であったと推測される。騎馬のみの場合、牛車のみの場合もあり、前駈の全ての者が車を用いた訳では無い。仮に用いたとしても、そうした車の全てに風流を施したのでもなかった。例を掲げると『中右記』寛治六（一〇九二）年四月十八日条に「次前駈人々車等、此中風流車二両」とあり、『山槐記』仁安二（一一六七）年四月二十七日条では「次可レ渡二前駈車一也、而今日無二渡之人一」とある。これら前駈の車の使用は必ずしも慣行として定着してはいなかったとみられる。

イは糸毛車と呼ばれる。屋形を絹糸で覆い、その上に金銀の窠文を配して飾った牛車を用いた。餝車とは区別されていたようで、これを餝車と呼ぶ例は見出せない。賀茂祭の女使料は赤の糸毛を例とした。元来、内侍所の典侍（あるいは尚侍）は、紫の糸毛車に乗っていた。女使において、糸毛車を用いることで周囲に対して内侍所の典侍が乗用していることを示し、しかも糸毛の色を変えることで女使であることを視覚的に示している。『枕草子』第二〇五段では、祭り当日の帰路、沿道の卯つ木垣根の卯の花を折り、車に挿して飾ったという。風流飾りの一つの形が知られる。なお、青糸毛は皇后・中宮・東宮・斎院・准后が用いた。

ウの賀茂祭当日の祭使とは奉幣使のことで、具体的には内蔵寮使・近衛府使・馬寮使・春宮使・皇后宮使などを指す。祭使が行列に風流を施した車を伴う初見は『春記』永承七（一〇五二）年四月二十二日条である。(7) 本来、祭使も御禊の前駈同様に騎馬が原則であるが、摂関期以降の記録類の賀茂祭当日の記文には、祭当日のおそらく全ての行程の路頭、当日もしくは翌日の帰路の路頭（還立儀）において馬と車を行列中に揃って確認できる。しかもなお前駈の場合と同じく車に風流を施さない例もあり、『永昌記』嘉承元（一一〇六）年四月二十四日条、『餝抄』下「一、車事」所収『不知記』仁安三（一一六八）年四月十八日条、『民経記』安貞元（一二二七）年四月二十五日条などに確認できる。ここでは祭使は常に騎馬で、牛車を乗用した形跡は見られないことに注目しておきたい。なお、公家新制の一つとして著名な、弘長三年八月の『亀山天皇宣旨』以降、車を随行しない祭使もあらわれる。

エの見物の者とは、御禊・祭当日・還立の路頭儀を見物するために一条大路周辺に集まった上皇や貴族などの車を指す。路頭儀の見物には桟敷を用いることもあったが、その一方で牛車を随意の場所に立てる（駐車する）場合も多くあった。ただ見物の者の車の風流は日記類にはあまり目にしない。こうした見物の車の多くは文車など平均的な私用の外出時に乗用されるものが多かったようである。だが『台記』久寿二（一一五五）年四月二十一日条では祭当日の見物に赴いた藤原頼長が、自らと同乗した隆長の車についてその細かな風流の仕様を記している。『兵範記』同日条では頼長らの乗車する車を「飛車」と呼称している。「飛車」という呼称は管見の限りこの一例のみであり、その所以などはわからない。

以上のように賀茂祭における風流を施した牛車は、乗用者に注目すると四種に分類が可能である。何れも賀茂祭の

表 12　餝車関連記事一覧［醍醐朝（昌泰元：897）～後宇多朝（弘仁 11：1287）］

年	西暦	月　日	出　典	年	西暦	月　日	出　典
延喜 7 年	907	4 月 15 日条	『醍醐天皇御記』	応保元年	1161	4 月 19 日条	『山槐記』
延喜 19 年	919	4 月 24 日条	『醍醐天皇御記』	仁安 2 年	1167	4 月 27 日条	『山槐記』
承平元年	931	4 月 21 日条	『貞信公記』	仁安 2 年	1167	4 月 30 日条	『山槐記』
永祚 2 年	990	4 月 1 日付	『政事要略』巻第 70「糾弾雑事従者員数之事」	仁安 2 年	1167	4 月 30 日条	『兵範記』
長和元年	1012	4 月 3 日条	『小右記』	仁安 3 年	1168	4 月 15 日条	『兵範記』
長和 2 年	1013	4 月 24 日条	『小右記』	仁安 3 年	1168	4 月 15 日条	『飾抄』下「一、車」『不知記』
長和 3 年	1014	4 月 17 日条	『小右記』	仁安 3 年	1168	4 月 18 日条	『飾抄』下「一、車」『不知記』
万寿 3 年	1026	4 月 16 日条	『小記目録』第五	嘉応元年	1169	4 月 20 日条	『兵範記』
万寿 3 年	1026	4 月 17 日条	『左経記』	承安 3 年	1173	4 月 17 日条	『飾抄』下「一、車」『不知記』
万寿 3 年	1026	4 月 19 日条	『左経記』	安元 2 年	1176	4 月 22 日条	『吉記』
万寿 4 年	1027	4 月 12 日条	『小右記』	治承 2 年	1179	4 月 9 日条	『山槐記』
万寿 4 年	1027	4 月 15 日条	『小右記』	治承 2 年	1179	4 月 21 日条	『山槐記』
長久元年	1040	4 月 25 日条	『春記』	治承 2 年	1179	4 月 21 日条	『玉葉』
永承 7 年	1052	4 月 19 日条	『春記』	治承 3 年	1180	4 月 12 日条	『山槐記』
永承 7 年	1052	4 月 22 日条	『春記』	治承 3 年	1180	4 月 15 日条	『山槐記』
永保 3 年	1081	4 月 13 日条	『飾抄』下「一、車」『不知記』	養和元年	1181	4 月 16 日条	『吉記』
寛治 6 年	1092	4 月 18 日条	『中右記』	文治 4 年	1188	4 月 19 日条	『玉葉』
寛治 7 年	1093	4 月 13 日条	『後二条師通記』	建久 7 年	1196	4 月 24 日条	『明月記』
嘉保 2 年	1095	4 月 20 日条	『中右記』	正治元年	1199	4 月 24 日条	『明月記』
承徳元年	1097	4 月 14 日条	『中右記』	建仁 2 年	1202	4 月 23 日条	『明月記』
長治 2 年	1105	4 月 18 日条	『中右記』	建仁 3 年	1203	4 月 23 日条	『明月記』
嘉承元年	1106	4 月 22 日条	『永昌記』	元久 2 年	1205	4 月 22 日条	『明月記』
嘉承元年	1106	4 月 24 日条	『中右記』	承元元年	1207	4 月 13 日条	『明月記』
嘉承元年	1106	4 月 24 日条	『永昌記』	承元元年	1207	4 月 16 日条	『明月記』

嘉承2年	1107	4月14日条	『永昌記』	建暦2年	1212	4月21日条	『明月記』
嘉承2年	1107	4月17日条	『永昌記』	建暦2年	1212	4月21日条	『玉蘂』
嘉承2年	1107	4月17日条	『中右記』	建保元年	1213	4月14日条	『明月記』
嘉承2年	1107	4月17日条	『殿暦』	承久2年	1220	4月14日条	『玉蘂』
天永2年	1111	4月18日条	『長秋記』	嘉禄元年	1225	4月19日条	『明月記』
永久2年	1114	4月16日条	『中右記』	安貞元年	1227	4月25日条	『民経記』
元永元年	1118	4月18日条	『中右記』	寛喜2年	1230	4月24日条	『明月記』
元永元年	1118	4月21日条	『中右記』	寛喜3年	1231	4月17日条	『民経記』
元永2年	1119	4月23日条	『長秋記』	天福元年	1233	4月23日条	『民経記』
元治元年	1124	4月14日条	『永昌記』	嘉禎3年	1237	4月16日条	『玉蘂』
大治4年	1129	4月19日条	『長秋記』	嘉禎4年	1238	4月10日条	『玉蘂』
大治4年	1129	4月25日条	『長秋記』	仁治元年	1240	4月15日条	『平戸記』
大治5年	1130	4月11日条	『中右記』	寛元2年	1244	4月15日条	『平戸記』
天承元年	1131	4月16日条	『長秋記』	寛元3年	1245	4月21日条	『平戸記』
天承元年	1131	4月19日条	『長秋記』	文応元年	1260	4月24日条	『妙槐記』
保延元年	1135	4月18日条	『長秋記』	弘安2年	1279	4月21日条	『勘仲記』
仁平2年	1152	4月18日条	『兵範記』	弘安6年	1283	4月25日条	『勘仲記』
久寿元年	1154	4月27日条	『兵範記』	弘安9年	1286	4月25日条	『勘仲記』
久寿2年	1155	4月21日条	『台記』	弘安10年	1287	4月25日条	『勘仲記』
久寿2年	1155	4月21日条	『兵範記』	弘安11年	1288	4月19日条	『勘仲記』
久寿3年	1156	4月11日条	『兵範記』	正応3年	1290	4月24日条	『実躬卿記』
久寿3年	1156	4月11日条	『飾抄』下「一、車」『不知記』	正応4年	1291	4月18日条	『実躬卿記』
久寿3年	1156	4月14日条	『兵範記』	正応5年	1292	4月23日条	『実躬卿記』
保元2年	1157	4月14日条	『飾抄』下「一、車」	永仁元年	1293	4月23日条	『実躬卿記』
保元3年	1158	4月20日条	『兵範記』				

行事における使用という点では一致をみた。しかしその一方で実例を検討すると、アは牛車の随行そのものが一定せず、イは女使である内侍以外は乗用しない。ウでは車の随行は恒常的と推されるものの、乗車した様子が無い。エは各々の邸宅から乗車し、見物の場所―一条大路沿いの何処か―に到着し、見物に至る経緯からみて、乗車していたことは間違いない。また、前駈、祭使ともに通常のままの牛車を用いている例もあり、前駈、祭使を務めた当事者たちの風流という行為に対する意識を知る上で無視できない。ア、イ、ウ、エのうち、筆者が最も興味があるのはウの祭使の餝車である。特に乗車せず随行のみであったのは何故なのだろうか。新たな疑問であるが第三節で詳しく触れたい。

次に実例から風流の意匠を整理しておく。前掲の表中に示した実例を検討の結果、以下に詳述・検討する五種に大別できた。

A　文学や歌謡・芸能に意匠を求めるもの

これは和歌や漢詩、中国の故事や、今様、催馬楽といった歌謡、呪師猿楽などの歌舞あるいは芸能に意匠を求める場合である。和歌は平安時代以来、老若男女を問わず宮廷の文芸の中心であった。詩（作文）は宮廷貴族必須の教養と認識されていた。催馬楽は雅楽風の歌謡で、摂関期から院政期を経て、貴族の公・私宴で管絃と組み合わせられて盛行した。今様は院政期に最盛を迎える歌謡で、本来、民間で行なわれていたものが貴族らにも波及したものである。呪師猿楽は平安末期から鎌倉初期に行なわれた、法会などに付随する芸能で、呪師と呼ばれた華やかな装束の演技者が演技するものだった。では実例をみてみよう。

和歌を意匠とする例としては『中右記』嘉承元（一一〇六）年四月二十四日条に、

使少将、（中略）車、［海賦歌絵］笠、［花、木（〇橘カ）鳥歌絵、］風流皆古歌也、とある。
詩の例では『永昌記』天治元（一一二四）年四月十四日条に、

　次近衛使車、［其風流甕頭竹葉、階底薔薇詩也］（下略）、

とある。これは中唐の詩人、白居易（七七二―八四六）の詩篇『白氏文集』の一編を意匠にしている。(8) 他に『民経記』天福元（一二三三）年四月二十三日条でも近衛使の餝車について「餝車以下皆詩篇付二風流一云々」とある。ここでいう「詩篇」も『白氏文集』を指す可能性がある。

故事の例は『中右記』寛治六（一〇九二）年四月十八日条で、

　次前駈人々車等、（中略）一両、［曲水體、唐人等桃花、家政車］

とする。これは中国の晋の時代、王羲之と四十一名の名士が会稽山の蘭亭に集い、曲水に盃を流した故事を指していると見られるが確かではない。

今様の例は『明月記』建仁二（一二〇二）年四月二十三日条に、

　次近衛使車、［早速也、不レ似レ例、］袖ニ松ニ鶴、物見ハ玉簾ニ例大顔男女、其フチノ上ニ千鳥、上ハ亀甲ニ鶴文ヲ付、簾厳ニ篠也、今様心云々、

とあるが、記主・藤原定家はそれが「今様心」とは気付かなかったのか、伝聞である。

催馬楽の例は『明月記』承元元（一二〇七）年四月十六日条に、

　近衛使右少将実嗣朝臣、車以下催馬楽風流、風流車、［伊勢海、金銅相交、すわうかひ付］

とある。

呪師猿楽の例は『永昌記』嘉承二（一一〇七）年四月十七日条にかなり具体的な風流飾りの記述がある。

春宮使車、呪師装束、縁付㆓帯・懸甲三枚㆒、張㆓錦簾㆒懸㆓都拍子皷・金装束等㆒、

ここでは演者の装束や楽器を風流の飾りとしている。

和歌・詩・今様・催馬楽・呪師猿楽といった意匠を風流の飾りとして視覚的に表現するために、まずそれぞれ特定の題目・曲目などを選び出す。それを第三者に想起させるに足る―第三者に理解可能な視覚上での象徴的な部分―を取り上げ、あるいは当該芸能固有の装束や道具を風流の飾りとして表現している。こうした文学・芸能は何れも貴族らにとっては身近で馴染み深い「遊び」であり、その華やかさを風流の意匠として選ぶのは自然かも知れない。

B　楽に意匠を求めるもの

楽を風流の意匠としている例は、その捉え方が多様である。楽というを芸能の一つを表現の対象としているものなどが検出される。実例をみていくと、『兵範記』保元三（一一五八）年四月二十日条では、「近衛府使、左近少将成兼、車、舞人楽人楽屋風流、関白殿牛」とある。『飾抄』下「一、車」所収『不知記』承安三（一一七三）年四月十七日条には祭使の車について次のようにある。

承安三四十七近衛使隆房（四条）風流右楽器舞装束付㆑之、依㆓右近㆒又用㆑右歟、車簾付㆓蝶鳥舞㆒也、是古風流也、信家中将風流云々、彼時牛童着㆓胡飲酒装束㆒、

風流の飾りの具体的な記事も興味深いが、なかでも特に近衛使の四条隆房の家流は楽に関係の深い家であった点に注意したい。近衛使がこの風流を用いるのは、平安時代以来、宮廷で行なわれる雅楽の楽人・舞手を近衛の官人が勤める事は一般的であった事に由来するとみられる。楽に用いられる楽器や装束は、本来、華やかなものであり、こうした風流に用いるには好都合であっただろう。(9)

C　季節感を意匠とするもの

賀茂祭の行なわれる四月は初夏にあたる。この初夏という季節に因んだ動植物を風流の意匠として用いる例もみられる。いくつか例を掲げると『台記』久寿二（一一五五）年四月二十一日条では、

其車上檜網代、〔実檜、〕左右縦縁内張二青薄物一、外空立レ掩、簾用二伊與簾一、霰地切之上縁際毎二懸緒處一付二花月(甘カ)子一、上左右簾皆付二千鳥一、物見紺青乱文、不レ発垂レ簾、禅閤斑牛畝鞦、件鞦失堅湌文、

とある。『明月記』承元元（一二〇七）年四月十三日条では、

酉時許透車二両渡、一両、〔院御牛、付二卯花、杜若、郭公飛一、牛童赤色、仲隆歟、〕次車以二金銅おもたか、金銅すはま一、銀千鳥飛二物見一、家季歟、

とし、花甘子（柑橘系常緑花木）・千鳥・卯花・杜若・郭公（和歌でいうホトトギス）といった初夏に即した花鳥を風流の飾りに用いている。次の『明月記』建仁二（一二〇二）年四月二十三日条は車では無く、従者の装いに花の風流飾りを加えている。

次春宮使車、例網代切、物見小八葉文ヲ造天付、簾例簾ニ紫革ヲ押、牛童、赤色、〔山吹花付〕次春宮使大進兼左少弁長兼、舎人、二藍、〔卯花付、〕櫳、〔右府生中臣武友、院、袴付二馬物具一、左府生下毛野忠武、本府、付二藤花一、〕手振、

牛童、舎人、櫳の左府生が、それぞれ山吹・卯花・藤の花を装束に飾りとして付けている。これらの他に薔薇などもよく用いられたようである。こうした季節を象徴する花鳥などは、和歌に季語として詠まれたり、女房装束の色目などにも散見する。前掲Aや後述Dなどはある程度の教養を見る者に要求するが、このCは誰でも一目で識別が可能で、意匠の選択のうちでは平易で素朴な印象を受ける。

D　特定の年中行事を意匠とする場合

特に天皇の代始の大嘗祭や十一月の新嘗祭に行なわれる五節の舞や臨時祭などの年中行事、公事を意匠とする場合である。これらは各行事固有の象徴的な調度品や装束、場面を意匠の表現としていると理解される。次の『山槐記』治承三（一一七九）年四月二十一日条は大変に子細な記述で、五節の風流が具体的に如何なるものか、如何に表現したかを知る上で興味深い。

近衛使車、①〔車当色、皆用二五節風流一〕
網代、〔張二赤地錦一、上許也〕
色紙形、〔押二色々錦一、上許也〕
物見、〔以二青玉一石畳形貫二懸之一、但下方一尺之程巻二上之二〕
物見下、〔地展二銀薄一、其図牡丹唐草文、以二紺青・緑青一燕子図、纐纈文、以二紺地錦〔亀甲文〕一、剣形押レ之、模二几帳帷一也〕
前袖、②〔左方彫二透殿上人立形一、着二直衣一、右方彫二透童女立形一、着二黄紅葉五一〕
後袖、〔左方彫二透下仕立形一、着二紅薄様五・葡萄唐衣一、差二透扇一、右方彫二透衛府蔵人立形一、着二青色袍一、不レ帯レ剣〕立板内、〔図二唐絵一、縁蒔レ之、摺レ貝〕
前簾、〔貫レ玉模二御簾一、右上方スチカヘサマニ切之、③左下方付二高麗帖一枚一、其縁蒔レ之、其上付二東京錦茵一、五節所簀子之体也〕
後簾、〔貫レ玉模二御簾一、切二右方一有二金銅帽額一、有二打出紅匂五一〕
鞦、〔村濃（紫与青）、青蘂〕
遣縄、〔櫨匂打交、有二蘂総一〕

牛、〔志本黄、院御牛〕

牛童、〔院御牛、童七郎丸、赤地襖、上以二黄糸一如抜布□三□④伏五節菓子折櫃蓋并其下童薄様以□付之、出二紅打衣一、以二紙薄一押二窠文一、不レ懸レ葵、先年春宮大夫〔兼雅□使之□〕□丸申懸之由、鋂ニ懸額多□〕

（中略）

南一笠、〔普通云、此風流笠立レ南云々、模二五節一、出火桶体、中央積レ櫛、〔出火桶、模レ灰〕積レ櫛常体也、張二白唐綾一、是灰体也、其外七八寸許張二萌黄唐綾一、鉢并火桶、内塗レ青之心云々、帽額赤地錦螺文〕

やや長文であるが、解説が必要と思われる個所に①〜⑤まで傍線を付した。①は右少将顕家の風流は五節が意匠であることを述べ、車自体は通常使用している牛車を餝車に転用したことを記している。②は帳台試など一連の五節儀に関わる人々を表現していると推測される。前袖の殿上人は帳台試の主人公である冠直衣姿の天皇あるいは臣下と、おそらくは舞姫の介添えの童女で、後袖の下仕は陪従の女官、衛府・蔵人は進行役である青色袍を着た蔵人頭とみられる。③は文字の通り、五節所の簀子を、④は内蔵寮調進の菓子、⑤は主殿寮の設ける火桶であろう。牛車の風流の飾りを中心に牛童や南一笠に至るまで、一貫して五節儀を表現しているのである。[10] 五節儀は、舞姫の献上を命ぜられた者はその支度を私費で賄うなど、公家新制でも過差の対象とされているほど華美になりがちで、[11] 元来華やかな行事を意匠に選ぶのは効果的である。五節儀の他、何れもごく簡単な記述であるものの『山槐記』治承三（一一七九）年四月十五日条では臨時祭も意匠として選ばれている。只、何処の神社の臨時祭かはわからない。

E　その他

A〜Dは表現の主体として何らかの事象を、それを象徴するもので具体的に風流として示していた。これに対し、日

常生活の場の品々を飾りに用いる例もあった。『中右記』寛治六（一〇九二）年四月十八日条では、

次前駈人々車等、此中風流車二両、一両、〔懸二角鏡一、調度具、帳具等一、経忠車、〕一両、

とする。これは寝殿造の住宅内の室内装飾である。類似する風流で同じく嘉承二（一一〇七）年四月十七日条に近衛使右少将信通の風流について、「物具等美麗也、車并笠風流、〔帳台唐匣物具等也〕」とある。同じく室内装飾で、牛車の屋形を貴族の住宅内の座所や寝所に用いられた帳台に見立てているのであろう。おそらく前者もこれと類似する形状だったのではないだろうか。『永昌記』嘉承元（一一〇六）年四月二十四日条では、

次車、〔中宮使車網代上餝レ葵、春宮使車摸二厨子一置二管絃具一、〕

とする。これは家具である二階厨子の上に琵琶や和琴などの楽器を置き、寝殿造の室内装飾としたものである。[12] また少し趣の異なる例として『明月記』正治元（一一九九）年四月二十四日条には、

青侍説云、祭使車造二檜皮屋形一、〔左右有レ簷、〕庇車歟、物見ヲ二間ニ作テ、懸翠簾前後如何、袖ニ片方ハ屏ノ上ニ□片方ハ唐薔上ニ竹ニ雀、ちがへて造之、翠簾下ニハ板、〔縁由歟、〕板下ニハつるはしら、いしずゑの石、件板上ニ薔薇開満云々、

というものもある。牛車の屋形を檜の皮で屋形様にあつらえ、簷（庇）まで付す程、念のいった風流である。

以上、餝車の風流の概要をみた。多岐にわたる意匠の選択であり、その豊富さには驚きを禁じ得ない。餝車を含めた賀茂祭の風流は、抽象・具象を問わず、平安・鎌倉期の貴族を取り巻く様々な文化的要素を意匠としていたことが明らかになった。教養や娯楽として貴族の生活に融合していた文化的要素を、視覚に訴える形式で表現したのである。右に掲げた実例はその多くが具体的な記載で、何を意匠としているのか明瞭なものである。一方、日記の記主たちが深くは言及しない、あるいは簡略な記述だけなので現代人には何を意匠としているのか全く考えの及ばない例も数多

くある。細部にわたる意匠の解明は美術史や国文学、漢文学からの視点が必要だろう。ただ、実例の検討を通じて言えるのは、各祭使ごとに風流の意匠は異なり、一部例外もあるが、行列の風流の隅々までその意匠を一貫させていたことである。つまり、風流の意匠としての表現単位は各前駈・祭使の路頭の行列ひとつひとつであったことになる。餝車はその中でも風流の意匠の核としての存在であったとみてよい。行列中では一番大きく目立つものであり、よって量的に多くの風流を施すことが可能であったからである。

では、こうした路頭の風流を見物していた人々はどのように感じていたのであろう。記録類に見られる祭使等の風流に関する記述の多くはこうした見物する群集、第三者のものが大勢である。参考までにこうした人々の感想・評言を見ておこう。たとえば前掲『中右記』嘉承二年四月十七日条では近衛使右少将信通の風流について、「物具等美麗也」とし、賞賛している。『明月記』承元元年（一二〇七）四月十六日条では中宮権亮左少将忠定の車の飾りを「車四季花、後簾有レ月、不レ得レ心」と評する。四季の花を意匠するにもかかわらず、月を車の後簾に配したことに嘲笑めいた疑問を呈している。次に同記建暦二（一二一二）年四月二十一日条では、

近衛使車先渡、〔大略亀甲文作唐薔薇歟、物見有二紅薔薇一、簾同中央有二赤花一、此車之躰殊非レ優、紅花照耀頗有二怖畏気一〕牛童萠木薄色袙、付二紅梅洲浜一、

とする。飾りそのものも問題があるようで、しかも建暦新制が出た直後であるにもかかわらず、これに拮抗するような風流に対して苦言を呈している(13)。前にみた餝車の風流中のAなどは、記録の記主たちにとって餝車の風流を観ただけでそれが何らかの和歌を表現しているといったことが理解できたのであり、その一方でこうした餝車を含む路頭の風流は、観るものの側が、出来の如何を批評したことになる。こうした環境である以上、前駈・祭使が風流に趣向をこらし、さらにそれがエスカレートするのは当然であり、そこに祭使間の競争原理が働く余地がある。一方で行列に

牛車を加えながらも風流を施さない例がある。たとえば『妙槐記』文応元（一二六〇）年四月二十四日条には、

依二先年新制一也、近年人々皆破二新制一、富有之故歟、於レ予者深守二新制一、

とある。記主・花山院師継は、「新制」に従うとし、過度の風流を正しいことではないと考えていたようである。当代屈指の有職故実の識者であるとともに、代々、近衛の将官を輩出してきた清華家の一員であり、近衛の実務に精通した師継らしい一見識といえよう。風流の出来を競うが如き祭使のいる一方で、師継のように新制遵守の立場から風流に批判的な祭使が併存しているのは興味深いことである。そして本節でみてきた祭使の風流の実例とを併せみると、賀茂祭の御禊前駈や祭当日の諸祭使の風流は、自由裁量の許で行なわれたと理解されるのである。なお、餝車を始めとする路頭の風流を調達する経済的な余裕の有無の可能性も否定できない。

以上、文献上で餝車を追ってみたところ、様々な事柄が明らかになった。しかし字面での理解には限界がある。次章では餝車を描くおそらく唯一の絵画作品『賀茂祭絵詞』を見てみたい。

二　『賀茂祭絵詞』の餝車

本節では前節で知り得た餝車の知識を踏まえながら、『賀茂祭絵詞』に描かれた餝車を考察する（図20）。

『賀茂祭絵詞』は、詞書によると鎌倉時代末期の文永一一（一二七四）年四月十五日に行なわれた、賀茂祭当日の路頭の様子を題材とした絵画作品である。その知名度は存外低い。原本が失われ、しかも原本成立後、それほど時を隔てない時期の模写を祖本とする近世の粉本しか伝わっていないことが要因であろう。詞書だけは『群書類従』神祇部に『文永十一年賀茂祭絵詞』として収載されている。先学においては『群書解題』に西田長男によるこの絵画作品も

含めた解題がなされているのみではないだろうか。

標題は『文永十一年賀茂祭絵詞』『賀茂祭絵詞』『賀茂祭礼草子』など数種類がみとめられ、特に定まってはいない（本稿では『賀茂祭絵詞』と呼称して行論する）。構成は詞書三段、絵三段からなる。詞書第一段は賀茂祭の沿革、賀茂祭当日以前の儀式の準備、文永十一年度賀茂祭の意義を簡明に記す。詞書第二段は賀茂祭当日の路頭の描写である。見物の人々をはじめ検非違使の行列を描写する。詞書第三段は近衛使以下の奉幣使の様子を記し、路頭儀以後の祭りの進行を簡明に記し詞書を終える。絵は詞書各段の象徴的な場面を絵画化している。

作者と制作の動機については、次のような奥書がある。

此絵亀山院御絵合之時経業（藤原）卿所二調進一也云云、畫為信（藤原）卿、詞定成朝臣書之、元徳二年閏六月中旬之比令レ写レ之、
絵絵所預（高階）隆兼朝臣、詞入道内蔵権頭季邦（源ヵ）朝臣写之、

亀山上皇の催した絵合のために藤原経業らが調進したものであるという。経業は藤原姓では内麿公孫の家系に属する。文章道に秀でた人物であったことが、『公卿補任』などに見られる官歴などからも知られる。この経業が藤原為信に絵の作成を依頼した。為信は長良卿孫の藤原姓で『天子摂関御影』等の作者ともいわれる。一方、詞書は世尊寺定成に依頼した。藤原姓伊尹公孫の世尊寺家は能筆の家柄である。こうして、今は失われたらしい『賀茂祭絵詞』の原本が成立した。後、元徳二（一三三〇）年、これを祖本として、絵は絵所預高階隆兼、詞書は入道内蔵権頭季邦によって模写された。つまり、我々が目にすることのできる『賀茂祭絵詞』は前述のように経業らによって制作された原本を、隆兼・季邦により転写され、その粉本が転写を繰り返されてきたものなのである。原本の作期は、詞書中の人名の官職より、建治三（一二七七）年から亀山院政の終わる弘安十（一二八七）年十月までの十一年間が想定される。なお本稿の図版と餝車の検討においては、諸本のうちでも絵様が丁寧に描かれている、宮内庁書陵部所蔵の鷹司家献納

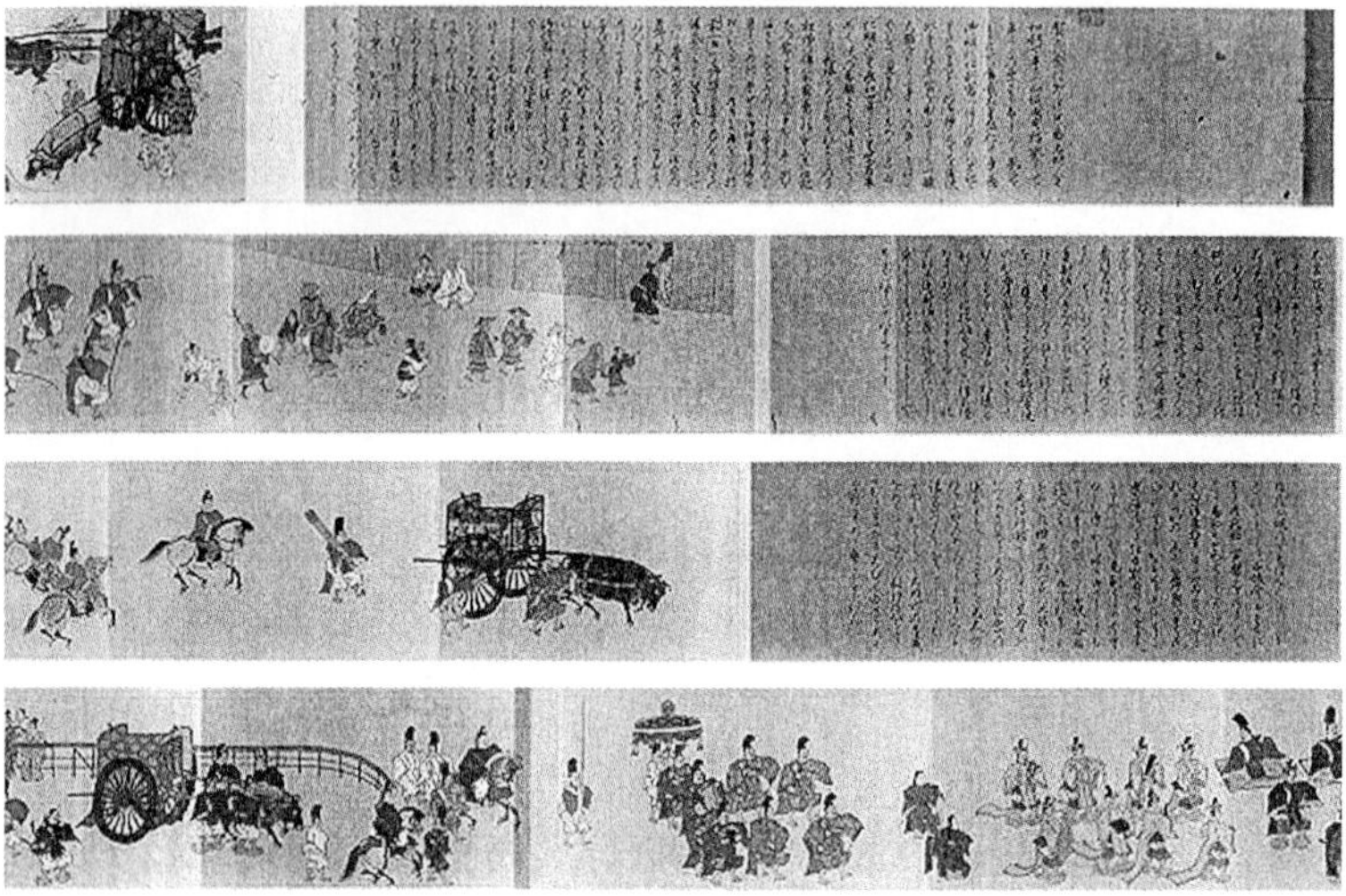
第一段
第二段
第三段

庁書陵部所蔵　C8—88)

本『賀茂祭絵詞』(函架番号　C八――八八)を用いている。

前述のように餝車は内蔵寮使・近衛使・馬寮使などの各祭使に随行していた。これからみていく『賀茂祭絵詞』には文永十一年の近衛使一行が描かれている。賀茂祭の御禊・祭当日の行列が著しく華麗かつ大規模になったのは摂関期以降といわれている。時代の下降とともに行列の規模は縮小していった。祭料の負担者である朝廷・貴族が弱体化していったからである。『長秋記』大治四(一一二九)年四月二十五日条では三百名程度、『山槐記』治承三(一一七九)年四月二十五日条によれば総勢二百二十名程度、『勘仲記』弘安六(一二八三)年年四月二十五日条では百名程度であったと推される。『賀茂祭絵詞』中に描かれた文永十一年の近衛使一行は弘安六年の例程度に規模の小さくなった行列であったろう。第三節で述べるが、行列の員数の増加は過差の一端と為政者に見做され、公家新制と呼ばれる公家法の存在も影響を及ぼした。

次に『賀茂祭絵詞』に描かれた餝車を考察する。

人間の乗る屋形と呼ばれる部分には、通常の牛車にはみられない装飾が施されている。この牛車について第三段詞書では

図20 『賀茂祭絵詞』(宮内

「かざりぐるま」と呼称し、次のように述べている。

> 使は中将隆良朝臣いまだ少将にてわたられけり、かのいゑには舞楽の具を風流につけたり、かざりくるまはさだまりて楽屋につくり、弘長制符ののちは近衛舎人もりやくせられて、馬副ばかりなり、わかひ御まやとねり御うしかひなどはたゞ例のごとし、

近衛使を勤めた末茂流藤原氏の四条隆良の家は祭使の風流に舞楽具を飾りつけたという。「弘長制符」以下は、公家新制の一つとして著名な弘長三(一二六三)年八月十三日の亀山天皇宣旨により賀茂祭は過差の対象とされ、祭使に随伴する近衛府の舎人等、供奉の員数に制限を設けられたことを指している。

次に、具体的な「かざりぐるま」=餝車の仕様についてみていこう。詞書では餝車の箱を楽屋の体裁にあつらえたという(図21)。注意したいのは、屋形上部と側面の物見の下部にかけて、赤と群青に近い青を交互に配し、さらに鳥の巣を示す窠文という文様を配している点である。舞楽・雅楽の際、楽人たちが楽器を演奏する場所を「楽屋」と呼ぶ。寝殿造りの殿舎内部や回廊の場合では軟障などの障屏具を、庭等の屋外の場合では、

天蓋である幔を舗設し、その内部を楽屋として用いた。そこで用いられる軟障や幔は『賀茂祭絵詞』の餝車に見られるような赤と青の生地を交互に接ぎ合わせ、窠文を配している。楽屋にあつらえるとは、こうして楽屋に「模す」という意である。屋形の前後の乗降口の左右には袖格子がある。この袖格子は透袖という仕様で、おそらくは羅や紗のような、向こう側が透けて見えるような薄く織った生地を張ってある。刺繡のような技法か、顔料を用いた手描きによるのかはわからないが、初夏の花である藤花を上部に、その樹下に舞楽装束の少年を配している。少年の装束は箱の前袖では赤、後袖では青としている。舞楽は本来右方・左方に別れ、用いる楽器や演奏の曲目、舞の種類等が対比するように設定されている。舞手の装束も全てではないが左方は赤を、右方は青とする場合が多々あり、これもそうした意味合いかもしれない。さて、屋形の前面には大太鼓の雛形が吊り下げられているようである。この大太鼓の中央は三つ巴に彩色され、太鼓の縁の火炎の部分には竜とみられる彫刻があり、緑色で着色されている。大太鼓の中央の紋様は三つ巴が左方、二つ巴が右方、火炎の部分の彫刻においては竜が左方、鳳凰が右方というしきたりがある。よって、この大太鼓は左方を示していると見られる。透袖の舞楽装束の少年が装束の色から前袖は左方、後袖は右方を示していた。この餝車の風流の場合、おそらく屋形の後面には右方の大太鼓の雛形が吊り下げられていると推測される。屋形側面の物見と言われる窓にも楽器が下げられている。左から鞨鼓、中央が大鉦鼓、右が鶏婁鼓で何れも雅楽の楽器である。続いて、牛車の屋形以外の箇所にも目を向けると、牛の襟首に当てる軛、軛から後方の屋形に至る轅、屋形の後方に出ている鴟尾まで、金漆あるいは金物かどうかまでは不明だが、窠文が描かれている。牛に懸けられた赤鞦にも金色の窠文が施されている。餝車の傍らには二名の牛飼がいる。向かって左側は通常の牛飼の装いで水干姿である。右側の舌地沓（六葉沓）を履き、指縄を牽き鞭を持つ牛飼は、舞楽の舞人の裲襠装束のような装いである。身体の前面には葡萄色の毛縁のついた赤地錦の織物のような裲襠を懸け、その下に上衣として狩衣を着ける。黄

図21　『賀茂祭絵詞』に描かれた近衛使一行の行列
楽を風流とする近衛使一行の風流の意匠のなかで、楽屋の風流飾りを施されているのだろうか。

口の朱色で紅地の地色を表現し窠文を散らしている。前身と左右の袖付の部分に、半臂あるいは下襲を模しているのだろうか、下に着けた青色の衣がみえる。狩衣の袖口には黄櫨色の衣を、袴は青地に丸文を散らした織物のようである。こうした文様の袴は『春日権現験記絵巻』巻七で、春日社の社頭において蘭陵王を舞う狛近真の舞楽装束にも見いだされるものである。

以上が隆良の餝車で、外見や構造はほぼ通常に使用されていた牛車と同様である。だが二点程疑問がある。第一点は、通常の牛車の運行では乗用の便から数名の従者に携行させるものがあり、①雨皮と呼ばれた牛車の雨具で、雨儀に備えてこれを持つ雨皮持、②乗・降車の際に用いる榻[14]と榻持の二種類の従者が画面に描かれていない点である。①については、文永十一年のこの日が晴天であったのなら画面から除外されてもおかしくはない。しかし、②は牛車に乗用する以上は必要不可欠なので、不審を抱かざるを得ない。絵画表現上、画面が煩雑になるなどの事情から省略した可能性もあるが、納得のいく理由にはならない。第二点は、餝車の箱の前後の乗降口に風流飾りの大太鼓が描かれ、これが乗用に際して支障にならないかという点である。乗降のたびに取りはずしていた可能性もあるが、それでは不便であろう。外さないのであるなら尚更である。通常の牛車との比較からこの二点に気付いた。

　図21中の近衛使の行列にはほかにも舞楽を意匠とする風流がみられる。行列の最後尾には雑色四名と取（執）物五名がいる。

図22　四条家略系図

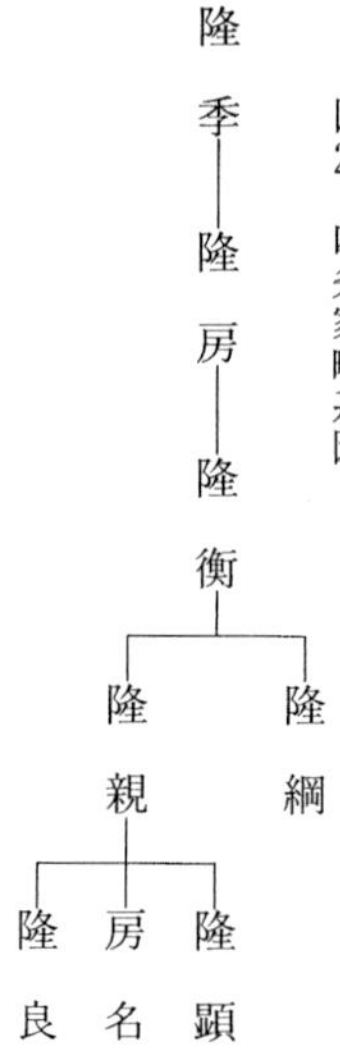

合計九名のうち、八名は舞楽の舞人の装束を模している。この八名は平礼烏帽子を被り、窠文の狩衣の上下で、胸元に鳥兜を懸けている。上衣の前身と左右の袖付の部分、袴の股立には着込めた衣が見える。袴には踏懸と呼ばれる脚半の一種を付け、舌地沓を履いている。前寄りの四名は雑色で、樺松色で狩衣の地色である紅梅色を表現していること、そのほかの文様なども赤を基調としていることから左方の舞人を意味している。雑色に続く取物の四名は深沓・雨衣、確認はできないが行縢を手に取っているとみられる。狩衣以下、青を基調とする装束を着用している点からみて、右方の舞人を意味する。この八名は舞人装束だが、地下の舞人の可能性もあり、風流の目的だけでこうした装いをしたとも考えられる。何れにしろ、この場面では雑色・取物の役を務めている。最後尾の取物一名は平礼烏帽子に白張の上下で笠を棒持する。賀茂祭の祭使一行には風流笠と呼ばれた大きな笠を担ぐ従者が続く。「南一笠」と記されることもある。近衛使・隆良一行の場合は、雅楽の大太鼓の雛形を風流笠の飾りとしている。

　以上、『賀茂祭絵詞』の近衛使・隆良一行の風流を概観した。文永十一年度賀茂祭当日の近衛使・隆良は、餝車を中心に行列全体にわたって「楽」を意匠とする風流を施していたことが確認できた。本章をまとめるにあたり、何故、この隆良の出自である四条流は舞楽を風流の意匠に選ぶのかということに触れておきたい。

　四条流は、代々院司を務めることで知られているが、御遊と呼ばれた天皇や上皇が自ら楽器を持ち参加する管絃の演奏会に、楽器を演奏する伶人として参加することも多い。また近衛官人として雅楽の楽人・舞人を多く輩出した。よって楽に関係の深い家であったことは疑いない。

その一方で、代々、笙の演奏に長じていたようで、『鳳笙師傳相承』[15]によれば、右の略系図22中、隆綱を除く全員に笙の演奏技術が伝えられている。隆良に関していえば、例えば『文永五年院舞御覧記』[16]の「院司の賀の事」では、秋冬、法勝寺の講堂で地下の舞人の舞を院が御覧になったことを伝え、隆良は右方の舞である蘇利古を舞ったとある。こうして四条流の者、ひいては隆良が風流の意匠として楽を選んでいることは、同流の楽との結びつきの深さを示している。賀茂祭の路頭儀という衆目を集める場面において、四条流の人々は家としての主張をしたと解釈してもよいのではないだろうか。

三　餝車と過差

本節では餝車が最も用いられた祭当日の祭使に注目し、公家新制に抵触する理由などを中心にみることから始める。前述のように記録類などにおいて、「餝（簦）車」の文字を見ることは決して多くない。「餝車」を賀茂祭の御禊前駈・当日の祭使の車と明確に指し示すとみられるのは一連の公家新制の文言である[17]。最初の公家新制ともいうべき建久二（一一九一）年の『後鳥羽天皇宣旨』以後、公家新制で賀茂祭の過差が扱われる際には必ずといっていいほど「餝車」が掲げられる。まず、この建久二年の『後鳥羽天皇宣旨』の賀茂祭関連事項を次に示す。

Ⅰ　『後鳥羽天皇宣旨』建久二年三月二十八日付

建久二年三月廿八日　宣旨

（中略）

一　可レ停二止賀茂祭使斎王禊車及従類装束過差一事

簦車

　金銀珠鏡

櫳近衛官人已下衣服

　金銀珠鏡錦繡綾羅織物銅薄泥絵懸閇狩襖擣裏可二停止一、於擣衣者不レ在二制限一、

馬副手振

　擣衣伏組懸閇絲繡可二停止一、

小舎人童

　同制、但薄物聴二着用一、

雑色

　擣衣一切停止、

舎人牛飼

　同前

一　可レ糺二定八幡賀茂臨時祭・賀茂春日祭、諸方使行事・八幡放生会供奉人・維摩会勅使弁共人〃数一事、

使十人　行事弁准レ之、

　舞人并将佐、［四位六人、五位四人、六位二人、］

抑、已上両条之制、先符是厳、而近代車服過差、恣極二耳目一、家僕威儀、遞競奢縦、慥守二禁法一、莫レ背二憲章一、重

立レ制之後、慣常不レ改者、宜下仰二使庁一、糺中弾非違上、

祭使の餝車、従者の員数・服装にいたる細かな規定が記される。規制の目的は最後の傍線部にあるように、祭使一行の過差を厳しく規制し、違う者は検非違使に取り締まらせ糺弾させるというものである。これ以後も後宇多朝にいたるまで幾つかの公家新制が出ているが、この建久二年新制の事書を基本として踏襲する内容である。賀茂祭に関する規制の部分には、右の建久二年新制の傍線部にみたような文言が付されたものもある。例えば建暦二（一二一二）年三月の『順徳天皇宣旨』では次のようにある。

抑簦車風流、僮僕衣裳、空費二十家之産一、偏擅二一日之美一、禁レ奢之法、豈以可レ然乎、慥守二符旨一、永令二停止一、

続いて延応二（一二四〇）年三月の『四条天皇宣旨』では、

仰、已上就二倹約之徳政一、止二過差之服飾者一、為二代々之蹤跡一、存二度々之制符一、而年暦依二相隔一、禁網如レ不レ張、
自今已後レ莫令二違犯一者、

とある。この三つを比較すると過差を強く規制する点では一致をみるが、建久二年新制以後は違犯した場合の為政者側の対応が記されていない。個々の公家新制の理念に関わる問題であることが予測されるが、行論に支障が出るので後に述べたい。まずは建久二年新制以後の賀茂祭関連の事書中、紙幅に限りがあるので餝車に関する部分のみ以下に示す。

Ⅱ『順徳天皇宣旨』建暦二（一二一二）年三月二十二日付

一 可レ停二止賀茂祭使斎王禊供奉人車及従類装束過差一事、

簦車、金銀珠鏡錦繡薄等可レ停二止之一、（下略）

Ⅲ『後堀河天皇宣旨』嘉禄元（一二二五）年十月二十九日付

一　可レ停二止賀茂祭使斎王禊供奉人車及従類装束過差一事、
（項目のみ、事書はなし）

Ⅳ
『後堀河天皇宣旨』寛喜三（一二三一）年十一月三日付
一　可レ停二止賀茂祭使斎王禊前駈等簦車及従類□過差一事、
金銀珠鏡錦銅薄等可レ停二止之一、
近衛使母后妻后使之外、不レ可レ渡二簦車一、御禊前駈車一切停止、（下略）

Ⅴ
『四条天皇宣旨』延応二（一二四〇）年三月十二日付
一　可レ停二止賀茂祭使簦車、及従類装束検非違使所従等過差事一、
簦車　金銀珠鏡錦繡銅薄等、一切可二停止一、如二度々制符一、（下略）

Ⅵ
『亀山天皇宣旨』弘長三（一二六三）年八月十三日付
一　可停止賀茂祭使以下過差事、
簦車　金銀珠鏡錦繡銅薄、一切可レ停二止之一、近衛使及諸宮使外、不レ可レ渡二簦車一、（下略）

建久二年新制を含めた六種類の公家新制における餝車に関する文言は、時間の経過にともなう法の制約の適用範囲の変化に注目したい。制約の内容として次の二点が指摘できる。第一に、餝車に施される具体的な風流飾りの材質・仕様である。Ⅰ「金銀珠鏡」、Ⅱ「金銀珠鏡錦繡薄等」、Ⅳ～Ⅵ「金銀珠鏡錦繡銅薄」と具体的な品目・仕様を掲げる。これらは金・銀・磨き上げた鏡地と呼ばれる金属の表面処理、錦や刺繡など、風流飾りの材料を指しており、その規制の対象品目が増加していくのである。第一節で様々な風流の実例をみたが、ここではその素材が対象となっており、風流の飾りを施す行為そのものには問題はなかったことになる。第二に餝車の使用が許される者の限定である。Ⅳで

は「近衛使母后妻后使之外、不可渡簦車、御禊前駈車一切停止」とし、近衛使・皇后宮使・皇太后宮使以外の餝車使用を禁じた。祭使の実質的な代表格である近衛府以外の祭使は餝車の使用を禁じられたのである。また祭当日以外の御禊前駈などの餝車使用は認められなくなったことになる。Ⅵでは「近衛使及諸宮使外、不可渡簦車」とし、文言は違うが内容を一にする。奉幣を命ぜられた近衛使と、段階的ではあるが皇族に限り餝車の使用が許されたことになる。摂関・院政期の賀茂祭使一行に比して、かなり縮小された行列となったことは疑いなく、行列の人数が減った一因としても理解される。

では、新制の規制の対象となることが多かった餝車の賀茂祭における位置付けをみたい。そこで賀茂祭の祭儀を詳しく知るために儀式書と総称される文献類を調査した。儀式書は、年中行事・臨時公事をつつがなく実行していくためのマニュアルであり、最も理想的な儀式次第・行事内容が記されているからである。前述のように餝車と呼ばれた牛車は、御禊前駈・男使・女使・見物の者の用いる四種類があった。ところが『貞観儀式』以下、主だった平安時代の官撰・私撰の儀式書には、男使の餝車、それと推定可能な牛車、ひいては男使が牛車を乗用した記事さえ見いだせない。記録にその存在が確認できるにもかかわらず、儀式書にその存在が記されていないのは何故なのだろうか。

賀茂祭の祭使には、斎院に供奉する女使と、奉幣を務める男使がある。本稿で問題としているのは専ら男使の牛車だが、起源を具体的に記す史料は、管見の限り知り得ない。むしろ摂関期以後の個別の風流の記事が日記類にみとめられるばかりである。ごく早い時期の男使の牛車について記したものは一一世紀末であったが、男使に関して、儀式書による儀式次第や記録の記文を見ていくと、祭使は祭当日を通じて儀式中の移動には儀仗用の餝馬に騎乗している。牛車に乗車する記事は史料の種類を問わず、全く見当たらない点に注意したい。では、祭使にとっての餝馬と餝車の関係とは如何なるものであったのか。

餝馬とは、平安時代、威儀の乗馬に用いる唐鞍という馬具一式を装着した馬のことで、大嘗祭の御禊行幸の供奉、蕃客の騎乗、賀茂・春日祭の祭使に用いられた。平安時代初期、この馬具一式は官給品であったが、その装飾は豪華で維持・管理には経費がかかり、国家では負担し切れなくなった。その結果として、摂関・院政期の古記録には、唐鞍の貸し借り・授受の記事が数多見いだせる。祭使に唐鞍を提供したのは摂関家・祭使の血縁者、祭使にかかわる家、祭使の所属する官司の長官、院政期以後は上皇であった(18)。祭使本人が調達できない場合に、他から借り受けるなどしてまで体裁を整えた唐鞍・餝馬の重要性を伝えるのは、次の『中右記』嘉承三（一一〇八）年四月十七日条である。

　後聞、馬寮使乗二例鞍一、晩頭渡二大路一及二室町辺一隠了云々、大奇恠也、

　馬寮使助経良不レ渡二大路一、依二唐鞍欠一也云々、

馬寮使は唐鞍を準備できず日常使用の鞍を用いた。その結果、他の祭使と行動を共にせず、夕刻、一条大路を渡り、室町の辺りで隠れてしまったという。唐鞍を調達できなかった馬寮使の、人目を憚った行動とみられる。また『殿暦』嘉承二（一一〇七）年四月十七日条では内蔵寮使が路頭儀に参加しなかった理由を「内蔵司使依唐鞍遅〃不参」とする。ともに祭使にとって餝馬がどれほど重要であったかを窺える。祭使に選ばれた者にとって、餝馬は祭使任命の象徴であり、路頭で衆目の視線を浴びる以外にも天皇の御覧に供するという儀式次第もあり、餝馬を整える事が祭使の本義であったと考えるべきではないだろうか。以上から祭使にとって職務遂行上、必要だったのは餝馬であったと推測されるのである。

ところで祭使は各官司の次官クラスが勤めた。次官の官位相当は五・六位で、必ずしも高い訳ではない。祭使に選ばれるということは彼らにとって意義深い事態であったことは想像に難くない。祭使のうち、特に近衛使を務めた次将は、一〇世紀に入り政治的に立場が向上し、賀茂祭の奉幣使の代表格となった(19)。一方、摂関家の子弟にとって近衛

の次官は公卿になるための官途、すなわち出世のコースであったから、縁者たちはその準備に快く応じた事は確かであろう。近衛使以外の祭使も例外ではない。こうした賀茂祭の路頭という晴の舞台で騎馬に用いるのが餝馬なのである。

餝車に話を戻そう。前にみたように、風流を車に施すか否か、風流の意匠の選択が各奉幣使の自由裁量下で行なわれていたことからみて、餝車は祭使個人の私弁であったと見てよいのではないか。ただ、私弁といっても餝馬と同様に祭使の縁者たちによる調達も含まれるし、院政期以降は院司を務める者が祭使に任ぜられた場合、院すなわち上皇が準備を整えた。『山槐記』治承二（一一七八）年四月二十一日条では、「使出立事、博陸偏令二沙汰一給」とあり、餝車を含めた近衛使右少将顕家の祭使としての行粧を整えたのは「博陸」すなわち関白藤原基房であった。『玉葉』承久二（一二二〇）年四月十四日条では「風流車、〔院御車、〕」とあり、近衛使左少将親仲の餝車の準備は「院」後鳥羽上皇であったとする。『妙槐記』文応元（一二六〇）年四月二十四日条では近衛使の車の準備について「近衛使右少将顕　賜二院御車幷牛童居飼一」と記している。

儀式書類に記載がみられないのは、祭使の本義の移動手段は餝馬であり、餝車は儀式の遂行には影響を及ぼさず、祭使の私弁であったから、その費用について官司はなんら経済的負担を負わなかったからであろう。そして路頭儀の間、祭使は終始、騎馬であるために餝車は随行していただけということになる。こうして行列中の餝車は風流の格好の素材となっていったのではないだろうか。前に餝車の風流の意匠をみたが『賀茂祭絵詞』の隆良の餝車の如く、牛車に随行するべき従者がいなかったり、風流のためにとても乗車することは叶わなそうな例もありえたのである。これは乗用のために随行していない一つの結果といえよう。

以上のような経緯で、私的行為である餝車を含む祭使等の風流は、私弁であることから次官身分の分限を越え、法規制を受ける程に拡大・増加していったと考えられる。ただ、注意を要するのは餝馬は祭使の所属する官司の経済的理由から私弁であったのに対し、餝車は当初より祭使の自由意思での随行であった可能性が高く、私弁で調達するよりほかなかった点である。では、どのような契機で男使の行列に牛車が餝車として加わることになったのであろうか。女使の牛車使用にその端緒が見いだせるようである。

女使の牛車は斎王に供奉する斎院の女官の乗る車である。男使の車と違うのは女使自身が乗車していた点にある。女使の牛車は使用の経緯を明らかにできる。『西宮記』所引『醍醐天皇御記』延喜七（九〇七）年四月十五日条には、

十五日、召二男女使一餝馬御覧之云々、使内侍藤原長子、令レ申下依レ病不レ得二騎馬一状上、不レ許云々、

とあり、病気であるため牛車に乗ることを請うが許されなかった。『西宮記』所引の同記延喜十九（九一九）年四月二十四日条では、

廿四日、使掌侍守子申下有レ病不レ堪二騎馬一由上、殊許二乗車一、

とし、病を理由とする牛車の乗用が特別に許された事を伝える。後、『貞信公記』延長九（九三一）年四月二十一日条では、次のようにある。

廿一日、今日行列無二命婦・蔵人一、只有二騎馬女一人一、又典侍車無二下仕者一、不レ催二出命婦・蔵人一、是尤吾失、但見二衆帰後一、両女追参云々、

典侍の車が明示されている点から見て、女子の牛車の使用が特別な事ではなく、公に認められるようになっていたことがわかる。つまり、一〇世紀の初め以降、段階的に牛車が女使の行列に用いられるようになったことになる。なお、この『貞信公記』の記事の少し前、一〇世紀初頭成立の『延喜神祇式』「斎院司」には次のようにある。

院女別当已下並従二車後一、「女別当已下蔵人已上乗二私車一、采女・女孺以下乗二馬寮車二」

傍線部のように斎王に供奉する女官は、「私車」、つまり私弁の牛車を使用する規定となっていたのである。その他の采女や女孺以下の者は馬寮の車に乗ったとある。事実、次の『延喜左右馬寮式』では、

凡車五両、屋形五具、鞦五具料、桃染調布四端、〔具別二丈七尺五寸、〕縫糸大二分四銖、敷茵五枚、並支度、三年一申二官儲備一、但車油一斗八升、毎年請受、其釧取レ旧廻二充新一、随損乃請、不二必限一レ年、

と傍線部にあるように、牛車とその物具五両分を馬寮では常備していたことを伝える。そして、永祚二（九九〇）年四月一日付の弁官下文には既にこの時期、女使らの牛車の使用と員数などを規制する内容が見られる。

右弁官　下検非違使

雑事二箇条状、

一　定使典侍車并前駈数事、

右年来件使典侍前駈不レ少、後車亦多、①服二綺紈一而半透。装二羅繍一而思二其一車之費一、豈只十家之産、②同　宣、奉レ勅、自今以後、車勿レ過二五両一、騎勿レ過二八輩一、五位八人六位以下六人、以是為二其定数一者、以前条事所レ仰如レ件、使宜二承知依レ宣行一レ之、不レ得二違越一、

永祚二年四月一日　　左大史大春日朝臣良辰

命婦、女蔵人、闈司などの女使の祭料、つまり使・典侍の牛車や前駈の祭の経費超過を戒める内容である。傍線部①では服装・車の華美を指摘し、②では供奉の従者の車・馬・人の員数を定めている。[20] 一〇世紀の初めに牛車が女使に恒常的に用いられるようになり、同じく一〇世紀末には既に賀茂祭において女使らは牛車の風流も行ない、更には供奉の員数も増加傾向にあったことを示している。

女使においても本義は騎馬であり、もし、病気等の理由で騎馬が無理であるなら牛車でも構わないが、その場合は

女使自らが私弁で調達する必要があった。そこから女使の牛車使用は始まった。男使においても女使と同様に餝馬に騎乗することが本義であり、祭使であることを視覚的に示すものであった。こうした女使の牛車使用の影響を受け、祭使の行列としての威儀を整えるなどの目的で、一行に牛車が加えられていったと推測される。ただし、祭使の自由意思に基づく随行であったため私弁であった。男使の牛車である餝車は無人で、風流のためだけの存在であったことも、以上の経緯を考慮すれば説明がつくと思う。男使の路頭儀に牛車を随行することが定着し、次に牛車に風流を施すことが始まる。その中で日常使用のままの牛車で参加する者、風流を施す者が現れたのだろう。果ては人の乗用は考慮しない風流のためだけに特別に誂えられた牛車の出現をみたと推測される。餝車は、現在の祭礼で目にする「山車」のような役割・存在であったのではないだろうか。

なお、餝車を含めた賀茂祭の風流が拡大する兆しは、『政事要略』巻七十「糾弾雑事（従者員数）」所引「天元五（九八二）年三月二十二日円融天皇宣旨」に見ることができる。

左大臣（源雅信）宣、奉レ勅、賀茂斎内親王（選子）行禊前駈并祭使等陪従、随二其品秩一各有二定数一、而年来不レ唯其数之過差一、兼亦着二綾羅一施二光華一、因レ之禁制之旨、再三重畳、而検非違使等、乍レ存二其由一偏称二神事一、不レ加二制止一還忘二憲法一、今須下重任二先定一、慥加中禁遏上、至下于着二禁色一之輩全捕二其身一、令レ著二中主人一、然後昇殿之人停二其昇殿一、以外之輩不レ預二釐務一、若使官人等猶致二阿容一者、重處二勘責一、将レ懲二方来一者、

天元五年三月廿二日　　大外記兼主税助菅野朝臣忠輔奉

四月　五日　　右衛門少志櫻井守明奉

過差などの風俗を取り締まるべき立場の検非違使は、神事であることを理由にこれを糾さなかった、という。これを戒め、違反者には処分を下している。神事であるが故に取り締まりを行なわない検非違使の感覚は、賀茂祭という祭

祀に関わる人々に共通した感覚であったのだろう。こうした社会状況を背景に摂関期に入り、賀茂祭の風流は更に増加していく。『左経記』万寿三（一〇二六）年四月十七・十九日条には次のようにある。(21)

十七日癸亥、天晴、早旦依二御消息一詣二按察大納言（藤原行成）御許一、被レ命云、祭日所来車中、張二施錦繡一、塗二鏤金銀一、而検非違使等不レ糺過レ之、慥可二召問一者、予申云、於二何所一可レ問哉、命云、申二関白殿（藤原頼通）一可二左右一者、即参レ殿申二事由一、仰云、於二東廳一可二召問一歟者、参二大納言御許一申二此由一、次参二御堂（藤原道長）一、「依レ行二禊祭事一、八日以後不二参入一、」有次申下可レ被レ問二使官人等一由上、仰云、不レ可レ被レ咎二車一事一、以二綾絹一為レ装二衣袴一之者有二其員一者、同不レ糺之由可レ被レ問也、以二此由一可レ申二関白殿一者、則参殿申二此由一、大納言仰二下左大史基信一、

記主・源経頼は後日、権大納言であった藤原行成に呼ばれ、賀茂祭当日、華美な車があったにもかかわらず検非違使は見過ごした事を伝え、当の検非違使を召喚するようにとの指示を受ける。召喚の場所について藤原頼通に指示を仰ぎ、御堂関白道長に報告した。道長は、華美な装いの者もいたのにこれを糾さずして、車の華美をとがめることはやめるべき由を経頼に伝えている。同記十九日条では、それでも勘問を行なおうとしたものの、検非違使は病気を理由に応じなかったと伝える。道長の発言は「人々の装いも牛車も当事者個人の負担で賄われている、だから咎め立てをするべきではない」とも理解できる。人々の賀茂祭の風流をめぐる理解の相違が顕著に現れている。この相違は、人々の賀茂祭という行事の意識下における、神事という特殊な空間認識に対する個々の立場を巡る解釈・意識に起因している。

おわりに

本稿では、文献にみられる餝車の実体と使用状況、具体例として『賀茂祭絵詞』に見られる近衛使の餝車の検討、社会的背景としての過差との関連に注目してみた。いくつかの知見を得たが最後にこれらをまとめておきたい。

当初、男使の牛車は女使の牛車使用の影響を契機に、祭使としての行列の威儀を整えるために路頭儀に随行したと推される。その時期は、女使においては一〇世紀初、男使においては史料上は一一世紀末であるが、一一世紀初・中まで遡って考えてもよいかもしれない。(22)男使は餝馬に騎乗することが第一義で、牛車は乗物としての使用ではなく、随行するだけの、現在でいう「山車」のような存在となっていったとみられる。(23)また、賀茂祭の餝車の風流には様々な意匠があった。貴族社会の生活に溶け込んだ様々な題材に取材し意匠を求めたものであった。祭使たちは自らの餝車を含む行列の風流を競うように飾りつけ、「餝車」呼ばれるようになる。風流飾り自体の起源は、牛車や供奉の者の装束に葵葉や蔓を飾ることから始まったと考えられるが、確かではない。祭使の風流個々の意匠を検討することにより、平安・鎌倉時代の貴族社会ではどのようなものが美しいと理解されていたかが知られる。有職故実ばかりでなく美術史や国文学などにおいても有用な情報を提供し得るのではないだろうか。

賀茂祭の餝車を含めた風流の根拠は、国家・官司の全く関与しない、祭使自身あるいは祭使の出自たる家、縁者の私費による負担で調達するという点にあった。よって、風流の意匠は祭使の自由裁量であり得たと考えられる。その結果、風流は増長の傾向をたどり過差と認識されるようになる。朝廷は公家新制を以ってこれを規制しようと試みるが、公家新制の文言を注意深く読むと、風流のすべてを規制しているのではない。しかもこれらは私費で行なわれる行為で、行事の進行を妨げるものではなく、これが規制する側の風流を全面否定できなかった要因であろう。他方、神事という特殊な空間認識に基づき随行するのみであったことが、過度の風流を助長したと推測される。餝車を含む公家新制中の賀茂祭の過差に関する規制は、為政者側が、ある程度、当時の現状を認知しつつ風流と過差の境界線を引き、経済的・政治的に優位な家の出身であっても、次官に相当する四・五・六位相当の官人の分限を守らせ、自覚を促すことが目的であったと推定される。祭使たちは風流を施した牛車に、特別な車種を示すような名称を与えなかったが、為政者側は自らの定めた官人社会の身分秩序に抵触するものと見做し、「餝車」という非難の意を込めた呼称を与えたと理解される。祭使の従者の員数・華美な服装を「過差」と理解したのも同様の理由であろう。新制は、その実効性もさることながら結果的には為政者があるゆるものを凌駕する統治者であることを自認し、全ての被支配者に誇示するための法令であったのかも知れない。前章で新制の目的に関する文言中、『後鳥羽天皇宣旨』以後、違犯者への対応が記されなくなることを述べた。これもその現れの一つと考えられないだろうか。

祭使たちが行列に風流を施すことが始まった一〇・一一世紀は、従来の位階による身分秩序から公卿・殿上人・諸大夫といった天皇との親疎に重きを置く、平安貴族社会が新たな段階に入った時期である[24]。国政も天皇親裁から摂関主導に変化しつつあった。こうした影響を受け、四・五・六位相当の賀茂祭使、特に男使の意味も、有力貴族の政治的意図を汲むものとなっていった[25]。女使においても、後宮十二司の解体後、内侍所が急速に重要性を増した時期であり、女使の賀茂祭における牛車使用は期を一にするのである。そして摂関期を経、院政期に入ると賀茂祭の風流は一面を示している一層、華美になるのである。

賀茂祭は、古代・中世を通じ京洛屈指の大祭であり、国家の深く関わる勅祭であることから、貴族社会の変化や政治情勢の影響を、物的・人的経済基盤を検討することで明らかにすることができる。賀茂祭の祭使を巡る諸問題もこうした方法論の可能性の一つと言える。問題は山積しているが、後考に期すこととして擱筆する。

注

(1) 公家新制に関しては水戸部正男『公家新制の研究』(創文社、一九七九)に詳しい。平安・鎌倉時代の公家新制を網羅し、体系的な分析をされている。また、佐々木文昭「公家新制についての一考察　保元元年新制から建久二年新制について」(『北大史学』一九、一九七九)、稲葉伸道「新制の研究　徳政との関連を中心に」(『史学雑誌』九六―一、一九八七)、谷口昭「公家新制に関する覚書　法権と政権の観点から」(『名城法学』四三、一九九三)も参照願いたい。

(2) 餝車を考える上で参考とした賀茂祭関連の代表的な先行論文を列挙する。

林屋辰三郎「平安京の街頭桟敷」「平安京における受領の生活」(『古代国家の解体』東京大学出版会、一九五五)、座田司「勅祭賀茂祭」(『神道史研究』九―一・二、一九六一)、甲田利雄『年中行事御障子文注解』(続群書類従完成会、一九七六)、朧谷寿「賀茂祭の桟敷」(『角田文衛博士古稀記念古代学叢論』古代学協会、一九八三)「賀茂祭にみる「過差」について(『古代学研究所紀要』一、一九九〇)「賀茂祭管見―平安朝の文献にみる祭の様相」(『賀茂文化研究』四、一九九四・一二)、岡田莊司「平安前期神社祭祀の公祭化　上―平安初期の公祭について―」「平安前期神社祭祀の公祭化　下―九世紀後半の公祭について」(『平安時代の国家と祭祀』続群書類従完成会、一九九四　初出『二十二社研究会編平安時代の神社と祭祀』国書刊行会、一九八六)、丸山裕美子「平安時代の国家と賀茂祭―斎院・御禊・祭料と祭除目を中心に」(『日本史研究』二九、一九九〇・一一)、西村さとみ「平安京の祭礼―賀茂祭の変遷をめぐってI」(『ヒストリア』一四五、一九九四・一二)、所功『京都の三大祭』(角川選書二六八、角川書店、一九九六)。

このほかに参考とした先学の研究は以下の通りである。小島小五郎『公家文化の研究』(国書刊行会、一九四二)、西田長男『文永十一年賀茂祭絵詞』解題(『群書解題』神祇部、続群書類従完成会、一九六二)、三橋正「摂関期の春日祭―特に祭使と出立儀・還饗について―」(『神道宗教』一一八、一九八五・三)、白川哲郎「鎌倉期王朝国家の政治機構―公事用途調達を素材とした基礎的考察―」(『日本史研究』三四七、一九九一・七)、近藤好和「錺馬について―平安後期賀茂・春日両祭使の場合を中心として―」(『日本馬具大鑑』第二巻(古代下)、吉川弘文館、一九九一)、西村さとみ「摂関期の奢侈感に関する覚書」(『奈良古代史論集』二、真陽社、一九九一)「平安時代中期の貴族の奢侈感」(『人間文化研究科年報』六、一九九一)、佐野みどり「王朝の美意識と造形」

(『岩波講座日本通史』第六巻、岩波書店、一九九五、同『風流　造形　物語—日本美術の構造と様態—』(スカイドア、一九九七))。

(3)『輿車図考』(『新訂増補故実叢書』吉川弘文館)は、文化元(一八〇四)年に松平定信らにより、平安時代以来の文献・絵画作品を精査、綿密な考証の後に編まれた、高度な研究水準を備える文献。輿車研究の先鞭。

(4)表中史料の刊本は以下の通り。本文中での引用も同じ。『餝抄』については注(5)、各公家新制については注(17)参照。『政事要略』(『新訂増補国史大系』吉川弘文館)、『醍醐天皇御記』(『歴代宸記』所収)』『左経記』『春記』『中右記』『永昌記』『長秋記』『兵範記』『台記』『山槐記』『吉記』『平戸記』『妙槐記』『勘仲記』(『史料大成』臨川書店)、『貞信公記』『小右記』『小記目録』(『小右記』所収)』『民経記』『実躬卿記』(『大日本古記録』岩波書店)、『玉葉』(名著刊行会)、『明月記』(国書刊行会)、『玉蘂』(思文閣出版)。

(5)有職故実書。中院通方(一一八九—一二三八)著といわれる。書中に引かれた人名の官位から、成立は通方晩年の嘉禎年間頃(一二三五—三八)とみられる。衣服・装身具・乗物について材質や色彩など、細かく分類し先人の言を引用しつつ、自説を記す。通方は有職故実に造詣が深く、本書は十二世紀末から十三世紀初の宮廷・貴族の服制の実情を伝えていると目される。時代の指標となる文献である。刊本は『群書類従』装束部。

(6)前掲『餝抄』では「餝車」という項目を掲げ、御禊前駈・祭使・見物雲客の三種に分類している。同書の編まれた当時、餝車というとこの三種に分類されたことになる。

(7)『小記目録』第五、万寿三年(一〇二六)四月十六日条に「前駈雑色頼成車、上張錦事」とある。おそらくは斎院の前駈とみられる。斎院の前駈の餝車の例は僅少であり、定着した一般的なものか、特例なのか判断できなかったので、本文中で項目は立てなかった。ただ、頼成の牛車は餝車として扱っても問題はないと思うが、現時点では慎重を期して注に記すのみとしておく。

(8)白居易(白楽天)の詩篇「白氏文集」を意匠の出典としている。同書は宮廷で広く読まれ、『源氏物語』や『枕草子』に引用されるなど国文学にも大きな彩響を与えた。詩の本文を次に示す(『白氏文集』(『新釈漢文大系』四、明治書院))。

薔薇正開、春酒初熟。因招劉十九・張大・崔二十四同飲。

白居易

甕頭竹葉経春熟　階底薔薇入夏開

似火浅深紅厭架　如餳気味緑粘台
試将詩句相招去　儻有風情或可来
明日早花応更好　心期同酔卯時盃

傍線を付した部分が餝車の意匠として用いられている。この詩は当時の人々に愛唱され、『和漢朗詠集』をはじめとして『栄華物語』『源平盛衰記』などにも引用されている。

（9）雅楽の楽器・装束などを視覚上で具体的に理解することのできる参考文献として、豊富なカラー図版を使い丁寧に解説されている多忠麿『雅楽のデザイン―王朝装束の美意識―』（小学館、一九九〇）がある。また、四条家など楽に関わりのある家のことを調べる上で参考になるものとして荻美津夫『日本古代音楽史論』（吉川弘文館、一九七七）『平安朝音楽制度史』（同上、一九九四）がある。

（10）『西宮記』恒例第三「一、丑日、於常寧殿試五節事」「一、中卯日、新嘗祭事」（『神道大系』）など。本書第二部第二章参照。

（11）五節の過差とは舞姫の献上に際して生じるものであった。舞姫は公卿家から二名、殿上人・国司家から二・三名が献上される。舞姫の装束・調度、童女などの従者とその身の回りの品々は献上にあたった家々が負担した。『類聚雑要抄』巻第三（『群書類従』雑部）には永久三（一一一五）年十月十九日「五節雑事、内大臣忠通令主節進給定文」が収載されている。記された調進する品々と贈物の品目は膨大である。舞姫を献上する家々はその支度に落ち度のないよう、他の舞姫に見劣りしないよう、あるいは経済力を誇示する如く万端を整え賛を尽くしたとみられる。舞姫献上は余程の経済力を有した家でなければ不可能であったろう。そこに過差の生じる余地があったと理解される。なお五節の過差は既に一〇世紀から文献に現れる。第三節で触れる公家新制においても規制の対象として扱われている。

（12）置物厨子といわれる調度。『源氏物語絵巻』「宿木」段（徳川美術館所蔵）や『禁秘抄』上「一　清涼殿」にもみられる。小泉和子『室内と家具の歴史』（中央公論社、一九九五）参照。

（13）『平戸記』寛元二（一二四四）年四月十五日条も同様で、春宮使の行列の風流について次のように記す。

次春宮使、
先車、
其風流不二見分一、物見引レ慢、袖簾有二色々樹花一、摸レ何躰哉、不レ案レ得、遂可レ尋、

〔○身上脱「随」〕身装束染装束、
半比路見之〔如二山吹織物一、不レ見レ裏、〕、其外不二見得一、
練童風流薄様上置二薬玉一歟、雑色風流付二菊花一何事哉、凡不レ得二其心一、非二時花一如何、笠皆用レ錦、上有ニ二松藤花一、引水ニ
付二五節櫛一、或裏櫛、或彫レ櫛、金櫛〔以二金薄一押レ之歟、〕、此又不二案得一、可レ尋、
「凡不得其心、非時花如何」とあり、初夏の祭りに秋の花である菊を用い季節感を無視するなどの諸点を指摘する。風流とはいえ、華美なだけでは無意味であったことが窺われる。

(14) 雨皮は絹・紙・莚製の輿車の雨具。拙稿「輦輿の雨皮」(『風俗』三二―四、一九九四・一〇)参照。搨とは四脚・鷺足で黒漆塗の腰掛けに似た台。牛車から牛をはずした時、轅とその先端の軛の下に置き支える。あるいは乗用者の乗降時、踏み台として用いた。

(15) 『群書類従』管絃部。

(16) 同右。

(17) 公家新制の出典は以下の通り。ただし『鎌倉遺文』で校訂した(Ⅰ―五二三、Ⅱ―一九二一、Ⅳ―四二四〇、Ⅴ―五五三一、Ⅵ―八九七七)。Ⅰ『三代制符』(『続々群書類従』法制部)、Ⅱ『玉蘂』建暦二年三月二十二日条(注4参照)、Ⅲ『中世法制史料集』一(岩波書店)、Ⅳ『三代制符』(同1)、Ⅴ『平戸記』仁治元年四月十五目条(注4参照)、Ⅵ『公家新制』(同Ⅰ)。

(18) 注(2)近藤論稿。

(19) 岡田荘司「王朝国家祭祀と公卿・殿上人・諸大夫制」(『後期摂関時代史の研究』吉川弘文館、一九九〇)。

(20) 陪従の員数は位階により異なる。例えば天延三年(九七五)三月一日付太政官符(『政事要略』巻七〇「従者員数事」)では「賀茂斎院禊祭日供奉諸司官人」の員数を四位八名、五位六名、六位四名と定める。当時、既に供奉の陪従の員数は五〇~八〇名に及ぶことを同太政官符は記している。『僧尼令』以来、各種格や『延喜玄蕃式』の従僧条、『延喜弾正台式』の王臣馬数条など、陪従の員数に関する規定や規制は数々確認される。本章で掲げた公家新制のなかでも度々、供奉員数は規制されている。位階により員数が規定されている以上、規定数以上の陪従を供奉することは、分限を越えることとなるのである。

(21) 注(7)参照。

(22) 注(7)参照。

(23)　祭使が牛車を随行するという行為自体、風流と理解されていた可能性も指摘しておきたい。

(24)　注(19)岡田論稿。

(25)　注(2)三橋論稿。

(補説)

去る二〇〇三年四月、京都文化博物館にて行なわれた『京の葵祭展—王朝絵巻の歴史をひもとく—』(同館開館一五周年記念特別展)では、『賀茂祭絵詞』の諸本が展示された。絵巻の全画面が展示されたのは、おそらくこの展示がはじめてであったと思う。詳細は当該展覧会のカタログを参照願いたい。

あとがき

一九九〇年にはじめて拙稿が活字となってから十七年。ただひたすらに、面白いと思ったものにこだわり続けてきた。一年一本論文を書くと決めて、愚直に書いてきた。本書をまとめようと思ったきっかけはいくつかある。一つ目は、そろそろ書籍の体裁を保てそうなくらいの本数になった自分の研究を、一度まとめておきたいという素朴な気持ち。二つ目は、そろそろ自分の研究を一区切りし、次のステップを踏み出すためのきっかけがほしかったこと。三つ目、長い間、私を支えてきてくれた母・匡子に感謝の気持ちを伝えたいと思った（亡き父に何も礼ができなかったことが悔やまれてならない）。だいぶ前に父を亡くし、それ以後の日々、さまざまな面において、私にとって毎日が闘いだった気がする。この日々はこれから死ぬまで続くだろうと思う。

本書をまとめる作業を通じて強く認識したのは、今は亡き父の存在だ。絵描きである父は、生前、あわせて六千点以上の作品を描いた。安田靫彦に師事した筋金入りのプロの作家である父の仕事を目前で見て育たなかったら、現在の自分はいないだろう。父の、作品を制作する姿を通じて、絵を描く者が何を考え、どんな技術や工夫をし、何を使って具体化するのか、ということを知っていることは、絵画を史料として扱う研究の際に非常に役立っている。構図を作っていく思考、着彩の技術、彩色の設計、誇張と省略部分と全体の制作密度のバランス、質感の表現などが理解できることがある。

子供の頃、私のまわりには父が手がけた装丁や挿絵の載った書籍、あるいは古絵画や美術品に関する画集や書籍がごろごろしていた。古典文学や時代小説の類もいろいろあった。父が十代の末から二十代初まで、修行として制作した『伴大納言絵巻』『平治物語絵巻』『鳥獣戯画巻』『土蜘蛛草紙』などの絵巻物の模写類も、物心付いたときから見せてもらっていた。だから、案外、私にとっての歴史学への導入は、絵画や古典文学だったのかもしれない。儀式・儀礼について文献類を読んでいると、ややピントの甘い俯瞰図として、内裏や寝殿造の建築内の様子や設置される調度類、そのなかを歩き回る人物たちが見えてくることがある。平安・鎌倉期の貴族や武士が、歴史的な服装をして動き回る姿を、研究の際に脳裏に描けることは自分の育った環境の賜物であろう。ちなみに、本書第四部「行列と乗り物の有職故実」の第二章「輦輿の雨皮」には雨皮をかけた鳳輦の図がある。屋蓋に据える鳳凰を私が悪戦苦闘しながら描いているとき、父はドローイング用のペンを私から奪い取り、トレーシングペーパーの端にわずか一・二分で描きあげたのが、前掲鳳輦の屋蓋の頂辺に鎮座まします鳳凰である。

國學院大學の史学科に入り、鈴木敬三先生に師事したいと思い、先生の研究室をお尋ねした。このとき、先生の口から「まもなく退職」されるという信じられない話をうかがった。そして、二年のときに定年退職されてしまったのである。目の前が真っ暗になった。だが、退職されるまでの期間、先生の研究室にお邪魔したり、退職されてのちはご自宅に伺ったり、あるいは外苑前の國學院高校で行なわれていた日本文化史講座に出席させていただくなどのかたちでご指導いただいた。とても怖くもあり、でもやさしい先生であった気がする。卒論はどうしようか迷ったが、鈴木先生に相談すると、小川信先生がいいだろうとおっしゃった。小川信先生といえば室町幕府期の守護や守護所の研究者として中世史研究の第一人者であり、碩学中の碩学という印象を抱いていた。鈴木先生のアドバイスに従って、小川先生に大学院の修士課程二年間、博士課程の一年間、ご指導いただいた。

大学院に在学中、小川ゼミや米原ゼミ、ほかのゼミの数多くの先輩たちにいろいろなことを教わった。すばらしい友人たちとも出会った。有職故実以外の学問分野のことを勉強させてもらった。特に中世文書に触れることができたのは、以後、現在に至るまで非常に役立っている。また、卒業論文から修士論文まで、そして授業を通じてとてもお世話になったのが山中裕先生だった。儀式・儀礼・古記録という世界の面白さを知ったのは山中先生にご指導をいただけたからに他ならない。ほかにも大学院では日本中世史の米原正義先生、下村效先生、二木謙一先生にご指導をいただいた。やがて、博士課程の二年次、小川信先生が退職され、次にご指導をお願いしたのは今江廣道先生だった。古記録や公家社会に精通したスペシャリストであり、今江先生の古記録に対する姿勢は厳格であった。國學院大學には、学部と大学院を通じて、研究を進めていくための基本的な知識や訓練をずいぶんとさせてもらえたことが、今の自分の基礎となっている。この大学に進学してよかったとつくづく思う今日この頃である。

博士課程後期を単位取得満期退学後、鈴木先生が亡くなられた。その一ヵ月程度前のことだった。所用でお電話すると、今後の研究をどうする、というような質問をされた。「年中行事や晴とか褻といった概念で服装についてやっていきたい」と申し上げると「それがいいね」とおっしゃって、今後の研究の進め方について指針や戒めの言葉をいただいた（今もってこのときの先生のお教えを守り続けている）。それが先生と言葉を交わした最後であった。こうした会話のあと、先生は、陶淵明の「歸去來兮辭（帰去来の辞）」の話を突然にされだした。

すでにお気づきになっておられると思うが、私は大学や大学院の授業という形で有職故実を習っていない。このことから本当に有職故実を専攻すると公言していいのかと悩んだ時期もあった。でも悩むよりは研究に没頭し、結果を世に問い、業績・成果を蓄積し、研究者としての仕事の中で答えを出せばいいと思った。こうした環境が研究の方向性を決定した。先行研究をこつこつと読み続け、自分の足どりを見つめ、次になすべきはなにかを模索する。先行研究を勉強し始めるとすぐに二つの疑問にぶつかった。一つ目は、通説、あるいは常識と理解されている知識に何の疑問も提出されないこと、二つ目は、序論で述べたが、先行研究の提言を我々はきちんと理解しているのか？　ということだった。前者については、自ら再検証して、その陰に隠れてしまっていることは何なのかを明らかにしていく方法にたどりつき、後者については、自分なりに理解し研究に反映させてきた。近年、武士の儀礼や服制にも取り組んでいる。たとえば第一章でとりあげた直垂は先行研究の提言を継受し自らのものとしようとする試みでもある。武具・甲冑においても、装備・兵装としての戦術面での運用など、使用者に重きを置きつつ考え始めた。公武、それ以外の人々など、少しずつだが筆者のオリジナリティを持った有職故実が展開できつつあると思う。

さて、そののち、東京大学史料編纂所におられた黒川高明先生のもとで、『山口県史』の中世史部会の仕事をさせていただいた。生まれてはじめての学会報告でお会いしたのが縁であり、小川先生のご紹介でもあった。やがて、黒川先生は大正大学に移られ、そちらでも講師の仕事をいただきお世話になりっぱなしである。また、『山口県史』を編纂所でお手伝いしたことがご縁で、同所の黒田日出男先生に出会った。附属画像史料解析センターで八年間仕事をさせていただいた。給料をいただきつつ大学院に再度入学していたような期間だった。黒田先生は、歯に衣きせぬ見解を直球・直球また直球で私に投げてくれた。絵画史料論、社会史、いったい、どれだけの事柄を惜しみなく教えてくださり、考えるヒントを下さっているのであろう、と思う。この先生と出会えなかったら今の私はいない。画像センターでは、加藤友康氏・米倉迪夫氏やロナルド・トビ氏、小泉和子氏と知り合うことができたのは最大の財産である。才気あふれる東大を含めた様々な大学の院生たちと交流できたこともやはりかけがえのない財産である。

この八年間に、コンピュータとデータベースにも出会った。特にコンピュータと私の相性は頗る良かった。またたく間にいろいろ身につけていった。「これくらいできないと仕事がなくなる」と、黒田先生に脅かされ、生き残っていくために必死で勉強したのも事実ではあったが、その実、コンピュータは面白すぎる代物であった。こんなエピソードがある。私の周りの人々はすでにご存知だが、「私のコンピュータの生みの親は黒田先生で、育ての親は米倉先生」なのである。なぜか。それは次にまたこうした「あとがき」を書く機会があったらそこで明かしたい。

データベース構築は、物事を構造化して秩序立てて考えることに慣れさせてくれる。どんなに膨大な史料でも、膨大すぎてどうしていいかわからない場合でも、その内容をつらつら見ながら、どうすればデータ化可能か？　と考えることができるようになった。これによって史料に対する考え方が根底から変わったといってよい。こうしたコンピュータとデータベースへの適性を、黒田先生には見抜いて頂けたからであろうか、科研の事務局を任せていただき、高精細画像ビューワやデータベースについてコンセプトワークから開発、一般利用・運用まで、稀有の勉強する機会をいただいた。それが一昨年終わり、今現在、黒田先生が東大を退職後移られた立正大学で、前科研をさらにグレードアップしたあらたな科研の事務局をさせていただいている。この二つの科研を通じて、前掲の米倉氏と小泉氏、奥平俊六氏、大塚活美氏、北川央氏、久留島浩氏、小島道裕氏、杉森哲也氏、玉井哲雄氏、藤川昌樹氏、宮崎勝美氏、山口和夫氏らと知見を得ることができた。また洛中洛外図屛風に代表される中近世風俗画という魅力あふれる研究対象と出会った。

仕事という点でいえば、小学館の『日本歴史大事典』の編集作業では、思いがけなく永原慶二先生・佐藤和彦先生とお会いすることができ、直接お教えをいただくことができた。両先生とも、同事典の第三巻特集記事「盤領と垂領」、第四巻「年中行事表」を作成するにあたり多大なるご教示を賜った。いずれも責任重大であり困難を極めたがとてもいい勉強になった。お二人とも故人である事が信じられない。心からご冥福を祈るばかりである。

『山口県史』以来、今日にいたるまで、様々な仕事を通して一番印象に残っていることは、謙虚に自分に厳しく、絶え間なく勉強し続ける、身を粉にして研鑽する先生・先輩・友人たちの姿勢だった。自分にとっての研究者の理想像であり、そうなりたいと思う。私は指導者に恵まれている。本当にいろいろな方々にめぐり合うことができた。そして、そうした人々に生かしてもらっている。非常勤講師をさせていただいている國學院大學栃木短期大学、大正大学、放送大学、立正大学の諸先生方、昨年から非常勤講師をさせていただいている母校・國學院大學の千々和到先生や諸先生方、本当に多くの方々のお力添えの上に私はいる。また、研究は人とのつながり、だと思うことがある。人との出会いにより、確実に研究の視野は広げられる。今に至る様々な場所で知り合った数え切れない人々により、私の研究はなんとか本書をまとめられるところまでたどり着くことができた。

この場をお借りして私をご指導くださったすべての諸先生・諸先輩・友人・一緒に仕事をした人々・支えてくれている大切な人々、そして母、今は亡き父に心から御礼を申し上げる。また、本書をなすにあたって、さまざまなお力添えを頂戴した黒川高明先生、数多のアドバイスを頂戴した黒田日出男先生には深甚の謝意を表する。また末筆ではあるが、本書の編集作業等、お力添えを頂いた吉川弘文館の上野純一氏にも心から御礼申し上げる。ありがとうございました。

このあとがきを記している今、「もっと勉強しなくては」「あれを読まなくては」「これを読まなくては」と書棚をながめ、一方、「考えていることをかたちにしなくては」「さあ、次に何をしようか」という気持ち、「自分を育ててくれた世の中に何かお返しを」という想いでいっぱいだ。本書は次の仕事への再起動であることを確認して筆を擱く。

二〇〇七年　春　桜の花の満開の下にて

佐多芳彦

索　　引

1. 本索引は網羅的・悉皆的なものではなく，論旨や著者の興味・関心，問題意識等に即したキーワード集として作成した.
2. 対象としたのは本文のみで，注釈，引用史料・資料，図版キャプション等は除外した.
3. 本書所載の各論文には，個々の表題に関連した語句がある．しかしこれらは個々の論文のほとんどすべてのページに散見され，索引の役割を果たさない．よって，重要な語句をあまた含むことを知りつつも大勢を割愛した.

あ　行

か　行

さ　行

た　行

な　行

は　行

ま　行

や　行

ら　行

わ　行

著者略歴
一九六三年　神奈川県に生まれる
一九九三年　國學院大學大学院文学研究科日本史学専攻後期課程単位取得退学
東京大学史料編纂所研究機関研究員を経て
現在　大正大学・立正大学・國學院大學・國學院大學栃木短期大学非常勤講師

〔主要論文〕
「朝服」と「束帯」（『風俗史学』二四）伝頼朝像論（『日本歴史』七〇〇）

服制と儀式の有職故実

二〇〇八年（平成二十）三月十日　第一刷発行

著　者　佐《さ》多《た》芳《よし》彦《ひこ》

発行者　前田求恭

発行所　株式会社　吉川弘文館
郵便番号一一三—〇〇三三
東京都文京区本郷七丁目二番八号
電話〇三—三八一三—九一五一〈代〉
振替口座〇〇一〇〇—五—二四四番
http://www.yoshikawa-k.co.jp/

印刷＝株式会社 精興社
製本＝誠製本株式会社
装幀＝山崎　登

Digital
Publishing

服制と儀式の有職故実（オンデマンド版）

2019年9月1日　発行

著　者　佐《さ》多《た》芳《よし》彦《ひこ》
発行者　吉川道郎
発行所　株式会社 吉川弘文館
〒113-0033 東京都文京区本郷7丁目2番8号
TEL 03(3813)9151(代表)
URL http://www.yoshikawa-k.co.jp/

印刷・製本　株式会社 デジタルパブリッシングサービス
URL http://www.d-pub.co.jp/

佐多芳彦（1963～）
ISBN978-4-642-72466-1